PASSE NA OAB 2ª Fase FGV
COMPLETAÇO®

PRÁTICA
ADMINISTRATIVA

www.editorasaraiva.com.br/direito
Visite nossa página

Coordenação
MARCELO HUGO DA ROCHA

Autores
ANDRÉ BARBIERI

Mestre em Direito. Professor em diversos cursos preparatórios pelo Brasil (OAB e Concursos Públicos). Professor de Direito Administrativo, Direito Constitucional e Ética. Advogado.

GLADSTONE FELIPPO

Assessor Jurídico Autárquico. Professor convidado da FGV Direito Rio. Professor de Direito Administrativo de graduação na UNIFAA e pós-graduação na Universidade Estácio de Sá e em cursos preparatórios no Rio de Janeiro. Especialista em Direito Público e Direito Previdenciário. Palestrante. Advogado.

PASSE NA OAB 2ª Fase FGV COMPLETAÇO®

5ª edição atualizada e ampliada

Marcelo Hugo da Rocha
Coordenação

André Barbieri
Gladstone Felippo

PRÁTICA
ADMINISTRATIVA

teoria e modelos
+ questões e peças comentadas
+ cronograma de estudos

- Roteiros passo a passo
- Modelos de peças
- Súmulas selecionadas
- Questões discursivas comentadas
- Peças profissionais comentadas
- Cronograma como guia de estudos

Av. Paulista, 901, 3º andar
Bela Vista – São Paulo – SP – CEP: 01311-100

SAC | sac.sets@saraivaeducacao.com.br

DADOS INTERNACIONAIS DE CATALOGAÇÃO NA PUBLICAÇÃO (CIP)
VAGNER RODOLFO DA SILVA - CRB-8/9410

B236p   Barbieri, André

Passe na OAB 2ª fase FGV - Completaço® – Prática Administrativa / André Barbieri, Gladstone Felippo ; coord. Marcelo Hugo da Rocha. – 5. ed. – São Paulo : Saraiva Educação, 2021.
360 p.

ISBN 978-65-5559-510-9 (Impresso)

1. Direito. 2. OAB. 3. FGV. 4. Prática Administrativa. I. Felippo, Gladstone. II. Rocha, Marcelo Hugo da. III. Título.

CDD 340
2021-528   CDU 34

Índices para catálogo sistemático:

1. Direito   340
2. Direito   34

Direção executiva	Flávia Alves Bravin
Direção editorial	Ana Paula Santos Matos
Gerência editorial e de projetos	Fernando Penteado
Novos projetos	Dalila Costa de Oliveira
Gerência editorial	Isabella Sánchez de Souza
Edição	Liana Ganiko Brito
Produção editorial	Daniele Debora de Souza (coord.)
	Daniela Nogueira Secondo
Arte e digital	Mônica Landi (coord.)
	Camilla Felix Cianelli Chaves
	Claudirene de Moura Santos Silva
	Deborah Mattos
	Guilherme H. M. Salvador
	Tiago Dela Rosa
Projetos e serviços editoriais	Daniela Maria Chaves Carvalho
	Kelli Priscila Pinto
	Marília Cordeiro
	Nicoly Wasconcelos Razuk
Projeto gráfico	Mônica Landi
Diagramação	Laís Soriano
Revisão	Juliana Bormio
Capa	Tiago Dela Rosa
Produção gráfica	Marli Rampim
	Sergio Luiz Pereira Lopes
Impressão e acabamento	Vox Gráfica

Data de fechamento da edição: 12-7-2021

Dúvidas? Acesse www.editorasaraiva.com.br/direito

Nenhuma parte desta publicação poderá ser reproduzida por qualquer meio ou forma sem a prévia autorização da Saraiva Educação. A violação dos direitos autorais é crime estabelecido na Lei n. 9.610/98 e punido pelo art. 184 do Código Penal.

CL 607088   CAE 760156

À Clara,
razão da existência da minha felicidade plena.
Responsável, com seu encanto e amor, em transformar
um simples homem no pai mais feliz do mundo!

André Barbieri

Dedico esta obra àquelas que cuidaram de mim
e entenderam os momentos de isolamento necessários
para poder nascer este livro: minha esposa,
Pollyana Dieine, minha filha, Luana Felippo,
e, agora, ao mais novo membro
da família, Lucas Felippo.

Gladstone Felippo

Sumário

Cronograma de estudos 13
Apresentação 23
1. Introdução 25
   1.1. Como gabaritar a peça 25
      1.1.1. Encontre-se! 25
      1.1.2. Organize suas ideias! 25
      1.1.3. Tenha muita atenção na forma adequada! 26
   1.2. Construção das teses 26
   1.3. Regras de competência 27
   1.4. Resumo das peças 28
2. Estudo do direito processual e análise de cada peça 31
   2.1. *Habeas data* 31
      2.1.1. Apresentação 31
      2.1.2. Requisitos e características 31
      2.1.3. Como identificar a peça 32
      2.1.4. Competência 33
      2.1.5. Resumo dos pedidos do *habeas data* 35
      2.1.6. Estrutura do *habeas data* 36
      2.1.7. Modelo de petição do *habeas data* 37
   2.2. Mandado de segurança 39
      2.2.1. Apresentação 39
      2.2.2. Requisitos e características 39
      2.2.3. Como identificar a peça 41
      2.2.4. Competência 42
      2.2.5. Resumo dos pedidos do mandado de segurança 43
      2.2.6. Estrutura do mandado de segurança 44
      2.2.7. Modelo de petição do mandado de segurança 45
      2.2.8. Caso prático e gabarito da FGV 47

2.3. Mandado de segurança coletivo 49
    2.3.1. Apresentação 49
    2.3.2. Requisitos e características 49
    2.3.3. Como identificar a peça 50
    2.3.4. Competência 50
    2.3.5. Resumo dos pedidos do mandado de segurança 50
    2.3.6. Estrutura do mandado de segurança coletivo 51
    2.3.7. Modelo de petição do mandado de segurança coletivo 53
2.4. Ação popular 53
    2.4.1. Apresentação 53
    2.4.2. Requisitos e características 53
    2.4.3. Como identificar a peça 55
    2.4.4. Competência 55
    2.4.5. Resumo dos pedidos da ação popular 56
    2.4.6. Estrutura da ação popular 57
    2.4.7. Modelo de petição da ação popular 58
2.5. Ação civil pública 63
    2.5.1. Apresentação 63
    2.5.2. Requisitos e características 63
    2.5.3. Como identificar a peça 65
    2.5.4. Resumo dos pedidos da ação civil pública 65
    2.5.5. Estrutura da ação civil pública 66
    2.5.6. Modelo de petição da ação civil pública 67
    2.5.7. Caso prático e gabarito da FGV 69
2.6. Petição inicial 71
    2.6.1. Apresentação 71
    2.6.2. Requisitos e características 71
    2.6.3. Como identificar a peça 72
    2.6.4. Competência 72
    2.6.5. Da audiência de conciliação ou de mediação 72
    2.6.6. Resumo dos pedidos da petição inicial 72
    2.6.7. Estrutura da petição inicial 73
    2.6.8. Modelo de petição inicial 75
    2.6.9. Caso prático e gabarito da FGV 77
2.7. Contestação 79
    2.7.1. Apresentação 79
    2.7.2. Requisitos e características 80

2.7.3.	Como identificar a peça	81
2.7.4.	Resumo dos pedidos da contestação	81
2.7.5.	Estrutura da contestação	81
2.7.6.	Modelo da contestação	83
2.8. Teoria geral sobre os recursos		85
2.8.1.	Apresentação	85
2.8.2.	Requisitos e características	86
2.8.3.	Como identificar a peça	87
2.8.4.	Resumo dos pedidos (clássicos) recursais	87
2.9. Apelação		88
2.9.1.	Apresentação	88
2.9.2.	Requisitos e características	88
2.9.3.	Como identificar a peça	90
2.9.4.	Resumo dos pedidos da apelação	90
2.9.5.	Estrutura da apelação	90
	2.9.5.1. Na folha de rosto	90
	2.9.5.2. Na folha das razões recursais	91
2.9.6.	Modelo de apelação	92
2.9.7.	Caso prático e gabarito da FGV	95
2.10. Recurso ordinário		97
2.10.1.	Apresentação	97
2.10.2.	Requisitos e características	97
2.10.3.	Como identificar a peça	99
2.10.4.	Resumo dos pedidos do recurso ordinário	99
2.10.5.	Estrutura do recurso ordinário	100
	2.10.5.1. Na folha de rosto	100
	2.10.5.2. Na folha das razões recursais	101
2.10.6.	Modelo de recurso ordinário	101
2.10.7.	Caso prático e gabarito da FGV	104
2.11. Agravo de instrumento		105
2.11.1.	Apresentação	105
2.11.2.	Requisitos e características	106
2.11.3.	Como identificar a peça	108
2.11.4.	Resumo dos pedidos do agravo de instrumento	108
2.11.5.	Estrutura do agravo de instrumento	109
2.11.6.	Modelo do agravo de instrumento	110
2.11.7.	Caso prático e gabarito da FGV	113

2.12. Recurso especial e recurso extraordinário 114
    2.12.1. Apresentação 114
    2.12.2. Requisitos e características 114
    2.12.3. Como identificar a peça 118
    2.12.4. Resumo dos pedidos 118
    2.12.5. Estrutura do recurso especial 119
        2.12.5.1. Na folha de rosto 119
        2.12.5.2. Na folha das razões recursais 120
    2.12.6. Estrutura do recurso extraordinário 120
        2.12.6.1. Na folha de rosto 120
        2.12.6.2. Na folha das razões recursais 121
    2.12.7. Modelo de petição do recurso especial 122
2.13. Reclamação constitucional 124
    2.13.1. Apresentação 124
    2.13.2. Requisitos e características 125
    2.13.3. Como identificar a peça 125
    2.13.4. Competência 126
    2.13.5. Resumo dos pedidos da reclamação constitucional 126
    2.13.6. Estrutura da reclamação na ofensa de súmula vinculante 126
    2.13.7. Modelo de reclamação constitucional 128
2.14. Impugnação ao edital 130
    2.14.1. Apresentação 130
    2.14.2. Requisitos e características 130
    2.14.3. Como identificar a peça 131
    2.14.4. Competência 131
    2.14.5. Resumo dos pedidos da impugnação ao edital 131
    2.14.6. Estrutura da impugnação ao edital em licitação 131
    2.14.7. Modelo de impugnação ao edital 132
2.15. Recurso administrativo 135
    2.15.1. Apresentação 135
    2.15.2. Requisitos e características 135
    2.15.3. Como identificar a peça 136
    2.15.4. Competência 136
    2.15.5. Resumo dos pedidos do recurso administrativo 137
        2.15.5.1. Na folha de rosto 137
        2.15.5.2. Na folha das razões recursais 137

2.15.6. Estrutura do recurso administrativo	137
2.15.6.1. Na folha de rosto	137
2.15.6.2. Na folha das razões recursais	138
2.15.7. Modelo de recurso administrativo	139
2.16. Parecer	141
2.16.1. Apresentação	141
2.16.2. Requisitos e características	141
2.16.3. Modelo de parecer	143
3. Estudo dos temas mais cobrados e análise dos casos concretos	145
4. Súmulas selecionadas	329
4.1. Principais enunciados da súmula do Supremo Tribunal Federal divididos por tema	329
4.2. Principais enunciados de súmula do Superior Tribunal de Justiça divididos por tema	331
4.3. Súmulas vinculantes comentadas	333
4.4. Questões importantes em repercussão geral	338
4.5. Enunciados aprovados na I Jornada de Direito Administrativo organizada pelo CJF	346
Questões	353
Referências	359

Cronograma de estudos

Cronograma de estudos – 36 dias

1º DIA	O que estudar hoje?
Conteúdo TEÓRICO	Princípios do Direito Administrativo
Conteúdo PRÁTICO	Questões que abordem os princípios do artigo 37, *caput*, da CF, bem como do art. 2º da Lei n. 9.784/99.
Sugestão de FUNDAMENTAÇÃO	– Art. 37, *caput*, da CF; – Art. 2º da Lei n. 9.784/99.

2º DIA	O que estudar hoje?
Conteúdo TEÓRICO	Organização da Administração Pública e 3º Setor
Conteúdo PRÁTICO	Questões que envolvam todo o contexto da Administração Pública Direta e Indireta, bem como "Sistema S", OS, OSCIP e ONG.
Sugestão de FUNDAMENTAÇÃO	– Art. 37, XIX e XX, da CF; – Arts. 173, 174 e 175, todos da CF; – Decreto-Lei n. 200/67; – Lei n. 9.790/99; – Lei n. 9.637/98; – Lei n. 13.019/14.

3º DIA	O que estudar hoje?
Conteúdo TEÓRICO	*Habeas Data* e Mandado de Segurança – individual e coletivo – conforme capítulos 2.1, 2.2 e 2.3.
Conteúdo PRÁTICO	Questões ou peças prático-profissionais sobre os mencionados remédios constitucionais.

Sugestão de FUNDAMENTAÇÃO	– Art. 5º, LXIX, LXX e LXXII, da CF; – Lei n. 9.507/97; – Lei n. 12.016/09.

4º DIA	O que estudar hoje?
Conteúdo TEÓRICO	Leitura e interpretação das seguintes súmulas vinculantes (Parte I): 2, 3, 4, 5, 6, 12, 13, 15, 16, 19 e 21.
Conteúdo PRÁTICO	Questões ou fundamento de peças que envolvam discussões sobre as súmulas vinculantes são temas sempre cobrados no Exame da Ordem. Faça a leitura do capítulo 4 desta obra.
Sugestão de FUNDAMENTAÇÃO	Conforme os números das súmulas vinculantes já citadas.

5º DIA	O que estudar hoje?
Conteúdo TEÓRICO	Leitura e interpretação das seguintes súmulas vinculantes (Parte II): 27, 33, 37, 38, 39, 41, 42, 43, 44, 49 e 55.
Conteúdo PRÁTICO	Questões ou fundamento de peças que envolvam discussões sobre as súmulas vinculantes são temas sempre cobrados no Exame da Ordem. Faça a leitura do capítulo 4 desta obra.
Sugestão de FUNDAMENTAÇÃO	Conforme os números das súmulas vinculantes já citadas.

6º DIA	O que estudar hoje?
Conteúdo TEÓRICO	Compreender a classificação e todos os desdobramentos constitucionais envolvendo os agentes públicos: concurso público, cargo em comissão, estabilidade e vitaliciedade etc.
Conteúdo PRÁTICO	Questões que abordem os agentes públicos em seus mais diversos casos práticos.
Sugestão de FUNDAMENTAÇÃO	– Art. 37, I ao XVII, da CF; – Art. 38 da CF.

7º DIA	O que estudar hoje?
Conteúdo TEÓRICO	Revisão I
Conteúdo PRÁTICO	Tão importante quanto estudar novos conteúdos é revisar o que já foi estudado. Hoje é o dia da nossa primeira revisão! Revise os temas de direito material e, também, as peças que já estudamos. Sugiro reler os principais artigos dos textos de lei em conjunto com suas anotações.

8º DIA	O que estudar hoje?
Conteúdo TEÓRICO	Continuaremos a estudar os agentes públicos, mas, agora, a partir da leitura da Lei n. 8.112/90. Daremos atenção especial aos temas: provimento, vacância, remoção e redistribuição e aos aspectos sancionatórios.
Conteúdo PRÁTICO	Questões que abordem os agentes públicos em seus mais diversos casos práticos, a partir da Lei n. 8.112/90.
Sugestão de FUNDAMENTAÇÃO	– Lei n. 8.112/90.

9º DIA	O que estudar hoje?
Conteúdo TEÓRICO	Ação Popular (capítulo 2.4)
Conteúdo PRÁTICO	Questões ou peças prático-profissionais sobre esse tão importante remédio constitucional.
Sugestão de FUNDAMENTAÇÃO	– Art. 5º, LXXIII, da CF; – Lei n. 4.717/65.

10º DIA	O que estudar hoje?
Conteúdo TEÓRICO	Responsabilidade Civil do Estado
Conteúdo PRÁTICO	Questões ou fundamento de peças que envolvam discussões sobre a responsabilidade civil do Estado, o risco administrativo e o risco integral, eventual ação regressiva etc.
Sugestão de FUNDAMENTAÇÃO	– Art. 37, § 6º, da CF.

11º DIA	O que estudar hoje?
Conteúdo TEÓRICO	Ação Civil Pública (capítulo 2.5)
Conteúdo PRÁTICO	Questões ou peças prático-profissionais sobre essa ação, bem como saber diferenciar com precisão uma ação popular da ação civil pública.
Sugestão de FUNDAMENTAÇÃO	– Lei n. 7.347/85.

12º DIA	O que estudar hoje?
Conteúdo TEÓRICO	Estudar a estruturação das petições iniciais no Código de Processo Civil. Além disso, compreender uma petição inicial (anulatória e indenizatória, conforme capítulo 2.6).

Conteúdo PRÁTICO	Peças Processuais e a estruturação da Ação.
Sugestão de FUNDAMENTAÇÃO	– Art. 19 do CPC; – Art. 300 do CPC; – Art. 311 do CP; – Art. 319 do CPC;

13º DIA	O que estudar hoje?
Conteúdo TEÓRICO	Serviços Públicos (Parte I)
Conteúdo PRÁTICO	É de fundamental importância, basicamente, dominar a Teoria Geral dos Serviços Públicos, ou seja, bem compreender a Lei n. 8.987/95.
Sugestão de FUNDAMENTAÇÃO	– Art. 175 da CF; – Lei n. 8.987/95.

14º DIA	O que estudar hoje?
Conteúdo TEÓRICO	Revisão II
Conteúdo PRÁTICO	Nova revisão a fazer! Quanto maior o número de revisões, menores serão as chances de você esquecer algo na hora da prova. Sendo assim, dê atenção especial ao uso e manuseio do seu Vade Mecum.

15º DIA	O que estudar hoje?
Conteúdo TEÓRICO	Serviços Públicos (Parte II)
Conteúdo PRÁTICO	Vamos estudar o regime das Parcerias Público-Privadas (Lei n. 11.079/2004).
Sugestão de FUNDAMENTAÇÃO	– Lei n. 11.079/2004

16º DIA	O que estudar hoje?
Conteúdo TEÓRICO	Contestação (capítulo 2.7)
Conteúdo PRÁTICO	Estruturação e seu cabimento como meio de defesa clássica.
Sugestão de FUNDAMENTAÇÃO	– Arts. 335 e seguintes do CPC.

PRÁTICA ADMINISTRATIVA

17º DIA	O que estudar hoje?
Conteúdo TEÓRICO	Compreender as noções gerais da licitação (Lei n. 14.133/2021).
Conteúdo PRÁTICO	Questões que envolvam: conceito, princípios, vedações, critérios de desempate e definições.
Sugestão de FUNDAMENTAÇÃO	– Artigo 37, XXI, da CF; – Artigo 175 da CF; – Lei n. 14.133/2021 (arts. 1º ao 5º);

18º DIA	O que estudar hoje?
Conteúdo TEÓRICO	Compreender as noções gerais da licitação (Lei n. 14.133/2021) – Parte II
Conteúdo PRÁTICO	Questões que envolvam a contratação direta: licitação dispensável, licitação dispensada e licitação inexigível.
Sugestão de FUNDAMENTAÇÃO	– Lei n. 14.133/2021 (arts. 6º, 9º, e 72 a 75);

19º DIA	O que estudar hoje?
Conteúdo TEÓRICO	Compreender as noções gerais da licitação (Lei n. 14.133/2021) – Parte III
Conteúdo PRÁTICO	Questões que envolvam: modalidades e tipos de licitação.
Sugestão de FUNDAMENTAÇÃO	– Lei n. 14.133/2021 (arts. 28 e 33);

20º DIA	O que estudar hoje?
Conteúdo TEÓRICO	Compreender as noções gerais da licitação (Lei n. 14.133/2021) – Parte IV
Conteúdo PRÁTICO	Questões que envolvam: procedimentos
Sugestão de FUNDAMENTAÇÃO	– Lei n. 14.133/2021 (arts. 11 a 17);

21º DIA	O que estudar hoje?
Conteúdo TEÓRICO	Revisão III

Conteúdo PRÁTICO	A sugestão é revisar toda a parte doutrinária (conteúdo de direito material) e as palavras-chaves de cada peça (identificação) e a estrutura básica.

22º DIA	O que estudar hoje?
Conteúdo TEÓRICO	Compreender as noções gerais do pregão.
Conteúdo PRÁTICO	Questões que envolvam a Lei n. 14.133/2021.
Sugestão de FUNDAMENTAÇÃO	– Lei n. 14.133/2021.

23º DIA	O que estudar hoje?
Conteúdo TEÓRICO	Improbidade administrativa
Conteúdo PRÁTICO	Depois de compreender o tema sobre os agentes públicos, aproveite e estude sobre outro tema sempre provável de cobrança, qual seja a improbidade administrativa.
Sugestão de FUNDAMENTAÇÃO	– Art. 37, § 4º, da CF; – Lei n. 8.429/92.

24º DIA	O que estudar hoje?
Conteúdo TEÓRICO	Apelação (capítulo 2.9)
Conteúdo PRÁTICO	Peça processual adotada com base nos arts. 1.009 e seguintes do CPC.
Sugestão de FUNDAMENTAÇÃO	– Arts. 1.009 e seguintes do CPC.

25º DIA	O que estudar hoje?
Conteúdo TEÓRICO	Intervenção do Estado na Propriedade Privada (parte I)
Conteúdo PRÁTICO	Questões ou fundamentação jurídica nesse tema sempre cobrado no Exame de Ordem, naquilo que é voltado para o aspecto constitucional.
Sugestão de FUNDAMENTAÇÃO	– Art. 5º, XXV, da CF; – Art. 22, II, da CF; – Art. 182 da CF; – Art. 184 da CF; – Art. 185 da CF;

26º DIA	O que estudar hoje?
Conteúdo TEÓRICO	Intervenção do Estado na Propriedade Privada (parte II)
Conteúdo PRÁTICO	Questões ou fundamentação jurídica nesse tema sempre cobrado no Exame de Ordem, mas, agora, para os aspectos de leis e decreto.
Sugestão de FUNDAMENTAÇÃO	– Decreto-Lei n. 3.365/41; – Lei n. 4.132/62.

27º DIA	O que estudar hoje?
Conteúdo TEÓRICO	Recurso Ordinário (capítulos 2.10)
Conteúdo PRÁTICO	Questões ou fundamentação jurídica nas peças prático-profissionais que já foram cobradas.
Sugestão de FUNDAMENTAÇÃO	– Arts. 1.027 e seguintes do CPC;

28º DIA	O que estudar hoje?
Conteúdo TEÓRICO	Revisão IV
Conteúdo PRÁTICO	Atenção especial para súmulas vinculantes, súmulas do STF e súmulas do STJ.

29º DIA	O que estudar hoje?
Conteúdo TEÓRICO	Agravo de Instrumento (capítulo 2.11)
Conteúdo PRÁTICO	Questões ou fundamentação jurídica nas peças prático-profissionais que já foram cobradas.
Sugestão de FUNDAMENTAÇÃO	– Arts. 1.015 e seguintes do CPC.

30º DIA	O que estudar hoje?
Conteúdo TEÓRICO	Atos administrativos
Conteúdo PRÁTICO	É um tema extenso e, basicamente, todo doutrinário, razão pela qual o estudo detalhado é de extrema importância.
Sugestão de FUNDAMENTAÇÃO	– Art. 50 da Lei n. 9.784/99; – Art. 53 da Lei n. 9.784/99; – Art. 54 da Lei n. 9.784/99; – Art. 55 da Lei n. 9.784/99.

31º DIA	O que estudar hoje?
Conteúdo TEÓRICO	Recurso Especial e Recurso Extraordinário (capítulo 2.12).
Conteúdo PRÁTICO	Compreender as particularidades do REsp e do RE.
Sugestão de FUNDAMENTAÇÃO	– Arts. 1.029 e seguintes do CPC.

32º DIA	O que estudar hoje?
Conteúdo TEÓRICO	Bens Públicos e Contratos Administrativos.
Conteúdo PRÁTICO	Compreender os desdobramentos dos bens públicos, bem como as características e todas as cláusulas exorbitantes dos contratos administrativos.
Sugestão de FUNDAMENTAÇÃO	– Arts. 98 e seguintes do CC; – Arts. 89 e seguintes da Lei n. 14.133/2021.

33º DIA	O que estudar hoje?
Conteúdo TEÓRICO	Reclamação Constitucional, Impugnação ao Edital, Recurso Administrativo e Parecer (capítulos 2.13 ao 2.16)
Conteúdo PRÁTICO	Dominar a estrutura e o cabimento de cada uma das medidas acima.
Sugestão de FUNDAMENTAÇÃO	– Arts. 988 e seguintes do CPC; – Arts. 103-A da CF.

34º DIA	O que estudar hoje?
Conteúdo TEÓRICO	Poderes Administrativos e Controle da Administração Pública
Conteúdo PRÁTICO	Questões que envolvam esses dois temas que já foram cobrados no Exame de Ordem.
Sugestão de FUNDAMENTAÇÃO	– Art. 78 do CTN; – Art. 70 da CF; – Art. 71 da CF.

35º DIA	O que estudar hoje?
Conteúdo TEÓRICO	Processo Administrativo

Conteúdo PRÁTICO	Tema que sempre o examinador gosta de cobrar, fique atento com os conceitos, prazos e competências.
Sugestão de FUNDAMENTAÇÃO	– Lei n. 9.784/99.

36º DIA	O que estudar hoje?
Conteúdo TEÓRICO	Revisão V
Conteúdo PRÁTICO	Parabéns! Concluímos o nosso CRONOGRAMA! Revise suas anotações e confirme todas as marcações no seu Vade Mecum. Tenha uma excelente prova e vamos garantir a sua vaga no JURAMENTO!

Apresentação

É com muita alegria que apresentamos esta obra única, elaborada com o claro objetivo de ajudar o examinando a conseguir sua aprovação na segunda fase do Exame da OAB.

Convém, primeiro, sugerir que a escolha da disciplina para a segunda fase do Exame deva ser uma questão de afinidade, e não de modismo. O examinando deve optar por aquela matéria que mais se identifica, quer seja por facilidade de absorção do conteúdo durante a faculdade, quer seja por exercer, ou ter exercido, atribuições ligadas à disciplina escolhida.

Um grande erro que deve ser evitado reside na escolha da matéria por indicação de amigos, ou porque a banca está menos rigorosa, ou porque há menos peças práticas, ou qualquer outro motivo que não seja a *afinidade* com a disciplina. O resultado poderá ser frustrante.

Ao escolher o direito administrativo, partimos da premissa de que há entre o direito público por excelência e o examinando uma relação íntima, de gosto e afinidade pela matéria. Uma relação de paixão! Sendo assim, tudo fica mais fácil e esta obra certamente irá te levar à tão sonhada habilitação para o exercício da profissão.

Todos nós sabemos que a segunda fase é composta de uma peça prático-profissional seguida de quatro questões discursivas. Como fruto de muita experiência, deve-se iniciar a prova pela peça, considerando a importância e o peso dado a ela.

Vale ressaltar, outrossim, que a rigor não existem medidas judiciais próprias do direito administrativo. As únicas peças realmente administrativas são os pareceres e os recursos administrativos, principalmente os afetos à licitação. Observamos que a atual banca organizadora não possui muita predileção por tais peças, tendo em vista que até o XXXII Exame nenhuma delas foram cobradas.

Sendo assim, para a segunda fase em direto administrativo, o examinando deve concentrar sua atenção nas peças processuais e constitucionais, tais como petição inicial, contestação, apelação, agravo, mandado de segurança, ação popular, *habeas data*, recurso ordinário constitucional, dentre outras.

Não há o que se preocupar quanto a forma da peça. O capítulo 2 deste livro contém dicas e macetes fundamentais para que o examinando possa identificar e estruturar de forma rápida e simples quaisquer peças acima citadas, entre outras, trazendo todos os elementos imprescindíveis na formatação da medida a ser cobrada, à luz das regras insculpidas no novo Código de Processo Civil.

Em relação às questões discursivas, bem como ao conteúdo material da peça, cabem aqui algumas orientações de aprendizagem, na forma do capítulo 3 deste livro. O direito administrativo não é uma matéria sistematizada, no sentido de não haver um Código de Direito Administrativo, e as questões são resolvidas com base na legislação pertinente a cada instituto, além da Constituição e jurisprudência, claro.

Portanto, para ter sucesso nas questões discursivas, você precisa, em primeiro lugar, ler com muita atenção o enunciado da questão e identificar com precisão o tema central arguido pelo examinador (exemplo: licitação). Uma vez feita a identificação do assunto central, o próximo passo é buscar o tema secundário (exemplo: licitação – inexigibilidade).

Assim, sabendo que o tema central é licitação e o secundário é inexigibilidade, basta se socorrer da lei pertinente (Lei n. 14.133/2021) e procurar nela própria o artigo que trata do tema, caso já não saiba de cabeça. Essa técnica pode ser usada tanto para as questões discursivas quanto para o direito material disposto na peça. Outra dica, caso não se recorde da lei correspondente ao tema, basta procurar no índice remissivo de seu livro de legislação administrativa (*Códigos 4 em 1 – Conjugados Legislação Administrativo e Constitucional*. 15. ed. São Paulo: Saraiva, 2019), que certamente irá te direcionar ao artigo pertinente.

Usando corretamente a técnica do MIT (Mapa de Identificação do Tema – central e secundário) no rascunho de sua prova, o examinando encontrará a facilidade e a tranquilidade para obter a pontuação necessária à aprovação. Neste livro, ao analisar as questões já cobradas na segunda fase, demonstraremos concretamente a utilização da técnica, que vem a ser mais um instrumento de ajuda ao examinando.

Por fim, no capítulo 4, o examinando encontrará os verbetes mais cobrados das súmulas do STF e STJ, bem como o comentário aos enunciados pertinentes ao direito administrativo, dispostos na súmula vinculante do STF.

Então já viu, técnicas e macetes de peças e questões discursivas somados à análise da jurisprudência dos Tribunais superiores só podem resultar na obra mais completa para a segunda fase em Direito Administrativo.

Bons estudos!!!

Os Autores

1. INTRODUÇÃO

1.1. Como gabaritar a peça

A peça profissional é a parte mais valorizada da segunda fase do Exame. É aqui que se avalia a capacidade do bacharel em desenvolver sua atividade profissional. Por isso, vamos buscar a nota máxima!

Nesse sentido, preste bastante atenção nas dicas e comentários abaixo, que muito ajudarão a realizar a tarefa e conquistar a tão sonhada aprovação.

1.1.1. Encontre-se!

A questão irá narrar um caso concreto e lhe pedir a peça a ser peticionada. Veja a legislação pertinente e utilize o resumo dos pedidos, bem como anote os requisitos essenciais. Tenha a percepção de que todos os pedidos estão na legislação ou na Constituição Federal. Aqui você vai pontuar só por repetir os pedidos da lei.

Preste atenção aos detalhes, como menção a prazos, autoria e réu, prescrições, competências e possibilidade de liminares.

Nunca identifique a peça! Tenha muito cuidado para não utilizar qualquer espécie de marcação, como nomes próprios, rabiscos, lugares etc. Imagine que o problema não lhe apresentou o endereço completo das partes. Neste caso, faça de forma genérica: rua, número, bairro, cidade, Estado, CEP. *Siga estritamente o comando da questão* (autor, advogado, lugar, data).

1.1.2. Organize suas ideias!

Antes de começar a redigir sua peça, organize as ideias fazendo um esquema na área de rascunho da prova, colocando o que você irá falar e em que ordem irá fazê-lo, não se esquecendo de apontar as características da peça que irá montar. Sugerimos que você, assim que identificar as teses, construa sua redação na seguinte ordem: tese constitucional, tese legal, tese de súmulas/jurisprudência e princípios.

Não se esqueça também de que sua peça deve convencer a banca acerca de seus argumentos. Para isso, lembre-se de que sua peça deve conter a narração dos fatos, de forma objetiva, o apontamento do direito, de forma fundamentada, e o pedido, de forma correta.

1.1.3. Tenha muita atenção na forma adequada!

Algumas dicas importantes:

1. Utilize parágrafos e frases curtos, a não ser que seja inevitável. Para isso, pontue a frase ou parágrafo, evite palavras e expressões que não acresçam na sua redação: tendo, sendo, estava fazendo... nada de gerúndio!

2. Comece novos parágrafos com as expressões e palavras a seguir (veja, logo abaixo, como construir cada tese em três parágrafos): "O artigo", "no caso concreto", "No caso em tela" "Sendo assim"...

3. Evite abreviações desnecessárias, cite o inciso, o parágrafo... Não deixe espaço para o examinador descontar pontos preciosos da sua prova. Cuidado com a repetição de palavras ao longo da peça.

4. Nas peças judiciais, não personalize o discurso. Evite colocar "na minha opinião"; "a meu sentir". Lembre-se de que você estará falando por alguém, então cite corretamente a parte. Exceção é o Parecer Jurídico, em que você emitirá sua opinião.

5. Quando for discorrer sobre os fatos, prenda-se apenas aos elementos trazidos pela questão. É a cópia do problema em dois parágrafos, no máximo. *Não há qualquer possibilidade de inventar fatos novos*, sob pena de anulação. Ex.: se o único dado de qualificação do legitimado ativo é a nacionalidade, somente esse que deve ser colocado.

6. Em relação às partes, utilize a nomenclatura correta:
- Ações em geral: autor e réu. Pode repetir as expressões acima.
- Reclamação: Reclamante e reclamado.
- Mandado de segurança: impetrante e impetrado (ou autoridade coatora).

1.2. Construção das teses

Esta é uma parte de extrema importância, pois, ao aprender a construir as teses, você saberá, de uma só vez, bem fundamentar sua peça prático-profissional, bem como, responder às quatro questões de direito material.

A construção é simples e eficaz, pois você demonstrará ao examinador uma resposta completa, objetiva e juridicamente fundamentada.

Diante disso, sempre que identificar uma tese, utilizaremos "três parágrafos" para o desenvolvimento desta. Quando falamos "identificar a tese", vale desde um artigo na Constituição Federal, nas leis, princípios, súmulas ou jurisprudência. O importante é você sempre lembrar: **para cada tese teremos três parágrafos!**

Assim será construída a tese:

1º § – exposição dos fatos (informação que o problema lhe deu. Aqui você vai, com suas palavras, apresentar os fatos, que o problema lhe deu, de forma objetiva);

2º § – utilização do dispositivo jurídico de forma lógica (exposição dos argumentos. Nesse momento, você vai demonstrar todo o seu conhecimento jurídico, aplicando o dispositivo de lei sobre o fato apresentado no parágrafo anterior);

3º § – conclusão (faça o pedido. É o momento em que você conclui, de forma lógica, o fato apresentado com o dispositivo jurídico).

Para facilitar ainda mais a elaboração da peça prático-profissional, deixamos a sugestão para que você comece cada parágrafo (da tese) com "expressões-chaves". Exemplo:

1º § – No caso concreto...

2º § – O artigo...

3º § – Sendo assim...

Imagine que você tenha identificado quatro teses na leitura do caso prático, automaticamente, teremos de desenvolvê-las em, pelo menos, 12 parágrafos. Lembre-se: para cada tese, teremos sempre a configuração em três parágrafos.

Vamos praticar! Analise comigo o seguinte caso:

"Maria, enquanto caminhava pela calçada, foi atropelada por uma viatura do Estado, veículo este conduzido por um agente público que, inadvertidamente, subiu na calçada e atingiu à vítima, causando-lhe diversas escoriações". Podemos construir a seguinte tese constitucional para nossa ação indenizatória:

No caso concreto, a autora, enquanto caminhava pela calçada, foi atropelada pela viatura do Estado.

O art. 37, § 6º, da Constituição Federal determina a responsabilidade objetiva do Estado. Assim, presentes a conduta do agente público, o nexo causal e o resultado dano, deverá o Estado indenizar a vítima. Conforme se comprovou, no caso em tela, os três elementos estão presentes, motivo este suficiente para que o Estado arque com todos os prejuízos impostos à vítima.

Sendo assim, requer seja o Estado condenado a indenizar a autora, nos termos da fundamentação.

Nesses termos, vale lembrar que, para a prova prático-profissional teremos, no mínimo, quatro teses, quais sejam: a *primeira* será a tese da Constituição Federal; a *segunda* será da legislação; a *terceira* será encontrada nos princípios; e a *quarta* na jurisprudência/súmulas. Lembre-se de que tais teses são mínimas, pois nada impede duas teses constitucionais, mais três teses distribuídas pelas leis etc.

1.3. Regras de competência

Agora, vamos trabalhar algumas regras importantíssimas sobre a competência.

a) Entes públicos
- Ações autor/réu: União Federal – Justiça Federal – art. 109 da Constituição Federal – Vara Federal.

- Ações autor/réu: Estados-membros – Justiça Estadual – art. 125 da Constituição Federal – Vara da Fazenda Pública.
- Ações autor/réu: Municípios – Justiça Estadual – art. 125 da Constituição Federal – Vara da Fazenda Pública.

b) Entidades administrativas
- Ações autor/réu: autarquias, fundações, empresas públicas federais – Justiça Federal – Vara Federal – art. 109, I, da Constituição Federal.
- Ações autor/réu: autarquia, fundações, empresas públicas e sociedades de economia mista estaduais e municipais – Justiça Estadual – art. 109, I, por interpretação a *contrario sensu*.
- Ações autor/réu: sociedade de economia mista federal – Justiça Estadual – art. 109, I, por interpretação a *contrario sensu*.

Súmula 42 do STJ. "Compete à Justiça Comum Estadual processar e julgar as causas cíveis em que é parte sociedade de economia mista e os crimes praticados em seu detrimento".

1.4. Resumo das peças

O objetivo deste guia é apresentar um **resumo** das possibilidades de cabimento de cada uma das peças práticas da 2ª fase de direito administrativo. Ainda que a peça a ser peticionada seja exigida pela FGV, faz-se de grande importância compreender os motivos, características e requisitos básicos de cada uma das possíveis cobranças.

1. *Habeas data*: remédio constitucional utilizado para ter acesso à informação, complementar à informação ou retificá-la no que diz respeito a um registro existente num banco de dados. Só pode prosperar a ação se demonstrado o cumprimento do requisito administrativo, qual seja, a provocação do banco de dados para que apresentasse, retificasse ou inserisse à informação, nos termos do pedido. Lembra que tanto faz a negativa expressa ou a omissão no que diz respeito à informação.

2. Mandado de segurança: utilizado para tutelar um direito líquido e certo não amparado por *habeas data* ou *habeas corpus*. O direito líquido e certo recai, em resumo, sobre as provas documentais. Importante lembrar que no mandado de segurança não há possibilidade de produção probatória, mas deve ser pedido a juntada de documentos. Não esqueça o prazo de 120 dias, bem como que o mandado de segurança não se confunde com ação de cobrança, conforme explicaremos em capítulo próprio. Ainda, o mandado de segurança será impetrado contra o ato de uma autoridade coatora.

3. Mandado de segurança coletivo: segue a mesma lógica do mandado de segurança individual, porém, agora, busca a tutela dos direitos coletivos, tendo em vista alguns legitimados específicos: o partido político, as organizações sindicais, as entidades de classe ou as associações. Todo o resto segue o mandado de segurança individual, com a exceção do pedido de liminar (art. 22, § 2º, da Lei do Mandado de Segurança).

4. Ação popular: busca a anulação de ato ou contrato administrativo que venha a lesar o patrimônio público. Muito cuidado que a ação popular não visa proteger direito exclusivo do autor, mas de toda a coletividade. Ainda, somente poderá ser autor dessa ação aquele que comprovar ser cidadão, ou seja, é indispensável o título de eleitor para que seja provada a cidadania. Cuidado que o detentor de mandato eletivo e o agente público também podem propor uma ação popular, pois para ser eleito e para tomar posse em cargo público devem ter, necessariamente, o título de eleitor.

5. Ação de improbidade administrativa: é cabível para a propositura do Ministério Público ou da pessoa jurídica de direito público que foi lesada. Por essa razão, parece ser mais interessante o estudo de uma contestação em sede de improbidade administrativa, vez que o Exame da OAB visa à habilitação do advogado para a carreira privada e, não, para a carreira pública. Sendo assim, neste *livro* trabalharemos a contestação em ação de improbidade administrativa.

6. Ação civil pública: se for cobrada uma ação civil pública, será cabível nos casos em que a associação busca tutelar os chamados direitos difusos ou coletivos. Pelo mesmo fato que não é razoável no Exame de Ordem cair uma peça privativa do Promotor de Justiça, também não seria lógico cobrarem uma peça em que você atue como um advogado público. Vale lembrar que na ação civil pública temos uma amplitude de tutela maior do que na ação popular, porém. A ação civil pública visa tutelar o consumidor, o meio ambiente, os bens de valor histórico, estético [...], os portadores de necessidades especiais, a criança, o adolescente etc. Aqui, não se fala mais do título de eleitor ou do cidadão.

7. Ação ordinária de indenização/ação ordinária de anulação: como toda ação ordinária deve seguir o modelo de petição inicial do Código de Processo Civil, sendo que a única diferença entre uma indenizatória para uma anulatória é o pedido em si. Lembre-se de que se já tiver expirado o prazo de 120 dias e/ou o problema falar que o seu cliente busca receber valores do passado, não mais será cabível o mandado de segurança, por exemplo, e sim uma ação ordinária. Por convenção, sempre que for uma ação ordinária faremos o pedido de antecipação de tutela.

8. Contestação: cabível sempre nos casos em que houver citação/notificação/intimação (razão pela qual alguém moveu uma ação contra seu cliente) e, ainda não existiu sentença. Lembre-se de que a contestação pode ser cobrada no contexto da Lei de Improbidade Administrativa, razão pela qual deve seguir o modelo do Código de Processo Civil. Ao contrário das petições iniciais (em que ainda não existiu qualquer manifestação judicial), na contestação, já lhe é dado todo um conjunto de fatos e acusações que caberá a você rebater. Não esqueça, se cair contestação, teremos de mencionar as preliminares, bem como rebater todos os argumentos apresentados pela petição inicial.

9. Apelação: recurso cabível contra uma decisão judicial que encerra o processo, com ou sem julgamento do mérito. Lembre-se de que a apelação é o recurso cabível contra a sentença (juiz singular, seja estadual ou federal).

10. Recurso ordinário: recurso cabível de uma decisão originária de tribunal. Veja se da sentença cabe apelação, das decisões originárias do TJ ou TRF caberá recurso ordinário ao STJ. Ainda, se for decisão originária do STJ, caberá recurso ordinário ao STF, sempre num contexto de denegatória de mandado de segurança e *habeas data*, principalmente.

11. Agravo de instrumento: recurso cabível contra decisões judiciais interlocutórias que, por lógica, não colocam fim ao processo e trazem ao seu cliente um prejuízo. Lembre-se de que, mesmo sendo um recurso, o modelo do agravo de instrumento é sempre uma petição inicial.

12. Recurso especial: recurso cabível, como regra, contra uma decisão do TJ ou do TRF que contrarie a legislação infraconstitucional. Não se esqueça da existência do prequestionamento.

13. Recurso extraordinário: recurso cabível contra decisões do TJ, do TRF ou do STJ que atentem contra a Constituição Federal. Lembre-se de que existe o prequestionamento e, também, a repercussão geral.

14. Reclamação constitucional: nada mais é do que uma ação endereçada ao STJ ou ao STF em que buscamos garantir a autoridade das decisões das respectivas Cortes. No caso de uma ofensa ao texto de súmula vinculante, por evidente, teremos uma reclamação constitucional ao Supremo Tribunal Federal.

15. Impugnação ao edital: medida administrativa utilizada somente quando o examinador expressamente solicitar, tendo em vista uma cláusula abusiva/ilícita num edital da Administração Pública. Mais comumente utilizada para impugnar edital de concurso público ou de procedimento licitatório.

16. Recurso administrativo: também é medida administrativa utilizada só e tão somente quando o examinador expressamente pedir. A regra sempre será o recurso judicial, mas nada impede de conhecermos o recurso administrativo e suas peculiaridades.

17. Parecer: o parecer é, objetivamente falando, uma resposta jurídica para uma pergunta formulada. Mais uma vez, somente elaboraremos esta peça quando o examinador assim exigir.

2. ESTUDO DO DIREITO PROCESSUAL E ANÁLISE DE CADA PEÇA

2.1. *Habeas data*

2.1.1. Apresentação

O *habeas data* é o remédio constitucional utilizado para a obtenção de informações, correções/retificações ou complementação de uma informação do próprio requerente/autor/impetrante.

É o instrumento adequado à defesa dos direitos previstos nos incisos XIV e XXXIII do art. 5º da CF/88. Reserva-se à salvaguarda do registro correto dos dados relativos à pessoa.

Vale lembrar que se considera de caráter público todo registro ou banco de dados que contém informações que sejam transmitidas a terceiros e, assim, que não sejam de uso privativo do órgão ou entidade produtora ou depositária da informação (art. 1º, parágrafo único, da Lei n. 9.507/97).

Esse remédio constitucional tem estrutura da petição inicial.

2.1.2. Requisitos e características

Para elaborar um *habeas data* é indispensável a leitura do art. 5º, LXXII, da Constituição Federal, bem como da Lei n. 9.507/97. Assim determina o texto constitucional:

> Art. 5º [...]
> LXXII – conceder-se-á *habeas data:*
> a) para assegurar o conhecimento de informações relativas à pessoa do impetrante, constantes de registros ou bancos de dados de entidades governamentais ou de caráter público;
> b) para a retificação de dados, quando não se prefira fazê-lo por processo sigiloso, judicial ou administrativo;
> Percebe-se, com muita nitidez, que o *habeas data* tem uma finalidade muito objetiva: permitir que o impetrante tenha acesso à uma informação própria que foi negada.

No tocante à Lei n. 9.507/97, a disposição legal segue a mesma linha constitucional, porém com maior detalhamento:

Art. 7º Conceder-se-á *habeas data*:
I – para assegurar o conhecimento de informações relativas à pessoa do impetrante, constantes de registro ou banco de dados de entidades governamentais ou de caráter público;
II – para a retificação de dados, quando não se prefira fazê-lo por processo sigiloso, judicial ou administrativo;
III – para a anotação nos assentamentos do interessado, de contestação ou explicação sobre dado verdadeiro mas justificável e que esteja sob pendência judicial ou amigável.

Por evidente, é sempre indispensável que tenhamos uma exata identificação do inciso que se encaixa no caso concreto, uma vez que o pedido do *habeas data* será para ter acesso, ou para retificar ou para complementar uma informação.

Para que o *habeas data* prospere, é indispensável o cumprimento do requisito administrativo, qual seja, o peticionamento ao banco de dados para que a informação seja concedida/retificada/complementada. Somente com a prova de que se cumpriu o requisito administrativo (a negativa do banco de dados ou sua omissão) é que estará aberta a via para a impetração desse remédio constitucional. Assim dispõe o art. 8º da Lei do *Habeas Data*:

Art. 8º A petição inicial, que deverá preencher os requisitos dos arts. 282 a 285 (leia-se 319 e 320, do novo CPC) do Código de Processo Civil, será apresentada em duas vias, e os documentos que instruírem a primeira serão reproduzidos por cópia na segunda.
Parágrafo único. A petição inicial deverá ser instruída com prova:
I – da recusa ao acesso às informações ou do decurso de mais de dez dias sem decisão;
II – da recusa em fazer-se a retificação ou do decurso de mais de quinze dias, sem decisão; ou
III – da recusa em fazer-se a anotação a que se refere o § 2º do art. 4º ou do decurso de mais de quinze dias sem decisão.

No *habeas data* não se admite a produção de provas, razão pela qual você deve realizar o pedido de juntada de prova pré-constituída/prova documental.

Outro ponto importante é pela inexistência de pedido de liminar ou de antecipação de tutela, uma vez que nesse remédio constitucional temos de realizar o pedido de prioridade de julgamento (art. 19 da Lei n. 9.507/97).

Ainda, por expressa determinação constitucional, o *habeas data* é uma ação gratuita, razão pela qual não se faz pedido de condenação em custas nem honorários advocatícios (art. 5º, LXXVII, da CF).

Por fim, da sentença que conceder ou negar o *habeas data* será cabível apelação (art. 15).

2.1.3. Como identificar a peça

Para identificar um *habeas data* não há dificuldades, pois a questão mencionará o desejo do autor de ter acesso/retificar/complementar sua própria informação, sendo que esta estará junto ao banco de dados. Vale lembrar, também, que o problema deverá informar sobre a existência do peticionamento administrativo e, por evidente, seu insucesso.

Além disso, por se tratar de uma petição inicial, não terá qualquer manifestação judicial, nem peticionamento judicial. Ou seja, o problema apresentará um caso e caberá a você ingressar com esta ação.

2.1.4. Competência

Lembre-se de que o *habeas data* será impetrado contra o ato de uma autoridade e, por essa razão, será essa autoridade que determinará a competência. Muito importante a leitura do art. 20 da Lei n. 9.507/97, pois será nele que você verificará o juízo responsável pela apreciação do remédio:

> Art. 20. O julgamento do *habeas data* compete:
> I – originariamente:
> a) ao Supremo Tribunal Federal, contra atos do Presidente da República, das Mesas da Câmara dos Deputados e do Senado Federal, do Tribunal de Contas da União, do Procurador-Geral da República e do próprio Supremo Tribunal Federal;
> b) ao Superior Tribunal de Justiça, contra atos de Ministro de Estado ou do próprio Tribunal;
> c) aos Tribunais Regionais Federais contra atos do próprio Tribunal ou de juiz federal;
> d) a juiz federal, contra ato de autoridade federal, excetuados os casos de competência dos tribunais federais;
> e) a tribunais estaduais, segundo o disposto na Constituição do Estado;
> f) a juiz estadual, nos demais casos;
> II – em grau de recurso:
> a) ao Supremo Tribunal Federal, quando a decisão denegatória for proferida em única instância pelos Tribunais Superiores;
> b) ao Superior Tribunal de Justiça, quando a decisão for proferida em única instância pelos Tribunais Regionais Federais;
> c) aos Tribunais Regionais Federais, quando a decisão for proferida por juiz federal;
> d) aos Tribunais Estaduais e ao do Distrito Federal e Territórios, conforme dispuserem a respectiva Constituição e a lei que organizar a Justiça do Distrito Federal;
> III – mediante recurso extraordinário ao Supremo Tribunal Federal, nos casos previstos na Constituição.

Na mesma linha, determina o texto constitucional quanto à competência do Supremo Tribunal Federal, do Superior Tribunal de Justiça, Justiça Federal etc.:

> Art. 102. Compete ao Supremo Tribunal Federal, precipuamente, a guarda da Constituição, cabendo-lhe:

I – processar e julgar, originariamente:
[...]
d) o *habeas corpus*, sendo paciente qualquer das pessoas referidas nas alíneas anteriores; o mandado de segurança e o *habeas data* contra atos do Presidente da República, das Mesas da Câmara dos Deputados e do Senado Federal, do Tribunal de Contas da União, do Procurador-Geral da República e do próprio Supremo Tribunal Federal;
[...]
Art. 105. Compete ao Superior Tribunal de Justiça:
I – processar e julgar, originariamente:
[...]
b) os mandados de segurança e os habeas data contra ato de Ministro de Estado, dos Comandantes da Marinha, do Exército e da Aeronáutica ou do próprio Tribunal;
[...]
Art. 108. Compete aos Tribunais Regionais Federais:
I – processar e julgar, originariamente:
[...]
c) os mandados de segurança e os *habeas data* contra ato do próprio Tribunal ou de juiz federal.

Para uma melhor compreensão de todos os dispositivos acima, vejamos a tabela:

Competência	
	a) STF: contra atos do Presidente da República, das Mesas das Câmaras dos Deputados e do Senado Federal, do Tribunal de Contas da União, do Procurador-Geral da República e do próprio STF (art. 102, I, *d*, da CF)
	b) STJ: contra atos de Ministro de Estado, dos Comandantes da Marinha, Exército e Aeronáutica ou do próprio Tribunal (art. 105, I, *b*, da CF)
	c) TRF: contra atos do próprio Tribunal ou de juiz federal (art. 108, I, *c*, da CF)
	d) Juízes federais: contra ato de autoridade federal, excetuados os casos de competência dos tribunais federais (art. 109, VIII, da CF)
	e) Juízes do trabalho: contra ato questionado que envolva matéria sujeita à sua jurisdição (art. 114, IV, da CF)
	f) Tribunais estaduais: segundo o disposto na Cons. do Estado
	g) Juízes estaduais: nos demais casos.

Recurso	a) STF: quando a decisão denegatória for proferida em única instancia pelos Tribunais Superiores (art. 102, II, *a*, da CF) b) STJ: quando a decisão for proferida por um tribunal estadual ou por um TRF em apelação (art. 105, II, da CF) ou quando a decisão for proferida em única instancia pelos Tribunais Regionais Federais c) TRF: quando a decisão for proferida por juiz federal d) Tribunais estaduais e o Distrito Federal: conforme dispuseram a respectiva Constituição e a Lei Orgânica e) TSE: quando o *habeas data* for negado pelo Tribunal Regional Eleitoral (art. 121, § 4º, V, da CF)
Partes	a) Impetrante: titular do direito, pessoa física ou jurídica, ao conhecimento ou retificação de informações – direito *intuito personae* b) Impetrado: contra quem praticou o ato ou quem detém a informação que se pretende obter, retificar ou anotar, ou seja, ente, entidade, órgão ou pessoa jurídica de Direito Privado que exercer função pública ou privada (que possua caráter público) responsável pelo registro das informações. Se o impetrado for órgão ou agente público: explicar a entidade à qual pertence
Hipóteses de cabimento	a) Acesso aos registros/informações b) Retificação dos registros/informações c) Complementação dos registros/informações
Prazo	Sem prazo definido. Ver art. 8º da Lei n. 9.507/97
Fundamentos legais	– art. 5º, LXXII, da CF – Lei n. 9.507/97
Fundamentação jurídica	Recusa de apresentação/retificação/complementação de informações por parte da autoridade. Interesse de agir: é necessário que o interessado postule administrativamente as informações. A denegação do pedido é a condição para a propositura da ação.

2.1.5. Resumo dos pedidos do *habeas data*

No *habeas data*, teremos de formular cinco pedidos. Por isso, para que você nunca mais se esqueça, olha o nosso macete: a Lei n. 9.507/97 "determina" cinco pedidos! Pronto, agora, veja quais são eles:

a) notificação da autoridade coatora para que preste as informações no prazo de dez dias (art. 9º da Lei n. 9.507/97);

b) intimação do representante do Ministério Público (art. 12 da Lei n. 9.507/97);

c) a procedência da ação para marcar data e horário para que o coator apresente ao impetrante as informações a seu respeito (art. 13 da Lei n. 9.507/97);

d) a prioridade de julgamento do presente feito (art. 19 da Lei n. 9.507/97);

e) a juntada da prova pré-constituída que comprova a recusa da informação (requisito administrativo/petição administrativa, nos termos do art. 8º da Lei n. 9.507/97 e art. 320 do Código de Processo Civil).

Valor da causa: R$

Local/Data...

Advogado/OAB...

2.1.6. Estrutura do *habeas data*

ENDEREÇAMENTO: Excelentíssimo Senhor Doutor Juiz de Direito da... Vara da Fazenda Pública da Comarca de..., Estado de... ou Excelentíssimo Senhor Doutor Juiz Federal da... Vara Federal da Subseção Judiciária, Seção Judiciária de...

QUALIFICAÇÃO DO IMPETRANTE: (nome completo, estado civil, profissão, RG, CPF, endereço eletrônico, com endereço na rua, número, bairro, cidade, Estado, CEP...), por seu advogado (procuração em anexo), com escritório no endereço..., onde receberá as intimações devidas.

NOME DA AÇÃO E FUNDAMENTO: o "habeas data" terá, pelo menos, dois fundamentos, quais sejam, um no art. 5.º, inciso LXXII, alínea conforme o problema mencionar, da Constituição Federal e, também, no art. 7.º, inciso a ser escolhido conforme o caso concreto, da Lei n. 9.507/97, tudo isso sem prejuízo da possibilidade em se impetrar perante o STF, STJ, Tribunais Federais etc. Lembre-se de que, por se tratar de um remédio constitucional, o correto é mencionar "impetrar" o "Habeas data".

QUALIFICAÇÃO DA AUTORIDADE: basta mencionar o ato praticado pela autoridade e, também, a pessoa jurídica ao qual esteja à autoridade vinculada.

I. DOS FATOS: resumir os fatos apresentados pelo problema, sem inserir qualquer novo dado, sob pena de nota zero na peça.

II. DO DIREITO: após identificar as teses, é importante desenvolver cada uma delas naquela nossa estrutura de três parágrafos (conforme estudamos no capítulo da Estrutura das Teses). Assim, você sempre terá uma tese constitucional, outra tese na lei e uma terceira com base em princípios. Isso sem afastar a possibilidade de aplicar jurisprudência e súmulas.

III. DOS PEDIDOS: é o momento de concluir seu "habeas data" e pontuar cada um dos pedidos, conforme o roteiro estabelecido pela Lei n. 9.507/97, sempre lembrando dos cinco pedidos.
Sendo assim, pede-se:
a) seja o coator notificado para que preste as informações necessárias (art. 9.° da Lei n. 9.507/97);
b) seja a ação julgada procedente para marcar data e horário para que o coator apresente à autora as informações a seu respeito, nos termos da fundamentação (art. 13, inciso I, da Lei n. 9.507/97);
c) a intimação do representante do Ministério Público (art. 12 da Lei n. 9.507/97);
d) a prioridade do julgamento, nos termos do art. 19 da Lei n. 9.507/97;
e) a juntada dos documentos que comprovam a negativa da informação requerida mediante petição administrativa (art. 8.° da Lei n. 9.507/97 e art. 320 do Código de Código de Processo Civil).

Valor da causa; R$... (valor por extenso)

Local/Data...

Advogado/OAB...

2.1.7. Modelo de petição do *habeas data*

(Questão Simulada) Mévio, servidor público federal, lotado no Ministério do Esporte, pretende se submeter a outro concurso em âmbito federal. Para tanto, organiza a lista de documentos necessários e percebe a ausência de informação quanto ao seu assentamento funcional. Imediatamente, peticiona ao Sr. Ministro requerendo informações pessoais que constam nos registros do Ministério. Em resposta, a autoridade nega a informação, com a justificativa de que todas as informações do Ministério estão sob sigilo em virtude dos contratos firmados com o COI para a realização das Olimpíadas e que a quantidade de serviço no órgão é grande e que não se faz possível prestar tais informações no momento.
Na qualidade de advogado de Mévio, elabore a medida judicial cabível na defesa de seus interesses, levando em consideração sua urgência na obtenção das informações.

EXCELENTÍSSIMO SENHOR DOUTOR MINISTRO PRESIDENTE DO SUPERIOR TRIBUNAL DE JUSTIÇA

Mévio, estado civil, servidor público federal, RG, CPF, endereço eletrônico, com endereço na rua, número, bairro, cidade, Estado, CEP, por seu advogado (procuração em anexo), com escritório no endereço..., onde receberá as intimações devidas, vem, com fundamento no art. 5.º, inciso LXXII, alínea "a", da Constituição Federal e Lei n. 9.507/97, impetrar:

"Habeas data"

Em face do ato praticado pelo Sr. Ministro dos Esportes, vinculado a União, pessoa jurídica de direito público interno, com endereço..., pelas razões de fato e de direito;

I – Dos Fatos

O autor, servidor público federal, tem a intenção de se submeter a novo concurso e precisa ter acesso a informações pessoais que constam nos assentamentos do Ministério do Esporte. Para isso, solicitou por petição tais informações ao Ministro, que por sua vez negou o pedido com a justificativa de que todas as informações estão sob sigilo em virtude dos contratos firmados com o COI para a realização das Olimpíadas e que a quantidade de serviço no órgão é grande, o que não se permite prestar tais informações no momento. No entanto, como será demonstrado a seguir, o ato é ilegal e merece ser afastado.

II – Do Direito

Lembre-se de desenvolver cada tese conforme estudamos no Capítulo I "Construção das Teses", bem como utilizando-se das lições de direito material do Capítulo 3.

III – Dos Pedidos

Sendo assim, pede-se:
a) seja o coator notificado para que preste as informações necessárias no prazo de dez dias (art. 9.º da Lei n. 9.507/97);
b) seja a ação julgada procedente para marcar data e horário para que o coator apresente à autora as informações a seu respeito, nos termos da fundamentação (art. 13, inciso I, da Lei n. 9.507/97);

c) a intimação do representante do Ministério Público (art. 12 da Lei n. 9.507/97);
d) a prioridade do julgamento, nos termos do art. 19 da Lei n. 9.507/97;
e) a juntada dos documentos que comprovam a negativa da informação requerida mediante petição administrativa (art. 8.º, parágrafo único, inciso I, da Lei n. 9.507/97 e art. 320 do Código de Código de Processo Civil).

Valor da causa: R$... (valor por extenso)

Local/Data...

Advogado/OAB...

2.2. Mandado de segurança

2.2.1. Apresentação

O mandado de segurança é o remédio constitucional utilizado subsidiariamente em relação ao *habeas data* e ao *habeas corpus*. Assim, primeiro se deve verificar a possibilidade de ser caso de *habeas data*. Quanto ao *habeas corpus*, não parece ser razoável a cobrança deste na 2ª fase de direito administrativo.

Também chamado de *mandamus*, ou *writ*, constitui ação de cunho constitucional, pela qual se busca a proteção de direito líquido e certo contra direito vulnerado (mandado de segurança repressivo) ou na iminência de ser (mandado de segurança preventivo), por ato de autoridade pública ou delegatário de serviço público.

Esse remédio constitucional tem estrutura da petição inicial.

2.2.2. Requisitos e características

O **mandado de segurança pode ser individual ou coletivo** (entidade de classe ou associação na defesa dos direitos de seus membros ou associados). O primeiro tem previsão no art. 5º, LXIX, e o segundo no art. 5º, LXX, ambos da Constituição Federal, sempre em conjunto com a leitura da Lei n. 12.016/2009. Iniciaremos pelo mandado de segurança individual e, depois, estudaremos o mandado de segurança coletivo.

O mandado de segurança é impetrado sempre contra um ato praticado por uma autoridade coatora com ilegalidade ou abuso de poder. Lembre-se: o mandado segurança deve ser impetrado contra o ato da autoridade. Assim determina a Lei n. 12.016/2009:

> Art. 1º Conceder-se-á mandado de segurança para proteger direito líquido e certo, não amparado por *habeas corpus* ou *habeas data*, sempre que, ilegalmente

ou com abuso de poder, qualquer pessoa física ou jurídica sofrer violação ou houver justo receio de sofrê-la por parte de autoridade, seja de que categoria for e sejam quais forem as funções que exerça.

§ 1º Equiparam-se às autoridades, para os efeitos desta Lei, os representantes ou órgãos de partidos políticos e os administradores de entidades autárquicas, bem como os dirigentes de pessoas jurídicas ou as pessoas naturais no exercício de atribuições do poder público, somente no que disser respeito a essas atribuições.

Dessa forma, será **autoridade coatora** aquela que tenha praticado o ato impugnado ou da qual emane a ordem para a sua prática. Muita atenção com o exercício de competência delegada, pois, caso exista uma delegação, aquele que praticou o ato no exercício da delegação é quem responderá como autoridade coatora, não o titular da competência. Exemplo: João, titular da competência, também conhecido como autoridade delegante, delegou o exercício da competência para Pedro, autoridade delegada, que, por sua vez, praticou o ato e causou dano ao particular. Quem responderá como autoridade coatora será Pedro. Ver Súmula 510 do STF.

O **direito líquido e certo/direito subjetivo** é aquele comprovado por provas documentais, ou seja, demonstrado por provas pré-constituídas. Dessa forma, no mandado segurança não se admite a produção de provas. Tecnicamente, na ação mandamental não é admitida a dilação probatória. Por isso, sendo caso de mandado de segurança, jamais faremos o pedido de produção de provas.

Por **ato ilegal** deve-se entender que são todos aqueles atos concretos que afrontam algum dispositivo de lei e, dessa forma, causam uma lesão ao direito individual. No entanto, o **abuso de poder** pode ser tanto excesso de poder, quando o agente atua para além da sua competência, como desvio de finalidade, quando o agente usa seu poder para contrariar interesse público buscando uma finalidade privada.

Outro ponto fundamental é a realização do **pedido de liminar** (fumaça do bom direito e perigo da demora), nos termos do art. 7º, III, da Lei do Mandado de Segurança:

> Art. 7º Ao despachar a inicial, o juiz ordenará:
> [...]
> III – que se suspenda o ato que deu motivo ao pedido, quando houver fundamento relevante e do ato impugnado puder resultar a ineficácia da medida, caso seja finalmente deferida, sendo facultado exigir do impetrante caução, fiança ou depósito, com o objetivo de assegurar o ressarcimento à pessoa jurídica.

No mandado de segurança, deve-se analisar o **prazo para impetração**, ou seja, o direito de requerer por mandado de segurança extingue-se após 120 dias, contados da ciência, pelo interessado, do ato impugnado. *Assim, lembre-se de que o prazo começa a contar com a ciência do interessado* (art. 23 da Lei n. 12.016/2009).

Outro ponto muito importante é a distinção do clássico "pedido de citação" da parte contrária. No mandado de segurança, esse pedido é desdobrado, pois a autoridade coatora é notificada para prestar as informações, enquanto a **pessoa jurídica da qual ela está vinculada será cientificada** para, se desejar, ingressar no feito. Lembre-se de que será essa pessoa jurídica que suportará os custos de uma eventual condenação.

Por falar em pedidos e peculiaridades, já vimos que não cabe o pedido de produção de provas. Porém, sempre será cabível o pedido de condenação em custas, mas não realizamos o pedido de condenação ao pagamento dos honorários, por expressa proibição do art. 25 da Lei n. 12.016/2009:

> Art. 25. Não cabem, no processo de mandado de segurança, a interposição de embargos infringentes e a condenação ao pagamento dos honorários advocatícios, sem prejuízo da aplicação de sanções no caso de litigância de má-fé.

Além do que já foi mencionado, quais seriam as outras hipóteses em que não será cabível o mandado de segurança? Bem, não será cabível o mandado de segurança contra:

a) **lei em tese**, ou seja, normas gerais, abstratas e impessoais, pois é imprescindível uma violação concreta de um direito líquido e certo;

b) **coisa julgada** (Súmula 268 do STF e art. 5º, III, da Lei n. 12.016/2009);

c) **ato do qual caiba recurso administrativo com efeito suspensivo**, independentemente de caução (art. 5º, I, da Lei n. 12.016/2009). Por essa razão, com base no art. 168 da Lei n. 14.133/2021, não cabe mandado de segurança da decisão da comissão de licitação que inabilita ou desclassifica o licitante, uma vez que dessa decisão cabe recurso administrativo com efeito suspensivo;

d) **decisão judicial da qual caiba recurso com efeito suspensivo** (art. 5º, II, da Lei n. 12.016/2009);

e) **ato de gestão comercial** praticado pelos administradores de empresas públicas, de sociedade de economia mista e de concessionárias de serviço público. Assim, se o gerente da Caixa Econômica não lhe concede limite maior para o seu cartão de crédito, nega talão de cheques por eventual restrição ao CPF do cliente, dentre outras hipóteses, não será cabível o mandado de segurança por serem atos de gestão comercial (art. 1º, § 2º, da Lei n. 12.016/2009);

f) **recebimento de valores do passado**. Explicamos: o mandado de segurança não pode ser utilizado para substituir uma ação de cobrança. No mandado de segurança não podemos cobrar os valores do passado, mas somente aqueles que vencerem da impetração do remédio até a sentença (art. 14, § 4º, da Lei n. 12.016/2009 e Súmula 269 do STF).

2.2.3. Como identificar a peça

Conforme mencionamos no começo deste capítulo, somente utilizaremos o mandado de segurança se não for o caso de *habeas data* ou *habeas corpus*. Além disso, o problema já lhe dará a prova documental, pois não há produção de provas. Assim, o direito líquido e certo já estará nitidamente violado ou em vias de ser ofendido.

Além disso, quando existir dúvida entre o mandado de segurança e uma ação ordinária devemos optar, preenchidos todos os requisitos, pelo mandado de segurança, pois é uma ação mais célere.

2.2.4. Competência

Lembre-se de que o mandado de segurança será impetrado contra o ato de uma autoridade e, por essa razão, será essa autoridade que determinará a competência do Juízo. Muito importante a leitura do art. 20 da Lei n. 9.507/97, isso mesmo, é esse artigo que produz reflexos para o mandado de segurança, também. Assim, aquilo que é válido para o *habeas* data, no aspecto da competência, também o será para o mandado de segurança.

> Art. 20. O julgamento do *habeas data* compete:
>
> I – originariamente:
>
> a) ao Supremo Tribunal Federal, contra atos do Presidente da República, das Mesas da Câmara dos Deputados e do Senado Federal, do Tribunal de Contas da União, do Procurador-Geral da República e do próprio Supremo Tribunal Federal;
>
> b) ao Superior Tribunal de Justiça, contra atos de Ministro de Estado ou do próprio Tribunal;
>
> c) aos Tribunais Regionais Federais contra atos do próprio Tribunal ou de juiz federal;
>
> d) a juiz federal, contra ato de autoridade federal, excetuados os casos de competência dos tribunais federais;
>
> e) a tribunais estaduais, segundo o disposto na Constituição do Estado;
>
> f) a juiz estadual, nos demais casos;
>
> II – em grau de recurso:
>
> a) ao Supremo Tribunal Federal, quando a decisão denegatória for proferida em única instância pelos Tribunais Superiores;
>
> b) ao Superior Tribunal de Justiça, quando a decisão for proferida em única instância pelos Tribunais Regionais Federais;
>
> c) aos Tribunais Regionais Federais, quando a decisão for proferida por juiz federal;
>
> d) aos Tribunais Estaduais e ao do Distrito Federal e Territórios, conforme dispuserem a respectiva Constituição e a lei que organizar a Justiça do Distrito Federal;
>
> III – mediante recurso extraordinário ao Supremo Tribunal Federal, nos casos previstos na Constituição.

Na mesma linha, determina o texto constitucional quanto à competência do Supremo Tribunal Federal, do Superior Tribunal de Justiça, Justiça Federal etc.:

> Art. 102. Compete ao Supremo Tribunal Federal, precipuamente, a guarda da Constituição, cabendo-lhe:

I – processar e julgar, originariamente:
[...]
d) o *habeas corpus*, sendo paciente qualquer das pessoas referidas nas alíneas anteriores; o mandado de segurança e o *habeas data* contra atos do Presidente da República, das Mesas da Câmara dos Deputados e do Senado Federal, do Tribunal de Contas da União, do Procurador-Geral da República e do próprio Supremo Tribunal Federal;
[...]
Art. 105. Compete ao Superior Tribunal de Justiça:
I – processar e julgar, originariamente:
[...]
b) os mandados de segurança e os habeas data contra ato de Ministro de Estado, dos Comandantes da Marinha, do Exército e da Aeronáutica ou do próprio Tribunal;
[...]
Art. 108. Compete aos Tribunais Regionais Federais:
I – processar e julgar, originariamente:
[...]
c) os mandados de segurança e os *habeas data* contra ato do próprio Tribunal ou de juiz federal;

2.2.5. Resumo dos pedidos do mandado de segurança

No mandado de segurança, teremos de formular seis pedidos. Por isso, para que você nunca mais se esqueça, olha o nosso macete: a Lei n. 12.016/2009 "determina" seis pedidos! Pronto, agora, quais são os pedidos:

a) notificação da autoridade coatora para que preste as informações (art. 7º, I, da Lei n. 12.016/2009);

b) cientificação do feito ao órgão de representação judicial da pessoa jurídica interessada para, querendo, venha ingressar no feito (art. 7º, II, da Lei n. 12.016/2009);

c) intimação do representante do Ministério Público (art. 12 da Lei n. 12.016/2009);

d) a procedência da ação para a concessão da segurança, confirmando a liminar em todos os seus termos (art. 7º, III, Lei n. 12.016/2009);

e) a juntada da prova pré-constituída/prova documental (art. 320 do Código de Processo Civil);

f) a condenação ao pagamento das custas processuais (art. 82 do Código de Processo Civil).

Valor da causa: R$... (valor por extenso)

Local/Data...

Advogado/OAB...

2.2.6. Estrutura do mandado de segurança

ENDEREÇAMENTO: Excelentíssimo Senhor Doutor Juiz de Direito da... Vara da Fazenda Pública da Comarca de..., Estado de... ou Excelentíssimo Senhor Doutor Juiz Federal da... Vara Federal da Subseção Judiciária, Seção Judiciária de...

QUALIFICAÇÃO DO IMPETRANTE: (nome completo, estado civil, profissão, RG, CPF, endereço eletrônico, com endereço na rua, número, bairro, cidade, Estado, CEP...), caso seja uma pessoa jurídica (nome da PJ, CNPJ, nesse ato representada pelo sócio..., com endereço na rua, número, bairro, cidade, Estado, CEP) por seu advogado (procuração em anexo), com escritório no endereço..., onde receberá as intimações devidas.

NOME DA AÇÃO E FUNDAMENTO: o mandado de segurança (com pedido de liminar) terá, pelo menos, dois fundamentos, quais sejam, um no art. 5.º, inciso LXIX, da Constituição Federal e, também, no art. 1.º da Lei n. 12.016/2009, tudo isso sem prejuízo da possibilidade em se impetrar perante o STF, STJ, Tribunais Federais etc. Lembre-se de que por se tratar de um remédio constitucional o correto é mencionar "impetrar" o mandado de segurança com o pedido de liminar.

QUALIFICAÇÃO DA AUTORIDADE: basta mencionar o ato praticado pela autoridade e, também, a pessoa jurídica que esteja a autoridade vinculada.

I – DOS FATOS: resumir os fatos apresentados pelo problema, sem inserir qualquer novo dado, sob pena de nota zero na peça.

II – DO DIREITO: após identificar as teses, é importante desenvolver cada uma delas naquela nossa estrutura de três parágrafos (conforme estudamos no capítulo da Estrutura das Teses). Assim, você sempre terá uma tese constitucional, outra tese na lei e uma terceira com base em princípios. Isso sem afastar a possibilidade de aplicar jurisprudência e súmulas. Não se esqueça de mencionar o direito líquido e certo/direito subjetivo violado.

III – DA LIMINAR: deve ser feito o pedido de liminar, conforme já estudado, sempre mencionando o perigo da demora ("periculum in mora") e a fumaça do bom direito ("fumus boni juris"), tudo em respeito ao art. 7.º, inciso III, da Lei n. 12.016/2009.

IV – DOS PEDIDOS: é o momento de concluir seu mandado de segurança e pontuar cada um dos pedidos, conforme o roteiro estabelecido pela Lei n. 12.016/2009, sempre lembrando dos seis pedidos.

Sendo assim, pede-se:
a) notificação da autoridade coatora para que preste as informações (art. 7.º, I, da Lei n. 12.016/2009);
b) cientificação do feito ao órgão de representação judicial da... para, querendo, ingressar no feito (art. 7.º, II, da Lei n. 12.016/2009);
c) intimação do representante do Ministério Público (art. 12 da Lei n. 12.016/2009);
d) a procedência da ação para a concessão da segurança, confirmando a liminar em todos os seus termos, para determinar..., nos termos da fundamentação (art. 7.º, III, Lei n. 12.016/2009):
e) a juntada da prova pré-constituída/prova documental (art. 320 do Código de Processo Civil);
f) a condenação ao pagamento das custas processuais (art. 82 do Código de Processo Civil).

Valor da causa: R$... (valor por extenso)

Local/Data...

Advogado/OAB...

2.2.7. Modelo de petição do mandado de segurança

(V Exame) A empresa Aquatrans é concessionária de transporte público aquaviário no Estado X há sete anos e foi surpreendida com a edição do Decreto 1.234, da Chefia do Poder Executivo Estadual, que, na qualidade de Poder Concedente, declarou a caducidade da concessão e fixou o prazo de trinta dias para assumir o serviço, ocupando as instalações e os bens reversíveis.

A concessionária, inconformada com a medida, especialmente porque jamais fora cientificada de qualquer inadequação na prestação do serviço, procura-o, na qualidade de advogado(a), e o contrata para ajuizar a medida judicial pertinente para discutir a juridicidade do decreto, bem como para assegurar à concessionária o direito de continuar prestando o serviço até que, se for o caso, a extinção do contrato se opere de maneira regular.

Elabore a peça processual adequada, levando em consideração que a matéria não demanda qualquer dilação probatória e que se deve optar pela medida judicial cujo rito, em tese, seja o mais célere.

EXCELENTÍSSIMO SENHOR DOUTOR JUIZ DE DIREITO DA... VARA DA FAZENDA PÚBLICA DA COMARCA DE..., ESTADO X

Aquatrans, concessionária de transporte público aquaviário, nesse ato representada pelo sr./sra., CNPJ, endereço eletrônico, com sede na rua, número, bairro, cidade, Estado, CEP, por seu advogado (procuração em anexo), com escritório no endereço..., onde receberá as intimações devidas, vem, com fundamento no art. 5.º, inciso LXIX, da CF e art. 1.º da Lei n. 12.016/2009, impetrar:

Mandado de Segurança Individual
(com pedido de liminar)

Em face do ato do Senhor Governador do Estado X, consubstanciado no Decreto 1.234, autoridade vinculada ao Estado X, pessoa jurídica de direito público interno, CNPJ, com sede..., pelas razões de fato e de direito:

I – Dos Fatos

A autora é concessionária de transporte público aquaviário no Estado X há sete anos e foi surpreendida com a edição do Decreto n. 1.234, assinado pelo Governador do Estado que, na qualidade de representante do Poder Concedente, declarou a caducidade da concessão e fixou o prazo de 30 dias para assumir o serviço, ocupando as instalações e os bens reversíveis. Vale lembrar que a concessionária jamais fora cientificada de qualquer inadequação na prestação do serviço.

II – Do Direito

Lembre-se de desenvolver cada tese conforme estudamos no Capítulo 1 "Construção das Teses", bem como utilizando-se das lições de direito material do Capítulo 3. No caso concreto o "gabarito" pontuou; em que consiste a caducidade da concessão, os requisitos para que fosse declarada a caducidade (art. 38, §§ 2.º e 3.º, da Lei n. 8.987/95), ausência do processo administrativo para apurar eventuais faltas, inobservância do devido processo legal e a nulidade do Decreto.

III – Da Liminar

No caso concreto, a autora tem direito à liminar, pois os requisitos do art. 7º, inciso III, da Lei n. 12.016/2009, estão preenchidos.

A fumaça do bom direito é evidente, pois todas as provas confirmam as alegações da autora. O perigo da demora também é nítido, uma vez que a autora teve contra si a declaração de caducidade da concessão e o prazo de 30 dias para que o Poder Concedente assuma o serviço, ocupando as instalações e os bens reversíveis.

Sendo assim, requer a concessão da liminar para impedir os efeitos da declaração de caducidade, nos termos da fundamentação.

IV – Dos Pedidos

Sendo assim, pede-se:
a) notificação da autoridade coatora para que preste as informações (art. 7º, I, da Lei n. 12.016/2009);
b) cientificação do feito ao órgão de representação judicial do Estado X para, querendo, ingressar no feito (art. 7º, II, da Lei n. 12.016/2009);
c) intimação do representante do Ministério Público (art. 12 da Lei n. 12.016/2009);
d) a procedência da ação para a concessão da segurança, confirmando a liminar em todos os seus termos, para determinar a continuidade do contrato e consequência nulidade do Decreto n. 1.234, nos termos da fundamentação (art. 7º, III, Lei n. 12.016/2009);
e) a juntada da prova pré-constituída/prova documental (art. 320 do Código de Processo Civil);
f) a condenação ao pagamento das custas processuais (art. 82 do Código de Processo Civil).

Valor da causa: R$... (valor por extenso)

Local/Data...

Advogado/OAB...

2.2.8. Caso prático e gabarito da FGV

(Exame XXVII) Mateus, nascido no México, veio morar no Brasil juntamente com seus pais, também nascidos no México. Aos dezoito anos, foi aprovado no vestibular e matriculou-se no curso de engenharia civil. Faltando um semestre para concluir a faculdade, decidiu inscrever-se em um concurso público promovido por determinada Universidade Federal brasileira, que segue a forma de autarquia federal, para provimento do cargo efetivo de professor. Um mês depois da colação de grau, foi publicado o resultado do certame: Mateus tinha sido o primeiro colocado. Mateus soube que seria nomeado em novembro de 2018, previsão essa que se confirmou. Como já tinha uma viagem marcada para o México, outorgou procuração específica para seu pai, Roberto, para que este assinasse o termo de posse. No último dia previsto para a posse, Roberto comparece à repartição pública. Ocorre que, orientado pela assessoria jurídica, o Reitor não permitiu a posse de Mateus, sob a justificativa de não ser possível a investidura de estrangeiro em cargo público. A autoridade também salientou que outros dois fatos impediriam a posse: a impossibilidade de o provimento ocorrer por meio de procuração e o não cumprimento, por parte de Mateus, de um dos requisitos do cargo (diploma de nível superior em engenharia) na data da inscrição no concurso público. Ciente disso, Mateus, que não se naturalizara brasileiro, interrompe sua viagem e retorna imediatamente ao Brasil. Quinze dias depois da negativa de posse pelo Reitor, Mateus contrata você, como advogado(a), para adotar as providências cabíveis perante o Poder Judiciário. Há certa urgência na obtenção do provimento jurisdicional, ante o receio de que, com o agravamento da crise, não haja dotação orçamentária para a nomeação futura. Considere que todas as provas necessárias já estão pré-constituídas, não sendo necessária dilação probatória. Considerando essas informações, redija a peça cabível que traga o procedimento mais célere para a defesa dos interesses de Mateus. A ação deve ser proposta imediatamente. Explicite as teses favoráveis ao seu cliente. (Valor: 5,00)

A FGV apresentou o seguinte gabarito:

O examinando deve apresentar Mandado de Segurança, impugnando a validade da decisão que impediu Mateus de tomar posse no cargo público.

O Mandado de Segurança há de ser dirigido a Juízo Federal, competente para o julgamento de Mandado de Segurança contra ato do Reitor, na forma do art. 109 da CRFB/88.

O examinando deve indicar, como impetrante, Mateus, bem como indicar a autoridade coatora (o Reitor) e a pessoa jurídica a que se vincula (autarquia federal – Universidade Federal).

O examinando deve demonstrar o cabimento da impetração, pois (i) houve violação a direito líquido e certo, nos termos do art. 5º, LXIX, da CRFB/88, OU do art. 1º da Lei n. 12.016/09; e (ii) há respeito ao prazo decadencial previsto no art. 23 da Lei n. 12.016/09.

No mérito, deve ser alegado: i) o candidato deve cumprir os requisitos do cargo no momento da posse, não no da inscrição no concurso público, em consonância com a Súmula 266 do STJ; ii) a legislação permite a posse por procuração específica, nos termos do art. 13, § 3º, da Lei n. 8.112/1990; e iii) as universidades podem prover seus cargos de professor com estrangeiros, nos termos do art. 5º, § 3º, da Lei n. 8.112/1990.

Deve ser formulado pedido de concessão de medida liminar, demonstrando-se o fundamento relevante (violação ao art. 5º, § 3º, e ao art. 13, § 3º, ambos da Lei n. 8.112/1990, e à Súmula 266 do STJ) e o fundado receio de ineficácia da medida, caso concedida a segurança apenas ao final do processo, dado o risco real de não haver dotação orçamentária para a nomeação futura.

Ao final, devem ser formulados pedidos de notificação da autoridade coatora e de ciência ao órgão de representação judicial da pessoa jurídica de direito público a que se vincula aquela autoridade.

Também deve ser requerida a concessão da liminar para suspender os efeitos da decisão do Reitor, determinando a posse imediata de Mateus. No mérito, o examinando deve requerer a concessão da segurança, confirmando a liminar concedida, para anular a decisão do Reitor e, por consequência, garantir o direito de Mateus à posse no cargo público.

2.3. Mandado de segurança coletivo

2.3.1. Apresentação

O mandado de segurança coletivo segue, basicamente, o que já estudamos anteriormente, sobre o mandado de segurança individual. Sendo assim, continua sendo um remédio constitucional utilizado para tutelar direito líquido e certo/ direito subjetivo, porém, com legitimados específicos e a concessão da liminar sob condição.

O *mandamus* coletivo constitui ação de cunho constitucional, pela qual se busca a proteção de direito líquido e certo contra direito vulnerado (mandado de segurança repressivo) ou na iminência de ser (mandado de segurança preventivo), por ato de autoridade pública ou delegatário de serviço público, mas, agora, na qualidade de substituto processual.

Esse remédio constitucional tem estrutura da petição inicial.

2.3.2. Requisitos e características

O mandado de segurança coletivo tem, em seu **polo ativo**, uma peculiaridade, pois somente poderá ser impetrado por alguns legitimados, quais sejam: o partido político com representação no Congresso Nacional, a organização sindical, a entidade de classe ou associação na defesa dos direitos de seus membros ou associados.

Além do que, não é todo e qualquer direito que será tutelado no mandado de segurança coletivo, mas somente os direitos coletivos e individuais homogêneos, nos termos do art. 21 da Lei n. 12.016/2009:

> Art. 21. O mandado de segurança coletivo pode ser impetrado por partido político com representação no Congresso Nacional, na defesa de seus interesses legítimos relativos a seus integrantes ou à finalidade partidária, ou por organização sindical, entidade de classe ou associação legalmente constituída e em funcionamento há, pelo menos, 1 (um) ano, em defesa de direitos líquidos e certos da totalidade, ou de parte, dos seus membros ou associados, na forma dos seus estatutos e desde que pertinentes às suas finalidades, dispensada, para tanto, autorização especial.
> Parágrafo único. Os direitos protegidos pelo mandado de segurança coletivo podem ser:
> I – coletivos, assim entendidos, para efeito desta Lei, os transindividuais, de natureza indivisível, de que seja titular grupo ou categoria de pessoas ligadas entre si ou com a parte contrária por uma relação jurídica básica;
> II – individuais homogêneos, assim entendidos, para efeito desta Lei, os decorrentes de origem comum e da atividade ou situação específica da totalidade ou de parte dos associados ou membros do impetrante.

Assim, antes de peticionar um mandado de segurança coletivo é de fundamental importância a leitura do art. 5º, LX, da Constituição Federal, bem como dos arts. 21 e 22, ambos da Lei n. 12.016/2009.

Por isso, ao impetrar o mandado de segurança coletivo, seu autor atua na qualidade de **substituto processual**, pois pleiteia uma proteção dos direitos de seus associados, por exemplo.

Outra peculiaridade do mandado de segurança coletivo está no **pedido da liminar**, pois o art. 22, § 2º, determina que a liminar somente poderá ser concedida após a audiência com o representante judicial da pessoa jurídica de direito público:

> Art. 22. No mandado de segurança coletivo, a sentença fará coisa julgada limitadamente aos membros do grupo ou categoria substituídos pelo impetrante.
> [...]
> § 2º No mandado de segurança coletivo, a liminar só poderá ser concedida após a audiência do representante judicial da pessoa jurídica de direito público, que deverá se pronunciar no prazo de 72 (setenta e duas) horas.

Fora isso, todo o restante segue o mesmo do mandado de segurança individual: autoridade coatora, prazos, notificação e cientificação, requisitos, proibição de condenação em honorários advocatícios etc.

2.3.3. Como identificar a peça

Conforme já mencionamos, no mandado de segurança coletivo, aplicamos o que vale para o mandado de segurança individual, porém no polo ativo teremos a peculiaridade de alguns legitimados, razão pela qual ficará evidente ser caso de mandado de segurança coletivo. Além disso, o problema já lhe dará a prova documental, pois não há produção de provas. Assim, o direito líquido e certo já estará nitidamente violado ou em vias de ser ofendido, mas no tocante aos associados da associação, ou dos membros do partido político, ou dos membros do sindicato etc.

2.3.4. Competência

Lembre-se de que o mandado de segurança coletivo seguirá o mesmo que é válido para o mandado de segurança individual, assim devemos sempre observar o art. 20 da Lei n. 9.507/97, bem como os arts. 102 e 105, ambos da Constituição Federal.

2.3.5. Resumo dos pedidos do mandado de segurança

No mandado de segurança teremos de formular seis pedidos. Por isso, para que você nunca mais se esqueça, olha o nosso macete: a Lei n. 12.016/2009 "determina" seis pedidos! Pronto, agora, quais são eles:

a) notificação da autoridade coatora para que preste as informações (art. 7º, I, da Lei n. 12.016/2009);

b) cientificação do feito ao órgão de representação judicial da pessoa jurídica interessada para, querendo, ingressar no feito (art. 7º, II, da Lei n. 12.016/2009);

c) intimação do representante do Ministério Público (art. 12 da Lei n. 12.016/2009);

d) a procedência da ação para a concessão da segurança, confirmando a liminar em todos os seus termos (art. 22, § 2º, da Lei n. 12.016/2009);

e) a juntada da prova pré-constituída/prova documental (art. 320 do Código de Processo Civil);

f) a condenação ao pagamento das custas processuais (art. 82 do Código de Processo Civil).

Valor da causa: R$... (valor por extenso)

Local/Data...

Advogado/OAB...

2.3.6. Estrutura do mandado de segurança coletivo

ENDEREÇAMENTO: Excelentíssimo Senhor Doutor Juiz de Direito da... Vara da Fazenda Pública da Comarca de..., Estado de... ou Excelentíssimo Senhor Doutor Juiz Federal da... Vara Federal da Subseção Judiciária, Seção Judiciária de...

QUALIFICAÇÃO DO IMPETRANTE: lembre-se de que somente alguns legitimados aqui poderão atuar (partido político, organização sindical, entidade de classe ou associação legalmente constituída e em funcionamento há, pelo menos, um ano), razão pela qual deverá mencionar (nome, CNPJ, nesse ato representado por..., com endereço na rua, número, bairro, cidade, Estado, CEP) por seu advogado (procuração em anexo), com escritório no endereço..., onde receberá as intimações devidas.

NOME DA AÇÃO E FUNDAMENTO: o mandado de segurança coletivo (com pedido de liminar) terá, pelo menos, dois fundamentos, quais sejam, um no art. 5º, inciso LXX, alínea conforme o legitimado apresentado no caso concreto, da Constituição Federal e, também, no art. 21 da Lei n. 12.016/2009, tudo isso sem prejuízo da possibilidade em se impetrar perante o STF, STJ, Tribunais Federais etc. Lembre-se de que por se tratar de um remédio constitucional o correto é mencionar "impetrar" o mandado de segurança coletivo com o pedido de liminar.

QUALIFICAÇÃO DA AUTORIDADE: basta mencionar o ato praticado pela autoridade e, também, a pessoa jurídica que esteja a autoridade vinculada.

I – DO SUBSTITUTO PROCESSUAL: mencionar que o impetrante do mandado de segurança coletivo atua na defesa dos direitos coletivos ou individuais homogêneos de seus membros e/ou categoria (art. 21, parágrafo único, da Lei n. 12.016/2009).

II – DOS FATOS: resumir os fatos apresentados pelo problema, sem inserir qualquer novo dado, sob pena de nota zero na peça.

III – DO DIREITO: após identificar as teses, é importante desenvolver cada uma delas naquela nossa estrutura de três parágrafos (conforme estudamos no capítulo da Estrutura das Teses). Assim, você sempre terá uma tese constitucional, outra tese na lei e uma terceira com base em princípios. Isso sem afastar a possibilidade de aplicar jurisprudência e súmulas. Não se esqueça de mencionar o direito líquido e certo/direito subjetivo violado.

IV – DA LIMINAR: deve ser feito o pedido de liminar, conforme já estudado, sempre mencionando o perigo da demora ("periculum in mora") e a fumaça do bom direito ("fumus boni juris"), tudo em respeito ao art. 22, § 2.º, da Lei n. 12.016/2009.

V – DOS PEDIDOS: é o momento de concluir seu mandado de segurança e pontuar cada um dos pedidos, conforme o roteiro estabelecido pela Lei n. 12.016/2009, sempre lembrando dos seis pedidos.

Sendo assim, pede-se:
a) notificação da autoridade coatora para que preste as informações (art. 7.º, I, da Lei n. 12.016/2009);
b) cientificação do feito ao órgão de representação judicial da... para, querendo, ingressar no feito (art. 7.º, II, da Lei n. 12.016/2009);
c) intimação do representante do Ministério Público (art. 12 da Lei n. 12.016/2009);
d) a procedência da ação para a concessão da segurança, confirmando a liminar em todos os seus termos, para determinar..., nos termos da fundamentação (art. 22, § 2.º, da Lei n. 12.016/2009);
e) a juntada da prova pré-constituída/prova documental (art. 320 do Código de Processo Civil);
f) a condenação ao pagamento das custas processuais (art. 82 do Código de Processo Civil).

Valor da causa: R$... (valor por extenso)

Local/Data...

Advogado/OAB...

2.3.7. Modelo de petição do mandado de segurança coletivo

Conforme já mencionamos, a estrutura do mandado de segurança coletivo segue a mesma lógica do mandado de segurança individual, apenas com a alteração no polo ativo, no item do substituto processual e, também, na liminar, com o fundamento do art. 22, § 2º, da Lei n. 12.016/2009.

2.4. Ação popular

2.4.1. Apresentação

A ação popular é uma ação constitucional proposta pelo cidadão que busca anular um ato lesivo ao patrimônio público ou de uma entidade da qual o Estado participe, bem como tutela a moralidade administrativa, o meio ambiente e o patrimônio histórico e cultural, nos termos do art. 5º, LXXIII, da Constituição Federal, bem como do art. 1º da Lei n. 4.717/65.

A grande característica desta ação é a proteção da moralidade administrativa, do meio ambiente e do patrimônio público mediante atuação do cidadão, ou seja, daquele que detém o título de eleitor. Diante disso, todo e qualquer ato lesivo ao patrimônio público (conjunto de bens e direitos de valor artístico, estético, histórico ou turístico), bem como da moralidade administrativa (atos atentatórios a probidade administrativa, por exemplo) ou qualquer outro ato que busque lesar o patrimônio do Estado ou das pessoas jurídicas em que recebam verba pública ou qualquer subvenção pelos cofres públicos, cabível será a ação popular.

Essa ação constitucional tem estrutura da petição inicial.

2.4.2. Requisitos e características

Qualquer **cidadão** é parte legítima para propor uma ação popular. Por cidadão entenda aquele que possui um título de eleitor (art. 1º, § 3º, da Lei n. 4.717/65). Porém muito cuidado que nem sempre o problema mencionará a existência do "título de eleitor", haja vista a possibilidade de essa informação estar escondida nas expressões "servidor público" ou em qualquer detentor de mandato eletivo. Explicamos... Uma vez que o indivíduo seja um servidor público (para nós será cobrado o servidor público federal), o art. 5º da Lei n. 8.112/90, exige, para que tome posse, a comprovação da quitação das obrigações eleitorais. Assim, por óbvio, tem o título de eleitor e, tão logo, é considerado cidadão. Além disso, se a prova menciona que o indivíduo detém mandato político, seja de vereador, deputado ou qualquer outro, por óbvio só se candidatou e foi eleito por possuir título de eleitor.

Por isso, a prova pode mencionar a palavra cidadão, como também o servidor público federal ou o detentor de mandato eletivo, conforme explicamos.

Vale lembrar que a prova da cidadania deve ser sempre mencionada na petição inicial.

No entanto, jamais a pessoa jurídica terá legitimidade para propor uma ação popular, pois não tem a seu favor o conceito de cidadania. A Súmula 365 do STF assim determina: "Pessoa jurídica não tem legitimidade para propor ação popular". Já para figurar no **polo passivo** temos um rol no art. 6º da Lei n. 4.717/65. A regra é que a ação popular será proposta contra três réus:

a) pessoas públicas ou privadas e as entidades do art. 1º (União, Estado, Distrito Federal, Municípios, autarquias...);

b) contra a autoridade, funcionário ou administrador que houver autorizado ou aprovado o ato impugnado; e

c) contra o beneficiário do ato (particular).

Muito cuidado que na ação popular temos **duas citações**, pois a pessoa jurídica (Estado) tem o direito de, querendo, deixar o polo passivo e passar a litigar ao lado do autor (art. 6º, § 3º, da Lei n. 4.717/65), enquanto os outros dois réus, agente público e beneficiário, serão notificados para apresentar contestação, no prazo de 20 dias.

No **objeto da ação**, temos a busca por se anular um ato eivado de lesividade, de ilegalidade, que já tenha ou possa lesar o patrimônio público ou a moralidade administrativa, por exemplo. Podemos citar, a título de hipóteses de cobrança em provas: editais de concursos públicos com manifesta ilegalidade, editais de licitação com superfaturamento, dentre outros.

Por essa razão, sempre que a prova mencionar a palavra "cidadão" ou a expressão "título de eleitor", é bem provável que estejamos falando de uma ação popular.

Para elaborar uma ação popular, é de grande importância a leitura dos arts. 9º, 10, 10-A e 11 da **Lei n. 8.429/92**, bem como dos arts. 2º e 4º da **Lei n. 4.717/65**, uma vez que a Lei da Improbidade Administrativa e a Lei da Ação Popular são, na jurisprudência do Superior Tribunal de Justiça, microssistemas legislativos que se comunicam e, assim, a questão apresentará algum caso concreto que se encaixará nas hipóteses legislativas dos artigos mencionados.

Na ação popular, além da prova da cidadania (título de eleitor), precisamos preencher ao menos um dos **requisitos** abaixo:

a) ato lesivo ao patrimônio público;

b) ato lesivo à moralidade administrativa;

c) ato lesivo ao meio ambiente; ou

d) ato lesivo ao patrimônio histórico e cultural.

Ainda, se estivermos diante de um ato que atente contra o patrimônio histórico, é imprescindível a leitura do art. 216 da Constituição Federal.

O **pedido de liminar** deve sempre constar, nos termos do art. 5º, § 4º, da Lei n. 4.717/65. Lembre-se de que os fundamentos são sempre os mesmos: perigo da demora (*periculum in mora*) e fumaça do bom direito (*fumus boni juris*).

2.4.3. Como identificar a peça

Para identificar uma ação popular, não há dificuldades, pois a questão mencionará a existência do cidadão (servidor público federal, detentor de mandato eletivo ou aquele que possui o título de eleitor) e busca anular um ato lesivo ao patrimônio público, à moralidade administrativa, ao meio ambiente ou ao patrimônio histórico e cultural. Vale lembrar, também, que o problema deverá informar sobre a existência, como regra, de três réus (pessoa jurídica do art. 1º da Lei da Ação Popular, o agente público e o particular/beneficiário).

Além disso, por se tratar de uma petição inicial, não terá qualquer manifestação judicial e nem peticionamento judicial. Ou seja, o problema apresentará um caso e caberá a você ingressar com esta ação.

2.4.4. Competência

Lembre-se de que a ação popular *será* proposta no juízo competente conforme a origem do ato impugnado (art. 5º, § 2º, da Lei n. 4.717/65), porém tenha cuidado com o § 1º do art. 5º, vez que existe equiparação, nos termos da lei.

Para uma melhor compreensão de todos os dispositivos acima, vejamos a seguinte tabela:

Competência	Regra: o juízo competente será correspondente à origem do ato impugnado (art. 5º, § 2º, da Lei n. 4.717/65), porém tenha cuidado com o § 1º do art. 5º.
Partes	Autor: cidadão (aquele que tem título de eleitor). Pessoa jurídica e estrangeiros não têm legitimidade para propor ação popular (Súmula 365 do STF).
	Réu/Requerido (art. 6º da Lei n. 4717/65).
	No polo passivo, há um litisconsórcio passivo necessário entre: (a) pessoa jurídica pública ou privada em nome da qual foi praticado o ato impugnado; (b) agentes públicos que houverem autorizado, aprovado, ratificado ou praticado o ato, ou seja, os agentes públicos responsáveis pela pratica do ato; (c) beneficiários diretos e imediatos do ato impugnado, caso já estejam determinados.
Prazo	Prescreve em cinco anos.
Fundamento legal	– art. 5º, LXXIII, da Constituição Federal – Lei n. 4.717/65

Fundamentação jurídica	– o ato viciado deve estar elencado nos arts. 2º, 3º ou 4º da Lei n. 4.717/65, bem como poderá encontrar fundamentação nos arts. 9º, 10, 10-A e 11 da Lei n. 8.429/92. – demonstrar a ilegalidade e a lesividade. – violação aos princípios da Administração Pública: art. 37, *caput*, da Constituição Federal.
Custas	O autor é isento de custas judiciais e do ônus da sucumbência, salvo comprovada má-fé.
Honorários advocatícios	Possível: art. 12 da Lei n. 4.717/65.

Na ação popular, não se fala em condenação em custas, tendo em vista o mandamento constitucional, salvo comprovada má-fé do autor, porém deve-se pedir a condenação em honorários advocatícios (art. 12 da Lei n. 4.717/65).

2.4.5. Resumo dos pedidos da ação popular

Na ação popular, teremos de formular sete pedidos. Por isso, para que você nunca mais se esqueça, olha o nosso macete: a Lei n. 4.717/65 "determina" sete pedidos! Pronto, agora, quais são os pedidos:

a) citação da autoridade (agente público) e do beneficiário para, querendo, apresentar contestação, no prazo de 20 dias, sob pena dos efeitos da revelia;

b) a citação da pessoa jurídica nos termos do art. 6º, § 3º, da Lei n. 4.717/65;

c) a intimação do representante do Ministério Público;

d) a procedência da ação para decretar a invalidade do ato lesivo ao patrimônio e à moralidade, confirmando a liminar em todos os seus termos (art. 5º, § 4º, da Lei n. 4.717/65);

e) a produção de todas as provas em direito admitidas;

f) a juntada dos documentos (art. 320 do Código de Processo Civil);

g) a condenação dos réus ao pagamento dos honorários advocatícios (art. 85 do Código de Processo Civil).

Valor da causa: R$

Local/Data...

Advogado/OAB...

2.4.6. Estrutura da ação popular

ENDEREÇAMENTO: Excelentíssimo Senhor Doutor Juiz de Direito da... Vara da Fazenda Pública da Comarca de..., Estado de... ou Excelentíssimo Senhor Doutor Juiz Federal da... Vara Federal da Subseção Judiciária, Seção Judiciária de...

QUALIFICAÇÃO DO AUTOR: (nome completo, estado civil, profissão, RG, CPF, título de eleitor, endereço eletrônico, com endereço na rua, número, bairro, cidade, Estado, CEP...), por seu advogado (procuração em anexo), com escritório no endereço..., onde receberá as intimações devidas.
Não se esqueça de mencionar o título de eleitor.

NOME DA AÇÃO E FUNDAMENTO: a ação popular terá, pelo menos, dois fundamentos, quais sejam, um no art. 5.º, LXXIII, da Constituição Federal e outro no art. 1.º da Lei n. 4.717/65, bem como deverá ser acompanhada do título; Ação Popular com pedido de liminar.

QUALIFICAÇÃO DOS RÉUS: para uma melhor visualização e compreensão do examinador, prefiro que você mencione cada réu numa linha própria:

Pessoa Jurídica (art. 1.º da Lei n. 4.717/65);
Agente Público (Nome, estado civil, RG, CPF...);
Particular/Beneficiário (Nome, RF/CPF ou CNPJ...).

I – DOS FATOS: resumir os fatos apresentados pelo problema, sem inserir qualquer novo dado, sob pena de nota zero na peça.

II – DO DIREITO: após identificar as teses, é importante desenvolver cada uma delas naquela nossa estrutura de três parágrafos (conforme estudamos no capítulo da Estrutura das Teses). Assim, você sempre terá uma tese constitucional, outra tese na lei e uma terceira com base em princípios. Isso sem afastar a possibilidade de aplicar jurisprudência e súmulas.

III – DA LIMINAR: deve ser feito o pedido de liminar, conforme já estudado, sempre mencionando o perigo da demora ("periculum in mora") e a fumaça do bom direito ("fumus boni juris"), tudo em respeito ao art. 5.º, § 4.º, da Lei n. 4.717/65.

IV – DOS PEDIDOS: é o momento de concluir sua ação popular e pontuar cada um dos pedidos, conforme o roteiro estabelecido pela Lei n. 4.717/65, sempre lembrando dos sete pedidos.

Sendo assim, pede-se:
a) citação da autoridade (agente público) e do beneficiário para, querendo, apresentar contestação, no prazo de 20 dias, sob pena dos efeitos da revelia;
b) a citação da pessoa jurídica nos termos do art. 6.º, § 3.º, da Lei n. 4.717/65;
c) a intimação do representante do Ministério Público;
d) a procedência da ação para decretar a invalidade do ato lesivo ao patrimônio e à moralidade, confirmando a liminar em todos os seus termos (art. 5.º, § 4.º, da Lei n. 4.717/65);
e) a produção de todas as provas em direito admitidas;
f) a juntada dos documentos (art. 320 do Código de Processo Civil);
g) a condenação dos réus ao pagamento dos honorários advocatícios (art. 85 do Código de Processo Civil).

Valor da causa: R$... (valor por extenso)

Local/Data...

Advogado/OAB...

2.4.7. Modelo de petição da ação popular

(VII Exame) O Município Y, representado pelo Prefeito João da Silva, celebrou contrato administrativo com a empresa W – cujo sócio majoritário vem a ser Antonio Precioso, filho da companheira do Prefeito –, tendo por objeto o fornecimento de material escolar para toda a rede pública municipal de ensino, pelo prazo de sessenta meses. O contrato foi celebrado sem a realização de prévio procedimento licitatório e apresentou valor de cinco milhões de reais anuais.

José Rico, cidadão consciente e eleitor no Município Y, inconformado com a contratação que favorece o filho da companheira do Prefeito, o procura para, na qualidade de advogado(a), identificar e minutar a medida judicial que, em nome dele, pode ser proposta para questionar o contrato administrativo.

A medida judicial deve conter a argumentação jurídica apropriada e o desenvolvimento dos fundamentos legais da matéria versada no problema, abordando, necessariamente:

(i) competência do órgão julgador;

(ii) a natureza da pretensão deduzida por José Rico; e

(iii) os fundamentos jurídicos aplicáveis ao caso.

PRÁTICA ADMINISTRATIVA

EXCELENTÍSSIMO SENHOR DOUTOR JUIZ DE DIREITO DA... VARA DA FAZENDA PÚBLICA DA COMARCA DO MUNICÍPIO Y..., ESTADO

José Rico, brasileiro, estado civil, RG, CPF, título de eleitor, endereço eletrônico, com endereço na rua, número, bairro, cidade, Estado, CEP, por seu advogado (procuração em anexo), com escritório no endereço..., onde receberá as intimações devidas, vem, com fundamento no art. 5.º, inciso LXXIII, da Constituição Federal e, também, no art. 1.º da Lei n. 4.717/65, impetrar:

Ação Popular
(com pedido de liminar)

Em face dos seguintes réus:
Município Y, pessoa jurídica de direito público interno, CNPJ, com sede...; João da Silva, nacionalidade, estado civil, Prefeito do Município Y, RG, CPF, com endereço...; Empresa W, CNPJ, cujo sócio majoritário é Antonio Precioso, com sede..., pelas razões de fato e de direito que passa a expor:

I – Dos Fatos

O Município Y, representado pelo Prefeito João da Silva, celebrou contrato administrativo com a empresa W – cujo sócio majoritário vem a ser Antonio Precioso, filho da companheira do Prefeito, no qual ocorre o fornecimento de material escolar para toda a rede pública municipal de ensino, durante 60 meses. Vale lembrar que o contrato foi celebrado sem a realização de prévio procedimento licitatório e apresentou valor de cinco milhões de reais anuais. Diante disso, é evidente que o contrato em tela favorece o filho da companheira do Prefeito, sendo nitidamente uma afronta à Constituição da República Federativa do Brasil, à Lei n. 14.133/2021 e aos princípios da moralidade e da impessoalidade.

II – Do Direito

Lembre-se de desenvolver cada tese conforme estudamos no Capítulo 1 "Construção das Teses", bem como utilizando-se das lições de direito material do Capítulo 3. No caso concreto, o "gabarito" pontuou; o pedido de nulidade do contrato administrativo em tela, ausência do processo licitatório para aquisição do material escolar (art. 37, inciso XXI, da Constituição Federal e art. 2.º da Lei n. 14.133/2021), violação do princípio da impessoalidade, violação do princípio da moralidade, violação do art. 105 da Lei n. 14.133/2021, além de pedir o ressarcimento dos danos causados ao erário.

III – Da Liminar

No caso concreto, a autora tem direito à liminar, pois os requisitos do art. 5.º, § 4.º, da Lei n. 4.717/65 estão preenchidos.

A fumaça do bom direito é evidente, pois todas as provas confirmam as alegações do autor. O perigo da demora também é nítido, uma vez que o contrato celebrado pelos réus lesa o erário e beneficia o filho da companheira do Prefeito.

Sendo assim, requer a concessão da liminar para impedir os efeitos do contrato administrativo em tela, nos termos da fundamentação.

IV – Dos Pedidos

Sendo assim, pede-se:

a) citação do Prefeito João da Silva e da empresa W para, querendo, apresentarem contestação, no prazo de 20 dias, sob pena dos efeitos da revelia;

b) a citação do Município Y, nos termos do art. 6.º, § 3.º, da Lei n. 4.717/65;

c) a intimação do representante do Ministério Público;

d) a procedência da ação para decretar a nulidade do contrato pactuado, determinando o ressarcimento ao erário, confirmando a liminar em todos os seus termos (art. 5.º, § 4.º, da Lei n. 4.717/65);

e) a produção de todas as provas em direito admitidas;

f) a juntada dos documentos (art. 320 do Código de Processo Civil);

g) a condenação dos réus ao pagamento dos honorários advocatícios (art. 85 do Código de Processo Civil).

Valor da causa: R$... (valor por extenso)

Local/Data...

Advogado/OAB...

PRÁTICA ADMINISTRATIVA

(XXXI EXAME) Para incentivar a prática de diversos esportes olímpicos, a Secretaria de Esportes de determinado estado da Federação publicou edital de licitação (parceria público-privada na modalidade concessão patrocinada), que tinha por objeto a construção, gestão e operação de uma arena poliesportiva. No estudo técnico, anexo ao edital, consta que as receitas da concessionária advirão dos valores pagos pelas equipes esportivas para a utilização do espaço, complementadas pela contrapartida do parceiro público. O aporte de dinheiro público corresponde a 80% do total da remuneração do parceiro privado. Na época da publicação do instrumento convocatório, dois deputados estaduais criticaram o excessivo aporte de recursos públicos, bem como a ausência de participação da Assembleia Legislativa nesse importante projeto. Diversas empresas participaram do certame, sagrando-se vencedor o consórcio Todos Juntos, que apresentou proposta de exatos R$ 30 milhões. O prazo de duração do futuro contrato, conforme estabelecido em edital, é de cinquenta anos. Dias antes da celebração do contrato, após o certame ter sido homologado e adjudicado, foi constituída uma Sociedade de Propósito Específico (SPE), que seria responsável por implantar e gerir o objeto da parceria. O representante da SPE, não satisfeito com a minuta contratual que lhe fora apresentada, resolveu procurar o Secretário de Esportes para propor que toda a contraprestação do parceiro público fosse antecipada para o dia da celebração do contrato, o que foi aceito pela autoridade estadual, após demorada reunião. Diversos veículos de comunicação divulgaram que o acolhimento do pleito da SPE ocorreu em troca de apoio financeiro para a campanha do Secretário de Esportes ao cargo de Governador. A autoridade policial obteve, por meio lícito, áudio da conversa travada entre o Secretário e o representante da SPE, que confirma a versão divulgada na imprensa. Dias depois, a mulher do Secretário de Esportes procura a polícia e apresenta material (vários documentos) que demonstram que a licitação foi "dirigida" e que o preço está bem acima do custo. Ricardo, cidadão brasileiro residente na capital do referido estado, com os direitos políticos em dia, procura você para, na qualidade de advogado(a), redigir a peça adequada para anular a licitação. Há certa urgência na obtenção do provimento jurisdicional, tendo em vista a iminente celebração do contrato. Considere que, de acordo com a lei de organização judiciária local, o foro competente é a Vara da Fazenda Pública. A peça deve abranger todos os fundamentos de Direito que possam ser utilizados para dar respaldo à pretensão, inclusive quanto à legitimidade do demandante.

ENDEREÇAMENTO: EXCELENTÍSSIMO SENHOR DOUTOR JUIZ DE DIREITO DA... VARA DA FAZENDA PÚBLICA DA COMARCA DE..., ESTADO DE... OU EXCELENTÍSSIMO SENHOR DOUTOR JUIZ FEDERAL DA... VARA FEDERAL DA SUBSEÇÃO JUDICIÁRIA, SEÇÃO JUDICIÁRIA DE...

QUALIFICAÇÃO DO AUTOR: (nome completo, estado civil, profissão, RG, CPF, título de eleitor, endereço eletrônico, com endereço na rua, número, bairro, cidade, Estado,

CEP...), por seu advogado (procuração em anexo), com escritório no endereço..., onde receberá as intimações devidas.
Não se esqueça de mencionar o título de eleitor.

NOME DA AÇÃO E FUNDAMENTO: a ação popular terá, pelo menos, dois fundamentos, quais sejam, um no art. 5.º, LXXIII, da Constituição Federal e outro no art. 1.º da Lei n. 4.717/65, bem como deverá ser acompanhada do título; Ação Popular com pedido de liminar.
QUALIFICAÇÃO DOS RÉUS: para uma melhor visualização e compreensão do examinador, prefiro que você mencione cada réu numa linha própria:
   Pessoa Jurídica (art. 1.º da Lei n. 4.717/65);
   Agente Público (Nome, estado civil, RG, CPF...);
   Particular/Beneficiário (Nome, RF/CPF ou CNPJ...).

I – DOS FATOS: resumir os fatos apresentados pelo problema, sem inserir qualquer novo dado, sob pena de nota zero na peça.

II – DO DIREITO: após identificar as teses, é importante desenvolver cada uma delas naquela nossa estrutura de três parágrafos (conforme estudamos no capítulo da Estrutura das Teses). Assim, você sempre terá uma tese constitucional, outra tese na lei e uma terceira com base em princípios. Isso sem afastar a possibilidade de aplicar jurisprudência e súmulas.

III – DA LIMINAR: deve ser feito o pedido de liminar, conforme já estudado, sempre mencionando o perigo da demora ("periculum in mora") e a fumaça do bom direito ("fumus boni juris"), tudo em respeito ao art. 5.º, § 4.º, da Lei n. 4.717/65.

IV – DOS PEDIDOS: é o momento de concluir sua ação popular e pontuar cada um dos pedidos, conforme o roteiro estabelecido pela Lei n. 4.717/65, sempre lembrando dos sete pedidos.

   Sendo assim, pede:
   1) citação da autoridade (agente público) e do beneficiário para, querendo, apresentar contestação, no prazo de 20 dias, sob pena dos efeitos da revelia;
   2) a citação da pessoa jurídica nos termos do art. 6.º, § 3.º, da Lei n. 4.717/65;
   3) a intimação do representante do Ministério Público;
   4) a procedência da ação para decretar a invalidade do ato lesivo ao patrimônio e à moralidade, confirmando a liminar em todos os seus termos (art. 5.º, § 4.º, da Lei n. 4.717/65);

5) a produção de todas as provas em direito admitidas;
6) a juntada dos documentos (art. 320 do Código de Processo Civil);
7) a condenação dos réus ao pagamento dos honorários advocatícios (art. 85 do Código de Processo Civil).

Valor da causa: R$... (valor por extenso)

Local/Data...

Advogado/OAB...

2.5. Ação civil pública

2.5.1. Apresentação

A ação civil pública tem como objeto a proteção do patrimônio público e social, a tutela do meio ambiente e de inúmeros outros direitos difusos e coletivos, nos termos do art. 129, III, da Constituição Federal. Conforme se percebe tem um amplo leque de opções para proteção, até mesmo pelo conceito de direitos difusos e coletivos ser, na prática, um albergue de inúmeros casos práticos.

Ainda, é imprescindível uma atenta leitura da Lei n. 7.347/85.

2.5.2. Requisitos e características

A lei que regulamenta a ação civil pública é a de n. 7.347/85, legislação de extrema importância para essa peça, até pelo fato de uma primeira comparação entre ela e à ação popular:

Ação popular	Ação civil pública
Legitimado: cidadão	Legitimados: art. 5º da Lei n. 7.347/85
Objeto de proteção: "restrito"	Objeto de proteção: amplo
Pedido principal: anular ato lesivo	Pedidos principais: obrigação de fazer, não fazer e indenizar

A principal característica deste instrumento de controle judicial é quanto ao seu objeto, uma vez que abrange direitos/interesses difusos e coletivos, não sendo cabível tal ação quando os beneficiários puderem ser individualmente determinados (art. 1º, parágrafo único, da Lei n. 7.347/85).

A Lei n. 7.347/85 estabeleceu que a ação civil deve ser proposta para a defesa da coletividade por atos de toda e qualquer pessoa física ou jurídica responsável pela lesão a um dos bens jurídicos tutelados pela Constituição e pelas leis de direito material, principalmente que atente contra o meio ambiente, o consumidor, os bens e direitos de valor artístico, estético, histórico, turístico e paisagístico, a ordem econômica e a economia popular, a ordem urbanística, dentre outros. As ações serão sempre de responsabilidade por danos morais e/ou patrimoniais.

Segundo a Lei n. 7.347/85, no seu art. 5º, com redação dada pela Lei n. 11.448/2007, são legitimados a propor a ação civil pública:

    I – o Ministério Público;
    II – a Defensoria Pública;
    III – a União, os Estados, o Distrito Federal e os Municípios;
    IV – a autarquia, empresa pública, fundação ou sociedade de economia mista;
    V – a associação que, concomitantemente:
    a) esteja constituída há pelo menos 1 (um) ano nos termos da lei civil;
    b) inclua, entre suas finalidades institucionais, a proteção ao meio ambiente, ao consumidor, à ordem econômica, à livre concorrência ou ao patrimônio artístico, estético, histórico, turístico e paisagístico.

O Ministério Público terá participação obrigatória, pois se não intervier no processo como parte, atuará obrigatoriamente como fiscal da lei (*custos legis*).

Para os estudos da nossa 2ª fase de direito administrativo, o foco da ação civil pública é controlar as ações da Administração Pública na tutela dos direitos difusos e coletivos e, por isso é comum, nessa ação, a existência de casos concretos que afetam toda a coletividade.

No **polo ativo** da ação civil pública parece, por pertinência temática, restar-nos somente à *associação*. Explicamos: para o Exame da OAB, por evidente que não será o Promotor de Justiça, ou o Defensor Público ou um Procurador Público que ingressará com essa ação. Assim, vale lembrar que o Exame é voltado para a advocacia privada, razão pela qual parece mais lógico que o problema nos apresente a associação como sendo nossa cliente, nos termos do art. 5º, V, da Lei n. 7.347/85.

No entanto, o cidadão jamais poderá propor uma ação civil pública. Lembre-se de que o cidadão tem a ação popular, enquanto à associação tem à ação civil pública.

O foro competente, ou seja, a **competência** para a propositura da ação é o local da ocorrência do dano.

Cuidado! Ao peticionar uma ação civil pública, há um rol maior de pedidos, pois é perfeitamente cabível a obrigação de fazer, de não fazer e de indenizar.

O **pedido de liminar** deve sempre constar, nos termos do art. 12 da Lei n. 7.347/85. Lembre-se de que os fundamentos são sempre os mesmos: perigo da demora e fumaça do bom direito.

Comparativo entre uma ação civil pública e uma ação popular. Lembre-se de que na ação civil temos à associação, uma amplitude de possibilidades e os pedidos de fazer, de não fazer e pagar/indenizar. Já na ação popular, temos o cidadão/título de eleitor, possibilidades restritas e a busca pela nulidade de um ato lesivo ao patrimônio público/defesa da moralidade pública.

2.5.3. Como identificar a peça

Para identificar uma ação civil pública, não há dificuldades, pois a questão mencionará a existência da associação e, conforme já afirmado acima, parece mais razoável que você advogue na defesa de um direito/interesse difuso ou coletivo (art. 1º da Lei n. 7.347/85).

Além disso, por se tratar de uma petição inicial, não terá qualquer manifestação judicial nem peticionamento judicial. Ou seja, o problema apresentará um caso e caberá a você ingressar com esta ação.

2.5.4. Resumo dos pedidos da ação civil pública

Na ação civil pública, teremos de formular sete pedidos. Por isso, para que você nunca mais esqueça, olha o nosso macete: a Lei n. 7.347/85 "determina" sete pedidos! Pronto, agora, quais são os pedidos:

a) citação do réu para apresentar defesa, sob pena dos efeitos da revelia;

b) a procedência da ação para condenar o réu, confirmando a liminar em todos os seus termos, para (arts. 3º e 12 da Lei n. 7.347/85):

b.1) obrigação de fazer...

b.2) obrigação de não fazer...

b.3) obrigação de pagar/indenizar...

c) intimação do representante do Ministério Público (art. 5º, § 1º, da Lei n. 7.347/85);

d) a produção de todas as provas em direito admitidas;

e) a juntada dos documentos (art. 320 do Código de Processo Civil);

f) a condenação do réu ao pagamento dos honorários advocatícios (art. 85 do Código de Processo Civil); e

g) a condenação do réu ao pagamento de multa diária em caso de descumprimento da decisão (art. 11 da Lei n. 7.347/85).

Valor da causa: R$... (valor por extenso)

Local/Data...

Advogado/OAB...

2.5.5. Estrutura da ação civil pública

ENDEREÇAMENTO: Excelentíssimo Senhor Doutor Juiz de Direito da... Vara da Fazenda Pública da Comarca de..., Estado de... ou Excelentíssimo Senhor Doutor Juiz Federal da... Vara Federal da Subseção Judiciária, Seção Judiciária de...

QUALIFICAÇÃO DO AUTOR: (nome completo, CNPJ, com sede na rua, número, bairro, cidade, Estado, CEP...), muito cuidado para não esquecer de mencionar que sua cliente, sendo a associação, está constituída há pelo menos um ano, bem como possui em sua finalidade institucional a proteção dos objetos desta ação (art. 5.º, inciso V, alíneas "a" e "b", da Lei n. 7.347/85, por seu advogado (procuração em anexo), com escritório no endereço..., onde receberá as intimações devidas.

NOME DA AÇÃO E FUNDAMENTO: a ação civil pública terá, pelo menos, dois fundamentos, quais sejam arts. 1.º e 5.º, inciso V, da Lei n. 7.347/85, bem como deverá ser acompanhada do título: Ação Civil Pública com pedido de liminar.

QUALIFICAÇÃO DO RÉU: (nome completo, nacionalidade, estado civil, RG, CPF, com endereço na rua, número, bairro cidade, Estado, CEP...) ou se pessoa jurídica (nome completo, CNPJ, com sede na rua número, bairro, cidade, Estado, CEP...).

I – DOS FATOS: resumir os fatos apresentados pelo problema, sem inserir qualquer novo dado, sob pena de nota zero na peça.

II – DO DIREITO: após identificar as teses, é importante desenvolver cada uma delas naquela nossa estrutura de três parágrafos (conforme estudamos no capítulo da Estrutura das Teses). Assim, você sempre terá uma tese constitucional, outra tese na lei e uma terceira com base em princípios. Isso sem afastar a possibilidade de aplicar jurisprudência e súmulas.

III – DA LIMINAR: deve ser feito o pedido de liminar, conforme já estudado, sempre mencionando o perigo da demora ("periculum in mora") e a fumaça do bom direito ("fumus boni juris", tudo em respeito ao art. 12 da Lei da Ação Civil Pública.

IV – DOS PEDIDOS: é o momento de concluir sua ação civil pública e pontuar cada um dos pedidos, conforme o roteiro estabelecido pela Lei n. 7.347/85, sempre lembrando dos sete pedidos.

Sendo assim, pede:

a) citação do réu para apresentar defesa, sob pena dos efeitos da revelia;

b) a procedência da ação para condenar o réu, confirmando a liminar em todos os seus termos, para (arts. 3.º e 12 da Lei n. 7.347/85);

  b.1) obrigação de fazer...

  b.2) obrigação de não fazer...

  b.3) obrigação de pagar/indenizar...

c) intimação do representante do Ministério Público (art. 5.º, § 1.º, da Lei n. 7.347/85);

d) a produção de todas as provas em direito admitidas;

e) a juntada dos documentos (art. 320 do Código de Processo Civil);

f) a condenação do réu ao pagamento dos honorários advocatícios (art. 85 do Código de Processo Civil); e

g) a condenação do réu ao pagamento de multa diária em caso de descumprimento da decisão (art. 11 da Lei n. 7.347/85).

Valor da causa; R$... (valor por extenso)

Local/Data...

Advogado/OAB...

2.5.6. Modelo de petição da ação civil pública

(Questão Simulada) A Associação Civil em Defesa dos Cachorros de Rua, pessoa jurídica de direito privado, recebeu uma denúncia que os cachorros que eram recolhidos pelo canil municipal eram vítimas de maus tratos e situações de higiene e hospedagem deploráveis.

Diante do clamor em toda a população do Município W – Estado Z, ingresse com a medida cabível, sabendo que você é o advogado regularmente contratado pela citada associação, bem como que esta já está ela regularmente constituída há mais de 5 anos e que, no seu ato constitutivo, possui a finalidade de defesa dos cachorros contra toda e qualquer prática cruel.

EXCELENTÍSSIMO SENHOR DOUTOR JUIZ DE DIREITO DA... VARA DA FAZENDA PÚBLICA DA COMARCA DO MUNICÍPIO W – ESTADO Z

Associação Civil em Defesa dos Cachorros de Rua, pessoa jurídica de direito privado, CNPJ, endereço eletrônico, com sede na rua, número, bairro, cidade, Estado, CEP, por seu advogado (procuração em anexo), com escritório no endereço..., onde receberá as intimações devidas, vem, com fundamento nos arts. 1.º e 5.º, inciso V, da Lei n. 7.347/85, propor

Ação Civil Pública
(com pedido de liminar)

Em face do Município W, pessoa jurídica de direito público interno, CNPJ, com sede na..., pelas razões de fato e de direito:

I – Dos Fatos

A Associação Civil em Defesa dos Cachorros de Rua recebeu uma denúncia que os cachorros que eram recolhidos pelo canil municipal eram vítimas de maus-tratos e situações de higiene e hospedagem deploráveis. Diante do clamor gerado e da revolta da população, a autora decidiu ingressar com esta ação civil pública para eliminar toda e qualquer prática cruel contra os cães de rua.

II – Do Direito

Lembre-se de desenvolver cada tese conforme estudamos no Capítulo 1 "Construção das Teses", bem como utilizando-se das lições de direito material do Capítulo 3.

III – Da Liminar

No caso concreto, a autora tem direito à medida liminar, pois os requisitos do art. 12 da Lei n. 7.347/85 estão preenchidos.

A fumaça do bom direito está confirmada conforme tudo o que foi alegado e comprovado documentalmente. O dano irreparável é evidente, uma vez que a autora confirmou todos os danos causados aos citados cachorros, no canil municipal.

Sendo assim, requer a concessão da liminar para obrigar o Município W a interditar o referido canil, bem como abrigar os animais que lá estão num local condizente, com tratamento digno e sem qualquer violência às suas vidas e bem-estar, nos termos da fundamentação, sem prejuízo da indenização.

IV – Dos Pedidos

Sendo assim, pede:

a) citação do réu, na pessoa do Procurador Municipal, para apresentar defesa, sob pena dos efeitos da revelia;

b) a procedência da ação para condenar o réu, confirmando a liminar em todos os seus termos, para:

    b.1) interditar o citado canil municipal, encerrando todo e qualquer tratamento degradante aos cachorros, bem como obrigando o Município a abrigar os animais de forma condizente;

    b.2) bem como que as práticas que exteriorizem crueldade e/ou maus-tratos sejam imediatamente cessadas;

    b.3) além da indenização a ser arbitrada por este Juízo, nos termos da fundamentação;

c) intimação do representante do Ministério Público;

d) a produção de todas as provas em direito admitidas;

e) a juntada dos documentos (art. 320 do Código de Processo Civil);

f) a condenação do réu ao pagamento dos honorários advocatícios (art. 85 do Código de Processo Civil); e

g) a condenação do réu ao pagamento de multa diária em caso de descumprimento da decisão (art. 11 da Lei n. 7.347/85).

Valor da causa: R$... (valor por extenso)

Local/Data...

Advogado/OAB...

2.5.7. Caso prático e gabarito da FGV

(Exame XXVI) A sociedade empresária Leva e Traz explora, via concessão, o serviço público de transporte de passageiros no município Sigma, conhecido pelos altos índices de criminalidade; por isso, a referida concessionária encontra grande dificuldade em contratar motoristas para seus veículos. A solução, para não interromper a prestação dos serviços, foi contratar profissionais sem habilitação para a direção de ônibus. Em paralelo, a empresa, que utiliza ônibus antigos (mais poluentes) e em péssimo estado de conservação, acertou informalmente com todos os funcionários que os veículos não deveriam circular após as 18 horas, dado que, estatisticamente, a partir desse horário, os índices de criminalidade são maiores. Antes, por exigência do poder concedente, os ônibus circulavam até meia-noite. Os jornais da cidade noticiaram amplamente a precária condição dos ônibus, a redução do horário de circulação e a utilização de motoristas não habilitados para a condução dos veículos. Seis meses após a concretização da mencionada situação e da divulgação das respectivas notícias, a associação municipal de moradores, entidade constituída e em funcionamento há dois anos e que tem por finalidade institucional, dentre outras, a proteção dos usuários de transporte público, contrata você, jovem advogado(a), para adotar as providências cabíveis perante o Poder Judiciário para compelir o poder concedente e a concessionária a regularizarem a atividade em questão. Há certa urgência, pois no último semestre a qualidade do serviço público caiu drasticamente e será necessária a produção de provas no curso do processo. Considerando essas informações, redija a peça cabível para a defesa dos interesses dos usuários do referido serviço público. (Valor: 5,00)

A FGV apresentou o seguinte gabarito:

Considerando tratar-se de direitos coletivos, a medida judicial adequada é o ajuizamento de Ação Civil Pública (ACP).

A ACP deve ser dirigida ao Juízo de Fazenda Pública ou à Vara Cível competente.

O examinando deve indicar, como autora, a associação municipal de moradores e, como réus, o município Sigma e a sociedade empresária Leva e Traz.

O examinando deve demonstrar, em preliminar, a legitimidade ativa da associação. Assim, cabe citar que a entidade está constituída há mais de um ano (art. 5º, inciso V, alínea *a*, da Lei n. 7.347/85) e sua finalidade institucional está alinhada com o tema da ação (pertinência temática – art. 5º, inciso V, alínea *b*, da Lei n. 7.347/85).

No mérito, o examinando deve apontar, genericamente, a violação ao dever de adequação na prestação do serviço público, conforme previsto pelos artigos 6º, § 1º, da Lei n. 8.987/95 OU do art. 22 da Lei n. 8.078/90 (Código de Defesa do Consumidor – CDC) OU do art. 4º da Lei n. 13.460/2017, e, de forma específica, com base nos seguintes fundamentos: I. a concessão pressupõe a prestação de serviço público em condição segura para os usuários, o que não está sendo feito, pois os motoristas dos ônibus não têm habilitação para direção e os veículos apresentam péssimo estado de conservação, o que viola o princípio da segurança dos serviços públicos; II. a concessão pressupõe a prestação de serviço público regular e contínuo, requisitos que não estão sendo observados, dada a interrupção da circulação dos ônibus a partir das dezoito horas, deixando a população desprovida do serviço, o que implica violação dos princípios da regularidade e continuidade dos serviços públicos; III. a utilização de veículos antigos e mais poluentes viola o princípio da atualidade do serviço, que pressupõe a modernidade dos equipamentos postos à disposição dos usuários.

Deve ser requerida e fundamentada medida liminar para impedir a designação de motoristas sem habilitação (obrigação de não fazer) e para obrigar os réus à renovação da frota e à circulação dos ônibus até meia-noite (obrigações de fazer). A probabilidade do direito está caracterizada pelos fundamentos já expostos nos itens I, II e III do parágrafo anterior. O perigo de dano também está caracterizado, pois cidadãos deixam de ser atendidos pelo transporte público. Em relação àqueles que utilizam os ônibus, eles estão expostos a riscos de acidentes, tendo em vista a inabilitação dos condutores e a precária condição dos veículos.

Quanto aos pedidos, o examinando deve requerer: a) a concessão da liminar para impedir a designação de motoristas sem habilitação (obrigação de não fazer) e para obrigar à renovação da frota e à circulação dos ônibus novos até meia-noite (obrigações de fazer); b) a procedência do pedido, obrigando-se o réu ao cumprimento das obrigações de fazer e de não fazer indicadas na alínea "a"; c) a condenação do réu ao pagamento de custas e honorários; d) a produção de provas; e) a condenação dos réus ao pagamento de custas e honorários advocatícios; f) indicação do valor da causa.

Por fim, o fechamento.

2.6. Petição inicial

2.6.1. Apresentação

A petição inicial/ação ordinária tem cabimento quando houver o início de uma relação jurídica, sem menção a ação anterior, ou seja, não houve sequer manifestação judicial. Sendo assim, imagine uma ação de indenização por responsabilidade civil do Estado, uma ação para rescisão contratual contra à Administração Pública, uma ação anulatória de ato, dentre outras hipóteses.

Porém deve-se observar se essa relação inicial não é caso de instrumentos específicos, como o *habeas data*, mandado de segurança, a ação popular, dentre outras.

2.6.2. Requisitos e características

Para elaborar uma petição inicial (seja ela anulatória ou indenizatória), devemos sempre nos pautar pelos arts. 319 e 320, ambos do Código de Processo Civil:

> Art. 319. A petição inicial indicará:
> I – o juízo a que é dirigida;
> II – os nomes, os prenomes, o estado civil, a existência de união estável, a profissão, o número de inscrição no Cadastro de Pessoas Físicas ou no Cadastro Nacional da Pessoa Jurídica, o endereço eletrônico, o domicílio e a residência do autor e do réu;
> III – o fato e os fundamentos jurídicos do pedido;
> IV – o pedido com as suas especificações;
> V – o valor da causa;
> VI – as provas com que o autor pretende demonstrar a verdade dos fatos alegados;
> VII – a opção do autor pela realização ou não de audiência de conciliação ou de mediação.
> § 1º Caso não disponha das informações previstas no inciso II, poderá o autor, na petição inicial, requerer ao juiz diligências necessárias a sua obtenção.
> § 2º A petição inicial não será indeferida se, a despeito da falta de informações a que se refere o inciso II, for possível a citação do réu.
> § 3º A petição inicial não será indeferida pelo não atendimento ao disposto no inciso II deste artigo se a obtenção de tais informações tornar impossível ou excessivamente oneroso o acesso à justiça.
> Art. 320. A petição inicial será instruída com os documentos indispensáveis à propositura da ação.

É muito importante lembrar que na ação ordinária faremos o **pedido de tutela de urgência**, com a demonstração dos elementos que evidenciem a probabilidade do direito e o perigo de dano ou o risco ao resultado útil do processo, nos termos do art. 300 do Código de Processo Civil.

Lembre-se, também, de que toda petição inicial tem a mesma estrutura, o que muda é, basicamente, o pedido – sendo este o responsável por dar o nome da ação, exemplo: se pedimos uma indenização, nossa ação será uma indenizatória; se desejamos anular um ato jurídico, então, teremos uma ação anulatória etc.

2.6.3. Como identificar a peça

Para identificar um caso de petição inicial/ação ordinária você, primeiro, verificará se não é caso de outra ação/remédio constitucional específico. Primeiro daremos prioridade para um eventual *habeas data*, ou mandado de segurança, ou ação popular e, por fim, uma ação civil pública. Não sendo caso dessas ações e, por evidente, inexistindo qualquer relação processual formada, será cabível a petição inicial.

Tenha sempre muito cuidado, pois, na dúvida entre uma *habeas data* e uma ação ordinária, um mandado de segurança e uma ação ordinária; sempre escolha a ação específica. Exemplifico: para ter acesso à informação, é caso de *habeas data*, para ter a tutela de um direito líquido e certo violado é mandado de segurança.

2.6.4. Competência

Em primeiro lugar, deve-se verificar se a competência é de primeiro grau ou de Tribunais (normalmente em razão da pessoa). Depois, verifica-se a justiça competente, se é Federal ou Estadual. Para isso, ver arts. 102, 105, 108 e 109 da Constituição Federal, além das regras de competência dos arts. 42 e seguintes, do Código de Processo Civil.

2.6.5. Da audiência de conciliação ou de mediação

Uma das novidades do atual Código de Processo Civil é a **possibilidade de dispensa** da audiência de conciliação ou de mediação, caso ambas as partes manifestem, expressamente, o desinteresse na composição consensual ou quando não se admitir a autocomposição, na forma do art. 334, § 4º, I e II do CPC.

No entanto, o autor deverá indicar, já na petição inicial (procedimento comum), seu desinteresse na autocomposição, conforme o § 5º do art. 334 do CPC.

Esta indicação poderá ser feita logo abaixo das qualificações ou no final da peça, antes do fechamento.

2.6.6. Resumo dos pedidos da petição inicial

Na petição inicial/ação ordinária, teremos de formular cinco pedidos clássicos, conforme os arts. 319 e 320 do Código de Processo Civil. São eles:

a) citação do réu para, querendo, apresentar defesa, sob pena da revelia (art. 238 do Código de Processo Civil);

b) a procedência da ação para..., confirmando o pedido de tutela de urgência (art. 300 do Código de Processo Civil), nos termos da fundamentação;

c) a produção de todas as provas em direito admitidas (art. 369 do Código de Processo Civil);

d) a juntada dos documentos (art. 320 do Código de Processo Civil);

e) a condenação do réu ao pagamento das custas processuais e honorários advocatícios (arts. 82 e 85, ambos do Código de Processo Civil);

f) Não há interesse na realização da audiência de conciliação e mediação (artigo 334, § 5º, do Código de Processo Civil).

Valor da causa: R$... (valor por extenso)

Local/Data...

Advogado/OAB...

2.6.7. Estrutura da petição inicial

ENDEREÇAMENTO: Excelentíssimo Senhor Doutor Juiz de Direito da... Vara da Fazenda Pública da Comarca de..., Estado de... ou Excelentíssimo Senhor Doutor Juiz Federal da... Vara Federal da Subseção Judiciária, Seção Judiciária de...

QUALIFICAÇÃO DO AUTOR: (nome completo, estado civil, profissão, RG, CPF, endereço eletrônico, com endereço na rua, número, bairro, cidade, Estado, CEP...), caso seja uma pessoa jurídica (nome da PJ, CNPJ, nesse ato representada pelo sócio..., com endereço na rua, número, bairro, cidade, Estado, CEP) por seu advogado (procuração em anexo), com escritório no endereço..., onde receberá as intimações devidas.

NOME DA AÇÃO E FUNDAMENTO: a petição inicial terá, pelo menos, três fundamentos, quais sejam, arts. 319 e 320, ambos do Código de Processo Civil, além de outro artigo vinculado ao caso concreto (exemplo; art. 37, § 6.º, da Constituição Federal, se for caso de responsabilidade civil do Estado), bem como deverá ser acompanhada do título; "Ação Indenizatória com pedido de tutela de urgência" ou "Ação Anulatória com pedido de tutela de urgência", conforme o caso concreto.

QUALIFICAÇÃO DO RÉU: qualifique o réu de forma completa (nome completo, estado civil, profissão, CPF, endereço eletrônico, com endereço na rua, número, bairro, cidade, Estado, CEP...), caso seja uma pessoa jurídica (nome da PJ, CNPJ, nesse ato representada pelo sócio..., com endereço na rua, número, bairro, cidade, Estado, CEP).

I – DOS FATOS: resumir os fatos apresentados pelo problema, sem inserir qualquer novo dado, sob pena de nota zero na peça.

II – DO DIREITO: após identificar as teses, é importante desenvolver cada uma delas naquela nossa estrutura de três parágrafos (conforme estudamos no capítulo da Estrutura das Teses). Assim, você sempre terá uma tese constitucional, outra tese na lei e uma terceira com base em princípios. Isso sem afastar a possibilidade de aplicar jurisprudência e súmulas.

III – DA TUTELA DE URGÊNCIA: deve ser feito o pedido de tutela de urgência, conforme já estudado, sempre mencionando elementos que evidenciem a probabilidade do direito e o perigo de dano ou o risco ao resultado útil do processo, nos termos do art. 300 do Código de Processo Civil.

VI – DOS PEDIDOS: é o momento de concluir sua petição inicial e pontuar cada um dos pedidos, conforme o roteiro estabelecido, sempre lembrando dos cinco pedidos.

Sendo assim, pede:
a) citação do réu para, querendo, apresentar defesa, sob pena da revelia (art. 238 do Código de Processo Civil);
b) a procedência da ação para..., confirmando o pedido de tutela de urgência (art. 300 do Código de Processo Civil), nos termos da fundamentação;
c) a produção de todas as provas em direito admitidas;
d) a juntada dos documentos (art. 320 do Código de Processo Civil);
e) a condenação do réu ao pagamento das custas processuais e honorários advocatícios (arts. 82 e 85, ambos do Código de Processo Civil);
f) não há interesse na realização da audiência de conciliação e mediação (art. 334, § 5.º, do Código de Processo Civil).

Valor da causa: R$... (valor por extenso)

O autor manifesta desde já o desinteresse na autocomposição, na forma do art. 334, § 5º, do CPC.

Local/Data...

Advogado/OAB...

2.6.8. Modelo de petição inicial

(II Exame) JOANA, moradora de um Município da Baixada Fluminense, Rio de Janeiro, ao sair de casa para o trabalho às 7:00 horas da manhã do dia 10-10-2009, caminhando pela rua em direção ao ponto de ônibus, distraiu-se e acabou por cair em um bueiro que estava aberto, sem qualquer sinalização específica de aviso de cuidado pelo Poder Público. Em razão da queda, a sua perna direita ficou presa dentro do bueiro e moradores do local correram para socorrer JOANA. Logo em seguida, bombeiros militares chegaram com uma ambulância e acabaram por prestar os primeiros socorros à JOANA e por levá-la ao hospital municipal mais próximo. JOANA fraturou o seu joelho direito e sofreu outras lesões externas leves. Em razão da fratura, JOANA permaneceu em casa pelo período de 2 (dois) meses, com sua perna direita imobilizada e sem trabalhar, em gozo de auxílio-doença. Entretanto, além de seu emprego formal, JOANA prepara bolos e doces para vender em casa, a fim de complementar sua renda mensal, uma vez que é mãe solteira de um filho de 10 (dez) anos e mora sozinha com ele. Com a venda dos bolos e doces, JOANA aufere uma renda complementar de aproximadamente R$ 100,00 (cem reais) por semana. Em razão de sua situação, JOANA também não pôde preparar suas encomendas de bolos e doces durante o referido período de 2 (dois) meses em que esteve com sua perna imobilizada. Diante dos fatos acima descritos, e na qualidade de advogado procurado por JOANA, elabore a peça processual cabível para defesa do direito de sua cliente.

EXCELENTÍSSIMO SENHOR DOUTOR JUIZ DE DIREITO DA... VARA DA FAZENDA PÚBLICA DA COMARCA DO MUNICÍPIO, ESTADO DO RIO DE JANEIRO

Joana, nacionalidade, estado civil, profissão, RG, CPF, endereço eletrônico, residente na rua, número, bairro, cidade, Estado, CEP, por seu advogado (procuração em anexo), com escritório no endereço..., onde receberá as intimações devidas, vem, com fundamento nos arts. 37, § 6.º, da Constituição Federal, arts. 186 e 927, do Código Civil e arts. 319 e 320, do Código de Processo Civil, propor

Ação Indenizatória
(com pedido de tutela de urgência)

Em face do Município, pessoa jurídica de direito público interno, CNPJ, com sede na..., pelas razões de fato e de direito;

I – Dos Fatos

JOANA, moradora de um Município da Baixada Fluminense, ao sair de casa para o trabalho às 7;00 horas da manhã do dia 10-10-2009, caminhando pela rua em direção ao ponto de ônibus, distraiu-se e acabou por cair em um bueiro que estava aberto, sem qualquer sinalização específica de aviso de cuidado pelo Poder Público. Em razão da queda, a sua perna direita ficou presa dentro do bueiro, fraturando o seu joelho direito, além de sofrer outras lesões externas leves. Em razão da fratura, JOANA permaneceu em casa pelo período de dois meses, com sua perna direita imobilizada e sem trabalhar, em gozo de auxílio-doença, bem como não pode complementar sua renda com bolos e doces, uma vez que a autora aufere uma renda complementar de aproximadamente R$ 100,00 por semana e, por esse período em que sua perna estava imobilizada, deixou de ter a renda complementar para cuidar do seu filho.

II – Do Direito

Lembre-se de desenvolver cada tese conforme estudamos em "Construção das Teses", bem como utilizando-se das lições de direito material do Capítulo 3. No caso concreto, o "gabarito" pontuou; a responsabilidade do município pela manutenção dos bueiros, a demonstração da omissão do município pela falta da tampa e da sinalização e a caracterização dos danos morais e lucros cessantes.

III – Da Tutela de Urgência

No caso concreto, a autora tem direito à tutela de urgência, pois os requisitos do art. 300 do Código de Processo Civil estão preenchidos.

A probabilidade do direito é evidente, pois todas as provas confirmam as alegações dos autos. O perigo de dado ou da ausência de resultado útil do processo também está comprovado, pois a autora está com a perna imobilizada, diante do acidente causado pela omissão do réu, bem como não pode trabalhar para complementar sua renda familiar que é de R$ 100,00 por semana, com a venda de bolos e doces.

Sendo assim, requer a concessão da tutela de urgência para obrigar o réu a arcar com todas as despesas do tratamento, bem como a complementação da renda mensal, nos termos da fundamentação.

IV – Dos Pedidos

Sendo assim, pede:
a) citação do réu para, querendo, apresentar defesa, sob pena da revelia (art. 238 do Código de Processo Civil);
b) a procedência da ação para condenar o Município ao pagamento da indenização da

autora, incluindo o dano moral e os lucros cessantes, confirmando o pedido de tutela de urgência (art. 300 do Código de Processo Civil), nos termos da fundamentação;
   c) a produção de todas as provas em direito admitidas;
   d) a juntada dos documentos (art. 320 do Código de Processo Civil);
   e) a condenação do réu ao pagamento das custas processuais e honorários advocatícios (arts. 82 e 85, ambos do Código de Processo Civil);
   f) não há interesse na realização da audiência de conciliação e mediação (art. 334, § 5º, do Código de Processo Civil).

Valor da causa: R$... (valor por extenso)

Local/Data...

Advogado/OAB...

2.6.9. Caso prático e gabarito da FGV

(Exame XXVIII) Apolônio Silva foi encarcerado há três anos, pela prática do crime de lesão corporal seguida de morte (art. 129, § 3º, do CP), em razão de decisão penal transitada em julgado proferida pelo Tribunal de Justiça do Estado Alfa, que o condenou à pena de doze anos de reclusão. Apesar das tentativas da Defensoria Pública de obter a ordem de soltura, Apolônio permaneceu preso, até que, no ano corrente, foi morto durante a rebelião que ocorreu no presídio em que estava acautelado. Durante a mesma rebelião, numerosos condenados foram assassinados a tiros, sendo certo que as armas ingressaram no local mediante pagamento de propina aos agentes penitenciários. Inconformada, Maria da Silva, mãe de Apolônio, procurou você para, na qualidade de advogado(a), tomar as medidas cabíveis, com vistas a obter a responsabilização civil do Estado. Ela demonstrou que, ao tempo da prisão, ele era filho único, solteiro, sem filhos, trabalhador, e provia o seu sustento. Como Maria tem idade avançada e problemas de saúde, ela não tem condições de arcar com os custos do processo, notadamente porque gastou as últimas economias para proporcionar um funeral digno para o filho. Redija a peça cabível, mediante apontamento de todos os argumentos jurídicos pertinentes. (Valor: 5,00)

A FGV apresentou o seguinte gabarito:

A medida cabível é a petição inicial de Ação de Responsabilidade Civil OU Ação Indenizatória.

A peça deve ser endereçada a um dos Juízos da Vara de Fazenda Pública OU Vara Cível da Comarca X do Estado Alfa.

Na qualificação das partes: Maria da Silva é a autora e o Estado Alfa é o réu. Inicialmente, deve ser requerida a gratuidade de justiça, diante da impossibilidade de a autora arcar com as custas do processo, sem prejuízo do próprio sustento, na forma do art. 98 do CPC.

Na fundamentação, deve ser alegada a caracterização do dever de indenizar pelo Estado, com base nos seguintes fundamentos: a. Presença dos elementos configuradores da responsabilidade objetiva do Estado OU independentemente da demonstração do elemento subjetivo (dolo ou culpa), destacando-se ainda: a1. Violação do dever de preservação da integridade física e moral do preso na forma do art. 5º, inciso XLIX, da CRFB/88. a2. Incidência do art. 37, § 6º, da CRFB/88, que adota a teoria do risco administrativo. b. Com relação ao dano, o examinando deve apontar também: b1. Caracterização do dano moral (*in re ipsa*), decorrente do falecimento do filho da demandante. b2. Dependência financeira da autora, que contava com o falecido para o seu sustento, para fins de pensionamento, na forma do art. 948, inciso II, do Código Civil. b3. Necessidade de ressarcimento das despesas de funeral, na forma do art. 948, inciso I, do Código Civil.

Ao final, deve ser formulado pedido de procedência, para que o Estado seja condenado no pagamento de indenização por danos morais, ressarcimento pelas despesas de funeral, bem como no pensionamento da autora.

Ademais, devem ser expressamente requeridas a produção de provas para a demonstração da verdade dos fatos alegados; a condenação em custas e honorários; o valor da causa e a opção do autor pela realização, ou não, de audiência de conciliação ou mediação.

Arremata a peça a indicação de local, data, espaço para assinatura do advogado e número de sua inscrição na OAB.

(**Exame XXIX**) Em concurso realizado na vigência da Emenda Constitucional nº 20/98, Joel foi aprovado para desempenhar serviços notariais e de registro, vindo a ser nomeado tabelião de notas de serventia extrajudicial, no Estado Alfa. Ao completar setenta e cinco anos de idade, em maio de 2018, Joel foi aposentado compulsoriamente pelo regime próprio de previdência do ente federativo em questão, contra a sua vontade, sob o motivo de que havia atingido a idade limite para atuar junto à Administração Pública, nos termos da CRFB/88. Joel, em razão da aposentação compulsória, sentindo-se violado nos seus direitos de personalidade, entrou em depressão profunda em menos de dois meses. O quadro tornou-se ainda mais grave devido à grande perda patrimonial, considerando que os proventos de inativo são bem inferiores ao valor do faturamento mensal do cartório. Seis meses após a decisão que declarou "vacante" a sua delegação junto a específico cartório de notas, e o deu por aposentado, Joel procura você, como advogado(a), para tomar as providências pertinentes à defesa de seus interesses. Menciona que sua pretensão seria voltar à atividade e ser reparado por todos os danos sofridos. Redija a peça processual adequada para a plena defesa dos interesses de Joel, mediante o apontamento de todos os argumentos pertinentes. (Valor: 5,00)

Obs.: a peça deve abranger todos os fundamentos de Direito que possam ser utilizados para dar respaldo à pretensão. A simples menção ou transcrição do dispositivo legal não confere pontuação.

A FGV apresentou o seguinte gabarito:

A medida cabível é a petição inicial de ação anulatória do ato de aposentadoria de Joel, com a reintegração na função delegada, bem como indenização pelo período do afastamento ilegal e por danos morais, com pedido de liminar.

A peça deve ser endereçada a um dos Juízos da Vara de Fazenda Pública do Estado Alfa ou para a Vara Cível competente.

Na qualificação das partes: Joel é o autor e o Estado Alfa é o réu.

Na fundamentação, deve ser alegada a nulidade da aposentadoria compulsória de Joel, pelos fundamentos a seguir. I. Apesar de realizarem concurso público, os tabeliães, notários e oficiais dos serviços notariais e de registro não são servidores públicos, mas agentes que exercem função delegada, na forma do art. 236 da CRFB/88 OU art. 3º da Lei n. 8.935/94. II. Consequentemente, os tabeliães, notários e oficiais de serviços notariais estão vinculados ao regime geral de previdência social e/ou não se submetem ao regime de aposentadoria próprio dos servidores públicos ocupantes de cargos efetivos, notadamente à aposentadoria compulsória, prevista no art. 40, inciso II, da CRFB/88.

Com relação à indenização, deve ser destacado: a. A presença dos elementos configuradores da responsabilidade civil do Estado – conduta ilícita, nexo causal e dano – a ensejar o dever de reparação material e moral, na forma do art. 37, § 6º, da CRFB/88; b. Quanto ao dano material, ressaltar os enormes prejuízos sofridos por Joel em razão da redução de sua remuneração a partir de sua aposentadoria compulsória; c. Em relação ao dano moral, frisar que a conduta ilegal foi além do mero aborrecimento OU violou direitos da personalidade do demandante.

Deve ser efetuado pedido de concessão de liminar para suspender os efeitos do ato de aposentadoria e reintegrar o autor nas funções notariais, na forma do art. 300, *caput*, OU do art. 311, inciso II, ambos do CPC.

Ao final, deve ser formulado pedido de procedência, para anular o ato de aposentadoria compulsória de Joel, com sua reintegração na função delegada, bem como indenizá-lo pelos prejuízos materiais e morais sofridos.

Ademais, devem ser expressamente requeridas a citação do réu, juntada de provas para a demonstração da verdade dos fatos alegados; a condenação em custas e honorários; o valor da causa e a opção do autor pela realização, ou não, de audiência de conciliação ou mediação.

Arremata a peça a indicação de local, data, espaço para assinatura do advogado e o número de sua inscrição na OAB.

2.7. Contestação

2.7.1. Apresentação

É a resposta clássica do réu. Será cabível a contestação sempre que o problema trouxer uma questão em que seu cliente fora citado para oferecer resposta no prazo legal de 15 dias, nos termos do art. 335 do Código de Processo Civil:

> Art. 335. O réu poderá oferecer contestação, por petição, no prazo de 15 (quinze) dias, cujo termo inicial será a data:
> I – da audiência de conciliação ou de mediação, ou da última sessão de conciliação, quando qualquer parte não comparecer ou, comparecendo, não houver autocomposição;
> II – do protocolo do pedido de cancelamento da audiência de conciliação ou de mediação apresentado pelo réu, quando ocorrer a hipótese do art. 334, § 4º, inciso I;
> III – prevista no art. 231, de acordo com o modo como foi feita a citação, nos demais casos.
> § 1º No caso de litisconsórcio passivo, ocorrendo a hipótese do art. 334, § 6º, o termo inicial previsto no inciso II será, para cada um dos réus, a data de apresentação de seu respectivo pedido de cancelamento da audiência.

§ 2º Quando ocorrer a hipótese do art. 334, § 4º, inciso II, havendo litisconsórcio passivo e o autor desistir da ação em relação a réu ainda não citado, o prazo para resposta correrá da data de intimação da decisão que homologar a desistência.

2.7.2. Requisitos e características

Para elaborar uma contestação, é indispensável a leitura dos arts. 335 e seguintes do Código de Processo Civil. Vamos visualizar cada uma das etapas dessa peça.

O **endereçamento** da contestação deve ser para o órgão do Judiciário que recebeu a inicial e efetivou a citação.

A **defesa** em si começa com "Dos fatos". Nesta parte, os fatos alegados pelo autor, que constam na questão, devem ser narrados de modo bem claro e objetivo, em ordem cronológica, e em parágrafos curtos. Deve-se mencionar todos os elementos que estão no problema (art. 336 do Código de Processo Civil).

Em seguida, teremos a parte "Do direito". Nesse momento, devemos alegar, primeiro, o rol do art. 337 para, só depois, adentrarmos ao mérito. Assim, **primeiro analisaremos as preliminares da contestação**, que devem ser expostas antes do mérito. Elas constam nos arts. 330 e 337, com suas consequências nos arts. 485 e 487, todos do Código de Processo Civil. Aqui, alega-se também, eventual prescrição da pretensão do autor.

Por fim, discute-se o mérito, momento em que devemos impugnar todas as alegações do autor, de forma objetiva e fundamentada, citando legislação, doutrina e jurisprudência (princípio da impugnação específica).

Após concluirmos o mérito, passaremos para **os pedidos**. Muito cuidado. Se alegarmos alguma preliminar, devemos fazer o pedido correspondente. Exemplo: se alegarmos coisa julgada, devemos pedir a extinção do processo sem resolução do mérito (art. 485, V, do Código de Processo Civil).

Caso aleguemos a prescrição ou decadência, devemos pedir o seu reconhecimento e a extinção do processo com resolução do mérito, na forma do art. 487, II, do Código de Processo Civil.

No pedido, todas as preliminares (ou prejudiciais) devem ser abordadas antes dos pedidos principais. Estas preliminares estão no art. 337 do CPC, além de eventual prescrição!

Após o pedido correspondente às preliminares, **devemos pedir a improcedência do pedido formulado pelo autor**, exemplo: "Caso sejam superadas as preliminares – o que se admite apenas em atenção ao princípio da eventualidade – o réu requer a improcedência do pedido". É o **princípio da eventualidade**, pois, na contestação, todas as matérias devem ser abordadas, quer sejam diretas ou indiretas.

No pedido, também requerer a imposição de todos os ônus de sucumbência ao autor.

Por fim, requerer a **produção de provas**, na forma do art. 336 do Diploma Processual Civil.

Cuidado! Na contestação, não cabe colocar valor da causa e nem pedir a citação de ninguém.

2.7.3. Como identificar a peça

Para identificar uma contestação, não há dificuldades, porque o problema já mencionou que o seu cliente foi citado, intimado ou notificado e, assim, caberá a você apresentar a resposta. Vale lembrar, também, que o problema já lhe apresentou todas as teses e, por isso, você deverá rebater cada uma delas de forma pontual.

Além disso, por se tratar de uma resposta do réu, já existe relação processual, tanto que o Juízo já terminou a citação do seu cliente, tendo em vista uma ação em seu desfavor.

2.7.4. Resumo dos pedidos da contestação

Na contestação teremos de formular cinco pedidos, assim como faríamos se fosse uma inicial. São eles:

a) o acolhimento da(s) preliminar(es), nos termos da fundamentação (art. 337 do Código de Processo Civil);

b) caso sejam superadas as preliminares – o que se admite apenas em atenção ao princípio da eventualidade –, o réu requer a improcedência do pedido a total improcedência da ação, nos termos da fundamentação;

c) a produção de todas as provas em direito admitidas (art. 369 do Código de Processo Civil);

d) a juntada de documentos (art. 336 do Código de Processo Civil);

e) a condenação do autor ao pagamento das custas processuais e honorários advocatícios (arts. 82 e 85, ambos do Código de Processo Civil).

Local/Data...

Advogado/OAB...

2.7.5. Estrutura da contestação

ENDEREÇAMENTO: Excelentíssimo Senhor Doutor Juiz de Direito da... Vara da Fazenda Pública da Comarca de..., Estado de... ou Excelentíssimo Senhor Doutor Juiz Federal da... Vara Federal da Subseção Judiciária, Seção Judiciária de... (Lembre-se de endereçar para o mesmo órgão do Judiciário que determinou a citação)

QUALIFICAÇÃO DO RÉU: (nome completo, estado civil, profissão, CPF, endereço eletrônico, com endereço na rua, número, bairro, cidade, Estado, CEP...), caso seja uma pessoa jurídica (nome da PJ, CNPJ, nesse ato representada pelo sócio..., com endereço na rua, número, bairro, cidade, Estado, CEP) por seu advogado (procuração em anexo).

NOME DA AÇÃO E FUNDAMENTO: a contestação terá, pelo menos, o fundamento dos arts. 335 e 336, ambos do Código de Processo Civil, sem prejuízo de eventual artigo de legislação vinculada com o caso específico (exemplo; art. 17, § 9.º, da Lei n. 8.429/92, a contestação no contexto da improbidade administrativa), bem como deverá ser acompanhada do título; Contestação.

QUALIFICAÇÃO DO AUTOR: qualifique o autor de forma completa (nome completo, estado civil, profissão, CPF, endereço eletrônico, com endereço na rua, número, bairro, cidade, Estado, CEP...), caso seja uma pessoa jurídica (nome da PJ, CNPJ, nesse ato representada pelo sócio..., com endereço na rua, número, bairro, cidade, Estado, CEP).

I – DOS FATOS: os fatos devem ser narrados de modo bem claro e objetivo, em ordem cronológica, e em parágrafos curtos, sem inserir qualquer novo dado, sob pena de nota zero na peça.

II – DO DIREITO: primeiro analisaremos as PRELIMINARES DA CONTESTAÇÃO e, posteriormente, o mérito. Lembre-se de rebater todas as teses apresentadas pelo autor, em respeito ao princípio da impugnação específica.

III – DOS PEDIDOS: é o momento de concluir sua contestação e pontuar cada um dos pedidos, conforme o roteiro estabelecido, sempre lembrando dos cinco pedidos.

Sendo assim, pede:
a) o acolhimento da preliminar, nos termos da fundamentação (art. 337 do Código de Processo Civil);
b) caso sejam superadas as preliminares – o que se admite apenas em atenção ao princípio da eventualidade – o réu requer a improcedência do pedido, nos termos da fundamentação;
c) a produção de todas as provas em direito admitidas (art. 369 do Código de Processo Civil);
d) a juntada de documentos (art. 336 do Código de Processo Civil);

e) a condenação do autor ao pagamento das custas processuais e honorários advocatícios (arts. 82 e 85, ambos do Código de Processo Civil).

Local/Data...

Advogado/OAB...

2.7.6. Modelo da contestação

(III Exame) Em janeiro de 2006, o Ministério Público abriu inquérito civil para checar atos de improbidade administrativa realizados pelo prefeito de Mar Azul, município situado no interior do Estado X. Esses atos de improbidade consistiriam na auferição de vantagens patrimoniais indevidas em razão do exercício do cargo e envolveriam atuações do próprio prefeito e do chefe do gabinete civil. No curso das investigações procedidas, ficou confirmado que o chefe do gabinete civil recebeu vantagem econômica, em dinheiro, de vários empreiteiros que contratavam com o poder público. Ficou apurado, também, que algumas pessoas chegaram a informar ao prefeito essa conduta de seu chefe do gabinete civil. Entretanto, o prefeito não tomou providências, sempre dizendo às pessoas que realizavam as denúncias que confiava na atuação de seu secretário. Ainda na parte da apuração, para efeitos da justa causa voltada ao ajuizamento da ação civil pública de improbidade, ficou comprovado o aumento patrimonial do chefe do gabinete civil, desproporcional aos seus ganhos, mas não o do prefeito. Com isso, já agora em janeiro de 2011, o Ministério Público ajuíza ação de improbidade em face do prefeito e de seu chefe de gabinete, fazendo menção a todos os atos de improbidade – o último teria se dado em dezembro de 2004, ano em que expirava o mandato do Prefeito –, representativos da afronta ao art. 9º, inciso I, da Lei n. 8.429/92. Em sua peça, bem instruída com o inquérito civil, o Ministério Público menciona conduta comissiva do chefe de gabinete do prefeito e omissiva deste último, caracterizadora de desídia, a se enquadrar na ideia de negligência com o interesse público. Recebendo a peça inicial, o juiz da vara fazendária de Mar Azul determina a citação dos réus no dia 2-2-2011. Os mandados são efetivados no dia 4-2-2011 e juntos no dia 8-2-2011.

Transtornado com a ação proposta e ciente do pedido de suspensão dos direitos políticos por 10 anos e pagamento de multa civil de até 100 vezes de seus subsídios, o prefeito – cujo nome é Caio da Silva Nunes – procura você para apresentar a sua defesa.

Tendo sido aceito o mandado, componha a peça adequada, trazendo todos os fundamentos possíveis para a defesa e datando com o último dia do prazo.

EXCELENTÍSSIMO SENHOR DOUTOR JUIZ DE DIREITO DA VARA DA FAZENDA PÚBLICA DA COMARCA DE MAR AZUL, ESTADO X

Caio da Silva Nunes, brasileiro, estado civil, profissão, endereço eletrônico, RG, CPF, residente na rua, número, bairro, cidade, Estado, CEP, vem, por seu advogado (procuração em anexo), com escritório no endereço..., onde receberá as intimações devidas, com fundamento nos arts. 335 e 336, ambos do Código de Processo Civil, apresentar:

Contestação

Em face da ação de improbidade administrativa ajuizada pelo Ministério Público, pelas razões de fato e de direito que passa a expor;

I – Dos Fatos

O Ministério Público ajuizou ação de improbidade administrativa e alegou; que ficou confirmado que o chefe do gabinete civil do réu recebeu vantagem econômica, em dinheiro, de vários empreiteiros que contratavam com o poder público, ficou comprovado o aumento patrimonial do chefe do gabinete civil, desproporcional aos seus ganhos, mas não o do prefeito. Todavia, tal ação está prescrita, pois em janeiro de 2011, o Ministério Público ajuizou ação de improbidade em face do réu e de seu chefe de gabinete, fazendo menção a todos os atos de improbidade – o último teria se dado em dezembro de 2004, ano em que expirava o mandato do Prefeito –, representativos da afronta ao art. 9.º, inciso I, da Lei n. 8.429/92. O Ministério Público mencionou conduta comissiva do chefe de gabinete do prefeito e omissiva deste último, caracterizadora de desídia, a se enquadrar na ideia de negligência com o interesse público. Recebendo a peça inicial, o juiz da vara fazendária de Mar Azul determina a citação dos réus no dia 2-2-2011. Os mandados foram efetivados no dia 4-2-2011 e juntos no dia 8-2-2011. Por ser inocente é que o réu apresenta essa contestação.

II – Do Direito
II.1 – Das preliminares

Lembre-se de desenvolver cada tese conforme estudamos em "Construção das Teses", bem como utilizando-se das lições de direito material do Capítulo 3. No caso concreto, em sede de preliminar, o "gabarito" pontuou; a prescrição, e à ausência de notificação que gerou a nulidade do feito.

II.2 – Do Mérito

Lembre-se de desenvolver cada tese conforme estudamos em "Construção das Teses", bem como utilizando-se das lições de direito material do Capítulo 3. No caso concreto, o "gabarito" pontuou; o pedido de improcedência do pedido, ausência de dolo por parte do réu, impossibilidade da condenação no pagamento da multa, pois totalmente desproporcional.

III – Dos Pedidos

Sendo assim, pede:
a) o acolhimento das preliminares, nos termos da fundamentação (art. 337 do Código de Processo Civil);
b) caso sejam superadas as preliminares – o que se admite apenas em atenção ao princípio da eventualidade – o réu requer a improcedência do pedido, nos termos da fundamentação;
c) a produção de todas as provas em direito admitidas (art. 369 do Código de Processo Civil);
d) a juntada de documentos (art. 336 do Código de Processo Civil);
e) a condenação do autor ao pagamento das custas processuais e honorários advocatícios (arts. 82 e 85, ambos do Código de Processo Civil).

Local/Data...

Advogado/OAB...

2.8. Teoria geral sobre os recursos

2.8.1. Apresentação

Quando trabalhamos com os recursos, inevitavelmente, a base a ser seguida é da petição inicial, porém com as alterações peculiares.

Primeiro, quando se tratar de recurso teremos sempre a configuração (exceto para o agravo de instrumento, que segue estrutura de petição inicial):

Folha de rosto + folha das razões recursais

Na **folha de rosto,** teremos de cumprir os seguintes requisitos:
a) endereçar para o juiz que deu a decisão (juízo *a quo*);
b) qualificar o recorrente de forma completa;
c) dar a fundamentação e o título do recurso;
d) qualificar o recorrido;
e) realizar o requerimento de recebimento e envio para o Tribunal;
f) realizar o requerimento da juntada do comprovante do preparo.

Feito isso, passamos para a **folha das razões recursais**, momento em que:
a) endereçamos para o Tribunal competente (juízo *ad quem*);
b) colocamos o título "razões recursais";
c) Fatos, Direito e Pedido.

O raciocínio dos **pedidos recursais** é muito mais simples do que na petição inicial, pois teremos apenas dois pedidos (regra):
a) o conhecimento e o provimento do recurso para que nova decisão seja proferida;
b) a condenação da parte contrária ao pagamento das custas processuais e honorários advocatícios.

2.8.2. Requisitos e características

Quando falamos dos recursos, precisamos diferenciar o "conhecimento" e o "provimento". No *conhecimento*, analisamos todos os aspectos formais, ou seja, não apreciamos "quem tem razão", pois desejamos saber se quem recorreu tem procuração para tal, se foi interposto no prazo correto, entre outros. O recurso conhecido é aquele que preencheu todos os requisitos formais e, assim, está pronto para ser julgado. Todavia, caso não seja conhecido, sequer analisaremos o mérito, pois a parte não preencheu, de forma satisfatória, todos os requisitos formais.

Pronto, uma vez que o recurso foi conhecido passaremos para o mérito, análise da segunda fase (provimento). Sendo assim, provido será o recurso que modificou inteiramente a sentença (o recorrente venceu), parcialmente promovido será o recurso que modificou uma parte da sentença e manteve a outra (o recorrente venceu uma parte e perdeu a outra) e, por fim, podemos ter um recurso que não foi provido, ou seja, a sentença foi integralmente mantida (o recorrente perdeu).

Quando falamos de recurso, precisamos sempre lembrar do **preparo**, ou seja, o recorrente deverá, no ato de interposição do recurso, comprovar que recolheu todas as custas, inclusive o porte de remessa e de retorno, sob pena de deserção (art. 1.007 do Código do Processo Civil). Por isso, quando não for realizado o pagamento das custas (preparo), o recurso será deserto.

Pronto, vencidas as questões terminológicas, vamos às espécies recursais. Segundo o Novo Código de Processo Civil, teremos as seguintes possibilidades recursais:

> Art. 994. São cabíveis os seguintes recursos:
> I – apelação;
> II – agravo de instrumento;
> III – agravo interno;
> IV – embargos de declaração;
> V – recurso ordinário;

VI – recurso especial;
VII – recurso extraordinário;
VIII – agravo em recurso especial ou extraordinário;
IX – embargos de divergência.
Art. 995. Os recursos não impedem a eficácia da decisão, salvo disposição legal ou decisão judicial em sentido diverso.

Diante disso, temos de lembrar que o recurso, para a nossa 2ª fase, será, por pertinência temática, interposto pela parte vencida ou pelo terceiro prejudicado, nos termos do art. 996 do Código de Processo Civil:

Art. 996. O recurso pode ser interposto pela parte vencida, pelo terceiro prejudicado e pelo Ministério Público, como parte ou como fiscal da ordem jurídica.
Parágrafo único. Cumpre ao terceiro demonstrar a possibilidade de a decisão sobre a relação jurídica submetida à apreciação judicial atingir direito de que se afirme titular ou que possa discutir em juízo como substituto processual.

Ainda, não podemos esquecer de pedir, na folha das razões recursais, para que nova decisão seja proferida:

Art. 1.008. O julgamento proferido pelo tribunal substituirá a decisão impugnada no que tiver sido objeto de recurso.

Quando se menciona a necessidade de um recurso é, simplesmente, a nítida intenção de se modificar uma decisão, a qual chamamos de decisão recorrida.

2.8.3. Como identificar a peça

Para identificar um caso de recurso, teremos, necessariamente, uma decisão judicial que, de alguma forma, prejudicou o nosso cliente. Pode ser uma sentença e, como regra, cabível será a apelação, ou uma decisão interlocutória e, assim, será caso de agravo de instrumento, ou um acórdão em competência originária de um Tribunal em que poderemos atacar com recurso ordinário. Enfim, para que seja hipótese de recurso, precisamos de uma decisão judicial (sentença, decisão interlocutória ou acórdão) que traga prejuízos ao nosso cliente.

2.8.4. Resumo dos pedidos (clássicos) recursais

Nos recursos, de forma geral, teremos sempre os pedidos clássicos:

Na folha de rosto:
a) o recebimento e envio do recurso ao Tribunal *ad quem*;
b) a juntada do comprovante do preparo (pagamento das custas).

Local/Data...

Advogado/OAB...

(quebra de página – pule apenas uma linha, escreva "quebra de página", pule outra linha, e já comece a escrever a folha das razões recursais)

Na folha das razões recursais:

a) o conhecimento e provimento do recurso para que nova decisão seja proferida..., nos termos da fundamentação;
b) a condenação da parte contrária/recorrido ao pagamento dos honorários advocatícios e custas processuais.

Local/Data...

Advogado/OAB...

O raciocínio na elaboração de uma razão recursal é sempre para modificar a sentença recorrida, todavia, caso seja para elaborar uma contrarrazão recursal, daí buscaremos manter a decisão recorrida, reforçando todos os seus argumentos.

Na folha das contrarrazões recursais:

a) o não conhecimento do recurso e, se conhecido, seja negado provimento para a integral manutenção da decisão recorrida, nos termos da fundamentação;
b) a condenação da parte contrária/recorrente ao pagamento dos honorários advocatícios e custas processuais.

Local/Data...

Advogado/OAB...

2.9. **Apelação**

2.9.1. Apresentação

O apelo ou apelação é o recurso cabível contra uma sentença (art. 1.009 do Código de Processo Civil). Sendo assim, quando o juiz, seja estadual ou federal, proferir a sentença e, de alguma forma, não for satisfatória aos interesses do nosso cliente, utilizaremos da apelação.

2.9.2. Requisitos e características

Para que uma decisão seja considerada uma sentença, o juiz precisa, via de regra, extinguir a relação jurídico-processual, quer seja com ou sem resolução do mérito.

Ao utilizar de uma apelação, devemos lembrar que ela segue o modelo clássico dos recursos (folha de rosto + folha das razões recursais) e, assim, deverá conter:

> Art. 1.010. A apelação, interposta por petição dirigida ao juízo de primeiro grau, conterá:
> I – os nomes e a qualificação das partes;
> II – a exposição do fato e do direito;
> III – as razões do pedido de reforma ou de decretação de nulidade;
> IV – o pedido de nova decisão.
> § 1º O apelado será intimado para apresentar contrarrazões no prazo de 15 (quinze) dias.
> § 2º Se o apelado interpuser apelação adesiva, o juiz intimará o apelante para apresentar contrarrazões.
> § 3º Após as formalidades previstas nos §§ 1º e 2º, os autos serão remetidos ao tribunal pelo juiz, independentemente de juízo de admissibilidade.

Protocolizado o recurso de apelação, caberá ao juízo de primeiro grau determinar a intimação da parte contrária/apelado para apresentar contrarrazões e, posteriormente, devolver ao Tribunal à apreciação do caso:

> Art. 1.013. A apelação devolverá ao tribunal o conhecimento da matéria impugnada.
> § 1º Serão, porém, objeto de apreciação e julgamento pelo tribunal todas as questões suscitadas e discutidas no processo, ainda que não tenham sido solucionadas, desde que relativas ao capítulo impugnado.
> § 2º Quando o pedido ou a defesa tiver mais de um fundamento e o juiz acolher apenas um deles, a apelação devolverá ao tribunal o conhecimento dos demais.
> § 3º Se o processo estiver em condições de imediato julgamento, o tribunal deve decidir desde logo o mérito quando:
> I – reformar sentença fundada no art. 485;
> II – decretar a nulidade da sentença por não ser ela congruente com os limites do pedido ou da causa de pedir;
> III – constatar a omissão no exame de um dos pedidos, hipótese em que poderá julgá-lo;
> IV – decretar a nulidade de sentença por falta de fundamentação.
> § 4º Quando reformar sentença que reconheça a decadência ou a prescrição, o tribunal, se possível, julgará o mérito, examinando as demais questões, sem determinar o retorno do processo ao juízo de primeiro grau.
> § 5º O capítulo da sentença que confirma, concede ou revoga a tutela provisória é impugnável na apelação.
> Art. 1.014. As questões de fato não propostas no juízo inferior poderão ser suscitadas na apelação, se a parte provar que deixou de fazê-lo por motivo de força maior.

2.9.3. Como identificar a peça

Para identificar uma apelação é superfácil, pois da sentença cabível será o recurso de apelação, nos termos do art. 1.009 do Código de Processo Civil. Dessa forma, se a sentença foi proferida pelo juiz estadual, faremos o recurso para o Tribunal de Justiça e, se proferida pelo juiz federal, o apelo será para o Tribunal Regional Federal.

Além disso, por se tratar de um recurso com estrutura clássica, teremos a folha de rosto e a folha das razões recursais.

2.9.4. Resumo dos pedidos da apelação

Na apelação, teremos de formular os pedidos clássicos de todos os recursos (menos o agravo de instrumento).

Na **folha de rosto**:
a) requerimento de recebimento e envio para o Tribunal (juízo *ad quem*);
b) requerimento da juntada do comprovante do preparo.

Na **folha das razões recursais**:
a) o conhecimento e provimento do recurso de apelação para que nova decisão seja proferida, nos termos da fundamentação;
b) a condenação da parte contrária/recorrido ao pagamento dos honorários advocatícios e custas processuais.

Local/Data...

Advogado/OAB...

2.9.5. Estrutura da apelação

2.9.5.1. Na folha de rosto

ENDEREÇAMENTO AO "JUÍZO A QUO": Excelentíssimo Senhor Doutor Juiz de Direito da... Vara Cível da Comarca de..., Estado de... ou Excelentíssimo Senhor Doutor Juiz Federal da... Vara Federal da Subseção Judiciária, Seção Judiciária de...

QUALIFICAÇÃO DO RECORRENTE: (nome completo, estado civil, profissão, RG, CPF, endereço eletrônico, com endereço na rua, número, bairro, cidade, Estado, CEP...), caso seja uma pessoa jurídica (nome da PJ, CNPJ, nesse ato representada pelo sócio..., com endereço na rua, número, bairro, cidade, Estado, CEP) por seu advogado (procuração em anexo), com escritório no endereço..., onde receberá as intimações devidas.

NOME DO RECURSO E FUNDAMENTO: no recurso de apelação, o fundamento básico será o art. 1.009 do Código de Processo Civil, sem prejuízo de outro artigo específico, tal qual uma apelação no mandado de segurança, ou no "habeas data", ou numa ação de improbidade, dentre outras, acompanhado do título Apelação.

QUALIFICAÇÃO DO RECORRIDO: qualifique o recorrido de forma completa (nome completo, estado civil, profissão, RG, CPF, endereço eletrônico, com endereço na rua, número, bairro, cidade, Estado, CEP...), caso seja uma pessoa jurídica (nome da PJ, CNPJ, nesse ato representada pelo sócio..., com endereço na rua, número, bairro, cidade, Estado, CEP).
REQUERIMENTOS: requerimento de recebimento e envio do recurso para o Tribunal ("juízo ad quem") e o requerimento da juntada do comprovante do preparo.

Local/Data...

Advogado/OAB...

(quebra de página)

2.9.5.2. Na folha das razões recursais

ENDEREÇAMENTO AO "JUÍZO AD QUEM": Tribunal de Justiça do Estado... ou Tribunal Regional Federal da... Região

Razões Recursais

I – DOS FATOS: resumir os fatos apresentados pelo problema, sem inserir qualquer novo dado, sob pena de nota zero na peça.

II – DO DIREITO: após identificar as teses, é importante desenvolver cada uma delas naquela nossa estrutura de três parágrafos (conforme estudamos no capítulo da

Estrutura das Teses). Assim, você sempre terá uma tese constitucional, outra tese na lei e uma terceira com base em princípios. Isso sem afastar a possibilidade de aplicar jurisprudência e súmulas.

III – DOS PEDIDOS: é o momento de concluir seu recurso de apelação e pontuar cada um dos pedidos, conforme o roteiro estabelecido.

Sendo assim, pede-se:
a) o conhecimento e provimento do recurso de apelação para que nova decisão seja proferida, nos termos da fundamentação;
b) a condenação da parte contrária/recorrido ao pagamento dos honorários advocatícios e custas processuais.

Local/Data...

Advogado/OAB...

2.9.6. Modelo de apelação

(XIII Exame) A Lei n. 1.234, do Município X, vedava a ampliação da área construída nos apartamentos do tipo cobertura, localizados na orla da cidade. Com a revogação da lei, diversos moradores formularam pleitos, perante a Secretaria Municipal de Urbanismo, e obtiveram autorização para aumentar a área construída de suas coberturas. Diversos outros moradores sequer formularam qualquer espécie de pleito e, mesmo assim, ampliaram seus apartamentos, dando, após, ciência à Secretaria, que não adotou contra os moradores qualquer medida punitiva.

Fulano de Tal, antes de adquirir uma cobertura nessa situação, ou seja, sem autorização da Secretaria Municipal de Urbanismo para aumento da área construída, formula consulta à Administração Municipal sobre a possibilidade de ampliação da área construída, e recebe, como resposta, a informação de que, na ausência de lei, o Município não pode se opor à ampliação da área.

Fulano de Tal, então, compra uma cobertura, na orla, e inicia as obras de ampliação do apartamento. Entretanto, três meses depois, é surpreendido com uma notificação para desfazer toda a área acrescida, sob pena de multa, em razão de novo entendimento manifestado pela área técnica da Administração Municipal, a ser aplicado apenas aos que adquiriram unidades residenciais naquele ano e acolhido em decisão administrativa do Secretário Municipal de Urbanismo no processo de consulta aberto meses antes. Mesmo tomando ciência de que outros proprietários não receberam a mesma notificação, Fulano de Tal inicia a demolição da área construída, mas, antes de concluir a demolição, é orientado por um amigo a ingressar com demanda na justiça e formular pedido de liminar para afastar a incidência da multa e suspender a determinação de demolir o acrescido até decisão final, de mérito, de anulação do ato administrativo, perdas e danos materiais e morais. Você é contratado como advogado e obtém decisão antecipatória da tutela no sentido almejado. Contudo, a sentença do Juízo da 1ª Vara de Fazenda Pública da Comarca X revoga a liminar anteriormente concedida e julga improcedente o pedido de anulação do ato administrativo, acolhendo argumento contido na contestação, de que o autor não esgotara as instâncias administrativas antes de socorrer-se do Poder Judiciário. Interponha a medida cabível a socorrer os interesses do seu cliente, considerando que, com a revogação da liminar, volta a viger a multa, caso não seja concluída a demolição da área construída por Fulano de Tal.

EXCELENTÍSSIMO SENHOR DOUTOR JUIZ DE DIREITO DA 1.ª VARA DA FAZENDA PÚBLICA DA COMARCA X, ESTADO

Fulano de Tal, nacionalidade, estado civil, profissão, endereço eletrônico, RG, CPF, residente na rua, número, bairro, cidade, Estado, CEP, por seu advogado (procuração em anexo), com escritório no endereço..., vem, com fundamento no art. 1.009 do Código de Processo Civil, interpor:

Recurso de Apelação

Em face da sentença proferida nestes autos, no processo contra o Município X, pessoa jurídica de direito público interno, devidamente qualificado.
Requer seja recebido e enviado o recurso de apelação ao Tribunal de Justiça.
Requer seja juntado o comprovante do preparo.

Local/Data...

Advogado/OAB...

(quebra de página)
Tribunal de Justiça

Razões Recursais

I – Dos Fatos

O recorrente ingressou com uma ação judicial para afastar a incidência da autuação municipal, nos termos da Lei n. 1.234, do Município X com a interpretação aplicada pela Secretaria

Municipal de Urbanismo. Ocorre que, posteriormente à concessão da antecipação de tutela, na sentença, o Juízo "a quo" deu ganho de causa ao Município X, por entender que o autor não esgotara as instâncias administrativas antes de socorrer-se do Poder Judiciário. Diante da nítida injustiça, outro caminho não restou que não a interposição do recurso de apelação.

II – Do Direito

Lembre-se de desenvolver cada tese conforme estudamos em "Construção das Teses", bem como utilizando-se das lições de direito material do Capítulo 3. No caso concreto, o "gabarito" pontuou; nem a Lei e nem a Constituição exigem o esgotamento da via administrativa como condição de acesso ao Poder Judiciário (art. 5.º, XXXV, da Constituição Federal), a violação ao princípio do devido processo legal, que deve nortear a conduta da Administração, uma vez que a Administração Pública não pode, com novo entendimento (sequer amparado em lei), empreender a redução no patrimônio do particular sem que lhe seja dada a participação em processo administrativo formal, a violação ao princípio da legalidade, tanto pela ausência de norma que imponha ao particular restrição à sua propriedade quanto pela ausência de norma que autorize o Poder Público Municipal a recusar a reforma procedida pelo particular em sua propriedade, a violação ao princípio da isonomia, tendo em vista que outros proprietários em idêntica situação não foram alvo de notificação por parte da Administração municipal, o que revela tratamento desigual entre os particulares, sem critério legítimo de diferenciação, o novo entendimento da Administração, desfavorável, só será aplicado aos que adquiriram a propriedade naquele ano e, também, deve ser feita referência à violação ao princípio da segurança jurídica ou proteção à confiança, pois a emissão da resposta da Administração gerou, no particular, a legítima confiança na preservação daquele entendimento inicial, razão pela qual praticou determinados atos (realizou investimentos).

Por fim, deve formular pedido de reforma da sentença e reiterar o pedido de anulação do ato administrativo e pagamento dos danos materiais que restarem comprovados (em virtude das obras de demolição empreendidas pelo recorrente), além de danos morais.

III – Dos Pedidos

Sendo assim, pede:

a) o conhecimento e provimento do recurso de apelação para que nova decisão seja proferida, anulando o ato administrativo em tela, bem como condenando o recorrido ao pagamento dos danos materiais e morais, nos termos da fundamentação;

b) a condenação do recorrido ao pagamento dos honorários advocatícios e custas processuais.

Local/Data...

Advogado/OAB...

2.9.7. Caso prático e gabarito da FGV

(Exame XXI) Diante de fortes chuvas que assolaram o Município Alfa, fez-se editar na localidade legislação que criou o benefício denominado "aluguel social" para pessoas que tiveram suas moradias destruídas por tais eventos climáticos, mediante o preenchimento dos requisitos objetivos estabelecidos na mencionada norma, dentre os quais, a situação de hipossuficiência e a comprovação de comprometimento das residências familiares pelos mencionados fatos da natureza. Maria preenche todos os requisitos determinados na lei e, ao contrário de outras pessoas que se encontravam na mesma situação, teve indeferido o seu pedido pela autoridade competente na via administrativa. Em razão disso, impetrou Mandado de Segurança perante o Juízo de 1º grau competente, sob o fundamento de violação ao seu direito líquido e certo de obter o benefício em questão e diante da existência de prova pré-constituída acerca de suas alegações. A sentença denegou a segurança sob o fundamento de que a concessão de "aluguel social" está no âmbito da discricionariedade da Administração e que o mérito não pode ser invadido pelo Poder Judiciário, sob pena de violação do princípio da separação dos Poderes. Considerando que já foram apresentados embargos de declaração, sem qualquer efeito modificativo, por não ter sido reconhecida nenhuma obscuridade, contradição, omissão ou erro material na sentença, e que existe prazo para a respectiva impugnação, redija a peça cabível para a defesa dos interesses de Maria. (Valor: 5,00)

A FGV apresentou o seguinte gabarito:

A medida cabível é a Apelação em Mandado de Segurança, na forma do art. 14 da Lei n. 12.016/2009.

A apelação deve ser apresentada ao Juízo que prolatou a sentença (pode ser Vara de Fazenda Pública, Vara Cível ou Vara Única da Comarca do Município Alfa), com as razões recursais dirigidas ao Tribunal que as apreciará.

Na qualificação das partes, deve constar Maria como recorrente e o Município Alfa como recorrido.

Na fundamentação, a peça recursal deve: (i) impugnar o fundamento constante da sentença, no sentido de que a concessão do "aluguel social" se submete à discricionariedade da Administração, pois, se a lei elenca os requisitos que impõem a concessão do benefício, sem qualquer margem de escolha para o Administrador, trata-se de ato vinculado, que confere direito subjetivo a quem atenda aos requisitos constantes da norma; (ii) destacar a inexistência de violação ao princípio da separação de Poderes, em decorrência do controle de legalidade ou juridicidade a ser realizado sobre tal ato, notadamente porque o art. 5º, inciso XXXV, da CRFB/88 consagra o princípio da inafastabilidade de jurisdição; (iii) apontar a existência de violação de direito líquido e certo da apelante à concessão do benefício, diante do preenchimento de todos os requisitos estabelecidos na lei de regência; (iv) indicar, ainda, a violação ao princípio da isonomia, diante do deferimento do benefício a outras pessoas que estão na mesma situação de Maria, bem como a proteção constitucional ao direito de moradia, constante do art. 6º da CRFB/88.

Ao final, a peça deve formular pedido de reforma da sentença, para que seja concedida a segurança, com o fim de determinar à Administração que defira o "aluguel social" para Maria, diante do preenchimento por esta dos requisitos estabelecidos em lei.

Arremata a peça a indicação de local, data, espaço para assinatura do(a) advogado(a) e o número de sua inscrição na OAB.

(Exame XX) João, ao retornar de um doutorado no exterior, é surpreendido com a presença de equipamentos e maquinário do Estado X em imóvel urbano de sua propriedade, e que, segundo informação do engenheiro responsável pela obra, o referido imóvel estaria sem uso há três anos e meio, e, por essa razão, teria sido escolhido para a construção de uma estação de metrô no local. Inconformado com a situação, João ingressa com "ação de desapropriação indireta" perante o Juízo Fazendário do Estado X, tendo obtido sentença de total improcedência em primeiro grau de jurisdição, sob os seguintes fundamentos: i) impossibilidade de reivindicação do bem, assim como da pretensão à reparação financeira, em decorrência da supremacia do interesse público sobre o privado; ii) o transcurso de mais de três anos entre a ocupação do imóvel e a propositura da ação, ensejando a prescrição de eventual pleito indenizatório; e iii) a subutilização do imóvel por parte de João, justificando a referida medida de política urbana estadual estabelecida. Como advogado(a) de João, considerando que a sentença não padece de qualquer omissão, contradição ou obscuridade, elabore a peça adequada à defesa dos interesses de seu cliente, apresentando os fundamentos jurídicos aplicáveis ao caso. (Valor: 5,00).

A FGV apresentou o seguinte gabarito:

O examinando deve elaborar o recurso de apelação em face da sentença de improcedência da pretensão, dirigido ao Juízo Fazendário do Estado X, com as razões recursais dirigidas ao Tribunal de Justiça do Estado X, que as apreciará.

O apelante é João e, o apelado, o Estado X.

No mérito, o examinando deverá afastar o argumento utilizado pelo Juízo *a quo*, no sentido da impossibilidade de indenização em decorrência da desapropriação indireta, nos termos do art. 35 do Decreto 3.365/41, pois a perda da propriedade por meio da desapropriação pressupõe a prévia e justa indenização em dinheiro, nos termos do art. 5º, inciso XXIV, da CRFB/88, o que não foi observado no caso concreto.

A supremacia do interesse público sobre o privado não autoriza que João perca sua propriedade como uma modalidade de sanção, de modo que ele deve ser reparado financeiramente. Ademais, o examinando deverá apontar que prazo prescricional para a propositura da ação para a reparação dos danos decorrentes da desapropriação indireta é de 10 (dez) anos, nos termos da Súmula 119 do STJ interpretada à luz do disposto do art. 1.238 do CC/02, afastando a incidência do art. 206, § 3º, inciso V, do Código Civil, por sua especificidade. Desse modo, não há de se falar em prescrição sobre o direito de João.

O examinando deverá, ainda no mérito, argumentar que o Estado não detém competência constitucional para desapropriar como medida de política urbana, a qual é do Município (art. 182 da CRFB/88).

Por fim, o examinando deverá formular pedido de reforma da sentença para que seja reconhecido o direito de indenização pelos prejuízos causados.

2.10. Recurso ordinário

2.10.1. Apresentação

O recurso ordinário (RO) é semelhante ao recurso de apelação, contudo, no ordinário teremos o Superior Tribunal de Justiça (STJ) ou o Supremo Tribunal Federal (STF) atuando como órgãos revisores.

Dessa forma, ao imaginar o recurso ordinário, por analogia, imagine ser uma "apelação de uma decisão originária de Tribunal". A estrutura do recurso ordinário segue a estrutura clássica **folha de rosto + folha das razões recursais**.

2.10.2. Requisitos e características

Basicamente, para a 2ª fase, temos a possibilidade de o recurso ordinário ser endereçado ao STJ, quando a competência originária for do TJ ou do TRF e, também, do recurso ordinário ser endereçado ao STF, quando a competência originária for do STJ (nesse caso há quem chame esse recurso de recurso ordinário constitucional. Todavia, nem a Constituição Federal nem o Código de Processo Civil fazem tal distinção).

O art. 1.027 do Código de Processo Civil, assim determina:

> Art. 1.027. Serão julgados em recurso ordinário:
> I – pelo Supremo Tribunal Federal, os mandados de segurança, os *habeas data* e os mandados de injunção decididos em única instância pelos tribunais superiores, quando denegatória a decisão;
> II – pelo Superior Tribunal de Justiça:
> a) os mandados de segurança decididos em única instância pelos tribunais regionais federais ou pelos tribunais de justiça dos Estados e do Distrito Federal e Territórios, quando denegatória a decisão;
> b) os processos em que forem partes, de um lado, Estado estrangeiro ou organismo internacional e, de outro, Município ou pessoa residente ou domiciliada no País.

A estrutura do recurso é a mesma da apelação.

Na **folha de rosto**, teremos de cumprir os seguintes requisitos:
a) endereçar para o Tribunal que deu a decisão;
b) qualificar o recorrente de forma completa;
c) dar a fundamentação no art. 1.027 do Código de Processo Civil, na alínea correspondente ao caso concreto, bem como na Constituição Federal e, por evidente, o título recurso ordinário;
d) qualificar o recorrido;
e) realizar o requerimento de recebimento e envio para o Tribunal (STJ ou STF);
f) realizar o requerimento da juntada do comprovante do preparo.

Feito isso, passamos para a **folha das razões recursais**, momento em que:
a) endereçamos para o Tribunal competente (STJ ou STF);
b) colocamos o título "razões recursais";
c) fatos, direito e pedido.

Importante lembrar que o recurso ordinário segue o mesmo raciocínio da apelação, nos seguintes termos:
- na apelação, vamos recorrer de uma decisão (sentença) proferida por um juiz estadual (recorremos ao TJ) ou por um juiz federal (recorremos ao TRF);
- no recurso ordinário, recorremos de uma decisão originária do TJ ou TRF (recorremos para o STJ, quando o mandado de segurança for denegado) ou de uma decisão originária do STJ (recorremos para o STF, quando o MS, o HD ou MI foram denegados).

Vamos compreender por etapas. Primeiro, quando será cabível o recurso ordinário ao Supremo Tribunal Federal?

Será caso de RO ao STF quando, originariamente, um mandado de segurança, *habeas data* ou o mandado de injunção forem denegados pelo STJ.

Vamos analisar esse exemplo: imagine que um *habeas data* foi impetrado contra um ato de um Ministro de Estado. Nos termos do art. 20, I, *b*, da Lei n. 9.507/97, a competência para julgar esse remédio constitucional será do Superior Tribunal de Justiça. Pois bem, agora suponha que o STJ denegou nosso *habeas data*. O que nos restará a fazer? Interpor um recurso ordinário para o Supremo Tribunal Federal (art. 20, II, *a*, da Lei n. 9.507/97).

Agora, vamos ao segundo exemplo: imagine que um mandado de segurança foi impetrado contra um ato de uma autoridade coatora originariamente no Tribunal de Justiça do Estado X. Acontece que o nosso mandado de segurança foi denegado e, assim, será cabível o recurso ordinário para o Superior Tribunal de Justiça (art. 1.027, II, *a*, do Código de Processo Civil).

Muito cuidado na hora de peticionar um recurso ordinário, pois a Constituição Federal também o menciona e, por cautela, sugerimos que você utilize de todos os fundamentos legais para a prova.

Nos termos da Constituição Federal:

> Art. 102. Compete ao Supremo Tribunal Federal, precipuamente, a guarda da Constituição, cabendo-lhe:
> II – julgar, em recurso ordinário:
> a) o "habeas-corpus", o mandado de segurança, o "habeas-data" e o mandado de injunção decididos em única instância pelos Tribunais Superiores, se denegatória a decisão;
> [...]
> Art. 105. Compete ao Superior Tribunal de Justiça:
> I – processar e julgar, originariamente:

b) os mandados de segurança e os "habeas-data" contra ato de Ministro de Estado, dos Comandantes da Marinha, do Exército e da Aeronáutica ou do próprio Tribunal;

II – julgar, em recurso ordinário:

a) os "habeas-corpus" decididos em única ou última instância pelos Tribunais Regionais Federais ou pelos tribunais dos Estados, do Distrito Federal e Territórios, quando a decisão for denegatória;

b) os mandados de segurança decididos em única instância pelos Tribunais Regionais Federais ou pelos tribunais dos Estados, do Distrito Federal e Territórios, quando denegatória a decisão;

Quando você aprendeu o recurso de apelação, automaticamente, você conheceu o recurso ordinário. Mais uma vez, por cautela, utilize todos os fundamentais (legais e constitucionais) quando peticionar esse recurso.

2.10.3. Como identificar a peça

Para identificar um recurso ordinário, basta você verificar se um mandado de segurança foi impetrado originariamente no TJ ou no TRF, sendo denegado, pois será cabível recurso ordinário ao STJ. Também, pode ser caso de impetração de mandado de segurança, *habeas data* ou mandado de injunção no STJ, sendo denegado, porque será cabível o recurso ordinário ao STF. Lembre-se de observar o art. 1.027 do Código de Processo Civil e os arts. 102, II, e 105, II, ambos da Constituição Federal e, também, o art. 20 da Lei do *Habeas Data*.

Deve ficar bem claro que a Constituição Federal exige que a ação constitucional tenha sido julgada em única instância pelo tribunal de origem. Não é cabível recurso ordinário constitucional no caso de ação que tramitou originariamente num juízo de primeira instância e, na sequência, foi objeto de apelação, por exemplo.

2.10.4. Resumo dos pedidos do recurso ordinário

No recurso ordinário, teremos de formular os pedidos clássicos de todos os recursos (menos o agravo de instrumento).

Na **folha de rosto**:

a) requerimento de recebimento e envio para o Tribunal (juízo *ad quem*);
b) requerimento da juntada do comprovante do preparo.

Na **folha das razões recursais**:

a) o conhecimento e o provimento do recurso ordinário para que nova decisão seja proferida, nos termos da fundamentação;
b) a condenação da parte contrária/recorrido ao pagamento dos honorários advocatícios e custas processuais.

Local/Data...

Advogado/OAB...

2.10.5. Estrutura do recurso ordinário

2.10.5.1. Na folha de rosto

ENDEREÇAMENTO AO TRIBUNAL "A QUO": Tribunal de Justiça do Estado... ou Tribunal Regional Federal da... Região.

QUALIFICAÇÃO DO RECORRENTE: (nome completo, estado civil, profissão, RG, CPF, endereço eletrônico, com endereço na rua, número, bairro, cidade, Estado, CEP...), caso seja uma pessoa jurídica (nome da PJ, CNPJ, nesse ato representada pelo sócio..., com endereço na rua, número, bairro, cidade, Estado, CEP) por seu advogado (procuração em anexo), com escritório no endereço..., onde receberá as intimações devidas.

NOME DO RECURSO E FUNDAMENTO: no recurso ordinário, o fundamento básico será o art. 1.027 do Código de Processo Civil, sem prejuízo dos arts. 102 e 105, ambos da Constituição Federal, conforme o caso concreto, acompanhado do título recurso ordinário.

QUALIFICAÇÃO DO RECORRIDO: qualifique o recorrido de forma completa (nome completo, estado civil, profissão, CPF, endereço eletrônico, com endereço na rua, número, bairro, cidade, Estado, CEP...), caso seja uma pessoa jurídica (nome da PJ, CNPJ, nesse ato representada pelo sócio..., com endereço na rua, número, bairro, cidade, Estado, CEP).

REQUERIMENTOS: requerimento de recebimento e envio do recurso para o Tribunal STJ ou STF ("juízo ad quem") e o requerimento da juntada do comprovante do preparo.

Local/Data...

Advogado/OAB...

(quebra de página)

2.10.5.2. Na folha das razões recursais

ENDEREÇAMENTO AO "JUÍZO AD QUEM": Superior Tribunal de Justiça ou Supremo Tribunal Federal

Razões Recursais

I – DOS FATOS: resumir os fatos apresentados pelo problema, sem inserir qualquer novo dado, sob pena de nota zero na peça.

II – DO DIREITO: após identificar as teses é importante desenvolver cada uma delas naquela nossa estrutura de três parágrafos (conforme estudamos no capítulo da Estrutura das Teses). Assim, você sempre terá uma tese constitucional, outra tese na lei e uma terceira com base em princípios. Isso sem afastar a possibilidade de aplicar jurisprudência e súmulas.

III – DOS PEDIDOS: é o momento de concluir seu recurso ordinário e pontuar cada um dos pedidos, conforme o roteiro estabelecido.
  Sendo assim, pede:
  a) o conhecimento e provimento do recurso ordinário para que nova decisão seja proferida, nos termos da fundamentação;
  b) a condenação da parte contrária/recorrido ao pagamento dos honorários advocatícios e custas processuais.

Local/Data...

Advogado/OAB...

2.10.6. Modelo de recurso ordinário

(XII Exame) O Governador do Estado Y, premido da necessidade de reduzir a folha de pagamentos do funcionalismo público estadual, determinou que o teto remuneratório dos Defensores Públicos admitidos após a Emenda Constitucional n. 41/2003 fosse limitado ao valor correspondente ao subsídio mensal do Governador, ao entendimento de que aquele órgão integra a estrutura do Poder Executivo estadual. Com a implementação da medida, os Defensores Públicos do Estado, irresignados com a redução do seu teto remuneratório, levam a questão à Associação Nacional dos Defensores Públicos Estaduais, legalmente constituída e em funcionamento há pouco mais de dois anos, e esta contrata os seus serviços advocatícios para impetrar mandado de segurança coletivo em face do ato do Governador. A decisão proferida pelo Tribunal de Justiça local, observando a competência originária constante do seu código de organização e divisão judiciária, diante da autoridade coatora – governador do Estado – deu por extinto o processo, sem resolução do mérito, sob os argumentos de que a associação não preenche o requisito de três anos de constituição, não demonstrou a autorização dos associados em assembleia geral para a propositura da demanda e não poderia representar os associados em demanda que veicule interesse apenas de uma parte da categoria, uma vez que os Defensores atingidos pela medida, isto é, aqueles admitidos após a Emenda Constitucional n. 41/2003, os mais novos na carreira, ainda não foram promovidos e sequer recebem sua remuneração em valores próximos ao subsídio mensal do Governador. Ciente de que este acórdão contendo a unanimidade de votos dos desembargadores que participaram do julgamento, já foi objeto de Embargos de Declaração, que foram conhecidos, mas não providos, e que a publicação dessa última decisão se deu na data de hoje, redija a peça processual adequada com seus fundamentos.

EXCELENTÍSSIMO SENHOR DOUTOR DESEMBARGADOR PRESIDENTE DO TRIBUNAL DE JUSTIÇA DO ESTADO Y

Associação Nacional dos Defensores Públicos Estaduais, CNPJ, endereço eletrônico, com sede na rua, número, bairro, cidade, Estado, CEP, residente na rua, n., bairro, cidade, Estado, CEP, por seu advogado (procuração em anexo), com escritório no endereço..., onde receberá as intimações devidas, vem, com fundamento no art. 1.027 do Código de Processo Civil, interpor

Recurso Ordinário

Em face do acórdão proferido nestes autos, no processo contra o Estado Y, devidamente qualificado.
Requer seja recebido e enviado o recurso de apelação ao Superior Tribunal de Justiça.
Requer seja juntado o comprovante do preparo.

Local/Data...

Advogado/OAB...

(quebra de página)

Superior Tribunal de Justiça

Razões Recursais

I – Dos Fatos

O Governador do Estado Y, premido da necessidade de reduzir a folha de pagamentos do funcionalismo público estadual, determinou que o teto remuneratório dos Defensores Públicos admitidos após a Emenda Constitucional n. 41/2003 fosse limitado ao valor correspondente ao subsídio mensal do Governador, ao entendimento de que aquele órgão integra a estrutura do Poder Executivo estadual. Todavia, à Associação Nacional dos Defensores Públicos Estaduais, legalmente constituída e em funcionamento há pouco mais de dois anos, impetrou mandado de segurança coletivo em face do ato do Governador. A decisão proferida pelo Tribunal de Justiça local, observando a competência originária constante do seu código de organização e divisão judiciária, diante da autoridade coatora deu por extinto o processo, sem resolução do mérito, sob os argumentos de que a associação não preenche o requisito de três anos de constituição, não demonstrou a autorização dos associados em assembleia geral para a propositura da demanda e não poderia representar os associados em demanda que veicule interesse apenas de uma parte da categoria, uma vez que os Defensores atingidos pela medida, isto é, aqueles admitidos após a Emenda Constitucional n. 41/2003, os mais novos na carreira, ainda não foram promovidos e sequer recebem sua remuneração em valores próximos ao subsídio mensal do Governador. Contra o referido acórdão foram interpostos embargos de declaração, não providos, sendo a publicação dessa última na data de hoje.

II – Do Direito

Lembre-se de desenvolver cada tese conforme estudamos em "Construção das Teses", bem como utilizando-se das lições de direito material do Capítulo 3. No caso concreto, o "gabaritou" pontuou; demonstrar que o requisito constitucional para a impetração de mandado de segurança coletivo é a constituição e o funcionamento há mais de um ano (e não três, como consta no acórdão recorrido), indicar que não se exige, para impetração de mandado de segurança coletivo, a autorização de todos os associados da entidade, conforme entendimento cristalizado na Súmula 629 do Supremo Tribunal Federal e afirmar que a entidade de classe tem legitimação para o mandado de segurança ainda quando a pretensão veiculada interesse apenas a uma parte da respectiva categoria, nos termos da Súmula 630 do Supremo Tribunal Federal. Ainda, deve o examinando indicar a violação ao art. 37, XI, da Constituição, que estabelece como teto remuneratório dos Defensores Públicos, o subsídio dos Desembargadores do Tribunal de Justiça e, ainda, a violação ao princípio da isonomia, uma vez que, sem qualquer critério legítimo, foi operada uma discriminação no tratamento jurídico conferido aos Defensores, aplicando-se, aos mais novos na carreira, um tratamento diferente, no aspecto remuneratório, daquele conferido aos demais Membros, demonstrando, assim, conhecimento acerca da matéria.

III – Dos Pedidos

Sendo assim, pede:
a) o conhecimento e o provimento do recurso ordinário para que nova decisão seja proferida, aplicando do teto remuneratório correspondente ao subsídio mensal dos desembargadores, nos termos da fundamentação;
b) a condenação do recorrido ao pagamento dos honorários advocatícios e custas processuais.

Local/Data...

Advogado/OAB...

2.10.7. Caso prático e gabarito da FGV

(Exame XXIV) No dia 05/06/2015, o estado Alfa fez publicar edital de concurso público para o preenchimento de cinco vagas para o cargo de médico do quadro da Secretaria de Saúde, com previsão de remuneração inicial de R$ 5.000,00 (cinco mil reais), para uma jornada de trabalho de 20 horas semanais. O concurso teria prazo de validade de um ano, prorrogável por igual período. Felipe foi aprovado em quinto lugar, conforme resultado devidamente homologado em 23/08/2015. No interregno inicial de validade do concurso, foram convocados apenas os quatro primeiros classificados, e prorrogou-se o prazo de validade do certame. Em 10/03/2017, o estado Alfa fez publicar novo edital, com previsão de preenchimento de dez vagas, para o cargo de médico, para jornada de 40 horas semanais e remuneração inicial de R$ 6.000,00 (seis mil reais), com prazo de validade de um ano prorrogável por igual período, cujo resultado foi homologado em 18/05/2017, certo que os três primeiros colocados deste último certame foram convocados, em 02/06/2017, pelo Secretário de Saúde, que possui atribuição legal para convocação e nomeação, sem que Felipe houvesse sido chamado. Em 11/09/2017, o advogado constituído por Felipe impetrou mandado de segurança, cuja inicial sustentou a violação de seu direito líquido e certo de ser investido no cargo para o qual havia sido aprovado em concurso, nos exatos termos previstos no respectivo instrumento convocatório, com a carga horária de 20 horas semanais e remuneração de R$ 5.000,00 (cinco mil reais), mediante fundamentação nos argumentos jurídicos pertinentes, sendo certo que as normas de organização judiciária estadual apontavam para a competência do Tribunal de Justiça local. Sobreveio acórdão, unânime, que denegou a segurança, sob o fundamento de que o Judiciário não deve se imiscuir em matéria de concurso público, por se tratar

PRÁTICA ADMINISTRATIVA

de atividade sujeita à discricionariedade administrativa, sob pena de violação do princípio da separação de Poderes. Foram opostos embargos de declaração, rejeitados por não haver omissão, contradição ou obscuridade a ser sanada. Redija a petição da medida pertinente à defesa dos interesses de Felipe contra a decisão prolatada em única instância pelo Tribunal de Justiça estadual, publicada na última sexta-feira, desenvolvendo todos os argumentos jurídicos adequados à análise do mérito da demanda. (Valor: 5,00)

A FGV apresentou o seguinte gabarito:

A medida cabível é o Recurso Ordinário em Mandado de Segurança, na forma do art. 105, inciso II, alínea b, da CRFB/88.

O recurso deve ser dirigido ao Desembargador Presidente do Tribunal de Justiça do Estado, ou ao Vice-Presidente, de acordo com a respectiva organização judiciária, formulando pedido de remessa ao Superior Tribunal de Justiça, que é o competente para a apreciação do recurso.

Na qualificação das partes deve constar Felipe como recorrente e o estado Alfa como recorrido. Também serão admitidos, como recorrido, a autoridade coautora ou ambos: o Estado e a autoridade coautora.

Na fundamentação, a peça recursal deve: a) impugnar as razões de decidir do acórdão, na medida em que o mandado de segurança não versa sobre as regras do concurso ou matéria submetida à discricionariedade da Banca Examinadora, mas sobre violação ao direito líquido e certo do impetrante de ser investido no cargo para o qual fora aprovado em concurso público, dentro do número de vagas previsto no respectivo edital; b) suscitar a inconstitucionalidade/ ilegalidade resultante da preterição de Felipe, pela convocação dos aprovados em concurso posterior, dentro do prazo de validade do certame anterior, a violar o disposto no art. 37, inciso IV, da CRFB/88; c) indicar que a aprovação do candidato dentro do número de vagas previsto no edital confere-lhe direito subjetivo à nomeação dentro do prazo de validade do certame, conforme entendimento consolidado pelo STF em sede de repercussão geral (tema 161); d) arguir a obrigatoriedade de a administração fazer cumprir os exatos termos do edital para o qual Felipe foi aprovado, em decorrência da vinculação ao instrumento convocatório.

Ao final, deve ser formulado pedido de conhecimento e provimento do recurso, com a reforma da decisão do Tribunal Estadual, a fim de que seja concedida a segurança e determinada a investidura ou nomeação de Felipe no cargo público em questão.

Deve ser pleiteada, ainda, a condenação em custas e demonstrada a tempestividade do recurso.

Arrematar a peça com indicação de local, data, espaço para assinatura do advogado e número de sua inscrição na OAB.

2.11. Agravo de instrumento

2.11.1. Apresentação

Quando trabalhamos com o agravo de instrumento, temos de lembrar que ele é **cabível contra uma decisão interlocutória**, ou seja, aquela que não colocou fim ao processo (mas que trouxe ao nosso cliente um prejuízo).

Outra novidade no agravo de instrumento é que não precisamos da folha de rosto, pois ele **segue um modelo de petição inicial**, sendo endereçado diretamente ao tribunal.

2.11.2. Requisitos e características

No agravo de instrumento, estamos atacando uma decisão interlocutória que trouxe prejuízo ao nosso cliente de tal forma que existe uma situação de urgência, razão pela qual deve ser feito o **pedido de concessão de efeito suspensivo** contra a decisão interlocutória, também chamado de efeito suspensivo ativo. Basicamente, precisamos demonstrar a fumaça do bom direito e o perigo da demora.

Mesmo sendo um recurso, o agravo de instrumento segue a estrutura de petição inicial:

a) endereçamento ao Tribunal (TJ se a decisão interlocutória foi proferida pelo juiz estadual ou TRF se a decisão interlocutória foi proferida pelo juiz federal);

b) qualificação do agravante, fundamentação do agravo de instrumento e o pedido de concessão do efeito suspensivo;

c) qualificação do agravado;

d) fatos;

e) direito;

f) demonstrar a fumaça do bom direito e o perigo da demora para ter a concessão do efeito suspensivo;

g) pedido;

h) formar o instrumento (nome e o endereço completo dos advogados constantes do processo, cópia da petição inicial, da contestação, da petição que ensejou a decisão agravada, da certidão da respectiva intimação que demonstra a tempestividade, das procurações outorgados aos advogados do agravante e do agravado – arts. 1.016, IV, e 1.017, ambos do Código de Processo Civil).

Assim determina o novo Código de Processo Civil:

> Art. 1.015. Cabe agravo de instrumento contra as decisões interlocutórias que versarem sobre:
> I – tutelas provisórias;
> II – mérito do processo;
> III – rejeição da alegação de convenção de arbitragem;
> IV – incidente de desconsideração da personalidade jurídica;
> V – rejeição do pedido de gratuidade da justiça ou acolhimento do pedido de sua revogação;
> VI – exibição ou posse de documento ou coisa;

VII – exclusão de litisconsorte;
VIII – rejeição do pedido de limitação do litisconsórcio;
IX – admissão ou inadmissão de intervenção de terceiros;
X – concessão, modificação ou revogação do efeito suspensivo aos embargos à execução;
XI – redistribuição do ônus da prova nos termos do art. 373, § 1º;
XII – (VETADO);
XIII – outros casos expressamente referidos em lei.
Parágrafo único. Também caberá agravo de instrumento contra decisões interlocutórias proferidas na fase de liquidação de sentença ou de cumprimento de sentença, no processo de execução e no processo de inventário.
Art. 1.016. O agravo de instrumento será dirigido diretamente ao tribunal competente, por meio de petição com os seguintes requisitos:
I – os nomes das partes;
II – a exposição do fato e do direito;
III – as razões do pedido de reforma ou de invalidação da decisão e o próprio pedido;
IV – o nome e o endereço completo dos advogados constantes do processo.
Art. 1.017. A petição de agravo de instrumento será instruída:
I – obrigatoriamente, com cópias da petição inicial, da contestação, da petição que ensejou a decisão agravada, da própria decisão agravada, da certidão da respectiva intimação ou outro documento oficial que comprove a tempestividade e das procurações outorgadas aos advogados do agravante e do agravado;
II – com declaração de inexistência de qualquer dos documentos referidos no inciso I, feita pelo advogado do agravante, sob pena de sua responsabilidade pessoal;
III – facultativamente, com outras peças que o agravante reputar úteis.
§ 1º Acompanhará a petição o comprovante do pagamento das respectivas custas e do porte de retorno, quando devidos, conforme tabela publicada pelos tribunais.
[...]
Art. 1.019. Recebido o agravo de instrumento no tribunal e distribuído imediatamente, se não for o caso de aplicação do art. 932, incisos III e IV, o relator, no prazo de 5 (cinco) dias:
I – poderá atribuir efeito suspensivo ao recurso ou deferir, em antecipação de tutela, total ou parcialmente, a pretensão recursal, comunicando ao juiz sua decisão;
II – ordenará a intimação do agravado pessoalmente, por carta com aviso de recebimento, quando não tiver procurador constituído, ou pelo Diário da Justiça ou por carta com aviso de recebimento dirigida ao seu advogado, para que responda no prazo de 15 (quinze) dias, facultando-lhe juntar a documentação que entender necessária ao julgamento do recurso;

III – determinará a intimação do Ministério Público, preferencialmente por meio eletrônico, quando for o caso de sua intervenção, para que se manifeste no prazo de 15 (quinze) dias.

Fundamento legal	Art. 1.015 e seguintes do CPC.
Cabimento	O recurso de agravo é cabível contra decisões interlocutórias (art. 1.015 do CPC).
Tratamento das partes	Agravante/Agravado
Petição de interposição do agravo de instrumento	• Endereçamento do agravo de instrumento ao Presidente do Tribunal; • Nome e endereço completo dos advogados constantes do processo; • Cópia da petição inicial da contestação, da petição que ensejou a decisão agravada, da própria decisão agravada, da certidão que comprove a tempestividade e das procurações outorgadas aos advogados do agravante e do agravado; • Formular pedido de concessão de efeito suspensivo ao recurso de agravo de instrumento, na forma do art. 1.019, I, do Código de Processo Civil, a fim de suspender os efeitos da decisão agravada.

2.11.3. Como identificar a peça

Para identificar um agravo de instrumento, você precisará identificar uma decisão interlocutória que trouxe prejuízo ao seu cliente e, tão logo, requer sua reforma com urgência. Lembre-se: da sentença cabe apelação e da decisão interlocutória cabe agravo de instrumento. Um exemplo clássico é a decisão que nega o pedido da liminar.

2.11.4. Resumo dos pedidos do agravo de instrumento

No agravo de instrumento, mesmo sendo um recurso, seguimos a estrutura de petição inicial e, tão logo, formularemos os pedidos como se uma inicial fosse:

a) seja conhecido e provido o agravo de instrumento para reformar a decisão recorrida, confirmando o pedido do efeito suspensivo, nos termos da fundamentação (art. 1.019, I, do Código de Processo Civil);

b) a juntada da cópia da petição inicial, da contestação, da petição que ensejou a decisão agravada, da certidão da respectiva intimação que demonstra a tempestividade, das procurações outorgados aos advogados do agravante e do agravado – art. 1.017 do Código de Processo Civil;

c) a juntada do comprovante do pagamento do preparo;

d) citação do agravado para, querendo, responder ao presente agravo de instrumento;

e) apresentação do nome e o endereço completo dos advogados constantes do processo (art. 1.016, IV, do Código de Processo Civil);

f) a condenação do recorrido ao pagamento dos honorários advocatícios e custas processuais.

Local/Data...

Advogado/OAB...

2.11.5. Estrutura do agravo de instrumento

ENDEREÇAMENTO AO PRESIDENTE DO TRIBUNAL: Excelentíssimo Senhor Doutor Desembargador Presidente do Tribunal de Justiça do Estado... ou Excelentíssimo Senhor Doutor Desembargador Federal do Tribunal Regional Federal da... Região.

QUALIFICAÇÃO DO AGRAVANTE: (nome completo, estado civil, profissão, RG, CPF, endereço eletrônico, com endereço na rua, número, bairro, cidade, Estado, CEP...), caso seja uma pessoa jurídica (nome da PJ, CNPJ, nesse ato representada pelo sócio..., com endereço na rua, número, bairro, cidade, Estado, CEP), por seu advogado (procuração em anexo), com escritório no endereço..., onde receberá as intimações devidas.

NOME DO RECURSO E FUNDAMENTO; no recurso de agravo de instrumento, o fundamento básico será o art. 1.015 do Código de Processo Civil, bem como deverá ser acompanhado do título; Agravo de Instrumento com pedido de efeito suspensivo.

QUALIFICAÇÃO DO AGRAVADO; qualifique o recorrido de forma completa (nome completo, estado civil, profissão, RG, CPF, endereço eletrônico, com endereço na rua, número, bairro, cidade, Estado, CEP...), caso seja uma pessoa jurídica (nome da PJ, CNPJ, nesse ato representada pelo sócio..., com endereço na rua, número, bairro, cidade, Estado, CEP).

I – DOS FATOS; resumir os fatos apresentados pelo problema, sem inserir qualquer novo dado, sob pena de nota zero na peça.

II – DO DIREITO; após identificar as teses é importante desenvolver cada uma delas naquela nossa estrutura de três parágrafos (conforme estudamos no capítulo da Estrutura das Teses). Assim, você sempre terá uma tese constitucional, outra tese na lei e uma terceira com base em princípios. Isso sem afastar a possibilidade de aplicar jurisprudência e súmulas.

III – DO EFEITO SUSPENSIVO; deve ser feito o pedido de efeito suspensivo (ou efeito suspensivo ativo), pois existe uma situação de urgência. Basicamente, precisamos demonstrar a fumaça do bom direito e o perigo da demora, conforme já estudado, tudo em respeito ao art. 1.019, I, do Código de Processo Civil.

IV – DOS PEDIDOS; é o momento de concluir seu recurso de agravo de instrumento e pontuar cada um dos pedidos, conforme o roteiro estabelecido.

Sendo assim, pede:
a) seja conhecido e provido o agravo de instrumento para reformar a decisão recorrida, confirmando o pedido do efeito suspensivo, nos termos da fundamentação (art. 1.019, I, do Código de Processo Civil);
b) a juntada da cópia da petição inicial, da contestação, da petição que ensejou a decisão agravada, da certidão da respectiva intimação que demonstra a tempestividade, das procurações outorgadas aos advogados do agravante e do agravado – art. 1.017 do Código de Processo Civil;
c) a juntada do comprovante do pagamento do preparo;
d) citação do agravado para, querendo, responder ao presente agravo de instrumento;
e) apresentação do nome e o endereço completo dos advogados constantes do processo (art. 1.016, IV, do Código de Processo Civil);
f) a condenação do recorrido ao pagamento dos honorários advocatícios e custas processuais.

Local/Data...

Advogado/OAB...

2.11.6. Modelo do agravo de instrumento

(VIII Exame) Norberto, brasileiro, desempregado e passando por sérias dificuldades econômicas, domiciliado no Estado "X", resolve participar de concurso público para o cargo de médico de hospital estadual. Aprovado na fase inicial do concurso, Norberto foi submetido a exames médicos, através dos quais se constatou a existência de tatuagem em suas costas. Norberto, então, foi eliminado do concurso, com a justificativa de que o cargo de médico não era compatível com indivíduos portadores de tatuagem.

Inconformado, Norberto ajuizou ação ordinária em face do Estado, de competência de vara comum, com pedido liminar, na qual requereu (i) a anulação do ato administrativo que o eliminou do concurso; e (ii) que lhe fosse deferida a possibilidade de realizar as demais etapas do certame, com vaga reservada.

O juízo de 1ª instância indeferiu o pedido liminar, em decisão publicada ontem, pelos seguintes motivos:

1. Os pedidos de anulação do ato de eliminação e de reserva de vaga não seriam possíveis, pois significariam atraso na conclusão do concurso;

2. A Administração Pública possui poder discricionário para decidir quais são as restrições aplicáveis àqueles que pretendem se tornar médicos no âmbito do Estado, de forma que o autor deverá provar que a decisão foi equivocada.

Diante do exposto, e supondo que você seja o advogado de Norberto, elabore a medida judicial cabível contra a decisão publicada ontem, para a defesa dos interesses de seu cliente, abordando as teses, os fundamentos legais e os princípios que poderiam ser usados em favor do autor.

Excelentíssimo Senhor Doutor Desembargador Presidente do Tribunal de Justiça do Estado X

Norberto, brasileiro, estado civil, desempregado, endereço eletrônico, RG, CPF, residente na rua, número, bairro, cidade, Estado, CEP, por seu advogado (procuração em anexo), com escritório no endereço..., onde receberá as intimações devidas, vem, com fundamento no art. 1.015 do Código de Processo Civil, interpor

Agravo de Instrumento
(com pedido de efeito suspensivo)

Em face da decisão interlocutória proferida pelo juízo "a quo", no processo contra o Estado X, pessoa jurídica de direito público interno, com sede..., pelas razões de fato e de direito:

I – Dos Fatos

O agravante (Norberto) resolveu participar de concurso público para o cargo de médico de hospital estadual. Aprovado na fase inicial do concurso, Norberto foi submetido a exames médicos, através dos quais se constatou a existência de tatuagem em suas costas, então, foi eliminado do concurso, com a justificativa de que o cargo de médico não era compatível com indivíduos portadores de tatuagem. Inconformado, ajuizou ação ordinária em face do Estado, de competência de vara comum, com pedido liminar, na qual requereu

(i) a anulação do ato administrativo que o eliminou do concurso: e (ii) que lhe fosse deferida a possibilidade de realizar as demais etapas do certame, com vaga reservada. O juízo de 1.ª instância indeferiu o pedido liminar, em decisão publicada ontem, pelos seguintes motivos; 1. Os pedidos de anulação do ato de eliminação e de reserva de vaga não seriam possíveis, pois significariam atraso na conclusão do concurso: 2. A Administração Pública possui poder discricionário para decidir quais são as restrições aplicáveis àqueles que pretendem se tornar médicos no âmbito do Estado, de forma que o autor deverá provar que a decisão foi equivocada. Sendo assim, imprescindível é a interposição do agravo de instrumento.

II – Do Direito

Lembre-se de desenvolver cada tese conforme estudamos em "Construção das Teses", bem como utilizando-se das lições de direito material do Capítulo 3. No caso concreto, o "gabarito" pontuou; a violação do princípio da legalidade tendo em vista que as restrições de acesso aos cargos e empregos públicos devem estar previstas em lei, a violação ao princípio do livre acesso aos cargos públicos que determina que só podem ser exigidos requisitos diferenciados de acesso quando a natureza ou complexidade do cargo a ser ocupado o exigirem (art. 37, I e II, da Constituição Federal, os princípios da proporcionalidade/razoabilidade, que delimitam o exercício do poder discricionário, tendo em vista que a referida restrição (tatuagem) não tem qualquer relação com o desempenho do cargo de médico, eis que não é medida adequada, necessária nem proporcional em sentido estrito, para que a Administração atinja os fins que pretende com a restrição ilegítima. Por último, há que se refutar os argumentos de que "Os pedidos de anulação do ato de eliminação e de reserva de vaga não seriam possíveis, pois significariam atraso na conclusão do concurso", haja vista que não foi formulado qualquer pedido de suspensão ou interrupção do mesmo, mas tão somente que fosse garantido ao agravante o direito de prestar as fases seguintes do concurso.

III – Da Concessão do Efeito Suspensivo

No caso concreto, o agravante tem direito à concessão do efeito suspensivo, nos termos do art. 1.019, I, do Código de Processo Civil.

A fumaça do bom direito está demonstrada diante de todas as provas apresentadas, bem como da argumentação. O perigo da demora é evidente, pois o agravante está participando de um concurso público e tem direito a permanecer no certame, sob pena de grave injustiça e afronta ao princípio da isonomia.

Sendo assim, requer a concessão do efeito suspensivo, para garantir a permanência do agravante no concurso público, nos termos da fundamentação.

IV – Dos Pedidos

Sendo assim, pede:
a) seja conhecido e provido o agravo de instrumento para reformar a decisão recorrida, confirmando o pedido do efeito suspensivo, nos termos da fundamentação (art. 1.019, I, do Código de Processo Civil);
b) a juntada da cópia da petição inicial, da contestação, da petição que ensejou a decisão agravada, da certidão da respectiva intimação que demonstra a tempestividade, das procurações outorgadas aos advogados do agravante e do agravado – art. 1.017 do Código de Processo Civil;
c) a juntada do comprovante do pagamento do preparo;
d) citação do agravado para, querendo, responder ao presente agravo de instrumento;
e) apresentação do nome e o endereço completo dos advogados constantes do processo (art. 1.016, IV, do Código de Processo Civil);
f) a condenação do recorrido ao pagamento dos honorários advocatícios e custas processuais.

Local/Data...

Advogado/OAB...

2.11.7. Caso prático e gabarito da FGV

(Exame XXIII) Maria ajuizou ação indenizatória em face do Estado Alfa, em decorrência de seu filho Marcos ter sido morto durante uma aula em uma escola estadual (da qual era aluno do sétimo ano) alvejado pelos tiros disparados por Antônio, um ex-aluno que, armado com duas pistolas, ingressou na escola atirando aleatoriamente. Antônio deu causa ao óbito de Marcos, de sua professora e de outros cinco colegas de classe, além de grave ferimento em mais seis alunos. Depois disso, suicidou-se. O Estado promoveu sua defesa no prazo e admitiu a existência dos fatos, amplamente divulgados na mídia e incontroversos nos autos. Na contestação, requereu a denunciação da lide a Agenor, servidor público estadual estável, inspetor da escola, que, na qualidade de responsável por controlar a entrada e a saída de pessoas no estabelecimento de ensino, teria viabilizado o acesso do ex-aluno. Nenhuma das partes requereu a produção de prova que importasse em dilação probatória, e o Juízo de 1º grau admitiu a denunciação da lide. Inconformada com a intervenção de terceiro determinada pelo Juízo, Maria procura você para, na qualidade de advogado(a), impugnar tal determinação jurisdicional. Redija a peça apropriada, expondo todos os argumentos fáticos e jurídicos pertinentes. (Valor: 5,00)

A FGV apresentou o seguinte gabarito:

A peça pertinente é o Agravo de Instrumento, na forma do art. 1.015, inciso IX, do CPC/15, com formulação de pedido de eficácia suspensiva da decisão agravada.

O recurso deve ser endereçado ao Exmo. Sr. Dr. Desembargador Relator do Tribunal de Justiça do Estado Alfa.

A agravante é Maria e o agravado é o Estado Alfa.

A fundamentação do recurso deve destacar: A) inicialmente, a viabilidade do recurso, diante da previsão expressa no art. 1.015, inciso IX, do CPC/15, bem como a necessidade de concessão de efeito suspensivo, na forma do art. 1.019, inciso I, do CPC/15, diante do relevante fundamento fático e jurídico e pela possibilidade de causar gravame de difícil reparação ao andamento do processo. B) O descabimento da intervenção de terceiro no caso, pois viola os princípios da efetividade e da celeridade processuais, postos no art. 5º, inciso LXXVIII, da CRFB/88, na medida em que: C1. O art. 37, § 6º, da CRFB/88 atribui responsabilidade civil objetiva ao Estado, no caso caracterizada pelo dever de guarda que o Poder Público tem sobre os alunos nos respectivos estabelecimentos de ensino e responsabilidade subjetiva aos servidores que, nessa qualidade, tenham dado causa ao dano mediante culpa ou dolo; C2. Introduzirá na demanda fundamento novo, qual seja a apuração do elemento subjetivo da conduta do servidor (Agenor), desnecessária à solução da lide principal, entre Maria e o Estado, certo que o processo está pronto para julgamento, considerando que os fatos são incontroversos e não há pedido de produção de prova que importe em dilação probatória por qualquer das partes; C3. Impõe-se ação de regresso (ação autônoma) do Estado Alfa em face do servidor causador do dano para a discussão de fundamento que não consta da pretensão veiculada na lide principal; C4. Inexiste prejuízo para eventual ajuizamento futuro de ação de regresso pelo Estado, dirigida a Agenor, considerando que a denunciação da lide não é obrigatória no caso ou, de acordo com a teoria da dupla garantia, até mesmo vedada.

Quanto aos pedidos, deve ser formulado pedido de efeito suspensivo, na forma do art. 1.019, inciso I, do CPC/15, diante do relevante fundamento fático e jurídico e pela possibilidade de causar gravame de difícil reparação ao andamento do processo.

Ao final, deve ser formulado pedido de reforma da decisão que admitiu a denunciação da lide, a fim de que o denunciado seja excluído da demanda, bem como a condenação em custas e honorários advocatícios.

A peça deve ser finalizada com a indicação do local, data, assinatura do advogado e número de inscrição na OAB.

2.12. Recurso especial e recurso extraordinário

2.12.1. Apresentação

Quando trabalhamos com o recurso especial estaremos diante de um recurso endereçado ao Superior Tribunal de Justiça, uma vez que o STJ é o defensor da legislação infraconstitucional. Porém, caso seja situação atacável com o recurso extraordinário, este será endereçado ao Supremo Tribunal Federal, uma vez que o STF é o defensor da Constituição Federal.

2.12.2. Requisitos e características

Tanto as estruturas do recurso especial quanto o recurso extraordinário seguem a mesma lógica, com a ressalva de que o recurso extraordinário tem o requisito da repercussão geral. A estrutura desses recursos é:

Folha de rosto + folha das razões recursais

Na **folha de rosto** teremos de cumprir os seguintes requisitos:

a) endereçar para o Presidente ou Vice-Presidente do Tribunal recorrido;

b) qualificar o recorrente de forma completa;

c) dar a fundamentação nos termos do Código de Processo Civil e o artigo correspondente da Constituição Federal e o título do recurso especial ou do recurso extraordinário;

d) qualificar o recorrido;

e) realizar o requerimento de recebimento e envio para o Tribunal (STJ ou STF, conforme o caso);

f) realizar o requerimento da juntada do comprovante do preparo.

Feito isso, passamos para a **folha das razões recursais**, momento em que:

a) endereçamos para o Tribunal *ad quem* (STJ ou STF) competente;

b) colocamos o título "razões recursais";

c) fatos, direito e pedido.

Importante lembrar que o recurso especial (REsp) e o recurso extraordinário (RE) possuem peculiaridades que os demais recursos não possuem:

– no recurso especial temos o requisito do **prequestionamento**, ou seja, é preciso demonstrar que a tese do recurso já foi debatida nas instâncias inferiores;

– no recurso extraordinário temos o requisito do **prequestionamento**, com a mesma ideia já apresentada, além da **repercussão geral**, pois o recurso extraordinário somente será julgado se o tema abordado for de interesse da coletividade.

O raciocínio dos pedidos do recurso especial ou do recurso extraordinário será o mesmo dos dois pedidos (regra):

a) o conhecimento e o provimento do recurso especial/recurso extraordinário para que nova decisão seja proferida; e

b) a condenação da parte contrária ao pagamento dos honorários advocatícios e custas processuais.

Fundamento legal	RE – art. 102, III, da CF.
	REsp – art. 105, III, da CF.
	CPC – art. 1.029 e seguintes.
Cabimento	O recurso extraordinário, a ser julgado pelo STF, cabe nas causas decididas em única ou última instância, nas hipóteses do art. 102, III, da CF.
	O recurso especial, a ser julgado pelo STJ, cabe nas causas decididas em única ou última instância pelos TRFs ou TJs, conforme as hipóteses do art. 105, III, da CF.

Tratamento das partes	Recorrente/Recorrido
Petição de interposição (folha de rosto)	• Endereçamento ao Presidente do Tribunal recorrido; • A qualificação das partes. Se já houver qualificação nos autos, pode-se usar "já qualificado nos autos"; • Indicação de que se trata de RE ou REsp; • Indicação de que preenche os requisitos de admissibilidade, conforme razões anexas; • Requerimento para que o recurso seja devidamente processado, em virtude de preencher os pressupostos de admissibilidade, remetendo-se os autos ao STF ou STJ para julgamento.
Razões de recurso	I – Breve resumo: expor os detalhes trazidos pelo enunciado da questão; II – Do cabimento do recurso: aqui, deve-se enquadrar o recurso em uma das hipóteses do art. 102, III (RE), ou 105, III (REsp); III – Da existência de repercussão geral: só cabível no RE. Ver art. 1.035 do CPC; IV – Da existência de prequestionamento: alegar que a matéria levada ao Tribunal Superior já foi debatida na esfera judicial inferior; V – Das razões de fato e de direito: apenas discutir questões de direito; VI – Do pedido: dar provimento ao recurso para reformar ou anular a r. decisão recorrida, julgando (im)procedente a demanda.

Nos termos do Código de Processo Civil:

Art. 1.029. O recurso extraordinário e o recurso especial, nos casos previstos na Constituição Federal, serão interpostos perante o presidente ou o vice--presidente do tribunal recorrido, em petições distintas que conterão:
I – a exposição do fato e do direito;
II – a demonstração do cabimento do recurso interposto;
III – as razões do pedido de reforma ou de invalidação da decisão recorrida.
[...]
§ 3º O Supremo Tribunal Federal ou o Superior Tribunal de Justiça poderá desconsiderar vício formal de recurso tempestivo ou determinar sua correção, desde que não o repute grave.
[...]
Art. 1.030. Recebida a petição do recurso pela secretaria do tribunal, o recorrido será intimado para apresentar contrarrazões no prazo de 15 (quinze)

dias, findo o qual os autos serão conclusos ao presidente ou ao vice-presidente do tribunal recorrido, que deverá:

I – negar seguimento:

a) a recurso extraordinário que discuta questão constitucional à qual o Supremo Tribunal Federal não tenha reconhecido a existência de repercussão geral ou a recurso extraordinário interposto contra acórdão que esteja em conformidade com entendimento do Supremo Tribunal Federal exarado no regime de repercussão geral;

b) a recurso extraordinário ou a recurso especial interposto contra acórdão que esteja em conformidade com entendimento do Supremo Tribunal Federal ou do Superior Tribunal de Justiça, respectivamente, exarado no regime de julgamento de recursos repetitivos;

II – encaminhar o processo ao órgão julgador para realização do juízo de retratação, se o acórdão recorrido divergir do entendimento do Supremo Tribunal Federal ou do Superior Tribunal de Justiça exarado, conforme o caso, nos regimes de repercussão geral ou de recursos repetitivos;

III – sobrestar o recurso que versar sobre controvérsia de caráter repetitivo ainda não decidida pelo Supremo Tribunal Federal ou pelo Superior Tribunal de Justiça, conforme se trate de matéria constitucional ou infraconstitucional;

IV – selecionar o recurso como representativo de controvérsia constitucional ou infraconstitucional, nos termos do § 6º do art. 1.036;

V – realizar o juízo de admissibilidade e, se positivo, remeter o feito ao Supremo Tribunal Federal ou ao Superior Tribunal de Justiça, desde que:

a) o recurso ainda não tenha sido submetido ao regime de repercussão geral ou de julgamento de recursos repetitivos;

b) o recurso tenha sido selecionado como representativo da controvérsia; ou

c) o tribunal recorrido tenha refutado o juízo de retratação.

§ 1º Da decisão de inadmissibilidade proferida com fundamento no inciso V caberá agravo ao tribunal superior, nos termos do art. 1.042.

Nos termos da Constituição Federal:

Art. 102. Compete ao Supremo Tribunal Federal, precipuamente, a guarda da Constituição, cabendo-lhe:

[...]

III – julgar, mediante recurso extraordinário, as causas decididas em única ou última instância, quando a decisão recorrida:

a) contrariar dispositivo desta Constituição;

b) declarar a inconstitucionalidade de tratado ou lei federal;

c) julgar válida lei ou ato de governo local contestado em face desta Constituição.

d) julgar válida lei local contestada em face de lei federal.

§ 1º A arguição de descumprimento de preceito fundamental, decorrente desta Constituição, será apreciada pelo Supremo Tribunal Federal, na forma da lei.

[...]

§ 3º No recurso extraordinário o recorrente deverá demonstrar a repercussão geral das questões constitucionais discutidas no caso, nos termos da lei, a fim de que o Tribunal examine a admissão do recurso, somente podendo recusá--lo pela manifestação de dois terços de seus membros.
[...]
Art. 105. Compete ao Superior Tribunal de Justiça:
III – julgar, em recurso especial, as causas decididas, em única ou última instância, pelos Tribunais Regionais Federais ou pelos tribunais dos Estados, do Distrito Federal e Territórios, quando a decisão recorrida:

a) contrariar tratado ou lei federal, ou negar-lhes vigência;

b) julgar válido ato de governo local contestado em face de lei federal;

c) der a lei federal interpretação divergente da que lhe haja atribuído outro tribunal.

2.12.3. Como identificar a peça

Para identificar um recurso especial ou um recurso extraordinário, você perceberá que existirá, como regra, uma "história processual", com sentença, recursos e, dessas decisões, ofensas à Constituição Federal (caso em que será cabível o RE) ou ofensas à legislação infraconstitucional (caso em que será cabível o REsp). Esses dois recursos ainda não foram cobrados pela FGV/OAB (até o XX Exame) e, uma vez que um dos dois venham a ser exigidos caberá a exclusão de todas às outras hipóteses recursais.

Até porque, com o estudo que realizamos, fica fácil identificar, até mesmo por exclusão: da sentença caberá apelação, da decisão interlocutória o agravo de instrumento, da decisão originária que denega mandado de segurança no TJ ou no TRF caberá recurso ordinário, se a decisão originária que denegou mandado de segurança, *habeas data* ou mandado de injunção foi no STJ, caberá recurso ordinário ao STF. Ou seja, não sendo tais hipóteses é, diante do contexto processual apresentado, muito provável que estejamos diante de um REsp ou de um RE.

2.12.4. Resumo dos pedidos

Seja no recurso especial, seja no recurso extraordinário, os pedidos serão:

Na **folha de rosto**:

a) requerimento de recebimento e envio para o Tribunal (juízo *ad quem*);

b) requerimento da juntada do comprovante do preparo.

Na **folha das razões recursais**:

a) o conhecimento e provimento do recurso especial (ou recurso extraordinário) para que nova decisão seja proferida, nos termos da fundamentação;

b) a condenação da parte contrária/recorrido ao pagamento dos honorários advocatícios e custas processuais.

Local/Data...

Advogado/OAB...

2.12.5. Estrutura do recurso especial

2.12.5.1. Na folha de rosto

ENDEREÇAMENTO AO JUÍZO "A QUO": Excelentíssimo Senhor Doutor Desembargador Presidente do Tribunal de Justiça ou Tribunal Regional Federal da... Região.

QUALIFICAÇÃO DO RECORRENTE: (nome completo, estado civil, profissão, RG, CPF, endereço eletrônico, com endereço na rua, número, bairro, cidade, Estado, CEP...), caso seja uma pessoa jurídica (nome da PJ, CNPJ, nesse ato representada pelo sócio..., com endereço na rua, número, bairro, cidade, Estado, CEP) por seu advogado (procuração em anexo), com escritório no endereço..., onde receberá as intimações devidas.

NOME DO RECURSO E FUNDAMENTO: no recurso especial, o fundamento básico será o art. 1.029 do Código de Processo Civil, bem como do art. 105, III, da Constituição Federal, acompanhado do título Recurso Especial.

QUALIFICAÇÃO DO RECORRIDO: qualifique o recorrido de forma completa (nome completo, estado civil, profissão, RG, CPF, endereço eletrônico, com endereço na rua, número, bairro, cidade, Estado, CEP..), caso seja uma pessoa jurídica (nome da PJ, CNPJ, nesse ato representada pelo sócio..., com endereço na rua, número, bairro, cidade, Estado, CEP).

REQUERIMENTOS: requerimento de recebimento e envio do recurso para o Superior Tribunal de Justiça ("juízo ad quem") e o requerimento da juntada do comprovante do preparo.

Local/Data...

Advogado/OAB...

(quebra de página)

2.12.5.2. Na folha das razões recursais

ENDEREÇAMENTO AO JUÍZO "AD QUEM": Superior Tribunal de Justiça

Razões Recursais

I – DOS FATOS: resumir os fatos apresentados pelo problema, sem inserir qualquer novo dado, sob pena de nota zero na peça.

II – DO DIREITO: após identificar as teses, é importante desenvolver cada uma delas naquela nossa estrutura de três parágrafos (conforme estudamos no capítulo da Estrutura das Teses). Assim, você sempre terá uma tese constitucional, outra tese na lei e uma terceira com base em princípios. Isso sem afastar a possibilidade de aplicar jurisprudência e súmulas.

III – DOS PEDIDOS: é o momento de concluir seu recurso especial e pontuar cada um dos pedidos, conforme o roteiro estabelecido.

Sendo assim, pede:
a) o conhecimento e provimento do recurso especial para que nova decisão seja proferida, nos termos da fundamentação;
b) a condenação da parte contrária/recorrido ao pagamento dos honorários advocatícios e custas processuais.

Local/Data...

Advogado/OAB...

2.12.6. Estrutura do recurso extraordinário

2.12.6.1. Na folha de rosto

ENDEREÇAMENTO AO JUÍZO "A QUO": Excelentíssimo Senhor Doutor Desembargador Presidente do Tribunal de Justiça ou Tribunal Regional Federal da... Região ou Excelentíssimo Senhor Doutor Ministro Presidente do Superior Tribunal de Justiça.

QUALIFICAÇÃO DO RECORRENTE: (nome completo, estado civil, profissão, RG, CPF, endereço eletrônico, com endereço na rua, número, bairro, cidade, Estado, CEP...), caso seja uma pessoa jurídica (nome da PJ, CNPJ, nesse ato representada pelo sócio..., com endereço na rua, número, bairro, cidade, Estado, CEP) por seu advogado (procuração em anexo), com escritório no endereço..., onde receberá as intimações devidas.

NOME DO RECURSO E FUNDAMENTO: no recurso extraordinário o fundamento básico será o art. 1.029 do Código de Processo Civil, bem como do art. 102, III, da Constituição Federal, acompanhado do título Recurso Extraordinário.

QUALIFICAÇÃO DO RECORRIDO: qualifique o recorrido de forma completa (nome completo, estado civil, profissão, CPF, endereço eletrônico, com endereço na rua, número, bairro, cidade, Estado, CEP...), caso seja uma pessoa jurídica (nome da PJ, CNPJ, nesse ato representada pelo sócio..., com endereço na rua, número, bairro, cidade, Estado, CEP).

REQUERIMENTOS: requerimento de recebimento e envio do recurso para o Supremo Tribunal Federal ("juízo ad quem") e o requerimento da juntada do comprovante do preparo.

Local/Data...

Advogado/OAB...

(quebra de página)

2.12.6.2. Na folha das razões recursais

ENDEREÇAMENTO AO JUÍZO "AD QUEM": Supremo Tribunal Federal

Razões Recursais

I – DOS FATOS: resumir os fatos apresentados pelo problema, sem inserir qualquer novo dado, sob pena de nota zero na peça.

II – DO DIREITO: após identificar as teses, é importante desenvolver cada uma delas naquela nossa estrutura de três parágrafos (conforme estudamos no capítulo da Estrutura das Teses). Assim, você sempre terá uma tese constitucional, outra tese na lei e uma terceira com base em princípios. Isso sem afastar a possibilidade de aplicar jurisprudência e súmulas.

III – DOS PEDIDOS: é o momento de concluir seu recurso de apelação e pontuar cada um dos pedidos, conforme o roteiro estabelecido.

Sendo assim, pede:
a) o conhecimento e provimento do recurso extraordinário para que nova decisão seja proferida, nos termos da fundamentação;
b) a condenação da parte contrária/recorrido ao pagamento dos honorários advocatícios e custas processuais.

Local/Data...

Advogado/OAB...

2.12.7. Modelo de petição do recurso especial

(Questão Simulada) Tício, servidor público federal, solicitou a incorporação da Gratificação 1234, conforme prevista em Lei Federal, firme na ideia do preenchimento das condições para sua percepção. A sentença foi desfavorável a Tício. Não conformado, recorreu ao Tribunal que reconheceu, por unanimidade, a improcedência do pedido. Tício, consciente de seu direito, procura você para interpor a medida judicial cabível na hipótese, considerando que na peça de apelação houve o devido prequestionamento da matéria.

EXCELENTÍSSIMO SENHOR DOUTOR DESEMBARGADOR PRESIDENTE DO TRIBUNAL

Tício, devidamente qualificado nos autos da Apelação Cível, por seu advogado (procuração em anexo), com escritório no endereço..., onde receberá as intimações devidas, vem, com o devido respeito, com fundamento no art. 105, inciso III, "a" e "c", da Constituição Federal e art. 1.029 do Código de Processo Civil, interpor:

Recurso Especial

Ao Superior Tribunal de Justiça.
Requer seja recebido e enviado o presente recurso ao Superior Tribunal de Justiça.
Requer seja juntado o comprovante do preparo.

Local/Data...

Advogado/OAB...

(quebra de página)

Superior Tribunal de Justiça

Razões Recursais

I – Dos Fatos

O recorrente solicitou junto ao seu órgão de origem a incorporação da Gratificação 1234, com base expressa na Lei, e teve negado o pedido. Apesar de o argumento contrariar a regra de aplicação da lei específica, o colegiado do Tribunal de Justiça acolheu os argumentos e manteve a sentença desfavorável.

Desta forma, o recorrente se socorre desta alta corte, apontando a contrariedade a Lei Federal, consubstanciado no art. 105, III, "a" e "c", da Constituição Federal.

II – Do Prequestionamento

Para a admissibilidade do recurso especial, é necessária a demonstração do prequestionamento da matéria que se pretende impugnar, a exemplo do que ocorre com o recurso extraordinário mediante a aplicação das Súmulas 282 e 356 do Supremo Tribunal Federal. Ocorreu o devido questionamento no que toca à correta aplicação da lei, na apelação, onde se consignou que a letra da lei deve prevalecer.

Portanto, presentes estão os requisitos de admissibilidade do recurso especial, devendo ser recebido, conhecido e no mérito provido, conforme será demonstrado nas linhas a seguir.

III - Do Direito

Lembre-se de desenvolver cada tese conforme estudamos em "Construção das Teses", bem como utilizando-se das lições de direito material do Capítulo 3.

IV - Do Pedido

Sendo assim, pede:
a) o conhecimento e provimento do recurso especial para que nova decisão seja proferida, nos termos da fundamentação, reformando a decisão do Tribunal para reconhecer o direito do recorrente à incorporação da Gratificação 1234, nos termos da fundamentação;
b) a condenação do recorrido ao pagamento dos honorários advocatícios e custas processuais.

Local/Data...

Advogado/OAB...

2.13. Reclamação constitucional

2.13.1. Apresentação

A reclamação constitucional busca, basicamente, defender e preservar a competência e autoridade do STJ e do STF, logo, garantindo a autoridade de seus julgados. Inicialmente, a reclamação está presente nos arts. 102, I, *l*, e 105, I, *f*, ambos da Constituição Federal. Para o nosso estudo e pertinência temática, sem sombra de dúvidas, muito mais razoável será a cobrança de uma reclamação no contexto em que a Administração Pública desrespeitou o enunciado de súmula vinculante, conforme o art. 103-A, § 3º, da Constituição Federal:

> Art. 103-A. O Supremo Tribunal Federal poderá, de ofício ou por provocação, mediante decisão de dois terços dos seus membros, após reiteradas decisões sobre matéria constitucional, aprovar súmula que, a partir de sua publicação na imprensa oficial, terá efeito vinculante em relação aos demais órgãos do Poder Judiciário e à administração pública direta e indireta, nas esferas federal, estadual e municipal, bem como proceder à sua revisão ou cancelamento, na forma estabelecida em lei.

§ 1º A súmula terá por objetivo a validade, a interpretação e a eficácia de normas determinadas, acerca das quais haja controvérsia atual entre órgãos judiciários ou entre esses e a administração pública que acarrete grave insegurança jurídica e relevante multiplicação de processos sobre questão idêntica.

§ 2º Sem prejuízo do que vier a ser estabelecido em lei, a aprovação, revisão ou cancelamento de súmula poderá ser provocada por aqueles que podem propor a ação direta de inconstitucionalidade.

§ 3º Do ato administrativo ou decisão judicial que contrariar a súmula aplicável ou que indevidamente a aplicar, caberá reclamação ao Supremo Tribunal Federal que, julgando-a procedente, anulará o ato administrativo ou cassará a decisão judicial reclamada, e determinará que outra seja proferida com ou sem a aplicação da súmula, conforme o caso. (grifo nosso)

2.13.2. Requisitos e características

No passado, a reclamação constitucional tinha seu inteiro disciplinamento na Lei n. 8.038/90. Todavia, com o novo Código de Processo Civil, temos o novo regramento nos arts. 988 a 993.

A reclamação constitucional segue o modelo de petição inicial, logo, deverá ser endereçada ao Presidente do Tribunal, nos termos do art. 988, §§ 2º e 3º, do Código de Processo Civil.

Ao despachar, o relator poderá requisitar informações da autoridade a quem for imputada a prática do ato impugnado (prazo de 10 dias), conforme o art. 989, I. Vale lembrar que, diante de risco de dano irreparável, o relator ordenará a suspensão do processo ou do ato impugnado, nos moldes do mesmo art. 989, II, também do CPC.

Posteriormente, o Ministério Público terá vista do processo (prazo de 5 dias).

Por fim, julgando procedente a reclamação, o Tribunal cassará a decisão exorbitante de seu julgado ou determinará medida adequada à solução da controvérsia (art. 992 do CPC).

2.13.3. Como identificar a peça

Para identificar uma reclamação não teremos dificuldades, pois a questão mencionará a existência de afronta ao julgamento do STJ ou do STF e, tão logo, a necessidade do imediato restabelecimento de sua autoridade. Ainda, podemos verificar a ofensa ao enunciado de uma súmula vinculante, razão pela qual teremos a reclamação constitucional endereçada ao STF.

É muito importante lembrar do art. 7º, § 1º, da Lei n. 11.417/2006, pois quando a própria Administração Pública ofender uma súmula vinculante, somente poderemos utilizar da reclamação após o esgotamento das vias administrativas. Nesses termos, tal qual o *habeas data*, aqui também precisaremos primeiro cumprir o requisito administrativo para, depois, pleitear ao Poder Judiciário:

Art. 7º Da decisão judicial ou do ato administrativo que contrariar enunciado de súmula vinculante, negar-lhe vigência ou aplicá-lo indevidamente caberá reclamação ao Supremo Tribunal Federal, sem prejuízo dos recursos ou outros meios admissíveis de impugnação.
§ 1º **Contra omissão ou ato da administração pública, o uso da reclamação só será admitido após esgotamento das vias administrativas.** (grifo nosso)

2.13.4. Competência

Lembre-se de que a reclamação pode ser de competência do STJ, quando for necessário restabelecer o exato cumprimento de sua decisão, como, também, pode ser de competência do STF, principalmente na ofensa ao texto de uma súmula vinculante. Em síntese, a reclamação será utilizada para pedir, ao próprio Tribunal que proferiu a decisão atacada, o seu integral respeito.

2.13.5. Resumo dos pedidos da reclamação constitucional

Na reclamação constitucional teremos que formular quatro pedidos, quais são eles:

a) sejam requisitadas informações da autoridade que contrariou ou que indevidamente aplicou a súmula vinculante (art. 989, I, do Código de Processo Civil);

b) a procedência da ação, confirmando o pedido da liminar (art. 989, II, do Código de Processo Civil), nos termos da fundamentação;

c) a juntada dos documentos (art. 988, § 2º, do Código de Processo Civil);

d) oitiva do Ministério Público (art. 991 do Código de Processo Civil).

Local/Data...

Advogado/OAB...

2.13.6. Estrutura da reclamação na ofensa de súmula vinculante

ENDEREÇAMENTO: Excelentíssimo Senhor Ministro Presidente do Supremo Tribunal Federal.

QUALIFICAÇÃO DO AUTOR: (nome completo, estado civil, profissão, RG, CPF, título de eleitor, endereço eletrônico, com endereço na rua, número, bairro, cidade, Estado,

CEP...), por seu advogado (procuração em anexo), com escritório no endereço..., onde receberá as intimações devidas.

NOME DA AÇÃO E FUNDAMENTAÇÃO: a reclamação constitucional terá, pelo menos, dois fundamentos clássicos, quais sejam, art. 103-A, § 3.º, da Constituição Federal e art. 988 do Código de Processo Civil, sem prejuízo do art. 7.º da Lei n. 11.417/2006, bem como deverá ser acompanhada do título: Reclamação Constitucional com pedido de liminar.

QUALIFICAÇÃO DO RÉU: poderá qualificar a parte contrária ou, simplesmente, atacar a decisão que ofendeu a súmula vinculante.

I – DOS FATOS: resumir os fatos apresentados pelo problema, sem inserir qualquer novo dado, sob pena de nota zero na peça.

II – DO DIREITO: após identificar as teses, é importante desenvolver cada uma delas na estrutura de três parágrafos (conforme estudamos no capítulo da Estrutura das Teses). Assim, você sempre terá uma tese constitucional, outra tese na lei e uma terceira com base em princípios. Isso sem afastar a possibilidade de aplicar jurisprudência e súmulas. Vale ressalvar a necessidade de observância do art. 7.º, § 1.º, da Lei n. 11.417/2006, quando a questão mencionar o desrespeito ao texto da súmula vinculante por parte da Administração Pública.

III – DA LIMINAR: o pedido de liminar deve ser feito, conforme já estudado, sempre mencionando o perigo da demora ("periculum in mora") e a fumaça do bom direito ("fumus boni juris"), tudo em respeito ao art. 989, II, do Código de Processo Civil.

IV – DOS PEDIDOS: é o momento de concluir seu recurso de agravo de instrumento e pontuar cada um dos pedidos, conforme o roteiro estabelecido pelo CPC:

Sendo assim, pede:
a) sejam requisitadas informações da autoridade que contrariou ou que indevidamente aplicou a súmula vinculante (art. 989, I, do Código de Processo Civil);
b) a procedência da ação, confirmando o pedido da liminar (art. 989, II, do Código de Processo Civil), nos termos da fundamentação;

c) a juntada dos documentos (art. 988, § 2.º, do Código de Processo Civil);
d) a oitiva do Ministério Público (art. 991 do Código de Processo Civil).

Local/Data...

Advogado/OAB...

2.13.7. Modelo de reclamação constitucional

Silvia Viana, após peticionar para a Administração Pública, obteve a resposta de que somente seria seu recurso administrativo conhecido após o depósito prévio de R$ 500,00.

Todavia, mesmo após peticionar para a autoridade competente, esta confirmou que sem a realização do depósito não haveria possibilidade de ser o recurso conhecido.

Diante do caso concreto, ingresse com a medida judicial cabível e de urgência, sabendo que todas as esferas administrativas foram cumpridas.

EXCELENTÍSSIMO SENHOR DOUTOR MINISTRO PRESIDENTE DO SUPREMO TRIBUNAL FEDERAL

Silvia Viana, nacionalidade, estado civil, profissão, RG, CPF, e-mail (endereço eletrônico), residente na rua, número, bairro, cidade, Estado, CEP, por seu advogado (procuração em anexo), com escritório profissional..., vem, com fundamento no art. 103-A, § 3.º, da Constituição Federal, art. 988 do Código de Processo Civil e art. 7.º da Lei n. 11.417/2006, propor

Reclamação Constitucional
(com pedido liminar)

Em face da decisão administrativa que ofendeu a Súmula Vinculante 21, do Supremo Tribunal Federal, pelas razões de fato e de direito:

I – Dos Fatos

Silvia Viana, após peticionar para a Administração Pública, obteve a resposta de que somente seria seu recurso administrativo conhecido com o depósito prévio de R$ 500,00.

Todavia, mesmo após peticionar para a autoridade competente, esta confirmou que sem a realização do depósito não haveria possibilidade de ser o recurso dela conhecido, mantendo tal posicionamento em todas as esferas administrativas. Diante disso, outro caminho não restou que não fosse a utilização dessa medida judicial.

II – Do Direito

No caso concreto, a Administração Pública violou a aplicação da Súmula Vinculante 21, do Supremo Tribunal Federal, uma vez que exigiu o pagamento prévio de custas para o conhecimento do recurso administrativo.

A Súmula Vinculante 21 assim determina:

"É inconstitucional a exigência de depósito ou arrolamento prévios de dinheiro ou bens para admissibilidade de recurso administrativo."

No caso concreto, existiu nítida ofensa ao texto constitucional, pois mesmo esgotando todas as vias administrativas, nos termos do art. 7.º, § 1.º, da Lei n. 11.417/2006, a autora não obteve êxito no âmbito da Administração Pública.

Sendo assim, deve o ato administrativo impugnado ser anulado, afastando a exigência de qualquer depósito prévio de bens ou valores para o conhecimento do recurso administrativo da autora, restabelecendo a autoridade da citada súmula vinculante.

III – Da Liminar

No caso concreto, a autora tem direito à concessão da liminar, nos termos do art. 989, II, do Código de Processo Civil.

A fumaça do bom direito está comprovada por tudo o que foi alegado, bem como pela documentação juntada. O perigo da demora é evidente, uma vez que o recurso administrativo da autora, se mantida a decisão recorrida, não será conhecido, causando grave dano. Sendo assim, requer o deferimento da liminar para suspender o ato impugnado, nos termos da fundamentação.

IV – Dos Pedidos

Sendo assim, pede:

a) sejam requisitadas informações da autoridade que contrariou ou que indevidamente aplicou a súmula vinculante (art. 989, I, do Código de Processo Civil);

b) a procedência da ação, confirmando o pedido da liminar (art. 989, II, do Código de Processo Civil), nos termos da fundamentação;

c) a juntada dos documentos (art. 988, § 2.º, do Código de Processo Civil);

d) a oitiva do Ministério Público (art. 991 do Código de Processo Civil).

Local/Data...

Advogado/OAB...

2.14. Impugnação ao edital

2.14.1. Apresentação

Ao elaborar uma impugnação ao edital, precisamos levar em consideração dois aspectos: i) somente optará por esta (ou qualquer outra medida administrativa) se, e somente se, o examinador expressamente lhe pedir, pois a regra sempre será a medida judicial; ii) a impugnação ao edital pode ser utilizada em diversos casos, mas os mais comuns são diante de um edital de concurso público ou de um procedimento licitatório.

Neste momento, estudaremos a impugnação ao edital num contexto de licitação.

2.14.2. Requisitos e características

A impugnação ao edital é medida administrativa utilizada para afastar eventuais ilicitudes/abusos de uma (ou mais) cláusula(s) de um edital. Sendo assim, podemos afirmar que, na impugnação, o grande objetivo é afastar toda e qualquer irregularidade/ilicitude que conste no edital.

Conforme anteriormente exposto, estudaremos o caso da impugnação ao edital da licitação. Aqui, o procedimento licitatório está prestes a iniciar, enquanto habilitação e classificação/julgamento.

Vale lembrar que a impugnação pode ser feita por qualquer cidadão ou pelo licitante que deseja participar do procedimento licitatório.

O endereçamento da impugnação será ao presidente da comissão de licitação. Por ser dirigida ao presidente da comissão de licitação, diante de uma ilicitude no edital, não se fala em citação da parte contrária.

Lembre-se de que na impugnação ao edital, por ser procedimento licitatório, não teremos o valor da causa, nem mesmo condenação em custas ou honorários advocatícios (princípio da gratuidade e Súmula Vinculante 21 do STF).

2.14.3. Como identificar a peça

Para identificar uma impugnação ao edital não teremos grande trabalho, pois, conforme já alertado anteriormente, somente peticionará uma impugnação

PRÁTICA ADMINISTRATIVA

quando o examinador expressamente pedir: "Elabore a medida administrativa cabível...". Caso não conste pedido expresso na prova, cuidado, opte sempre pela medida judicial!

Tanto é verdade que, até hoje, nunca tivemos uma impugnação ao edital na FGV. Todavia, precisamos nos preparar para toda e qualquer possibilidade de cobrança.

2.14.4. Competência

Lembre-se de que a impugnação ao edital será de competência do presidente da comissão, seja da licitação ou do concurso público. Diante de um vício qualquer no edital, pediremos para que o presidente da comissão corrija o citado erro para que, dessa forma, o procedimento se desenvolva sem qualquer nulidade.

2.14.5. Resumo dos pedidos da impugnação ao edital

Na impugnação ao edital teremos, basicamente, dois pedidos. São eles:

a) seja a impugnação julgada procedente, retirando toda e qualquer exigência ilícita, nos termos da fundamentação;

b) seja o edital, após sua retificação, publicado novamente.

Local/Data...

Advogado/OAB...

2.14.6. Estrutura da impugnação ao edital em licitação

ENDEREÇAMENTO: Ilmo. Senhor Presidente da Comissão de Licitação

QUALIFICAÇÃO DO AUTOR: (nome completo, estado civil, profissão, RG, CPF, título de eleitor, endereço eletrônico, com endereço na rua, número, bairro, cidade, Estado, CEP...), por seu advogado (procuração em anexo), com escritório no endereço..., onde receberá as intimações devidas.

NOME DA AÇÃO E FUNDAMENTAÇÃO: a impugnação ao edital terá, pelo menos, dois fundamentos clássicos, quais sejam art. 164 da Lei n. 14.133/2021 e art. 37, XXI, da Constituição Federal, sem prejuízo do art. 5.º da Lei n. 14.133/2021, bem como deverá ser acompanhada do título: Impugnação ao edital.

QUALIFICAÇÃO DO RÉU: não temos, propriamente, a existência do réu, mas a necessidade de se anular exigência abusiva existente no edital.

I – DOS FATOS: resumir os fatos apresentados pelo problema, sem inserir qualquer novo dado, sob pena de nota zero na peça.

II – DO DIREITO: após identificar as teses, é importante desenvolver cada uma delas na estrutura de três parágrafos (conforme estudamos no capítulo da Estrutura das Teses). Assim, você sempre terá uma tese constitucional, outra tese na lei e uma terceira com base em princípios. Isso sem afastar a possibilidade de aplicar jurisprudência e súmulas. Vale ressalvar a necessidade de observância dos princípios específicos da licitação, pois, diante de cláusula abusiva teremos, no mínimo, a ofensa ao princípio da isonomia e da ampla concorrência entre os licitantes, sem prejuízo de eventual improbidade administrativa (art. 10 da Lei n. 8.429/92).

III – DOS PEDIDOS: é o momento de concluir sua impugnação ao edital e pontuar cada um dos pedidos, conforme o caso concreto.

Sendo assim, pede:
a) seja a impugnação julgada procedente, retirando toda e qualquer exigência ilícita, nos termos da fundamentação;
b) seja o edital, após sua retificação, publicado novamente.

Local/Data...

Advogado/OAB...

2.14.7. Modelo de impugnação ao edital

(Questão Simulada) O Município de Curitiba publicou um edital de licitação (n. 10/2018) para a contratação de uma empresa para a construção de uma ponte de 2 metros. Todavia, a cláusula n. 14 determina que: "As empresas que desejarem participar da licitação deverão ter, necessariamente, sede no Município de Curitiba, bem como ter comprovadamente construído uma ponte de 30 metros, no mínimo, de comprimento."

Estarrecido com essa situação e, por não ter tais requisitos, o empresário Paulo Santos, sócio-gerente da empresa Pontes & Pontes Ltda., procurou seu escritório para que ingressasse com a medida administrativa cabível, uma vez que sua empresa deseja participar da citada licitação, sabendo que a comissão da licitação é presidida pelo sr. Rafael Pereira.

ILUSTRÍSSIMO SENHOR PRESIDENTE DA COMISSÃO DE LICITAÇÃO – EDITAL 10/2018

Pontes & Pontes Ltda., pessoa jurídica de direito privado, CNPJ, e-mail (endereço eletrônico), com sede na rua, número, bairro, cidade, Estado, CEP, representada por seu sócio-gerente Paulo Santos, por seu advogado (procuração em anexo), com escritório profissional na rua..., vem, com fundamento nos arts. 164 da Lei n. 14.133/2021 e 37, XXI, da Constituição Federal, apresentar:

Impugnação ao Edital

Em face do Edital de licitação n. 10/2018, em sua cláusula 14, pelas razões de fato e de direito:

I – Dos Fatos

O Município de Curitiba publicou um edital de licitação (n. 10/2018) para a contratação de uma empresa para a construção de uma ponte de 2 metros. Todavia, a cláusula n. 14 determina que:

"As empresas que desejarem participar da licitação deverão ter, necessariamente, sede no Município de Curitiba, bem como ter comprovadamente construído uma ponte de 30 metros, no mínimo, de comprimento."

Diante de tais requisitos totalmente ilegais e desproporcionais, cumpre, de imediato, reformar o citado edital.

II – Do Direito

II.1. Da ilegalidade da cláusula 14 do edital

No caso concreto, a autora não pode participar do edital de licitação, tendo em vista as exigências da cláusula 14, do edital n. 10/2018, por exigir que a empresa licitante tenha sede no Município de Curitiba, bem como demonstrar a construção de uma ponte de 30 metros.

O art. 37, XXI, da Constituição Federal determina que somente as exigências de qualificação técnica e econômica indispensáveis à garantia do cumprimento das obrigações é que poderão ser exigidas. Assim, toda e qualquer exigência desproporcional ou não razoável deverá ser retirada do edital do procedimento licitatório.

O fato de o edital impugnado exigir tal requisito, conforme já afirmado, deve ser suprimido, por medida de justiça, bem como para cumprir com a finalidade da busca pela melhor proposta ao Estado e, principalmente, o tratamento isonômico entre os licitantes.

Sendo assim, requer a reforma do citado edital impugnado, suprimindo as exigências ora mencionadas.

II.2. Do art. 9.º, I, "b", da Lei n. 14.133/2021

No caso em tela, exigir que a empresa tenha sede no Município é medida absurda e ilegal.

O art. 9.º, I, "b", da Lei n. 14.133/2021 determina que o agente público não poderá admitir preferência ou estabelecer distinções em relação à sede da empresa no município, dentre outras. Diante disso, o edital feriu de forma direta o texto legal, devendo tal exigência ser retirada de plano.

Sendo assim, requer seja o citado edital reformado para, de imediato, suprimir as exigências ilegais, nos termos da fundamentação.

II.3. Da ofensa ao princípio da razoabilidade/proporcionalidade

Por fim, quando o edital exige a comprovação da construção de uma ponte com 30 metros, sendo que a obra é de apenas 2 metros, mais de uma vez, demonstra exigência ilegal, desproporcional e não razoável, nos termos do art. 2.º, parágrafo único, VI, da Lei n. 9.784/99.

Uma exigência desproporcional é aquela que não guarda compatibilidade entre os meios e os fins, conforme se demonstra no caso em tela e, por sua vez, decisão não razoável é aquela que se visualiza exagerada, extremada. Vale lembrar que toda medida que não tenha equilíbrio e, assim, não seja justificável, ofenderá a proporcionalidade e, também, a razoabilidade.

No caso em tela, é nítido que o citado edital trouxe exigência abusiva que, se mantida, impossibilitará uma real e legítima competição entre os licitantes.

III – Dos Pedidos

Sendo assim, pede:
a) seja a impugnação julgada procedente para permitir a participação da empresa requerente no procedimento licitatório, retirando as exigências da cláusula 14, do edital n. 10/2018, nos termos da fundamentação, posto que ilícita;
b) seja o edital, após sua retificação, publicado novamente.

Local/Data...

Advogado/OAB...

2.15. Recurso administrativo

2.15.1. Apresentação

Ao elaborar um recurso administrativo, precisamos levar em consideração que, usualmente, estaremos diante de algum caso da Lei n. 8.112/90, da Lei n. 9.784/99 ou no contexto de uma licitação, conforme a Lei n. 14.133/2021, por exemplo.

Lembre-se de que você somente optará por esta (ou qualquer outra medida administrativa) se, e somente se, o examinador expressamente lhe pedir, pois a regra sempre será a medida judicial.

Sendo assim, estudaremos o recurso administrativo seguindo a estrutura básica dos recursos, qual seja, folha de rosto + folha das razões recursais.

2.15.2. Requisitos e características

O recurso administrativo segue a mesma lógica do recurso judicial.

Faremos o endereçamento da folha de rosto para aquela autoridade que proferiu a decisão, bem como faremos o requerimento de recebimento e envio para a autoridade competente.

Tenha muito cuidado na questão do preparo, pois, nos termos da Súmula Vinculante 21 do STF, bem como do princípio da gratuidade, não temos de recolher custas para o recurso administrativo, logo, inexiste o pedido do preparo.

No mais, por se tratar de recurso, podemos adotar a mesma configuração dos recursos judiciais, qual seja:

Folha de Rosto + Folha das Razões Recursais

Na **Folha de Rosto** teremos que cumprir os seguintes requisitos:

a) endereçar para a autoridade que deu a decisão;

b) qualificar o recorrente de forma completa;

c) dar a fundamentação no artigo cabível, conforme o caso concreto e o título Recurso Administrativo;

d) verificar se cabe o pedido de efeito suspensivo ou não;

e) realizar o requerimento de recebimento e envio para a autoridade superior.

Feito isso, passamos para a **Folha das Razões Recursais**, momento em que:

a) endereçamos para a autoridade superior/autoridade competente;

b) colocamos o título "razões recursais";

c) fatos, direito e pedido.

O raciocínio dos pedidos do recurso administrativo não segue o mesmo raciocínio dos recursos judiciais. Assim, o pedido principal é:

a) o conhecimento e provimento do recurso administrativo para que nova decisão seja proferida, nos termos da fundamentação.

Assim como não falamos do preparo, por consequência lógica, também não teremos condenação em custas e honorários advocatícios.

2.15.3. Como identificar a peça

Para identificar um recurso administrativo estaremos diante, via de regra, de uma decisão administrativa, e o examinador será taxativo para que você peticione um recurso administrativo. Na ausência de pedido expresso, opte pela medida judicial cabível.

Todavia, tenha muito cuidado se for o caso de inabilitação ou desclassificação num contexto de licitação, pois não será cabível a impetração de mandado de segurança imediatamente, tendo em vista a combinação do art. 168 da Lei n. 14.133/2021, combinado com o art. 5º, I, da Lei n. 12.016/2009.

2.15.4. Competência

Lembre-se de que o recurso administrativo será dirigido para aquela autoridade administrativa que proferiu a decisão, conforme a regra clássica dos recursos. No caso concreto, você verificará quem será a autoridade superior para o endereçamento da folha das razões recursais e, tão logo, o pedido de reforma da decisão recorrida.

2.15.5. Resumo dos pedidos do recurso administrativo

No recurso administrativo, teremos que formular os pedidos clássicos de todos os recursos (menos o agravo de instrumento).

2.15.5.1. Na folha de rosto

a) o recebimento e envio do recurso administrativo para a autoridade competente;

b) sendo caso de inabilitação ou desclassificação na licitação, nos termos do art. 168 da Lei n. 14.133/2021, teremos que fazer o pedido do efeito suspensivo do recurso.

2.15.5.2. Na folha das razões recursais

a) o conhecimento e provimento do recurso administrativo para que nova decisão seja proferida, nos termos da fundamentação.

Local/Data...

Advogado/OAB...

Lembre-se de que o recurso administrativo, por ser procedimento administrativo, não fala em valor da causa, nem mesmo condenação em custas ou honorários advocatícios.

2.15.6. Estrutura do recurso administrativo

2.15.6.1. Na folha de rosto

ENDEREÇAMENTO PARA QUEM PROFERIU A DECISÃO RECORRIDA: Ilustríssimo Senhor...

QUALIFICAÇÃO DO RECORRENTE: (nome completo, estado civil, profissão, RG, CPF, endereço eletrônico, com endereço na rua, número, bairro, cidade, Estado, CEP...), caso seja uma pessoa jurídica (nome da PJ, CNPJ, nesse ato representada pelo sócio..., com endereço na rua, número, bairro, cidade, Estado, CEP) por seu advogado (procuração em anexo), com escritório no endereço..., onde receberá as intimações devidas.

NOME DO RECURSO E FUNDAMENTO: no recurso administrativo, o fundamento básico dependerá do caso concreto, mas, conforme já mencionamos, as hipóteses clássicas seriam; Lei n. 8.112/90, Lei n. 9.784/99, Lei n. 14.133/2021.

QUALIFICAÇÃO DO RECORRIDO: você pode realizar a qualificação completa do recorrido (nome completo, estado civil, profissão, RG, CPF, endereço eletrônico, com endereço na rua, número, bairro, cidade, Estado, CEP...), caso seja uma pessoa jurídica (nome da PJ, CNPJ, nesse ato representada pelo sócio..., com endereço na rua, número, bairro, cidade, Estado, CEP) ou apenas mencionar a decisão que se busca reformar.

REQUERIMENTO: recebimento e envio do recurso administrativo para a autoridade competente. Em caso de hipótese de efeito suspensivo, estaríamos diante de um caso urgente, situação em que poderíamos também fazer o pedido do efeito suspensivo do recurso.

Local/Data...

Advogado/OAB...

(quebra de página)

2.15.6.2. Na folha das razões recursais

ENDEREÇAMENTO PARA AUTORIDADE SUPERIOR: Ilmo Senhor...

Razões Recursais

I. DOS FATOS: resumir os fatos apresentados pelo problema, sem inserir qualquer novo dado, sob pena de nota zero na peça.

II. DO DIREITO: após identificar as teses, é importante desenvolver cada uma delas na estrutura de três parágrafos (conforme estudamos no capítulo da Estrutura das Teses). Assim, você sempre terá uma tese constitucional, outra tese na lei e uma terceira com base em princípios. Isso sem afastar a possibilidade de aplicar jurisprudência e súmulas.

III. DOS PEDIDOS: é o momento de concluir seu recurso administrativo e pontuar cada um dos pedidos, conforme o roteiro estabelecido.

Sendo assim, pede:
a) o conhecimento e provimento do recurso administrativo para que nova decisão seja proferida, nos termos da fundamentação.

Local/Data...

Advogado/OAB...

2.15.7. Modelo de recurso administrativo

(Questão Simulada) A empresa Remédio & Saúde – ME foi inabilitada em um procedimento licitatório, tendo em vista a decisão da comissão de licitação X, pois apresentou certidão fiscal positiva. Após receber tal notícia, a proprietária Maria Fernanda foi até seu escritório para saber se existia uma medida administrativa cabível e, sendo possível, para que você já tomasse as providências necessárias.

ILMO SENHOR PRESIDENTE DA COMISSÃO DE LICITAÇÃO X

Remédios & Saúde – ME, pessoa jurídica de direito privado, CNPJ, e-mail (endereço eletrônico), com sede na rua, número, bairro, cidade, Estado, CEP, devidamente representada por sua proprietária Maria Fernanda, por seu advogado (procuração em anexo), com escritório profissional na rua..., vem, com fundamento no art. 168 da Lei n. 14.133/2021 e art. 37, XXI, da Constituição Federal, interpor

Recurso Administrativo com Efeito Suspensivo

Em face da decisão que inabilitou a recorrente do procedimento licitatório.

Requer seja recebido e enviado o recurso à autoridade superior.

Requer seja concedido o efeito suspensivo ao recurso, nos termos do art. 168 da Lei n. 14.133/2021.

Local/Data...

Advogado/OAB...

(nova página)

À Autoridade Superior

Razões Recursais

I – Dos Fatos

A empresa Remédio & Saúde – ME, ora recorrente, foi inabilitada num procedimento licitatório, tendo em vista a decisão da comissão de licitação X, pois não tinha regularidade fiscal. Todavia, por se tratar de Microempresa, tal decisão foi totalmente ilegal, uma vez que a Lei Complementar n. 123/2006 garante às Microempresas e Empresas de Pequeno Porte o tratamento diferenciado em licitações públicas.

II – Do Direito

No caso concreto, a recorrente foi inabilitada de forma injusta, pois não possuía regularidade fiscal.

O art. 42 da Lei Complementar n. 123/2006 determina que, nas licitações públicas, a regularidade fiscal das microempresas e empresas de pequeno porte somente poderá ser exigida no momento da assinatura do contrato, determinação esta reforçada pelo art. 43 da mesma Lei Complementar.

Nesses termos, a inabilitação da recorrente não foi juridicamente adequada, pois ainda que o art. 63, III, da Lei n. 14.133/2021 exija a regularidade fiscal como regra, há o benefício da apresentação diferida em relação à regularidade fiscal para as microempresas, nos termos dos artigos mencionados.

Ao visualizar o caso concreto, percebemos que a comissão de licitação falhou ao inabilitar a recorrente, uma vez que não foi observada a sua situação de microempresa e, tão logo, o respectivo benefício fiscal. Ora, se a Lei Complementar n. 123/2006 assim garante, qualquer autoridade que decida em sentido contrário atua de forma manifestamente ilegal.

Sendo assim, a inabilitação é nula e deve a recorrente ser mantida na licitação para, se vencer, ser exigida sua regularidade fiscal, nos termos da lei.

Por fim, o ato de inabilitação feriu o princípio da legalidade, uma vez que a recorrente tem amparo legal para, mesmo sem regularidade fiscal, continuar no procedimento licitatório, não sendo lícito inabilitá-la pela ausência de tal regularidade, momento em que haveria nítida ofensa aos mandamentos da Lei Complementar n. 123/2006.

Sendo assim, requer a reforma da decisão da comissão de licitação e a imediata habilitação da recorrente, nos termos da fundamentação.

III – Dos Pedidos

Sendo assim, pede:
a) o conhecimento e o provimento do recurso administrativo para que nova decisão seja proferida, habilitando a recorrente, nos termos da fundamentação;
b) seja concedido o efeito suspensivo para paralisar o procedimento licitatório até a decisão final deste recurso, nos termos da fundamentação.

Local/Data...

Advogado/OAB...

2.16. Parecer

2.16.1. Apresentação

O parecer nada mais é do que uma consulta, ou seja, uma opinião, uma resposta para uma pergunta técnica realizada. Um ponto importante é lembrar que o parecer não possui o mesmo modelo ou rigor dos requisitos legais. Porém, para facilitar, seguiremos a estrutura de um acórdão.

Vale lembrar que você somente redigirá um parecer se o examinador expressamente lhe pedir.

2.16.2. Requisitos e características

A estrutura do parecer que adotaremos neste livro é, basicamente, a mesma estrutura de um acórdão, com exceção do final:

PARECER	ACÓRDÃO
Título	Título
Ementa	Ementa
Relatório	Relatório
Fundamentação/Direito	Fundamentação/Direito
Conclusão É o parecer	Dispositivo

Quando for elaborar o parecer, lembre-se de que, em resumo, você fará toda uma redação para, ao final, dar a sua opinião, ou seja, se determinado ato pode ou não ser praticado, nos termos da pergunta formulada.

O Título deve estar no alto da página e de forma centralizada.

O que é a Ementa? Nada mais do que um resumo com as palavras-chaves, ou seja, entre 5 e 10 palavras são suficientes para resumir o seu parecer, sem a necessidade de qualquer verbo. Imagine que o leitor, apenas com a ementa, já saberá qual foi a sua conclusão. Utilize da ementa de forma recuada sempre à direita. Ex.: sobre uma consulta quanto à responsabilidade civil da concessionária de serviço público:

PARECER

Ementa: Responsabilidade Civil. Concessionária de serviço público. Dano ao particular. Art. 37, § 6.º, CF. Responsabilidade objetiva. Usuário do serviço público. Possibilidade.

No Relatório deve-se mencionar a pergunta formulada e quem lhe fez a pergunta.

Na Fundamentação/Direito, você deverá demonstrar todo o seu conhecimento sobre o tema, pois já que o parecer não tem requisitos legais, parte considerável da pontuação ficará para a fundamentação e as teses.

A Conclusão é o momento de mencionar se a pergunta formulada pode ou não ser juridicamente adequada. Lembre-se de que o parecer é a manifestação de uma opinião e, portanto, você deve deixar evidente qual é a sua opinião sobre o tema. Ao final, conclua com: "É o parecer.".

Exemplo de conclusão:

[...]

Sendo assim, opino pela possibilidade da concessionária de serviço público responder objetivamente pelo dano causado ao particular/usuário do serviço, nos termos da fundamentação.

É o parecer.

Local/Data...

Advogado/OAB...

2.16.3. Modelo de parecer

(Questão Simulada) O Presidente do Esporte Clube Tapetão, desejando ingressar na Justiça Comum para questionar a retirada de três pontos do seu clube, tendo em vista uma suposta escalação irregular do atacante do seu time, encaminhou ao seu escritório a seguinte pergunta:

"Diante da retirada de três pontos do meu clube, o Esporte Clube Tapetão, e não querendo perder tempo na Justiça Desportiva, posso ingressar com a respectiva ação diretamente na Justiça Comum?"

Sendo assim, na qualidade de advogado, apresente o seu parecer.

PARECER

Ementa: Justiça Desportiva. Jurisdição Una. Art. 217, § 1.º, da Constituição Federal. Esgotamento da via administrativa. Proposição de ação direta na Justiça Comum. Impossibilidade.

I – Relatório

Trata-se de consulta formulada pelo Presidente do Esporte Clube Tapetão, desejando ingressar na Justiça Comum para questionar a retirada de três pontos do seu clube, tendo em vista uma suposta escalação irregular do atacante do seu time, ao formular a seguinte indagação:

"Diante da retirada de três pontos do meu clube, o Esporte Clube Tapetão, e não querendo perder tempo na Justiça Desportiva, posso ingressar com a respectiva ação diretamente na Justiça Comum?"

É o relatório, passo a opinar.

II – Do Direito

O sistema administrativo adotado no Brasil é o sistema uno, também conhecido como sistema inglês. Contudo, tal sistema foi adotado de forma relativa, pois admite três exceções.

A regra é que o Poder Judiciário pode/deve dar a última palavra em todos os temas, uma vez que não se pode afastar da apreciação do Judiciário qualquer lesão ou ameaça a direito, nos termos do art. 5.º, XXXV, da Constituição Federal. Todavia, em três situações, antes de ingressar no Judiciário devemos cumprir os requisitos administrativos.

Primeiro, nos casos de "habeas data", antes de se ingressar com o remédio constitucional torna-se de grande importância cumprir com o requerimento administrativo, nos termos do art. 8.º da Lei do "Habeas Data", qual seja, o peticionamento ao banco de dados.

Segundo, diante da ofensa de enunciado de súmula vinculante pela Administração Pública, o indivíduo, antes de ingressar com a reclamação constitucional, tem de esgotar a via administrativa, nos termos do art. 7.º, § 1.º, da Lei n. 11.417/2006.

Por fim, nos casos envolvendo a Justiça Desportiva, o art. 217, § 1.º, da Constituição Federal determina que o Poder Judiciário só poderá admitir as ações relativas à disciplina e às competições desportivas após esgotarem-se as instâncias da Justiça Desportiva. Caso assim não seja, haverá nítida afronta constitucional, bem como supressão da Justiça Desportiva.

Sendo assim, verifica-se que em casos envolvendo a Justiça Desportiva, a Justiça Comum somente poderá apreciar a ação após esgotada a respectiva via.

III – Da Conclusão

Sendo assim, opino pela impossibilidade de se ingressar na Justiça Comum diretamente, uma vez que antes de esgotar a via da Justiça Desportiva não há, nos termos constitucionais, a menor possibilidade de se socorrer ao Poder Judiciário, tudo nos termos da fundamentação.

É o parecer.

Local/Data...

Advogado/OAB...

3. ESTUDO DOS TEMAS MAIS COBRADOS E ANÁLISE DOS CASOS CONCRETOS

Neste capítulo, analisaremos os temas mais cobrados em direito administrativo na 2ª fase do Exame de Ordem, bem como apresentaremos as questões pertinentes a cada instituto já cobradas nas provas anteriores, com um breve comentário doutrinário e demonstrando a técnica do Mapa de Identificação do Tema – MIT.

É importante sugerir a adoção de algumas regras básicas na resolução das questões discursivas:

1. Seja sempre objetivo e direto. Cuidado para não falar demais e se prejudicar, nem falar de menos e deixar de mencionar aspectos importantes da resposta; utilize parágrafos e frases curtas, a não ser que seja inevitável. Para isso, evite usar as palavras "sendo", "tendo". Em vez disso, pontue a frase ou parágrafo.

2. Responda sempre o que for exatamente perguntado. Se a pergunta é PODE, responda objetivamente logo no início da resposta.

3. Mostre ao examinador que você sabe qual o assunto perguntado, por meio de um "trata-se de questão que aborda o tema das licitações..."

4. A identificação pessoal na peça anula a prova, bem como nas questões também. Muito cuidado para não utilizar qualquer espécie de marcação, como nomes próprios, rabiscos, lugares etc. *Siga estritamente o comando da questão!*

5. Comece novos parágrafos com as expressões e palavras a seguir: Com efeito; de fato; ato contínuo; não obstante; todavia; neste aspecto; como é cediço... causam boa impressão!

6. Quando citar a lei e seus parágrafos, lembre-se de que "Lei n. xxxx" começa com letra maiúscula e escreva por extenso apenas o parágrafo único. Os demais, pode deixar como §.

7. Não escreva "através de"; "haja visto"; "isso" e "coisa". Troque a primeira por "por meio de", ou "por intermédio de". A segunda é "haja vistA".

8. Nas respostas, não personalize o discurso. Evite colocar "na minha opinião"; "a meu sentir".

As questões que seguem correspondem aos temas mais cobrados nos Exames da OAB e foram divididas nos **principais eixos** do Direito Administrativo, sendo possível ainda subdividi-las por temas para fins didáticos. Diante do conteúdo programático previsto no último edital da OAB para Administrativo, podemos agrupar os seguintes assuntos:

I. RESPONSABILIDADE CIVIL DO ESTADO: previsão, elementos, excludentes, direito de regresso.

II. AGENTES PÚBLICOS: espécies, regime jurídico, direitos, deveres e responsabilidades, teto remuneratório.

III. INTERVENÇÃO ESTATAL NA PROPRIEDADE: desapropriação, requisição, servidão administrativa, ocupação, tombamento.

IV. ORGANIZAÇÃO ADMINISTRATIVA: organização administrativa brasileira, terceiro setor.

V. LICITAÇÕES E CONTRATOS: conceito, princípios e fundamentos, modalidades, contratação direta, fases, anulação e revogação.

VI. PODERES ADMINISTRATIVOS: poderes e deveres do administrador público, uso e abuso do poder, vinculação e discricionariedade, poder hierárquico, poder disciplinar e processo administrativo disciplinar, poder regulamentar, poder de polícia.

VII. PRINCÍPIOS ADMINISTRATIVOS: princípios, fontes e interpretação.

VIII. ATOS ADMINISTRATIVOS: conceito, atributos, classificação, espécies, extinção.

IX. SERVIÇOS PÚBLICOS: serviços delegados, convênios e consórcios, parcerias público-privadas.

X. BENS PÚBLICOS: afetação e desafetação, regime jurídico, aquisição e alienação, utilização dos bens públicos pelos particulares.

XI. INTERVENÇÃO ESTATAL NO DOMÍNIO ECONÔMICO: repressão ao abuso do poder econômico.

XII. CONTROLE DA ADMINISTRAÇÃO PÚBLICA: controle administrativo, controle legislativo, controle externo a cargo do Tribunal de Contas, controle judiciário; a Administração em juízo.

XIII. IMPROBIDADE ADMINISTRATIVA: Lei n. 8.429/92.

XIV. PROCESSO ADMINISTRATIVO FEDERAL: direito de petição, recursos administrativos, pareceres.

Os comentários das questões buscaram seguir com maior fidelidade os "espelhos de correção" publicados pela banca FGV, deixando de lado aqueles que não eram pertinentes para fins de avaliação e adaptando o que for possível[1]. Sendo assim, podemos considerar que as respostas são oficiais, o mais próximo do que se exigiu como solução para que o *examinando* alcançasse a totalidade dos pontos. Lembrando, ainda, a orientação da FGV pelas regras previstas pelos editais:

- cada questão terá o valor máximo de 1,25 ponto;
- na redação das respostas às questões discursivas, o examinando deverá indicar, obrigatoriamente, a qual item do enunciado se refere cada parte de sua resposta ("A", "B", "C" etc.), sob pena de receber nota zero;

---

[1] Você poderá comparar as respostas ou encontrar outras explicações, bem como a divisão da pontuação de cada questão no próprio site da FGV Projetos: <http://oab.fgv.br/> (acesso em: 18 dez. 2017).

PRÁTICA ADMINISTRATIVA   147

- o examinando deve fundamentar suas respostas. A mera citação do dispositivo legal não confere pontuação.

Por último, as respostas das questões foram atualizadas pelo Novo Código de Processo Civil.

I. RESPONSABILIDADE CIVIL DO ESTADO

I.1. Responsabilidade civil do estado por ato lícito

1. (XVIII Exame) O Estado X está realizando obras de duplicação de uma estrada. Para tanto, foi necessária a interdição de uma das faixas da pista, deixando apenas uma faixa livre para o trânsito de veículos. Apesar das placas sinalizando a interdição e dos letreiros luminosos instalados, Fulano de Tal, dirigindo em velocidade superior à permitida, distraiu-se em uma curva e colidiu com algumas máquinas instaladas na faixa interditada, causando danos ao seu veículo. A partir do caso proposto, responda, fundamentadamente, aos itens a seguir.

A) Em nosso ordenamento, é admissível a responsabilidade civil do Estado por ato lícito?

B) Considerando o caso acima descrito, está configurada a responsabilidade objetiva do Estado X?

GABARITO:

A) A resposta é positiva. A responsabilidade do Estado pela prática de ato lícito assenta no princípio da isonomia, ou seja, na igualdade entre os cidadãos na repartição de encargos impostos em razão do interesse público. Assim, quando for necessário o sacrifício de um direito em prol do interesse da coletividade, tal sacrifício não pode ser suportado por um único sujeito, devendo ser repartido entre toda a coletividade.

B) A resposta é negativa. A configuração da responsabilidade objetiva requer a presença de um ato (lícito ou ilícito), do dano e do nexo de causalidade entre o ato e o dano. A culpa exclusiva da vítima é causa de exclusão da responsabilidade objetiva, uma vez que rompe o nexo de causalidade: o dano é ocasionado por conduta da própria vítima. No caso proposto, Fulano de Tal conduzia seu veículo em velocidade superior à permitida, distraiu-se em uma curva e deixou de observar as placas e o letreiro luminoso que indicavam a interdição da pista.

2. (XIX Exame) Na estrutura administrativa do Estado do Maranhão, a autarquia Ômega é responsável pelo desempenho das funções estatais na proteção e defesa dos consumidores. Em operação de fiscalização realizada pela autarquia, constatou-se que uma fornecedora de bebidas realizou "maquiagem" em seus produtos, ou seja, alterou o tamanho e a forma das garrafas das bebidas que comercializava, para que os consumidores não percebessem que passaria a haver 5% menos bebida em cada garrafa. Após processo administrativo em que foi conferida ampla defesa à empresa, a autarquia lhe aplicou multa, por violação ao dever de informar os consumidores acerca da alteração de quantidade dos produtos. Na semana seguinte, a infração praticada pela empresa foi noticiada pelos meios de comunicação tradicionais, o que acarretou considerável diminuição nas suas vendas, levando-a a ajuizar ação indenizatória em face da autarquia. A empresa alega que a repercussão social dos fatos acabou gerando danos excessivos à sua imagem. Diante das circunstâncias narradas, responda aos itens a seguir.

A) A autarquia Ômega, no exercício de suas atividades de proteção e defesa dos consumidores, possui o poder de aplicar multa à empresa de bebidas?

B) A autarquia deve reparar os danos sofridos pela redução de vendas dos produtos da empresa fiscalizada?

GABARITO:

A) A resposta deve ser positiva. A autarquia possui natureza jurídica de direito público, de modo que, no exercício de seu poder de polícia, pode exercer fiscalização e, caso encontre irregularidades, pode aplicar sanções (art. 78 do CTN e arts. 55 e 56, I, do CDC).

B) A resposta deve ser negativa. A responsabilidade civil pressupõe uma conduta do agente, um resultado danoso, e um nexo de causalidade entre a conduta e o resultado. Ainda que, em casos excepcionais, seja possível a responsabilização do Estado por condutas lícitas, a autarquia agiu, no caso narrado, em estrito cumprimento de seu dever legal, rompendo o nexo de causalidade que é pressuposto da responsabilidade civil. Além disso, a notícia acerca da infração ganhou notoriedade em virtude de haver sido publicada pelos meios de comunicação tradicionais, sem nenhum fato que pudesse indicar uma atuação específica, deliberada e desproporcional da autarquia em prejudicar a imagem da empresa. Por fim, deve-se ressaltar que seria um contrassenso não divulgar a notícia acerca da infração, a qual consistia exatamente no não cumprimento do dever de informar a alteração irregular dos produtos aos consumidores.

Breves comentários dos autores – Mapa de Identificação dos Temas (MIT)

Essas questões, por si só, já identificam com clareza o tema central cobrado (responsabilidade civil do estado) e os temas secundários (responsabilidade por ato lícito e excludentes).

> *Sempre que uma questão exigir conhecimentos acerca da responsabilidade civil do Estado, o ponto de partida será o art. 37, § 6º, da Constituição.*

Em relação à responsabilidade do Estado por ato lícito (letra A da primeira questão e letra B da segunda), basta recordar que a responsabilidade objetiva, que independe da culpa, tem assento na teoria do risco administrativo. Sendo assim, as atividades estatais que denotam riscos à sociedade podem causar danos a terceiros, oriundos de medidas lícitas, porém arriscadas. Neste sentido, diz a Constituição no art. 37, § 6º, que, quando as pessoas jurídicas de direito público e as de direito privado causarem danos a terceiros, deverão indenizar, independentemente de ser o ato lícito ou ilícito.

Quanto à letra B, convém esclarecer que nossa Carta Magna não adotou o risco integral como regra, mas sim o risco mitigado ou moderado. Sendo assim, para afastar ou minimizar o dever de indenizar, poderá o Estado alegar em sua defesa excludentes ou atenuantes de responsabilidades. A questão traz um caso clássico de culpa exclusiva da vítima, como excludente de responsabilidade. Confira o quadro abaixo:

RESPONSABILIDADE CIVIL DO ESTADO – ART. 37, § 6º, DA CF/88	
Configuração	ato lícito (excepcionalmente) – ato ilícito
	ação ou omissão

Excludentes	culpa exclusiva da vítima ou de terceiro e força maior (quando o nexo causal entre a atividade administrativa e o dano dela resultante não fica evidenciado)
Atenuante	culpa concorrente – art. 945 do CC

I.2. Responsabilidade civil do estado por ato praticado por concessionário – direito de regresso

3. (IV Exame) José, enquanto caminhava pela rua, sofre graves sequelas físicas ao ser atingido por um choque elétrico oriundo de uma rede de transmissão de uma empresa privada que presta serviço de distribuição de energia elétrica. Na ação judicial movida por José, não ficou constatada nenhuma falha no sistema que teria causado o choque, tampouco se verificou a culpa por parte do funcionário responsável pela manutenção dessa rede elétrica local. No entanto, restou comprovado que o choque, realmente, foi produzido pela rede elétrica da empresa de distribuição de energia, conforme relatado no processo.

Diante do caso em questão, discorra sobre a possível responsabilização da empresa privada que presta serviço de distribuição de energia elétrica, bem como um possível direito de regresso contra o funcionário responsável pela manutenção da rede elétrica.

GABARITO: Enquadramento da empresa de distribuição de energia elétrica como uma empresa privada prestadora de serviço público, sujeita, portanto, a responsabilização objetiva (independente de dolo ou culpa) pelos danos advindos de suas atividades, conforme o art. 37, § 6º, da Constituição da República. Em razão de tal fato, deve a empresa responder pelos danos causados pelo choque oriundo de sua rede de distribuição, uma vez que restou constatado o nexo causal.

Em relação ao possível direito de regresso, deve ser negada essa possibilidade, já que tal recurso somente se torna viável em casos de dolo ou culpa do agente causador do dano.

Breves comentários dos autores – Mapa de Identificação dos Temas (MIT)

Aqui, o tema central cobrado é responsabilidade civil do estado e os temas secundários são a responsabilidade de concessionário de serviço público e o direito de regresso em favor do estado.

> *Sempre que uma questão exigir conhecimentos acerca da responsabilidade civil do Estado, o ponto de partida será o art. 37, § 6º, da Constituição. A resposta desta questão está toda neste artigo.*

O concessionário é uma pessoa jurídica de direito privado que presta serviço público, portanto, sujeito a responsabilidade objetiva na forma do art. 37, § 6º, da CF/88. Sendo assim, se causou danos, terá de indenizar, independentemente de dolo ou culpa, salvo nas hipóteses de quebra do nexo causal pela presença de excludentes.

No que se refere à segunda parte da pergunta, estamos diante do chamado direito de regresso. O Estado ou o concessionário, que for obrigado a pagar indenização, deverá acionar o agente responsável pela conduta danosa. No entanto, **a ação de regresso é subjetiva**, ou seja, depende da efetiva culpa do agente.

Ação indenizatória vítima x pessoa jurídica de direito público ou de direito privado prestadora de serviço público	Responsabilidade objetiva – independe de culpa
Ação de regresso pessoa jurídica x agente causador do dano	Responsabilidade subjetiva – depende da conduta culposa do agente

I.3. Responsabilidade civil do estado por ato praticado por concessionário – terceiros não usuários do serviço

4. (V Exame) Liviana, moradora do Município de Trás dos Montes, andava com sua bicicleta em uma via que não possui acostamento, próxima ao centro da cidade, quando, de forma repentina, foi atingida por um ônibus de uma empresa concessionária de serviços públicos de transportes municipais. Após o acidente, Liviana teve as duas pernas quebradas e ficou em casa, sem trabalhar, em gozo de auxílio-doença, por cerca de dois meses. Então, resolveu procurar um advogado para ajuizar ação de responsabilidade civil em face da empresa concessionária de serviços públicos.

Qual é o fundamento jurídico e o embasamento legal da responsabilidade civil da empresa concessionária, considerando o fato de que Liviana se enquadrava na qualidade de terceiro em relação ao contrato de transporte municipal, no momento do acidente?

GABARITO: A questão trata da responsabilidade civil objetiva de terceiro não usuário dos serviços públicos de transportes municipais.

Na hipótese, tem-se que a responsabilidade civil será objetiva, comprovado o nexo de causalidade entre o ato administrativo e o dano causado ao terceiro não usuário do serviço público, sendo tal condição suficiente para estabelecer a responsabilidade objetiva da pessoa jurídica de direito privado, nos termos do art. 37, § 6º, da CF. De acordo com a jurisprudência atual e consolidada do STF, não se pode interpretar restritivamente o alcance do art. 37, § 6º, da CF, sobretudo porque a Constituição, interpretada à luz do princípio da isonomia, não permite que se faça qualquer distinção entre os chamados "terceiros", ou seja, entre usuários e não usuários do serviço público, haja vista que todos eles, de igual modo, podem sofrer dano em razão da ação administrativa do Estado, seja ela realizada diretamente, seja por meio de pessoa jurídica de direito privado. Observa-se, ainda, que o entendimento de que apenas os terceiros usuários do serviço gozariam de proteção constitucional decorrente da responsabilidade objetiva do Estado, por terem o direito subjetivo de receber um serviço adequado, contrapor-se-ia à própria natureza do serviço público, que, por definição, tem caráter geral, estendendo-se, indistintamente, a todos os cidadãos, beneficiários diretos ou indiretos da ação estatal.

PRÁTICA ADMINISTRATIVA

Breves comentários dos autores – Mapa de Identificação dos Temas (MIT)

Aqui, o tema central cobrado é responsabilidade civil do Estado e os temas secundários são a responsabilidade de concessionário de serviço público e extensão aos terceiros não usuários do serviço.

> *Sempre que uma questão exigir conhecimentos acerca da responsabilidade civil do Estado, o ponto de partida será o art. 37, § 6º, da Constituição. A resposta desta questão está neste artigo e nas recentes decisões do STF sobre o tema.*

O concessionário é uma pessoa jurídica de Direito Privado que presta serviço público, portanto, sujeito à responsabilidade objetiva na forma do art. 37, § 6º, da CF/88. Sendo assim, se causou danos, terá de indenizar, independentemente de dolo ou culpa, salvo nas hipóteses de quebra do nexo causal pela presença de excludentes.

Sobre a discussão acerca dos usuários e não usuários do serviço público, de acordo com o STF, "A responsabilidade civil das pessoas jurídicas de direito privado prestadoras de serviço público é objetiva relativamente a terceiros usuários e não usuários do serviço, segundo decorre do art. 37, § 6º, da Constituição Federal. A inequívoca presença do nexo de causalidade entre o ato administrativo e o dano causado ao terceiro não usuário do serviço público, é condição suficiente para estabelecer a responsabilidade objetiva da pessoa jurídica de direito privado" (ARE 687.356/SP, Rel. Min. Roberto Barroso).

I.4. Responsabilidade civil do estado por ato praticado por concessionário – natureza da responsabilidade

5. (VI Exame) Tício, motorista de uma empresa concessionária de serviço público de transporte de passageiros, comete uma infração de trânsito e causa danos a passageiros que estavam no coletivo e também a um pedestre que atravessava a rua.

Considerando a situação hipotética narrada, responda aos itens a seguir, empregando os argumentos jurídicos apropriados e a fundamentação legal pertinente ao caso.

A) Qual(is) a(s) teoria(s) que rege(m) a responsabilidade civil da empresa frente aos passageiros usuários do serviço e frente ao pedestre, à luz da atual jurisprudência do Supremo Tribunal Federal?

B) Poderiam as vítimas responsabilizar direta e exclusivamente o Estado (Poder Concedente) pelos danos sofridos?

GABARITO: A responsabilidade civil das empresas concessionárias de serviços públicos é regulada pela norma do art. 37, § 6º, da CF, que adota a teoria do risco administrativo. Não pode fundamentar o dever de indenizar da concessionária exclusivamente no Código de Defesa do Consumidor.

A orientação recente do STF, ao interpretar o art. 37, § 6º, da CF não faz distinção entre usuários e não usuários do serviço público para fins de aplicação da teoria da responsabilidade civil objetiva (teoria do risco administrativo) nessa hipótese (RE 591.874).

Quanto ao item B, não pode o Estado (Poder Concedente) ser direta e primariamente responsabilizado por ato de concessionários de serviços públicos, tendo em vista: (i) a interpretação da norma do art. 37, § 6º, da CF, que nitidamente separa e individualiza a responsabilidade civil das pessoas jurídicas de direito público e das pessoas jurídicas de direito privado prestadoras de serviços públicos; e (ii) a norma do art. 25 da Lei n. 8.987/95, que expressamente atribui a responsabilidade à concessionária.

Breves comentários dos autores – Mapa de Identificação dos Temas (MIT)

O tema central cobrado nesta questão é responsabilidade civil do Estado e os temas secundários são a responsabilidade de concessionário de serviço público e a natureza desta responsabilidade.

> *Sempre que uma questão exigir conhecimentos acerca da responsabilidade civil do Estado, o ponto de partida será o art. 37, § 6º, da Constituição. Nos casos que envolvam a participação de concessionários de serviço público, devemos lembrar também da Lei n. 8.987/95.*

O concessionário é uma pessoa jurídica de Direito Privado que presta serviço público, portanto, sujeito à responsabilidade objetiva na forma do art. 37, § 6º, da CF/88. Sendo assim, se causou danos, terá que indenizar, independentemente de dolo ou culpa, salvo nas hipóteses de quebra do nexo causal pela presença de excludentes.

É bom ressaltar que o concessionário é pessoa jurídica com personalidade própria, portanto, responde de forma primária e direta perante o terceiro lesado. Sabendo que o ato foi cometido por concessionário e que envolve a natureza da responsabilidade, devemos buscar igualmente subsidio na Lei dos Serviços Públicos – Lei n. 8.987/95 – que deverá estar marcada em seu material de consulta. Falou em serviços públicos ou concessionários e permissionários, então vale observar a aludida lei.

I.5. Responsabilidade civil do estado por ato praticado por delegatário – notários e registradores

6. (II Exame) É realizado, junto a determinado Ofício de Notas, procuração falsa para a venda de certo imóvel. Participa do ato fraudulento o "escrevente" do referido Ofício de Notas, que era e é amigo de um dos fraudadores. Realizada a venda com a utilização da procuração falsa, e após dois anos, desta, o verdadeiro titular do imóvel regressa ao país, e descobre a venda fraudulenta. Assim, tenso com a situação, toma várias medidas, sendo uma delas o ajuizamento de ação indenizatória. Diante do enunciado, responda: contra quem será proposta essa ação e qual a natureza da responsabilidade?

GABARITO: O examinando deverá identificar a responsabilidade do titular da serventia extrajudicial, sua caracterização como agente público em sentido amplo e a responsabilidade objetiva do Estado pelos seus atos.

PRÁTICA ADMINISTRATIVA

Breves comentários dos autores – Mapa de Identificação dos Temas (MIT)

O tema central cobrado nesta questão é responsabilidade civil do Estado e o tema secundário é a responsabilidade de delegatário de serviço público, notadamente os escreventes e notários.

> Sempre que uma questão exigir conhecimentos acerca da responsabilidade civil do Estado, o ponto de partida será o art. 37, § 6º, da Constituição. Neste caso, devemos observar o art. 236 da CF que trata da delegação de serviços notariais e de registro, que nos remeterá a Lei dos Cartórios n. 8.935/94.

Recentemente, em sede de repercussão geral (RE 842.846), o STF entendeu que a responsabilidade por prejuízos advindos da atividade cartorária é do ESTADO, de forma OBJETIVA. Nesse sentido, deve o Estado ingressar com ação de regresso em face do notário, que, por sua vez, responde subjetivamente.

A tese fixada foi: "O Estado responde objetivamente pelos atos dos tabeliães registradores oficiais que, no exercício de suas funções, causem danos a terceiros, assentado o dever de regresso contra o responsável, nos casos de dolo ou culpa, sob pena de improbidade administrativa".

E mais: prescreve em três anos a pretensão de reparação civil, contado o prazo da data de lavratura do ato registral ou notarial. Trata-se de norma especial em relação à norma geral prevista no Decreto n. 20.910/32.

I.6. Responsabilidade civil do estado por erro médico em hospital público

7. (IV Exame – Direito Material da Peça) João Augusto estava participando de uma partida de futebol quando fraturou uma costela, vindo a necessitar de intervenção cirúrgica, realizada em hospital público federal localizado no Estado X. Dois anos e meio após a realização da cirurgia, João Augusto ainda sofria com muitas dores no local, o que o impossibilitava de exercer sua profissão como taxista. Descobre, então, que a equipe médica havia esquecido um pequeno bisturi dentro do seu corpo. Realizada nova cirurgia no mesmo hospital público, o problema foi resolvido.

No dia seguinte, ao sair do hospital, João Augusto procura você, na qualidade de advogado(a), para identificar e minutar a medida judicial que pode ser adotada para tutelar seus direitos.

GABARITO: A medida judicial a ser proposta é uma ação de responsabilidade civil/ação indenizatória em face da União Federal.

No mérito, fundamentar o direito do cliente à luz da norma do art. 37, § 6º, da CF, que estabelece a responsabilidade objetiva do Estado por danos que seus agentes, nessa qualidade, causarem a terceiros.

É importante destacar a desnecessidade de se comprovar a atuação culposa ou dolosa da equipe médica, uma vez que a responsabilidade sub examine é objetiva, prescindindo do elemento subjetivo.

Breves comentários dos autores – Mapa de Identificação dos Temas (MIT)

O tema central cobrado nesta questão é responsabilidade civil do Estado e o tema secundário é a responsabilidade por erro médico ocorrido em hospital público.

> *Sempre que uma questão exigir conhecimentos acerca da responsabilidade civil do Estado, o ponto de partida será o art. 37, § 6º, da Constituição. A questão está toda neste artigo.*

Um tema bastante interessante que pode ser objeto de prova é a responsabilidade da União em caso de erro médico ocorrido em hospital particular que recebe verbas do SUS.

De acordo com recente decisão do STJ, a União Federal não possui responsabilidade por erro médico ocorrido em hospital da rede privada que atende pelo SUS. A responsabilidade nestes casos é do município, ente competente pela fiscalização dos hospitais credenciados ao SUS, na forma do art. 18, X, da Lei n. 8.080/90. Fique ligado!

I.7. Responsabilidade civil do estado – prescrição e princípio da dupla garantia

8. (X Exame – Direito Material da Peça) Francisco, servidor público que exerce o cargo de motorista do Ministério Público Federal da 3ª Região, localizada em São Paulo, há tempo vinha alertando o setor competente de que alguns carros oficiais estavam apresentando constantes problemas na pane elétrica e no sistema de frenagens, razão pela qual deveriam ser retirados temporariamente da frota oficial até que tais problemas fossem solucionados. Contudo, nesse ínterim, durante uma diligência oficial, em razão de tais problemas, Francisco perdeu o controle do veículo que dirigia e acabou destruindo completamente a moto de Mateus, estudante do 3º período de Direito, que estava estacionada da calçada. Mateus, por essa razão, assim que obteve sua inscrição como advogado nos quadros da Ordem dos Advogados, ingressou, em causa própria, perante o Juízo da Vara Federal da Seção Judiciária de São Paulo, com ação de responsabilidade civil, com fulcro no art. 37, § 6º, da CF/88 em face de Francisco e da União Federal, com o intuito de ser ressarcido pelos danos causados à sua moto.

Na referida ação, Mateus alega que (i) não há que se falar em prescrição da pretensão ressarcitória, tendo em vista não terem decorridos mais de cinco anos do evento danoso, nos termos do Dec. 20.910/32; (ii) que, nos termos do art. 37, § 6º, da CF/88, as pessoas jurídicas de direito público responderão pelos danos que seus agentes, nessa qualidade, causarem a terceiros, com fulcro na teoria do risco administrativo.; (ii) que estão presentes todos os elementos necessários para configuração da responsabilidade civil.

Considerando as informações acima mencionadas e que, de fato, decorreram apenas quatro anos do evento danoso, apresente a peça pertinente para a defesa dos interesses de Francisco, sem criar dados ou fatos não informados.

GABARITO: Elaboração de uma contestação, espécie de resposta do réu, com endereçamento e qualificação das partes, nos mesmos termos da ação proposta por Mateus.

Na defesa dos interesses do cliente, deve-se arguir a inaplicabilidade do Dec. n. 20.910/32 a Francisco e, portanto, a prescrição trienal da pretensão ressarcitória, tendo em vista decorridos mais de três anos do evento danoso, nos termos do art. 206, § 3º, V, do CC.

PRÁTICA ADMINISTRATIVA

A responsabilidade do Estado (no caso, a União) é objetiva, que se caracteriza pela necessidade de serem comprovados, apenas, a ação do agente, o dano e o nexo causal entre ambos. No entanto, Francisco não responde de forma objetiva pelos danos causados, tendo em vista que a teoria do risco administrativo somente é aplicada às pessoas jurídicas de direito público e às de direito privado prestadoras de serviços públicos.

Desse modo, a responsabilidade de Francisco é subjetiva, que é aquela segundo a qual deve ser comprovada, além da ação, dano e nexo causal, a culpa em sentido amplo, devendo ser comprovado que este agiu com negligência, imprudência, imperícia (culpa em sentido estrito) ou com intenção de causar o dano (dolo).

Breves comentários dos autores – Mapa de Identificação dos Temas (MIT)

O tema central cobrado nesta questão é responsabilidade civil do Estado e os temas secundários são a prescrição da pretensão indenizatória e o princípio da dupla garantia.

> *Sempre que uma questão exigir conhecimentos acerca da responsabilidade civil do Estado, o ponto de partida será o art. 37, § 6º, da Constituição. A questão trata de prescrição e envolve a Administração Pública. Neste sentido, devemos marcar em nosso material de consulta o Decreto n. 20.910/32 (que trata das prescrições em face da Fazenda Pública) e os arts. 205 e 206 do Código Civil (que tratam de prazos prescricionais).*

A pretensão indenizatória em face do Estado prescreve em cinco anos, à luz do disposto no art. 1º do Decreto n. 20.910/32. No entanto, se o causador do dano for pessoa física ou jurídica de direito privado, esse prazo diminui para três anos, conforme o art. 206, § 3º, V, do CC.

O princípio da dupla garantia, ainda adotado pelo STF, impede que ações de indenização sejam propostas em face do agente causador do dano. Em tese, a primeira garantia milita em favor do particular que sofreu o dano, tendo em vista que a Constituição assegura que ele poderá ajuizar ação de indenização em face do Estado, sem necessidade de comprovar dolo ou culpa; a segunda garantia é em favor do agente público que causou o dano. Entende-se que a vítima não poderá ajuizar a ação diretamente contra o agente público que praticou o fato lesivo, garantindo a ele servidor a apuração de sua culpa.

I.8. Responsabilidade civil do estado – responsabilidade por omissão

9. (II Exame – Direito Material da Peça) JOANA, moradora de um Município da Baixada Fluminense, Rio de Janeiro, ao sair de casa para o trabalho às 7:00 horas da manhã do dia 10-10-2009, caminhando pela rua em direção ao ponto de ônibus, distraiu-se e acabou por cair em um bueiro que estava aberto, sem qualquer sinalização específica de aviso de cuidado pelo Poder Público. Em razão da queda, a sua perna direita ficou presa dentro do bueiro e moradores do local correram para socorrer JOANA. Logo em seguida, bombeiros militares chegaram com uma ambulância e acabaram por prestar os primeiros socorros à JOANA e por levá-la ao hospital municipal mais próximo. JOANA fraturou o seu joelho direito e sofreu outras lesões externas leves.

Em razão da fratura, JOANA permaneceu em casa pelo período de 2 (dois) meses, com sua perna direita imobilizada e sem trabalhar, em gozo de auxílio-doença. Entretanto, além de seu emprego formal, JOANA prepara bolos e doces para vender em casa, a fim de complementar sua renda mensal, uma vez que é mãe solteira de um filho de 10 (dez) anos e mora sozinha com ele. Com a venda dos bolos e doces, JOANA aufere uma renda complementar de aproximadamente R$ 100,00 (cem reais) por semana.

Em razão de sua situação, JOANA também não pôde preparar suas encomendas de bolos e doces durante o referido período de 2 (dois) meses em que esteve com sua perna imobilizada.

Diante dos fatos acima descritos, e na qualidade de advogado procurado por JOANA, elabore a peça processual cabível para defesa do direito de sua cliente.

GABARITO: Elaboração de petição inicial de ação ordinária de indenização contra o município.

A responsabilidade do município pela manutenção dos bueiros; a demonstração da omissão do município decorrente da falta de tampa e de sinalização no bueiro (nexo causal).

Breves comentários dos autores – Mapa de Identificação dos Temas (MIT)

O tema central cobrado nesta questão é responsabilidade civil do Estado e o tema secundário é a responsabilidade por omissão.

> Sempre que uma questão exigir conhecimentos acerca da responsabilidade civil do Estado, o ponto de partida será o art. 37, § 6º, da Constituição.

O tema acerca da natureza da responsabilidade civil do Estado por omissão sempre gerou muita controvérsia na doutrina e principalmente na jurisprudência. Há uma divergência grande entre o STJ e o STF quanto a este tema.

Ficaremos com a posição do STF. A omissão pode ser genérica ou específica. Omissão genérica é aquela em que o Estado não falhou diretamente na execução do serviço. Simplesmente não foi possível evitar o dano, como um furto de automóvel em logradouro público. Nestes casos, o Estado não pode funcionar como um "Segurador Universal". Assim, não há que se falar em responsabilidade do Estado por omissão genérica.

No entanto, se ficar comprovada a falha do serviço, o Estado responde de forma objetiva pelas suas omissões, desde que ele tivesse obrigação legal específica de agir para impedir que o resultado danoso ocorresse. A isso se chama de "omissão específica" do Estado. Dessa forma, para que haja responsabilidade civil no caso de omissão, deverá haver uma omissão específica do Poder Público (STF, Plenário, RE 677.139 AgR-EDv-AgR, Rel. Min. Gilmar Mendes, j. 22-10-2015).

Omissão Genérica – evento lesivo inevitável – Estado não é segurador universal	Não há responsabilidade do Estado
Omissão específica – falha no dever de evitar o dano	Responsabilidade objetiva

I.9. Responsabilidade civil do estado – responsabilidade por dano de obra pública

10. (XIII Exame) O município de Balinhas, com o objetivo de melhorar a circulação urbana para a Copa do Mundo a ser realizada no país, elabora novo plano viário para a cidade, prevendo a construção de elevados e vias expressas. Para alcançar este objetivo, em especial a construção do viaduto "Taça do Mundo", interdita uma rua ao tráfego de veículos, já que ela seria usada como canteiro para as obras. Diante dessa situação, os moradores de um edifício localizado na rua interditada, que também possuía saída para outro logradouro, ajuízam ação contra a Prefeitura, argumentando que agora gastam mais 10 minutos diariamente para entrar e sair do prédio, e postulando uma indenização pelos transtornos causados. Também ajuíza ação contra o município o proprietário de uma oficina mecânica localizada na rua interditada, sob o fundamento de que a clientela não consegue mais chegar ao seu estabelecimento. O município contesta, afirmando não ser devida indenização por atos lícitos da Administração. Acerca da viabilidade jurídica dos referidos pleitos, responda aos itens a seguir, empregando os argumentos jurídicos apropriados.

A) Atos lícitos da Administração podem gerar o dever de indenizar?
B) É cabível indenização aos moradores do edifício?
C) É cabível indenização ao empresário?

GABARITO:

A) A questão proposta versa a responsabilidade civil da Administração por atos lícitos. A Constituição, ao prever a responsabilidade civil do Estado pelos danos que os seus agentes houverem causado, não exige a ilicitude da conduta, tampouco a culpa estatal. Não é, contudo, qualquer dano causado pelo exercício regular das funções públicas que deve ser indenizado: apenas os danos anormais e específicos, isto é, aqueles que excedam o limite do razoável, ensejam reparação correspondente.

B) No caso dos moradores, não cabe indenização, pois os danos são mínimos e dentro dos limites de razoabilidade, já que eles contam com saída para outra rua, não interditada.

C) Já na situação do proprietário da oficina, o dano é anormal, específico e extraordinário, uma vez que a atuação do município impede, na prática, o exercício de atividade econômica pelo particular, retirando-lhe a fonte de sustento.

Breves comentários dos autores – Mapa de Identificação dos Temas (MIT)

O tema central cobrado nesta questão é responsabilidade civil do Estado e o tema secundário é a responsabilidade por dano causado pelas obras públicas.

> Sempre que uma questão exigir conhecimentos acerca da responsabilidade civil do Estado, o ponto de partida será o art. 37, § 6º, da Constituição.

O Estado responde de forma objetiva quando causa diretamente algum dano a outrem pela execução de obras públicas. Pelo só fato de a obra existir, **em havendo prejuízo anormal e** específico, restará configurado nexo de causalidade entre a conduta e o dano. Ao contrário, quando a obra gera apenas mero aborrecimento, não há que se falar em responsabilidade.

Convém salientar que, caso o dano seja anormal e específico e tenha sido provocado por empreiteira devidamente contratada pelo Estado, a responsabilidade será da própria empreiteira, de forma subjetiva, respondendo o Estado contratante apenas em caráter subsidiário.

I.10. Responsabilidade civil do estado – ação de regresso – denunciação da lide

11. (XXIII Exame – Direito Material da Peça) Maria ajuizou ação indenizatória em face do Estado Alfa, em decorrência de seu filho Marcos ter sido morto durante uma aula em uma escola estadual (da qual era aluno do sétimo ano) alvejado pelos tiros disparados por Antônio, um ex-aluno que, armado com duas pistolas, ingressou na escola atirando aleatoriamente. Antônio deu causa ao óbito de Marcos, de sua professora e de outros cinco colegas de classe, além de grave ferimento em mais seis alunos. Depois disso, suicidou-se.

O Estado promoveu sua defesa no prazo e admitiu a existência dos fatos, amplamente divulgados na mídia e incontroversos nos autos. Na contestação, requereu a denunciação da lide a Agenor, servidor público estadual estável, inspetor da escola, que, na qualidade de responsável por controlar a entrada e a saída de pessoas no estabelecimento de ensino, teria viabilizado o acesso do ex-aluno.

Nenhuma das partes requereu a produção de prova que importasse em dilação probatória, e o Juízo de 1º grau admitiu a denunciação da lide.

Inconformada com a intervenção de terceiro determinada pelo Juízo, Maria procura você para, na qualidade de advogado(a), impugnar tal determinação jurisdicional.

Redija a peça apropriada, expondo todos os argumentos fáticos e jurídicos pertinentes.

GABARITO: Tendo em vista a decisão interlocutória que admitiu a denunciação da lide, a peça pertinente é o agravo de instrumento, na forma do art. 1.015, inciso IX, do CPC, com formulação de pedido de eficácia suspensiva da decisão agravada.

A fundamentação do recurso deve destacar:

A) Inicialmente, a viabilidade do recurso, diante da previsão expressa no art. 1.015, inciso IX, do CPC, bem como a necessidade de concessão de efeito suspensivo, na forma do art. 1.019, inciso I, do CPC, diante do relevante fundamento fático e jurídico e pela possibilidade de causar gravame de difícil reparação ao andamento do processo.

B) O descabimento da intervenção de terceiro no caso, pois viola os princípios da efetividade e da celeridade processuais, postos no art. 5º, inciso LXXVIII, da CF/88, na medida em que:

C1) O art. 37, § 6º, da CF/88 atribui responsabilidade civil objetiva ao Estado, no caso caracterizada pelo dever de guarda que o Poder Público tem sobre os alunos nos respectivos estabelecimentos de ensino e responsabilidade subjetiva aos servidores que, nessa qualidade, tenham dado causa ao dano mediante culpa ou dolo.

C2) Introduzirá na demanda fundamento novo, qual seja a apuração do elemento subjetivo da conduta do servidor (Agenor), desnecessária à solução da lide principal, entre Maria e o Estado,

PRÁTICA ADMINISTRATIVA

certo que o processo está pronto para julgamento, considerando que os fatos são incontroversos e não há pedido de produção de prova que importe em dilação probatória por qualquer das partes.

C3) Impõe-se ação de regresso (ação autônoma) do Estado Alfa em face do servidor causador do dano para a discussão de fundamento que não consta da pretensão veiculada na lide principal.

C4) Inexiste prejuízo para eventual ajuizamento futuro de ação de regresso pelo Estado, dirigida a Agenor, considerando que a denunciação da lide não é obrigatória no caso ou, de acordo com a teoria da dupla garantia, até mesmo vedada.

Breves comentários dos autores – Mapa de Identificação dos Temas (MIT)

O tema central cobrado na questão é a responsabilidade civil do Estado, tendo como temas secundários: a possibilidade de ação regressiva e de denunciação da lide em relação ao servidor causador do dano.

> *Identificando o tema, fica mais fácil encontrar na CF e nas leis os artigos pertinentes. Caso não se recorde, basta buscar nos índices remissivos.*

Dica: sempre que uma questão exigir conhecimentos acerca da responsabilidade civil do Estado, o ponto de partida será o art. 37, § 6º, da CF.

A responsabilidade das pessoas jurídicas de direito público e das de direito privado prestadoras de serviço público é objetiva, ou seja, para impor a obrigação de reparar o dano, não é necessário comprovar a culpa.

No entanto, a ação de regresso promovida pela Administração Pública em face do servidor causador do evento danoso é subjetiva, dependendo da culpa para se impor a obrigação de indenizar.

O Estado responde também por condutas omissivas.

IMPORTANTE! Se ficar comprovada a falha do serviço, o Estado responde de forma objetiva pelas suas omissões, desde que ele tivesse obrigação legal específica de agir para impedir que o resultado danoso ocorresse. Trata-se de "omissão específica" do Estado. Dessa forma, para que haja responsabilidade civil no caso de omissão, deverá haver uma omissão específica do Poder Público (STF, Plenário, RE 677.139 AgR-EDv-AgR, Rel. Min. Gilmar Mendes, j. 22-10-2015).

O princípio da dupla garantia, ainda adotado pelo STF, impede que ações de indenização sejam propostas em face do agente causador do dano. Em tese, a primeira garantia milita em favor do particular que sofreu o dano, tendo em vista que a Constituição assegura que ele poderá ajuizar ação de indenização em face do Estado, sem necessidade de comprovar dolo ou culpa; a segunda garantia é em favor do agente público que causou o dano. Entende-se que a vítima não poderá ajuizar a ação diretamente contra o agente público que praticou o fato lesivo, garantindo a ele servidor a apuração de sua culpa.

I.11. Responsabilidade civil do estado – presídio – dano moral

12. (XXIV Exame) João e Roberto foram condenados a dezesseis anos de prisão, em regime fechado, pela morte de Flávio. Em razão disso, foram recolhidos a uma penitenciária conhecida por suas instalações precárias. As celas estão superlotadas: atualmente, o estabelecimento possui quatro vezes mais detentos que a capacidade recomendada. As condições de vida são insalubres. A alimentação, além de ter baixo valor nutricional, é servida em vasilhas sujas. Recentemente, houve uma rebelião que, em razão da demora na intervenção por parte do poder público, resultou na morte de João. Na qualidade de advogado(a) consultado(a), responda aos itens a seguir:

A) O Estado pode ser responsabilizado objetivamente pela morte de João?

B) Roberto faz jus a uma indenização por danos morais em razão das péssimas condições em que é mantido?

GABARITO:

A) Sim. Cabe a responsabilização objetiva porque caracterizada a inobservância do dever de proteção ou custódia pelo Estado e o nexo de causalidade com a morte de João, em conformidade com o disposto no art. 37, § 6º, da CF/88 OU com a tese de repercussão geral reconhecida pelo STF.

B) Sim. A situação descrita (falta de condições mínimas de habitação nos estabelecimentos penais) revela grave violação à integridade física e moral de Roberto, do que resulta o dever de indenização por danos, inclusive morais, conforme o art. 5º, XLIX, da CF/88 OU tese de repercussão geral reconhecida pelo STF OU art. 186 do Código Civil.

Breves comentários dos autores – Mapa de Identificação dos Temas (MIT)

O tema central cobrado nesta questão é responsabilidade civil do Estado e o tema secundário é a responsabilidade quanto às condições dos presos.

> *Sempre que uma questão exigir conhecimentos acerca da responsabilidade civil do Estado, o ponto de partida será o art. 37, § 6º, da Constituição.*

O Estado tem por obrigação garantir a integridade física do preso em unidades prisionais, conforme art. 5º, XLIX da CF/88. Neste caso, em havendo morte em presídios, a responsabilidade estatal é OBJETIVA, conforme decidido inúmeras vezes pelo STF.

Considerando que é dever do Estado, imposto pelo sistema normativo, manter em seus presídios os padrões mínimos de humanidade previstos no ordenamento jurídico, é de sua responsabilidade, nos termos do art. 37, § 6º, da Constituição, a obrigação de ressarcir os danos, inclusive morais, comprovadamente causados aos detentos em decorrência da falta ou insuficiência das condições legais de encarceramento – RE 580.252 (repercussão geral).

I.12. Responsabilidade civil do Estado – responsabilidade por lesão dentro de presídio

13. (XXVIII Exame – Direito Material da Peça) Apolônio Silva foi encarcerado há três anos, pela prática do crime de lesão corporal seguida de morte (Art. 129, § 3º, do CP), em razão de decisão penal transitada em julgado proferida pelo Tribunal de Justiça do Estado Alfa, que o condenou à pena de doze anos de reclusão. Apesar das tentativas da Defensoria Pública de obter a ordem de soltura, Apolônio permaneceu preso, até que, no ano corrente, foi morto durante a rebelião que ocorreu no presídio em que estava acautelado. Durante a mesma

PRÁTICA ADMINISTRATIVA

rebelião, numerosos condenados foram assassinados a tiros, sendo certo que as armas ingressaram no local mediante pagamento de propina aos agentes penitenciários. Inconformada, Maria da Silva, mãe de Apolônio, procurou você para, na qualidade de advogado(a), tomar as medidas cabíveis, com vistas a obter a responsabilização civil do Estado. Ela demonstrou que, ao tempo da prisão, ele era filho único, solteiro, sem filhos, trabalhador, e provia o seu sustento. Como Maria tem idade avançada e problemas de saúde, ela não tem condições de arcar com os custos do processo, notadamente porque gastou as últimas economias para proporcionar um funeral digno para o filho.

Redija a peça cabível, mediante apontamento de todos os argumentos jurídicos pertinentes.

GABARITO:

A medida cabível é a petição inicial de Ação de Responsabilidade Civil OU Ação Indenizatória.

Na fundamentação, deve ser alegada a caracterização do dever de indenizar pelo Estado, com base nos seguintes fundamentos:

A) Presença dos elementos configuradores da responsabilidade objetiva do Estado OU independentemente da demonstração do elemento subjetivo (dolo ou culpa), destacando-se ainda:

A1) Violação do dever de preservação da integridade física e moral do preso na forma do art. 5º, inciso XLIX, da CRFB/88.

A2) Incidência do art. 37, § 6º, da CRFB/88, que adota a teoria do risco administrativo.

B) Com relação ao dano, o examinando deve apontar também:

B1) Caracterização do dano moral (*in re ipsa*), decorrente do falecimento do filho da demandante.

B2) Dependência financeira da autora, que contava com o falecido para o seu sustento, para fins de pensionamento, na forma do art. 948, inciso II, do Código Civil.

B3) Necessidade de ressarcimento das despesas de funeral, na forma do art. 948, inciso I, do Código Civil.

Breves comentários dos autores – Mapa de Identificação dos Temas (MIT)

O tema central cobrado na questão é a responsabilidade civil do Estado, tendo como tema secundário a obrigação de preservação da integridade física do preso dentro de unidades prisionais.

> *Identificando o tema, fica mais fácil encontrar na Constituição Federal e nas leis os artigos pertinentes. Caso não se recorde, basta buscar nos índices remissivos.*

Dica: sempre que uma questão exigir conhecimentos acerca da responsabilidade civil do Estado, o ponto de partida será o art. 37, § 6º, da CF. Nesse caso, devemos marcar também os artigos do Código Civil acerca da responsabilidade civil, bem como o art. 5º, XLIX, da CRFB.

De acordo com a Constituição Federal, o Estado é responsável pelos danos sofridos por condenados da Justiça em unidades prisionais. Trata-se de responsabilidade objetiva, com base na teoria do risco administrativo e no dever de cautela.

No caso apresentado, tratando-se do elemento "dano", devemos buscar fundamento no Código Civil, mais precisamente no art. 948. Vale ressaltar que o dano moral é indenizável perante o Estado e pode ser presumido (*in re ipsa*).

As atividades administrativas estão sujeitas, com maior frequência, ao cometimento de danos aos particulares. Sendo assim, a responsabilidade objetiva é baseada no chamado "Risco Administrativo", que pode ser mitigado/moderado/temperado, ou integral.

1. Risco Administrativo Mitigado/Moderado/Temperado – é a base da responsabilidade objetiva e adotado majoritariamente no Brasil. Significa que a responsabilidade da Administração Pública pela indenização pode ser afastada ou atenuada, caso seja inexistente ou rompido o nexo causal, ou quando há a participação efetiva do lesado no evento danoso. Contudo, é importante lembrar que o ônus da prova, nesse caso, cabe à Administração, tendo em vista a presunção relativa de culpa.

São hipóteses de exclusão de responsabilidade ou rompimento do nexo causal: (i) a culpa exclusiva da vítima; (ii) força maior e caso fortuito.

IMPORTANTE: Quando se tratar de dever de cautela do Estado, previsto na Constituição Federal ou em lei, o Estado responde objetivamente, mesmo na hipótese de culpa exclusiva da vítima, salvo nos casos em que o dano aconteceria mesmo se estivesse fora da cautela do Estado.

Na mesma linha, na hipótese de um paciente em unidade psiquiátrica escapar por desídia dos agentes públicos e vier a sofrer danos, o Estado responde objetivamente.

Com relação à atenuação da responsabilidade do Estado, podemos citar a culpa concorrente, prevista no art. 945 do CC, caso em que a vítima contribui significativamente para o evento danoso.

2. Teoria do Risco Integral – só se aplica a praticamente dois casos no Brasil: (i) danos nucleares e (ii) atentados terroristas em aeronave brasileira, dentro ou fora do País.

II. AGENTES PÚBLICOS

II.1. Processo administrativo disciplinar e ampla defesa

14. (XVIII Exame) Tício é servidor público federal há 6 (seis) anos, e, durante todo esse tempo, sempre teve comportamento exemplar. Um dia, ao ser comunicado, pelo seu chefe imediato, que não poderia gozar férias no mês de dezembro, uma vez que dois colegas já estariam de férias no mesmo período, Tício exigiu que fosse aberta uma exceção, por ele ser o servidor mais antigo. Como a resposta foi negativa, Tício tornou-se agressivo, e, gritando palavrões, passou a ofender seu chefe até, finalmente, agredir com um soco um dos colegas servidores que presenciava a cena. Com base no caso narrado, responda, fundamentadamente, aos itens a seguir.

A) Considerando que Tício não apresentou anteriormente qualquer problema, é possível a aplicação da penalidade de demissão pelo caso relatado?

B) Considerando que o ato foi presenciado por diversas testemunhas e pelo próprio chefe imediato de Tício, é possível dispensar a instauração de processo administrativo disciplinar, instaurando-se apenas a sindicância?

GABARITO:

A) A resposta é positiva. Nos termos do art. 132, VI e VII, da Lei n. 8.112/90, será aplicada a penalidade de demissão ao servidor, nos casos de insubordinação grave e de ofensa física em serviço. Não há necessidade de aplicação de outras penalidades antes da aplicação da demissão. Os arts. 129 e 130 da Lei n. 8.112/90, determinam, respectivamente, os casos de aplicação das penalidades de advertência e de suspensão, excluindo, expressamente, os casos que tipifiquem infração sujeita à penalidade de demissão.

B) A resposta é negativa. Nos termos do art. 146 da Lei n. 8.112/90, "sempre que o ilícito praticado pelo servidor ensejar a imposição de penalidade de suspensão por mais de 30 (trinta) dias, de demissão, de cassação de aposentadoria ou disponibilidade, ou destituição de cargo em comissão, será obrigatória a instauração de processo disciplinar".

Breves comentários dos autores – Mapa de Identificação dos Temas (MIT)

O tema central cobrado na questão é "agentes públicos" e os temas secundários são: o processo administrativo disciplinar – penalidades, e o princípio da ampla defesa.

> *O tema relativo a agentes públicos tanto pode cobrar o Estatuto dos Servidores Civis da União, Lei n. 8.112/90, quanto os aspectos constitucionais do regime dos servidores públicos, entre os arts. 37 a 41 da CF.*

No caso em análise, devemos deixar marcado em nosso material de consulta os artigos relativos aos deveres e proibições dos servidores no estatuto (arts. 116 e 117), responsabilidades (arts. 121 a 126-A), penalidades (arts. 127 a 132) e processo disciplinar (arts. 133, 143 a 182).

Identificando o tema, caso não se recorde da Lei n. 8.112, basta se socorrer no *Código Conjugado 4 em 1 – Direito Administrativo e Constitucional*. 12. ed., 2016 e/ou *Vade Mecum Saraiva OAB e concursos*. 8. ed., 2016, ambos da Saraiva.

É conveniente relembrar que a apuração de qualquer ilícito funcional é obrigatória, e deve ser feita exclusivamente por sindicância ou processo administrativo disciplinar. Em havendo a possibilidade de aplicação de penalidade, a ampla defesa e o contraditório são obrigatórios.

Com o advento da CF/88, não mais se admite o instituto da "verdade da sabida" e do "Termo de declaração", como instrumentos de apuração e punição sumários.

II.2. Processo administrativo disciplinar – ausência de ampla defesa

15. (XI Exame – Direito Material da Peça) Caio, Tício e Mévio são servidores públicos federais exemplares, concursados do Ministério dos Transportes há quase dez anos. Certo dia, eles pediram a três colegas de repartição que cobrissem suas ausências, uma vez que sairiam mais cedo do expediente para assistir a uma apresentação de balé.

No dia seguinte, eles foram severamente repreendidos pelo superior imediato, o chefe da seção em que trabalhavam. Nada obstante, nenhuma consequência adveio a Caio e Tício, ao passo que Mévio, que não mantinha boa relação com seu chefe, foi demitido do serviço público, por meio de ato administrativo que apresentou, como fundamentos, reiterada ausência injustificada do servidor, incapacidade para o regular exercício de suas funções e o episódio da ida ao balé.

Seis meses após a decisão punitiva, Mévio o procura para, como advogado, ingressar com medida judicial capaz de demonstrar que, em verdade, nunca faltou ao serviço e que o ato de demissão foi injusto. Seu cliente lhe informou, ainda, que testemunhas podem comprovar que o seu chefe o perseguia há tempos, que a obtenção da folha de frequência demonstrará que nunca faltou ao serviço e que sua avaliação funcional sempre foi excelente.

Como advogado, considerando o uso de todas as provas mencionadas pelo cliente, elabore a peça processual adequada para amparar a pretensão de seu cliente.

GABARITO: A peça a ser elaborada consiste em uma petição inicial.

Deve ser demonstrada a possibilidade de análise do ato administrativo pelo Judiciário, para controle de legalidade, e que o motivo alegado no ato de demissão é falso, em violação à teoria dos motivos determinantes.

Deve-se ainda indicar a violação do art. 41, § 1º, da Constituição Federal, uma vez que Mévio foi demitido do serviço público sem a abertura de regular processo administrativo. Por fim, deve indicar que não foi assegurado a Mévio o contraditório e a ampla defesa, violando o devido processo legal. Além disso, o ato representa violação aos princípios da isonomia, uma vez que Mévio foi o único dos três servidores penalizados pela ida ao balé, e da impessoalidade, pois Mévio foi alvo de perseguição por seu chefe.

Breves comentários dos autores – Mapa de Identificação dos Temas (MIT)

Trata-se de questão multitemática, comum no direito administrativo, tendo como tema central os agentes públicos e tema secundário a perda de cargo público. Neste ponto, iremos comentar somente o tema relativo a agentes públicos, deixando os demais temas para o seu respectivo capítulo.

> *O tema relativo a agentes públicos tanto pode cobrar o Estatuto dos Servidores Civis da União, Lei n. 8.112/90, quanto os aspectos constitucionais do regime dos servidores públicos, entre os arts. 37 a 41 da CF.*

No caso em análise, devemos deixar marcado em nosso material de consulta o artigo relativo às hipóteses de perda de cargo público, previstas no art. 41, § 1º, da CF.

Mais uma vez convém relembrar que a aplicação de qualquer penalidade no serviço público deve ser precedida de processo administrativo que assegure o contraditório e a ampla defesa, além do devido processo legal, previstos no art. 5º, LIV e LV, da CF.

II.3. Processo administrativo disciplinar – competências e reintegração

16. (IX Exame – Direito Material da Peça) João, analista de sistemas dos quadros do Ministério da Educação, foi demitido de seu cargo público, por meio de Portaria do Ministro da Educação publicada em 19 de maio de 2010, após responder a processo administrativo em que restou apurada infração funcional relativa ao recebimento indevido de vantagem econômica. Exatamente pelo mesmo fato, João também foi processado criminalmente, vindo a ser absolvido por negativa de autoria, em decisão que transitou em julgado em 18 de janeiro de 2011. Na data de hoje, João o procura e após narrar os fatos acima, informa que se encontra, desde a sua demissão, em profunda depressão, sem qualquer atividade laboral, sobrevivendo por conta de ajuda financeira que tem recebido de parentes e amigos.

Na qualidade de advogado(a), identifique e minute a medida judicial que pode ser adotada para tutelar os direitos de João.

GABARITO: A medida judicial cabível é uma inicial, com pedido de antecipação de tutela, em face da União Federal.

Deve-se pleitear a nulidade da portaria demissional, por ter sido adotada por autoridade incompetente, na forma do art. 141, I, da Lei n. 8.112/90 – usurpação de competência do Presidente da República. Além disso, também deverá ser pleiteada a invalidação da pena de demissão em razão da absolvição penal por negativa de autoria, decisão esta que vincula a esfera administrativa, na forma do art. 126 da Lei n. 8.112/90. Como resultado, deverá ser João reintegrado no cargo de Analista de Sistemas, com ressarcimento de todas as vantagens (art. 28 da Lei n. 8.112/90).

Breves comentários dos autores – Mapa de Identificação dos Temas (MIT)

O tema central cobrado na questão é agentes públicos e os temas secundários são: o processo administrativo disciplinar – competências, e os efeitos da reintegração.

> *O tema relativo a agentes públicos tanto pode cobrar o Estatuto dos Servidores Civis da União, Lei n. 8.112/90, quanto os aspectos constitucionais do regime dos servidores públicos, entre os arts. 37 a 41 da CF.*

No caso em análise, devemos deixar marcado em nosso material de consulta o artigo relativo às competências no processo administrativo disciplinar (art. 141), responsabilidades (arts. 125 e 126) e provimentos, notadamente a reintegração (art. 28 do Estatuto e art. 41, § 2º, da CF).

Na Lei n. 8.112/90, a demissão é penalidade a ser aplicada somente pelo Presidente da República, pelos Presidentes das Casas do Poder Legislativo e dos Tribunais Federais e pelo Procurador-Geral da República.

> *Cumpre lembrar, outrossim, que em se tratando de responsabilidade de servidor, as instâncias de apuração e responsabilização são independentes entre si (princípio da incomunicabilidade das instâncias), salvo nos casos previstos no art. 65 do CPP e nas hipóteses de absolvição penal por negativa de autoria ou inexistência do fato. A absolvição por insuficiência de provas ou fato atípico penal são consideradas resíduo administrativo ou falta residual e não impedem a continuidade do PAD.*

> *A reintegração é modalidade de provimento derivado por reingresso e se realiza quando o ato de demissão é anulado. O retorno do servidor ao cargo anteriormente ocupado é feito como se nunca tivesse sido demitido, com o ressarcimento de todas as vantagens.*

II.4. Processo administrativo disciplinar – procedimentos, natureza do relatório da comissão processante e revisão do PAD

17. (XIII Exame) Após várias denúncias de que o servidor "X", lotado em um órgão da Administração Federal direta, vinha faltando ao serviço e fraudando a sua folha de frequência, "A", chefe do seu departamento, determina a instauração de processo administrativo disciplinar. A Comissão nomeada, ao final dos trabalhos de apuração, concluiu que o servidor, de fato, vinha se ausentando de forma injustificada do serviço uma vez por semana. Contudo, ignorou documento que comprovava que o referido servidor, ao menos em duas ocasiões, fraudou a sua folha de frequência, razão pela qual opinou pela aplicação da penalidade de suspensão por 5 (cinco) dias. Diante do exposto, responda, fundamentadamente, aos itens a seguir.

A) Pode ser instaurado processo administrativo disciplinar sem a prévia abertura de sindicância?

B) Pode a autoridade competente para aplicação da pena determinar que o referido servidor seja demitido?

GABARITO:

A) A resposta é positiva, pois, conforme previsão constante no art. 143 da Lei n. 8.112/90, "A autoridade que tiver ciência de irregularidade no serviço público é obrigada a promover a sua apuração imediata, mediante sindicância ou processo administrativo disciplinar, assegurada ao acusado ampla defesa". Não se exige, portanto, a instauração prévia de sindicância para a abertura de processo administrativo disciplinar.

B) A resposta também é positiva, pois, nos termos do art. 168, *caput* e parágrafo único, da Lei n. 8.112/90, "O julgamento acatará o relatório da comissão, salvo quando contrário às provas dos autos" e "Quando o relatório da comissão contrariar as provas dos autos, a autoridade julgadora poderá, motivadamente, agravar a penalidade proposta, abrandá-la ou isentar o servidor de responsabilidade".

18. (XXIV Exame) João, servidor público federal estável, teve instaurado contra si processo administrativo disciplinar, acusado de cobrar valores para deixar de praticar ato de sua competência, em violação de dever passível de demissão. A respectiva Comissão Processante elaborou relatório, no qual entendeu que a prova dos autos não era muito robusta, mas que o testemunho de Ana, por si só, revelava-se suficiente para a aplicação da pena de demissão, o que foi acatado pela autoridade julgadora competente, a qual se utilizou do próprio relatório como motivação para o ato demissional.

Diante da gravidade da conduta imputada a João, foi igualmente instaurado processo criminal, que resultou na sua absolvição por ausência de provas, sendo certo que o Magistrado, diante dos desencontros do testemunho de Ana na ação penal, determinou a extração de cópias e remessa para o Ministério Público, a fim de que tomasse as providências que entendesse cabíveis. O Parquet, por sua vez, denunciou Ana pelo crime de falso testemunho pelos exatos fatos que levaram à demissão de João no mencionado processo administrativo disciplinar, e, após o devido processo legal, ela foi condenada pelo delito, por meio de decisão transitada em julgado. Na qualidade de advogado(a) consultado(a), responda aos itens a seguir.

PRÁTICA ADMINISTRATIVA

A) Em sede de processo administrativo federal, poderia a autoridade competente para o julgamento ter se utilizado do relatório da comissão processante para motivar o ato demissório de João?

B) A condenação penal de Ana poderia ensejar a revisão do processo administrativo disciplinar que levou à demissão de João?

GABARITO:

A) A resposta é positiva. Em sede de processo administrativo federal, o relatório pode ser utilizado como motivação, na forma do art. 50, § 1º, da Lei n. 9.784/99 ou do art. 168 da Lei n. 8.112/90.

B) A resposta é positiva. O testemunho de Ana foi determinante, por si só, para a demissão de João e a posterior condenação dela pelo crime de falso testemunho, em razão das mesmas circunstâncias, se apresenta como fato novo suscetível de justificar a inocência do servidor e promover a revisão do processo administrativo disciplinar, com fulcro no art. 174 da Lei n. 8.112/90.

Breves comentários dos autores – Mapa de Identificação dos Temas (MIT)

O tema central cobrado na questão é agentes públicos e os temas secundários são: o processo administrativo disciplinar – procedimentos, natureza do relatório emitido pela comissão processante e possibilidade de revisão do PAD.

> *O tema relativo a agentes públicos tanto pode cobrar o Estatuto dos Servidores Civis da União, Lei n. 8.112/90, quanto os aspectos constitucionais do regime dos servidores públicos, entre os arts. 37 a 41 da CF.*

No caso em análise, devemos deixar marcado em nosso material de consulta o artigo relativo a obrigatoriedade de instauração do processo administrativo disciplinar (art. 143) e as características do relatório da comissão de PAD previstas no julgamento (art. 168). Quanto à revisão, os artigos relativos são art. 174 e seguintes.

> *A apuração das infrações funcionais é obrigatória. Se já houver indícios de autoria e materialidade do fato suficientes, pode-se dispensar a sindicância e instaurar o PAD. Caso contrário, a apuração sumária deve observar um procedimento inquisitório chamado de sindicância preliminar.*
> *O relatório emitido pela comissão processante possui natureza opinativa, não vinculando a decisão final da autoridade julgadora. Este relatório só vincula em relação às provas contidas nos autos. No entanto, se a autoridade julgadora quiser discordar, terá de fundamentar a decisão discordante.*

Muito importante destacar a questão da possibilidade de revisão no PAD. Via de regra, a decisão em processo administrativo disciplinar goza de força terminativa. No entanto, em se verificando fatos novos ou circunstâncias suscetíveis de justificar a inocência do punido ou a inadequação da penalidade aplicada, pode-se rever a decisão dada no PAD. Importante também mencionar que (i) o ônus da prova no processo revisional cabe ao requerente e (ii) que não é possível agravar a situação do punido.

II.5. Processo administrativo disciplinar – comissão processante, abandono de cargo e acumulação ilegal de cargos

19. (XXV Exame – Direito Material da Peça) Lúcia, servidora pública federal estável, foi demitida do cargo que ocupava, após processo administrativo disciplinar pelo rito sumário, sob o fundamento de abandono de cargo, em razão de haver se ausentado do serviço por mais de trinta dias consecutivos, no período entre 15/02/2017 e 05/04/2017, sendo certo que a penalidade foi aplicada em 10/05/2017, pelo Ministro de Estado competente para tanto. Inconformada, Lúcia buscou assessoria jurídica, na data de hoje, à qual informou que jamais teve a intenção de abandonar o cargo, tanto que, em 20/08/2016, formalizou pedido de licença por motivo de afastamento de seu cônjuge, Antônio, professor concursado de uma universidade pública federal, que, no interesse da Administração, foi deslocado para cursar pós-doutorado na Alemanha, a ser iniciado em 20/01/2017. Esclareceu que, apesar de insistentes tentativas de obter um pronunciamento por parte do órgão competente para a apreciação de seu pedido de licença, não obteve qualquer resposta. A servidora narrou que, com o início do ano letivo na Alemanha, em 15/02/2017, viu-se compelida a se ausentar fisicamente do país, com vistas a proteger a unidade familiar, considerando que possui dois filhos pequenos com Antônio, que já estavam matriculados em uma escola na cidade em que o cônjuge cursaria o pós-doutorado. Lúcia acrescenta que comunicou formalmente aos seus superiores o novo endereço e telefones de contato, mas que foi surpreendida quando uma antiga colega de trabalho lhe informou a portaria contendo a sua demissão, sem que qualquer notificação acerca da existência de processo administrativo disciplinar lhe tivesse sido anteriormente remetida. Ao buscar os respectivos autos, Lúcia verificou que o processo consistia apenas de portaria inaugural, constituindo a comissão processante, composta por dois servidores ocupantes de cargo efetivo, certo que um deles ainda estava em estágio probatório. A comissão atestou o não comparecimento da servidora no mencionado período e, ato contínuo, elaborou um relatório concluindo pela aplicação da pena de demissão, sem que tivesse sido promovida sua notificação ou a nomeação de qualquer pessoa que pudesse realizar sua defesa. Considerando que Lúcia já retornou definitivamente com sua família ao Brasil e que não pretende obter indenização pelo período em que não trabalhou, bem como que você é o(a) advogado(a) por ela consultado, na data de hoje, redija a peça para a defesa dos interesses de sua cliente, com indicação de todos os fundamentos jurídicos pertinentes.

GABARITO: Peça – inicial anulatória ou Mandado de Segurança

Na fundamentação, deve ser sustentado que a ilegalidade do ato praticado importa na violação do direito líquido e certo de Lúcia, com base nas seguintes razões:

A. Violação ao princípio do devido processo legal OU dos princípios da ampla defesa e do contraditório, previstos respectivamente no art. 5º, incisos LIV ou LV, da CF/88.

B. Deveria ter sido realizada a devida indiciação de Lúcia, com a sua citação para apresentação de defesa, na forma do art. 133, § 2º da Lei n. 8.112/90.

C. A Comissão processante deveria ser composta por dois servidores estáveis, como se depreende do art. 133, I, da Lei n. 8.112/90, aplicável ao abandono de cargo, por força do art. 140, da Lei n. 8.112/90.

D. Impossibilidade de caracterização do *animus abandonandi* OU do elemento subjetivo OU da intenção de Lúcia de abandonar o cargo, na forma do art. 140, II, da Lei n. 8.112/90, em decorrência da prova pré-constituída consistente no pedido de licença por motivo de afastamento do cônjuge, que não foi apreciado pela Administração, a caracterizar, inclusive, abuso de direito, em decorrência da omissão administrativa.

20. (XXV – Reaplicação em Porto Alegre/RS) Marcelo acumulava dois cargos públicos junto à União, um administrativo, que não exigia qualquer qualificação técnica ou científica, e outro de professor, e havia logrado obter a estabilidade em ambos. Ao ser constatado o referido acúmulo de cargos, ele foi notificado de que deveria optar por um deles no prazo de dez dias, o que não foi por ele realizado.

Ato contínuo, foi instaurado o respectivo processo administrativo disciplinar, com a constituição de comissão composta por dois servidores estáveis e, na fase instrutória, mediante a garantia da ampla defesa e do contraditório, verificou-se que a acumulação era efetivamente ilícita, de modo que a autoridade competente para o julgamento aplicou a pena de demissão, apesar de Marcelo ter optado pelo cargo de professor um dia antes do término do prazo para a defesa.

Na qualidade de advogado(a) consultado(a), responda, fundamentadamente, aos questionamentos a seguir.

A) Para a apuração dos fatos imputados a Marcelo, a comissão processante poderia ter a composição que a ela foi conferida?

B) Agiu corretamente a Administração ao aplicar a pena de demissão?

GABARITO:

A) A resposta é positiva. A comissão responsável pelo procedimento administrativo sumário relativo à acumulação ilegal de cargos pode ser composta de dois servidores estáveis, na forma do art. 133, I, da Lei n. 8.112/90.

B) A resposta é negativa. Marcelo optou pelo cargo de professor antes do último dia para a apresentação da defesa, o que caracteriza sua boa-fé; em relação ao outro cargo, deveria ser automaticamente convertido em pedido de exoneração, na forma do art. 133, § 5º, da Lei n. 8.112/90.

Breves comentários dos autores – Mapa de Identificação dos Temas (MIT)

O tema central cobrado na questão é agentes públicos e os temas secundários são: natureza e características da comissão processante do PAD, o abandono e a acumulação ilegal de cargos.

> *O tema relativo a agentes públicos tanto pode cobrar o Estatuto dos Servidores Civis da União, Lei n. 8.112/90, quanto os aspectos constitucionais do regime dos servidores públicos, entre os arts. 37 a 41 da CF.*

No caso em análise, devemos deixar marcado em nosso material de consulta os artigos relativos ao processo administrativo disciplinar (art. 143) e as características do PAD sumário (art. 133) e do abandono de cargo (art. 140).

> *O processo administrativo disciplinar comporta dois ritos: um ordinário e outro sumário. O rito sumário é cabível apenas nas hipóteses de acumulação ilegal de cargos públicos, abandono de cargos e inassiduidade habitual.*

Todo o processo disciplinar é conduzido por uma comissão de servidores. Se o rito for ordinário, a comissão deve ser composta por 3 servidores estáveis, na forma do art. 149 da Lei n. 8.112/90. No caso de rito sumário, cabível nas hipóteses acima, a comissão terá apenas 2 servidores estáveis. Vale ressaltar que, para configurar abandono de cargo, que dá ensejo à demissão, é necessária a intenção do abandono, na forma do art. 140, II, da Lei n. 8.112/90.

Com relação à acumulação ilegal de cargos, todo o procedimento de apuração e responsabilização do servidor está previsto no art. 133 da Lei n. 8.112/90.

II.6. Processo administrativo disciplinar – ampla defesa e responsabilidade do servidor

21. (XIX Exame – Direito Material da Peça) Marcos Silva, aluno de uma Universidade Federal, autarquia federal, inconformado com a nota que lhe fora atribuída em uma disciplina do curso de graduação, abordou a professora Maria Souza, servidora pública federal, com um canivete em punho e, em meio a ameaças, exigiu que ela modificasse sua nota. Nesse instante, a professora, com o propósito de repelir a iminente agressão, conseguiu desarmar e derrubar o aluno, que, na queda, quebrou um braço. Diante do ocorrido, foi instaurado Processo Administrativo Disciplinar (PAD), para apurar eventual responsabilidade da professora. Ao mesmo tempo, a professora foi denunciada pelo crime de lesão corporal. Na esfera criminal, a professora foi absolvida, vez que restou provado ter agido em legítima defesa, em decisão que transitou em julgado. O processo administrativo, entretanto, prosseguiu, sem a citação da servidora, pois a Comissão nomeada entendeu que a professora já tomara ciência da instauração do procedimento por meio da imprensa e de outros servidores. Ao final, a Comissão apresentou relatório pugnando pela condenação da servidora à pena de demissão. O PAD foi encaminhado à autoridade competente para a decisão final, que, sob o fundamento de vinculação ao parecer emitido pela Comissão, aplicou a pena de demissão à servidora, afirmando, ainda, que a esfera administrativa é autônoma em relação à criminal. Em 10-4-2015, a servidora foi cientificada de sua demissão, por meio de publicação em Diário Oficial, ocasião em que foi afastada de suas funções, e, em 10-9-2015, procurou seu escritório para tomar as medidas judiciais cabíveis, informando, ainda, que, desde o afastamento, está com sérias dificuldades financeiras, que a impedem, inclusive, de suportar os custos do ajuizamento de uma demanda.

Como advogado(a), elabore a peça processual adequada para amparar a pretensão de sua cliente, analisando todos os aspectos jurídicos apresentados.

GABARITO: A medida judicial cabível é uma inicial.

No mérito, deve ser demonstrado:

(1) violação ao contraditório e à ampla defesa da servidora, e a consequente nulidade do processo administrativo disciplinar – art. 143, parte final, da Lei n. 8.112/90 e art. 5º, LV, da CF;

(2) que, na hipótese de absolvição penal com fundamento em excludente de ilicitude, como a legítima defesa, não há espaço para aplicação do resíduo administrativo (falta residual), vez que constitui uma das hipóteses de mitigação ao princípio da independência entre as instâncias, ou seja, a decisão proferida na esfera penal necessariamente vinculará o conteúdo da decisão administrativa – art. 125 c/c o art. 126, ambos da Lei n. 8.112/90 c/c o art. 65 do CPP.

Breves comentários dos autores – Mapa de Identificação dos Temas (MIT)

O tema central cobrado na questão é agentes públicos e os temas secundários são: violação da ampla defesa e responsabilidade do servidor.

> *O tema relativo a agentes públicos tanto pode cobrar o Estatuto dos Servidores Civis da União, Lei n. 8.112/90, quanto os aspectos constitucionais do regime dos servidores públicos, entre os arts. 37 a 41 da CF.*

No caso em análise, devemos deixar marcado em nosso material de consulta os artigos relativos às responsabilidades (arts. 125 e 126) e à obrigatoriedade de garantia da ampla defesa e contraditório por meio do processo administrativo disciplinar (art. 143 da Lei n. 8.112/90 e art. 5º, LV, da CF).

No mais, *vide* comentários dos itens 3.2.2. e 3.2.3. acima.

II.7. Requisitos de acesso a cargo público

22. (IX Exame) João inscreveu-se em concurso público para o provimento de cargo cujo exercício pressupõe a titulação de nível superior completo. Após aprovação na prova de conhecimentos gerais (1ª fase), João foi impedido de realizar as provas de conhecimentos específicos e a prova oral por não ter apresentado o diploma de nível superior logo após a aprovação na 1ª fase do certame, tal como exigido no instrumento convocatório e, em razão disso, eliminado do concurso. Sabendo-se que o edital do concurso foi publicado em 13 de janeiro de 2011 e que a eliminação de João foi divulgada em 17 de maio do mesmo ano, responda, empregando os argumentos jurídicos apropriados e a fundamentação legal pertinente ao caso, aos seguintes quesitos.

A) A impetração de mandado de segurança seria via processual adequada para impugnar a eliminação de João do certame?

B) Qual fundamento poderia ser invocado por João para obter judicialmente o direito de prosseguir no concurso e participar das fases subsequentes?

GABARITO:

A) O examinando deve responder afirmativamente, registrando que o prazo para impetração do mandado de segurança é de 120 dias na forma do art. 23 da Lei n. 12.016/2009.

B) O examinando deve demonstrar conhecimento da jurisprudência consolidada do STJ no sentido de apenas ser legítima a exigência de comprovação de diploma ou habilitação legal para exercício de cargo público no momento da posse (Enunciado n. 266 do STJ).

Breves comentários dos autores – Mapa de Identificação dos Temas (MIT)

Trata-se de questão multitemática, comum no direito administrativo, tendo como tema central os agentes públicos e como tema secundário os requisitos de acesso a cargo público. Neste ponto, iremos comentar somente o tema relativo a agentes públicos, deixando os demais temas para o seu respectivo capítulo.

> O tema relativo a agentes públicos tanto pode cobrar o Estatuto dos Servidores Civis da União, Lei n. 8.112/90, quanto os aspectos constitucionais do regime dos servidores públicos, entre os arts. 37 a 41 da CF.

No caso em análise, referente à letra B, devemos deixar marcado em nosso material de consulta o verbete 266 da súmula do STJ.

Os requisitos de acesso aos cargos públicos podem ser objetivos (guardam relação com as atribuições do cargo) ou subjetivos (dizem respeito a atributos físicos do candidato – teoria das classificações suspeitas). Estes requisitos subjetivos devem ser analisados em consonância ao princípio da razoabilidade. Exceto para o concurso para magistratura, os requisitos objetivos devem ser exigidos somente na posse.

II.8. Regime constitucional – concurso público – requisitos de acesso – posse por procuração

23. (XXVII Exame – Direito Material da Peça) Mateus, nascido no México, veio morar no Brasil juntamente com seus pais, também nascidos no México. Aos dezoito anos, foi aprovado no vestibular e matriculou-se no curso de engenharia civil. Faltando um semestre para concluir a faculdade, decidiu inscrever-se em um concurso público promovido por determinada Universidade Federal brasileira, que segue a forma de autarquia federal, para provimento do cargo efetivo de professor. Um mês depois da colação de grau, foi publicado o resultado do certame: Mateus tinha sido o primeiro colocado.

Mateus soube que seria nomeado em novembro de 2018, previsão essa que se confirmou. Como já tinha uma viagem marcada para o México, outorgou procuração específica para seu pai, Roberto, para que este assinasse o termo de posse. No último dia previsto para a posse, Roberto comparece à repartição pública.

Ocorre que, orientado pela assessoria jurídica, o Reitor não permitiu a posse de Mateus, sob a justificativa de não ser possível a investidura de estrangeiro em cargo público. A autoridade também salientou que outros dois fatos impediriam a posse: a impossibilidade de o provimento ocorrer por meio de procuração e o não cumprimento, por parte de Mateus, de um dos requisitos do cargo (diploma de nível superior em engenharia) na data da inscrição no concurso público.

Ciente disso, Mateus, que não se naturalizara brasileiro, interrompe sua viagem e retorna imediatamente ao Brasil. Quinze dias depois da negativa de posse pelo Reitor, Mateus contrata você, como advogado(a), para adotar as providências cabíveis perante o Poder Judiciário. Há certa urgência na obtenção do provimento jurisdicional, ante o receio de que, com o agravamento da crise, não haja dotação orçamentária para a nomeação futura. Considere que todas

PRÁTICA ADMINISTRATIVA

as provas necessárias já estão pré-constituídas, não sendo necessária dilação probatória.

Considerando essas informações, redija a peça cabível que traga o procedimento mais célere para a defesa dos interesses de Mateus. A ação deve ser proposta imediatamente. Explicite as teses favoráveis ao seu cliente.

GABARITO:

O examinando deve apresentar Mandado de Segurança, impugnando a validade da decisão que impediu Mateus de tomar posse no cargo público.

No mérito, deve ser alegado:

i) o candidato deve cumprir os requisitos do cargo no momento da posse, não no da inscrição no concurso público, em consonância com a Súmula 266 do STJ;

ii) a legislação permite a posse por procuração específica, nos termos do art. 13, § 3º, da Lei n. 8.112/1990; e

iii) as universidades podem prover seus cargos de professor com estrangeiros, nos termos do art. 5º, § 3º, da Lei n. 8.112/1990.

Breves comentários dos autores – Mapa de Identificação dos Temas (MIT)

O tema central cobrado na questão é agentes públicos e os temas secundários são requisitos de acesso (Súmula 266 do STJ) e posse por procuração.

> O tema relativo a agentes públicos pode cobrar tanto o Estatuto dos Servidores Civis da União – Lei n. 8.112/90 – quanto os aspectos constitucionais do regime dos servidores públicos, entre os arts. 37 e 41 da CF.

No caso em análise, devemos deixar marcados em nosso material de consulta os artigos relativos à posse por procuração e à nomeação de professores estrangeiros (art. 13, § 3º, e art. 5º, § 3º, ambos da Lei n. 8.112/90, além da Súmula 266 do STJ.

Os requisitos de acesso aos cargos públicos devem ser exigidos na ocasião da posse, salvo para o cargo de juiz, que se dá na inscrição definitiva.

A Lei n. 8.112/90 permite a posse por procuração específica e o provimento de cargos de professor a estrangeiros.

II.9. Cargo público – extinção e disponibilidade

24. (IX Exame) O Presidente da República, inconformado com o número de servidores públicos na área da saúde que responde a processo administrativo disciplinar, resolve colocar tais servidores em disponibilidade e, para tanto, edita decreto extinguindo os respectivos cargos. Considerando a hipótese apresentada, empregando os argumentos jurídicos apropriados e a fundamentação legal pertinente ao caso, responda aos itens a seguir.

A) A extinção de cargos públicos, por meio de decreto, está juridicamente correta? Justifique.

B) É juridicamente correta a decisão do Presidente da República de colocar os servidores em disponibilidade?

C) Durante a disponibilidade, os servidores públicos percebem remuneração?

GABARITO:

A) A resposta é negativa. Trata-se de matéria a ser disciplinada por lei, na forma do art. 48, X, da CF. Espera-se que o examinando desenvolva o tema registrando que seria possível a extinção de cargos públicos por decreto apenas se estivessem vagos (art. 84, VI, *b*, da CF).

B) A opção é inconstitucional, pois o Chefe do Executivo utiliza o instituto da disponibilidade com desvio de finalidade. O examinando deve deixar claro que a disponibilidade não tem por finalidade sancionar disciplinarmente servidores públicos.

C) A remuneração será proporcional ao tempo de serviço (art. 41, § 3º, da CF).

Breves comentários dos autores – Mapa de Identificação dos Temas (MIT)

O tema central cobrado na questão é agentes públicos e os temas secundários são: extinção de cargo público e disponibilidade.

> O tema relativo a agentes públicos tanto pode cobrar o Estatuto dos Servidores Civis da União, Lei n. 8.112/90, quanto os aspectos constitucionais do regime dos servidores públicos, entre os arts. 37 a 41 da CF.

No caso em análise, devemos deixar marcado em nosso material de consulta os artigos relativos à competência para criação e extinção de cargo público (art. 48, X; art. 51, IV; art. 52, XIII – todos da CF) e quanto à disponibilidade (art. 41, § 3º, da CF), não esquecendo que compete ao Chefe do Executivo a iniciativa de lei versando sobre a criação e a extinção de cargo público no Poder Executivo (art. 61, § 1º, II, *a*) e, como medida excepcional, podendo por decreto extinguir cargo público quando declarado vago (art. 84, VI, *b*, da CF).

A disponibilidade de servidor é uma situação temporária. O servidor deve ser o mais rápido possível aproveitado em algum cargo compatível com suas atribuições e remuneração. É remunerada pelo tempo de serviço.

II.10. Regime constitucional – acesso aos cargos públicos – concurso

25. (II Exame) A Administração de certo estado da federação abre concurso para preenchimento de 100 (cem) cargos de professores, conforme constante do Edital. Após as provas e as impugnações, vindo todos os incidentes a ser resolvidos, dá-se a classificação final, com sua homologação. Trinta dias após a referida homologação, a Administração nomeia os 10 (dez) primeiros aprovados, e contrata, temporariamente, 90 (noventa) candidatos aprovados. Teriam os noventa candidatos aprovados, em observância à ordem classificatória, direito subjetivo à nomeação?

GABARITO: Espera-se que o examinando identifique o direito subjetivo à nomeação, que decorre da vinculação da Administração à necessidade de preenchimento das vagas que fundamentou a abertura do concurso, exceto se houver fato posterior que elimine essa necessidade.

PRÁTICA ADMINISTRATIVA

26. (VIII Exame) Norberto, brasileiro, desempregado e passando por sérias dificuldades econômicas, domiciliado no Estado "X", resolve participar de concurso público para o cargo de médico de hospital estadual. Aprovado na fase inicial do concurso, Norberto foi submetido a exames médicos, através dos quais se constatou a existência de tatuagem em suas costas. Norberto, então, foi eliminado do concurso, com a justificativa de que o cargo de médico não era compatível com indivíduos portadores de tatuagem. Inconformado, Norberto ajuizou ação ordinária em face do Estado, de competência de vara comum, com pedido liminar, na qual requereu (i) a anulação do ato administrativo que o eliminou do concurso; e (ii) que lhe fosse deferida a possibilidade de realizar as demais etapas do certame, com vaga reservada. O juízo de 1ª instância indeferiu o pedido liminar, em decisão publicada ontem, pelos seguintes motivos:

1. Os pedidos de anulação do ato de eliminação e de reserva de vaga não seriam possíveis, pois significariam atraso na conclusão do concurso;

2. A Administração Pública possui poder discricionário para decidir quais são as restrições aplicáveis àqueles que pretendem se tornar médicos no âmbito do Estado, de forma que o autor deverá provar que a decisão foi equivocada.

Diante do exposto, e supondo que você seja o advogado de Norberto, elabore a medida judicial cabível contra a decisão publicada ontem, para a defesa dos interesses de seu cliente, abordando as teses, os fundamentos legais e os princípios que poderiam ser usados em favor do autor.

GABARITO: É necessário que o examinando identifique, no caso concreto, a violação do princípio da legalidade tendo em vista que as restrições de acesso aos cargos e empregos públicos devem estar previstas em lei. Em segundo lugar, o examinando deve alegar a violação ao princípio do livre acesso aos cargos públicos que determina que só podem ser exigidos requisitos diferenciados de acesso quando a natureza ou complexidade do cargo a ser ocupado o exigirem (art. 37, I e II, da CF/88).

Também se atribuirá pontuação para o examinando que identifique o fundamento 2 da decisão agravada como equivocado tendo em vista a aplicação, *in casu*, dos princípios da proporcionalidade/razoabilidade, que delimitam o exercício do poder discricionário, tendo em vista que a referida restrição (tatuagem) não tem qualquer relação com o desempenho do cargo de médico, eis que não é medida adequada, necessária nem proporcional em sentido estrito, para que a Administração atinja os fins que pretende com a restrição ilegítima.

27. (XXIV Exame – Direito material da peça) No dia 5-6-2015, o estado Alfa fez publicar edital de concurso público para o preenchimento de cinco vagas para o cargo de médico do quadro da Secretaria de Saúde, com previsão de remuneração inicial de R$ 5.000,00 (cinco mil reais), para uma jornada de trabalho de 20 horas semanais. O concurso teria prazo de validade de um ano, prorrogável por igual período.

Felipe foi aprovado em quinto lugar, conforme resultado devidamente homologado em 23-8-2015. No interregno inicial de validade do concurso, foram convocados apenas os quatro primeiros classificados, e prorrogou-se o prazo de validade do certame. Em 10-3-2017, o estado Alfa fez publicar novo edital, com previsão de preenchimento de dez vagas, para o cargo de médico, para jornada de 40 horas semanais e remuneração inicial de R$ 6.000,00 (seis mil reais), com prazo de validade de um ano prorrogável por igual período, cujo resultado foi homologado em 18-5-2017, certo que os três primeiros colocados deste último certame foram convocados, em

2-6-2017, pelo Secretário de Saúde, que possui atribuição legal para convocação e nomeação, sem que Felipe houvesse sido chamado. Em 11-9-2017, o advogado constituído por Felipe impetrou mandado de segurança, cuja inicial sustentou a violação de seu direito líquido e certo de ser investido no cargo para o qual havia sido aprovado em concurso, nos exatos termos previstos no respectivo instrumento convocatório, com a carga horária de 20 horas semanais e remuneração de R$ 5.000,00 (cinco mil reais), mediante fundamentação nos argumentos jurídicos pertinentes, sendo certo que as normas de organização judiciária estadual apontavam para a competência do Tribunal de Justiça local.

Sobreveio acórdão, unânime, que denegou a segurança, sob o fundamento de que o Judiciário não deve se imiscuir em matéria de concurso público, por se tratar de atividade sujeita à discricionariedade administrativa, sob pena de violação do princípio da separação de Poderes. Foram opostos embargos de declaração, rejeitados por não haver omissão, contradição ou obscuridade a ser sanada.

Redija a petição da medida pertinente à defesa dos interesses de Felipe contra a decisão prolatada em única instância pelo Tribunal de Justiça estadual, publicada na última sexta-feira, desenvolvendo todos os argumentos jurídicos adequados à análise do mérito da demanda.

GABARITO: Peça – Recurso Ordinário em Mandado de Segurança

A) impugnar as razões de decidir do acórdão, na medida em que o mandado de segurança não versa sobre as regras do concurso ou matéria submetida à discricionariedade da Banca Examinadora, mas sobre violação ao direito líquido e certo do impetrante de ser investido no cargo para o qual fora aprovado em concurso público, dentro do número de vagas previsto no respectivo edital.

B) suscitar a inconstitucionalidade/ilegalidade resultante da preterição de Felipe, pela convocação dos aprovados em concurso posterior, dentro do prazo de validade do certame anterior, a violar o disposto no art. 37, IV, da CF/88.

C) indicar que a aprovação do candidato dentro do número de vagas previsto no edital confere-lhe direito subjetivo à nomeação dentro do prazo de validade do certame, conforme entendimento consolidado pelo STF em sede de repercussão geral (tema 161).

D) arguir a obrigatoriedade de a administração fazer cumprir os exatos termos do edital para o qual Felipe foi aprovado, em decorrência da vinculação ao instrumento convocatório.

Breves comentários dos autores – Mapa de Identificação dos Temas (MIT)

O tema central cobrado nestas questões é agentes públicos e os temas secundários são o concurso público e as formas de acesso aos cargos públicos.

> *O tema relativo a agentes públicos tanto pode cobrar o Estatuto dos Servidores Civis da União, Lei n. 8.112/90, quanto os aspectos constitucionais do regime dos servidores públicos, entre os arts. 37 a 41 da CF.*

Nos casos em análise, devemos deixar marcado em nosso material de consulta os artigos relativos ao concurso público (art. 37, II, III e IV, da CF e arts. 10 a 12 da Lei n. 8.112/90).

A questão 1 traz uma orientação já sedimentada nos tribunais superiores. O candidato tem direito subjetivo à nomeação, caso seja classificado dentro do número de vagas publicadas no concurso, e durante o prazo de validade do certame.

Porém, conforme decidido pelo Supremo em sede de repercussão geral, a Administração pode deixar de realizar a nomeação de candidato aprovado dentro do número de vagas, desde que se verifique a ocorrência de uma situação grave sujeita às seguintes características: superveniência, imprevisibilidade, gravidade e necessidade.

A questão 2 trata dos requisitos subjetivos de acesso. Não é razoável restringir o acesso a cargo público em virtude de tatuagem que não seja ofensiva.

A questão 3, do direito material da peça, confirma a tendência da banca em explorar as recentes decisões do STJ e STF, principalmente estas últimas em sede de repercussão geral. Frise-se, o candidato aprovado em concurso, dentro do número de vagas, possui direito SUBJETIVO a ser convocado.

Além disso, a questão da peça nos lembra do princípio da vinculação ao edital, pelo qual todos estão vinculados às regras publicadas, até mesmo a própria Administração; e nos lembra também da vedação à preterição em concursos públicos, gerando direito subjetivo ao candidato, na forma do art. 37, IV, da CF/88.

II.11. Regime constitucional dos agentes públicos – teto remuneratório

28. (XII Exame – Direito Material da Peça) O Governador do Estado Y, premido da necessidade de reduzir a folha de pagamentos do funcionalismo público estadual, determinou que o teto remuneratório dos Defensores Públicos admitidos após a Emenda Constitucional n. 41/2003 fosse limitado ao valor correspondente ao subsídio mensal do Governador, ao entendimento de que aquele órgão integra a estrutura do Poder Executivo estadual. Com a implementação da medida, os Defensores Públicos do Estado, irresignados com a redução do seu teto remuneratório, levam a questão à Associação Nacional dos Defensores Públicos Estaduais, legalmente constituída e em funcionamento há pouco mais de dois anos, e esta contrata os seus serviços advocatícios para impetrar mandado de segurança coletivo em face do ato do Governador. A decisão proferida pelo Tribunal de Justiça local, observando a competência originária constante do seu código de organização e divisão judiciária, diante da autoridade coatora -governador do Estado- deu por extinto o processo, sem resolução do mérito, sob os argumentos de que a associação não preenche o requisito de três anos de constituição, não demonstrou a autorização dos associados em assembleia geral para a propositura da demanda e não poderia representar os associados em demanda que veicule interesse apenas de uma parte da categoria, uma vez que os Defensores atingidos pela medida, isto é, aqueles admitidos após a Emenda Constitucional n. 41/2003, os mais novos na carreira, ainda não foram promovidos e sequer recebem sua remuneração em valores próximos ao subsídio mensal do Governador. Ciente de que este acórdão contendo a unanimidade de votos dos desembargadores que participaram do julgamento, já foi objeto de Embargos de Declaração, que foram conhecidos mas não providos, e que a publicação dessa última decisão se deu na data de hoje, redija a peça processual adequada com seus fundamentos.

GABARITO: A peça a ser elaborada é o recurso ordinário em mandado de segurança, nos termos do art. 105, II, *b*, da CF/88.

O examinando deve indicar a violação ao art. 37, XI, da Constituição, que estabelece como teto remuneratório dos defensores públicos o subsídio dos Desembargadores do Tribunal de Justiça e, ainda, a violação ao princípio da isonomia, uma vez que, sem qualquer critério legítimo, foi operada uma discriminação no tratamento jurídico conferido aos defensores, aplicando-se, aos mais novos na carreira, um tratamento diferente, no aspecto remuneratório, daquele conferido aos demais Membros, demonstrando, assim, conhecimento acerca da matéria.

Breves comentários dos autores – Mapa de Identificação dos Temas (MIT)

O tema central cobrado nestas questões é agentes públicos e o tema secundário é o teto remuneratório constitucional.

> *O tema relativo a agentes públicos tanto pode cobrar o Estatuto dos Servidores Civis da União, Lei n. 8.112/90, quanto os aspectos constitucionais do regime dos servidores públicos, entre os arts. 37 a 41 da CF.*

Nos casos em análise, devemos deixar marcado em nosso material de consulta o artigo relativo ao teto remuneratório dos servidores públicos (art. 37, XI, da CF).

O teto remuneratório ou teto de retribuição visa evitar que alguns agentes públicos recebam remunerações incompatíveis com o serviço público.

Não se submetem ao teto as seguintes parcelas:

1. Parcelas de caráter indenizatório previstas em lei (art. 37, § 11);
2. Valores recebidos pelo servidor a título de abono de permanência (art. 40, § 19);
3. Remuneração em caso de acumulação lícita de cargos públicos.

II.12. Regime constitucional dos agentes públicos – sistema remuneratório – fixação de remuneração e subsídio

29. (XI Exame) O Governador do Estado "N", verificando que muitos dos Secretários de seu Estado pediram exoneração por conta da baixa remuneração, expede decreto, criando gratificação por tempo de serviço para os Secretários, de modo que, a cada ano no cargo, o Secretário receberia mais 2%.

Dois anos depois, o Ministério Público, por meio de ação própria, aponta a nulidade do Decreto e postula a redução da remuneração aos patamares anteriores. Diante deste caso, responda aos itens a seguir.

A) É juridicamente válida a criação da gratificação?

B) À luz do princípio da irredutibilidade dos vencimentos, é juridicamente possível a redução do total pago aos Secretários de Estado, como requerido pelo Ministério Público?

GABARITO:

A) Não, uma vez que a Constituição Federal estabelece, no art. 37, X, que a remuneração dos servidores públicos e o subsídio de que trata o § 4º do art. 39 somente poderão ser fixados ou alterados por lei específica. Além disso, o § 4º do art. 39 prevê que os Secretários Estaduais serão remunerados exclusivamente por subsídio fixado em parcela única, vedado o acréscimo de qualquer gratificação, adicional, abono, prêmio, verba de representação ou outra espécie remuneratória.

B) Sim, uma vez que a irredutibilidade não garante a percepção de remuneração concedida em desacordo com as normas constitucionais. Não há direito adquirido contra regra constitucional ou legal.

Breves comentários dos autores – Mapa de Identificação dos Temas (MIT)

O tema central cobrado nesta questão é agentes públicos e o tema secundário é sistema remuneratório e pagamento por subsídios.

> O tema relativo a agentes públicos tanto pode cobrar o Estatuto dos Servidores Civis da União, Lei n. 8.112/90, quanto os aspectos constitucionais do regime dos servidores públicos, entre os arts. 37 a 41 da CF.

No caso em análise, devemos deixar marcado em nosso material de consulta o artigo relativo ao sistema remuneratório dos servidores públicos (art. 37, X, XI e XV; art. 39, § 4º, da CF).

> Em relação aos subsídios, parcela única paga a determinados agentes públicos, o STF vem decidindo que não há uma vedação absoluta na percepção de outras parcelas remuneratórias além do subsídio, tais como as que caracterizam direitos sociais, cumuláveis com a do subsídio, tais como adicional de férias, 13º salário, acréscimo de horas extraordinárias, adicional de trabalho noturno, entre outras.

O que o novo modelo de subsídio buscaria evitar seria que atividades exercidas pelo servidor público como inerentes ao cargo que ocupasse – e que já seriam cobertas pelo subsídio – fossem remuneradas com o acréscimo de qualquer outra parcela adicional. Nesse sentido, seriam excluídos os valores que não ostentassem caráter remuneratório, como os de natureza indenizatória e os valores pagos como retribuição por eventual execução de encargos especiais não incluídos no plexo das atribuições normais e típicas do cargo considerado.

II.13. Regime constitucional dos agentes públicos – criação de cargos e empregos e teto remuneratório

30. (XIII Exame) João prestou com sucesso concurso público para uma empresa pública federal e para uma autarquia estadual. Em ambos os casos, entretanto, o concurso público destinava-se à formação de cadastro de reserva, até porque, tanto na autarquia quanto na empresa pública, os quadros de pessoal estão completos. Diante do caso exposto, empregando os argumentos jurídicos apropriados e a fundamentação legal pertinente, responda aos itens a seguir.

A) Para a criação de novas vagas naqueles entes (empresa pública e autarquia), é necessária a edição de lei ou é admitida a criação por outras formas, indistintamente?

B) O cargo e o emprego pretendidos por João estão alcançados pelo teto remuneratório constitucional?

GABARITO:

A) O examinando deve identificar que, em relação ao cargo público na autarquia estadual, é necessária a edição de lei de iniciativa do Chefe do Poder Executivo, conforme interpretação do art. 61, § 1º, II, *a*, da CF, aplicável aos Estados pelo princípio da simetria; em relação ao emprego público na empresa pública federal, não é necessária a edição de lei, pois as entidades de direito privado da Administração Indireta estão excluídas da dicção daquele dispositivo constitucional.

B) O examinando deve identificar que o cargo público na autarquia estadual se submete ao teto remuneratório constitucional, na forma do art. 37, XI, da CF. O emprego na empresa pública federal somente se submete ao teto remuneratório previsto no art. 37, XI, da CF, se a entidade receber recursos da União para pagamento de despesas de pessoal ou de custeio em geral, na forma do art. 37, § 9º, da CF.

Breves comentários dos autores – Mapa de Identificação dos Temas (MIT)

O tema central cobrado nesta questão é agentes públicos e os temas secundários são a criação de cargos e empregos e teto remuneratório.

> O tema relativo a agentes públicos tanto pode cobrar o Estatuto dos Servidores Civis da União, Lei n. 8.112/90, quanto os aspectos constitucionais do regime dos servidores públicos, entre os arts. 37 a 41 da CF.

No caso em análise, devemos deixar marcado em nosso material de consulta os artigos relativos à competência para criação e extinção de cargo público (art. 48, X; art. 51, IV; art. 52, XIII – todos da CF), não esquecendo que compete ao Chefe do Executivo a iniciativa de lei versando sobre a criação e extinção de cargo público no Poder Executivo (art. 61, § 1º, II, *a*) e, como medida excepcional, podendo por decreto extinguir cargo público quando declarado vago (art. 84, VI, *b*, da CF).

Em relação ao teto remuneratório, devemos esclarecer que as empresas públicas e sociedades de economia mista que recebem verbas públicas para pagamento de despesas em geral e pagamento de pessoal, se submetem a teto remuneratório. Ao contrário, aquelas que possuem orçamento próprio, oriundo da sua atividade comercial, não se submetem a teto (art. 37, § 9º, da CF).

II.14. Regime constitucional dos agentes públicos – sistema remuneratório – fixação de remuneração e vedação a vinculação remuneratória

31. (XVII Exame) A Assembleia Legislativa do Estado X aprovou projeto de lei que estabeleceu um aumento de 9,23% (nove vírgula vinte e três por cento) para os servidores de nível superior do Poder Judiciário. Após alguns dias de paralisação e ameaça de greve por parte dos servidores públicos estaduais, o Governador do Estado X editou o Decreto n. 1.234, por meio do qual concedeu, aos servidores de nível superior do Poder Executivo, o mesmo aumento e garantiu que, para os próximos anos, eles receberiam o mesmo percentual de reajuste anual concedido aos servidores do Poder Judiciário. Com base na hipótese sugerida, responda, fundamentadamente, aos itens a seguir.

A) É possível a extensão, aos servidores do Poder Executivo, do mesmo aumento e dos mesmos percentuais de reajuste concedidos aos servidores do Poder Judiciário, por meio de Decreto Estadual?

B) É possível a extensão, mediante decisão judicial, do mesmo percentual de aumento aos servidores de nível médio do Poder Judiciário excluídos do alcance da lei recentemente aprovada?

GABARITO: Em relação ao item A, a resposta é negativa. Dois fundamentos inquinam a validade do Decreto do Chefe do Poder Executivo estadual. Em primeiro lugar, a Constituição da República, em seu art. 37, X, estabeleceu que a remuneração dos servidores públicos deve ser fixada ou alterada por lei específica. Fica vedada, portanto, a edição de decreto para a concessão de aumentos ou reajustes aos servidores públicos. Além disso, a Constituição da República, no inciso XIII do mesmo dispositivo, veda a vinculação ou equiparação de quaisquer espécies remuneratórias para o efeito de remuneração de pessoal do serviço público. Não pode o decreto, portanto, vincular a remuneração e os reajustes dos servidores do Poder Executivo estadual àqueles do Poder Judiciário.

Em relação ao item B, a resposta também é negativa. A Constituição da República exige a edição de lei, em sentido formal, para a concessão de aumento ou reajuste de servidores (art. 37, X), tornando impossível o aumento de vencimentos de servidores públicos pelo Poder Judiciário. Esse é o fundamento, aliás, da Súmula 339 do Supremo Tribunal Federal: "Não cabe ao Poder Judiciário, que não tem função legislativa, aumentar vencimentos de servidores públicos sob o fundamento de isonomia" e da recente Súmula Vinculante 37, com idêntica redação.

Breves comentários dos autores – Mapa de Identificação dos Temas (MIT)

O tema central cobrado nesta questão é agentes públicos e o tema secundário é sistema remuneratório – fixação de remuneração e vedação a vinculação.

> *O tema relativo a agentes públicos tanto pode cobrar o Estatuto dos Servidores Civis da União, Lei n. 8.112/90, quanto os aspectos constitucionais do regime dos servidores públicos, entre os arts. 37 a 41 da CF.*

No caso em análise, devemos deixar marcado em nosso material de consulta o artigo relativo ao sistema remuneratório dos servidores públicos, em especial à fixação das remunerações (art. 37, X, XI e XV; art. 39, § 4º, da CF), bem como o art. 37, XIII, que trata da vedação à vinculação remuneratória.

O STF editou recentemente a Súmula Vinculante 37, que estabelece o seguinte: "Não cabe ao Poder Judiciário, que não tem função legislativa, aumentar vencimentos de servidores públicos sob o fundamento de isonomia". Fique ligado!!!

II.15. Regime constitucional dos agentes públicos – cargos públicos – acumulação de cargos, empregos e funções

32. (XV Exame) João, servidor público federal, ocupante do cargo de agente administrativo, foi aprovado em concurso público para emprego de técnico de informática, em sociedade de economia mista do Estado X. Além disso, João recebeu um convite de emprego para prestar serviços de manutenção de computadores na empresa de Alfredo. Com base no exposto, responda, fundamentadamente, aos itens a seguir.

A) É possível a cumulação do cargo técnico na Administração Federal com o emprego em sociedade de economia mista estadual? E com o emprego na iniciativa privada?

B) Caso João se aposente do cargo que ocupa na Administração Pública federal, poderá cumular a remuneração do emprego na empresa de Alfredo com os proventos de aposentadoria decorrentes do cargo de agente administrativo?

GABARITO:

A) O examinando deve identificar que não é possível a cumulação do cargo público com o emprego na sociedade de economia mista estadual, na forma do art. 37, XVII, da Constituição da República, bem como do art. 118, § 1º, da Lei n. 8.112/90. De outro lado, não há qualquer vedação, constitucional ou legal, ao exercício de atividade remunerada (não comercial) junto à iniciativa privada (no caso, como prestador de serviços de manutenção de computadores), desde que não haja incompatibilidade de horários prejudicial ao serviço público.

B) O examinando deve identificar que é possível a cumulação, pois, conforme o art. 37, § 10, da Constituição, só é vedada a percepção simultânea de proventos de aposentadoria decorrentes do art. 40 ou dos arts. 42 e 142 com a remuneração de cargo, emprego ou função pública.

Breves comentários dos autores – Mapa de Identificação dos Temas (MIT)

O tema central cobrado nesta questão é agentes públicos e o tema secundário é a acumulação de cargos, empregos e funções.

> O tema relativo a agentes públicos tanto pode cobrar o Estatuto dos Servidores Civis da União, Lei n. 8.112/90, quanto os aspectos constitucionais do regime dos servidores públicos, entre os arts. 37 a 41 da CF.

No caso em análise, devemos deixar marcado em nosso material de consulta os artigos relativos à acumulação de cargos públicos (art. 37, XVI, XVII e § 10; art. 38, III, da CF).

A vedação a acumulação de cargos se estende aos empregos públicos. É aceito o exercício de atividade remunerada pelo servidor público fora do serviço público, desde que não seja atividade de comércio e que haja compatibilidade de horários.

II.16. Regime constitucional dos agentes públicos – acumulação de cargos e visão monocular

33. (XXIV Exame) Maria da Silva, médica, inscreveu-se no concurso de perito do Instituto Nacional do Seguro Social (INSS) e foi aprovada. Após ser nomeada, tomou posse e, logo em seguida, entrou em exercício. Quatro anos depois, Maria foi diagnosticada com glaucoma e, em decorrência disso, infelizmente, perdeu a visão de um dos olhos. Passados alguns anos, o Tribunal Regional do Trabalho (TRT) abriu concurso para o cargo de médico. Maria solicitou inscrição para as vagas reservadas a candidatos com deficiência. Para comprovar sua condição, enviou à comissão do concurso laudo médico. A solicitação foi indeferida, sob a justificativa de que o portador de visão monocular não tem direito de concorrer às vagas reservadas aos deficientes. Na qualidade de advogado(a) consultado(a), responda aos itens a seguir.

A) Maria pode acumular o cargo de perito do INSS com o de médico do TRT?

B) A decisão que indeferiu o pedido de Maria para concorrer às vagas reservadas a candidatos com deficiência é lícita?

GABARITO:

A) Sim. Por se tratar de profissionais da área da saúde, a acumulação de cargos é lícita, desde que haja compatibilidade de horários, conforme previsão constante do art. 37, XVI, c, da CF/88.

B) Não. O portador de visão monocular tem direito de concorrer, em concurso público, às vagas reservadas aos deficientes, conforme Súmula 377 do Superior Tribunal de Justiça.

Breves comentários dos autores – Mapa de Identificação dos Temas (MIT)

O tema central cobrado nesta questão é agentes públicos e os temas secundários são a acumulação de cargos e empregos e a reserva de vagas para deficientes.

> O tema relativo a agentes públicos tanto pode cobrar o Estatuto dos Servidores Civis da União, Lei n. 8.112/90, quanto os aspectos constitucionais do regime dos servidores públicos, entre os arts. 37 a 41 da CF/88.

No caso em análise, devemos deixar marcado em nosso material de consulta os artigos relativos à acumulação de cargos públicos (art. 37, XVI, XVII e § 10; art. 38, III, da CF/88).

A Constituição admite, em casos excepcionais e desde que haja compatibilidade de horários, a acumulação de cargos e empregos conforme as hipóteses previstas no art. 37, XVI, como a de dois profissionais da área de saúde, neste caso particular.

Em relação a vagas destinadas a deficientes, o STJ prevê que o portador de visão monocular é considerado deficiente. Diferentemente ocorre com o portador de surdez unilateral, que não é considerado deficiente para fins de concursos públicos!!!

II.17. Regime constitucional dos agentes públicos – aposentadoria – natureza do ato e controle

34. (III Exame) Ana Amélia, professora dos quadros da Secretaria de Educação de determinado Estado, ao completar sessenta e dois anos de idade e vinte e cinco anos de tempo de contribuição, formulou requerimento de aposentadoria especial. O pleito foi deferido, tendo sido o ato de aposentadoria publicado no Diário Oficial em abril de 2008. Em agosto de 2010, Ana Amélia recebeu notificação do órgão de recursos humanos da Secretaria de Estado de Educação, dando-lhe ciência de questionamento formulado pelo Tribunal de Contas do Estado em relação à sua aposentadoria especial. Ficou constatado que a ex-servidora exerceu, por quinze anos, o cargo em comissão de Assessora Executiva da Secretaria de Estado de Administração, tendo sido tal período computado para fins de aposentadoria especial.

Considerando a situação hipotética apresentada, responda aos itens a seguir, empregando os argumentos jurídicos apropriados e a fundamentação legal pertinente ao caso.

A) Indique o fundamento para a atuação do Tribunal de Contas do Estado, informando se o ato de aposentadoria já se encontra aperfeiçoado.

B) Analise se o questionamento formulado pelo órgão de controle se encontra correto.

GABARITO: Nos termos do art. 71, III, da CF, compete ao TCU – e, por simetria, aos Tribunais de Contas dos Estados – apreciar, para fins de registro, a legalidade dos atos de concessão de aposentadoria. De acordo com os precedentes do STF, os atos de aposentadoria são considerados atos complexos, que somente se aperfeiçoam com o registro na Corte de Contas respectiva.

O questionamento formulado pelo órgão de controle encontra-se correto, pois o exercício de função administrativa, estranha ao magistério – como é o caso de cargo em comissão de assessora executiva na Secretaria de Administração –, não pode ser considerado para fins de aposentadoria especial de professores. A norma do art. 40, § 5º, da CF, ao disciplinar a matéria, exige efetivo exercício das funções de magistério e o tema veio a ser objeto da Súmula 726 do STF.

Obs.: É importante registrar que o art. 1º da Lei n. 11.301/2006, que acrescentou o § 2º ao art. 67 da Lei n. 9.394/96 e que veio a ser declarado constitucional pelo STF, não repercute sobre a questão, pois a situação-problema envolve cômputo, para fins de aposentadoria especial de professor, de função eminentemente administrativa, e não relacionada ao magistério.

Breves comentários dos autores – Mapa de Identificação dos Temas (MIT)

O tema central cobrado nesta questão é agentes públicos e o tema secundário é de aposentadoria especial.

> O tema relativo a agentes públicos tanto pode cobrar o Estatuto dos Servidores Civis da União, Lei n. 8.112/90, quanto os aspectos constitucionais do regime dos servidores públicos, entre os arts. 37 a 41 da CF.

No caso em análise, devemos deixar marcado em nosso material de consulta o artigo relativo à aposentadoria especial dos servidores públicos (art. 40, § 5º) e quanto ao controle feito pelos tribunais de contas (art. 71, III), ambos da CF.

> De fato, os atos de aposentadoria dos servidores públicos só se aperfeiçoam com o registro feito pelo Tribunal de Contas. No entanto, o próprio STF vem alterando seu entendimento a respeito da natureza do ato. Já existe entendimento no sentido de considerá-lo composto, e não complexo, porquanto já produziria efeitos preliminares antes deste registro. Cumpre mencionar também que a aposentadoria especial é aplicada em casos previstos nos art. 40, §§ 4º e 5º, da CF.

II.18. Regime constitucional dos agentes públicos – aposentadoria – notários e tabeliães

35. (XXIX Exame – Direito Material da Peça) Em concurso realizado na vigência da Emenda Constitucional n. 20/98, Joel foi aprovado para desempenhar serviços notariais e de registro, vindo a ser nomeado tabelião de notas de serventia extrajudicial, no Estado Alfa.

Ao completar setenta e cinco anos de idade, em maio de 2018, Joel foi aposentado compulsoriamente pelo regime próprio de previdência do ente federativo em questão, contra a sua vontade, sob o motivo de que havia atingido a idade limite para atuar junto à Administração Pública, nos termos da CRFB/88.

Joel, em razão da aposentação compulsória, sentindo-se violado nos seus direitos de personalidade, entrou em depressão profunda em menos de dois meses. O quadro tornou-se ainda mais grave devido à grande perda patrimonial, considerando que os proventos de inativo são bem inferiores ao valor do faturamento mensal do cartório.

Seis meses após a decisão que declarou "vacante" a sua delegação junto a específico cartório de notas, e o deu por aposentado, Joel procura você, como advogado(a), para tomar as providências pertinentes à defesa de seus interesses. Menciona que sua pretensão seria voltar à atividade e ser reparado por todos os danos sofridos.

Redija a peça processual adequada para a plena defesa dos interesses de Joel, mediante o apontamento de todos os argumentos pertinentes.

GABARITO: A medida cabível é a petição inicial de ação anulatória do ato de aposentadoria de Joel, com a reintegração na função delegada, bem como indenização pelo período do afastamento ilegal e por danos morais, com pedido de liminar.

Na fundamentação, deve ser alegada a nulidade da aposentadoria compulsória de Joel, pelos fundamentos a seguir:

I. Apesar de realizarem concurso público, os tabeliães, notários e oficiais dos serviços notariais e de registro não são servidores públicos, mas agentes que exercem função delegada, na forma do art. 236 da CRFB/88 OU art. 3º da Lei n. 8.935/94.

II. Consequentemente, os tabeliães, notários e oficiais de serviços notariais estão vinculados ao regime geral de previdência social e/ou não se submetem ao regime de aposentadoria próprio dos servidores públicos ocupantes de cargos efetivos, notadamente à aposentadoria compulsória, prevista no art. 40, inciso II, da CRFB/88.

Com relação à indenização, deve ser destacado:

A) A presença dos elementos configuradores da responsabilidade civil do Estado – conduta ilícita, nexo causal e dano – a ensejar o dever de reparação material e moral, na forma do art. 37, § 6º, da CRFB/88;

B) Quanto ao dano material, ressaltar os enormes prejuízos sofridos por Joel em razão da redução de sua remuneração a partir de sua aposentadoria compulsória.

C) Em relação ao dano moral, frisar que a conduta ilegal foi além do mero aborrecimento OU violou direitos da personalidade do demandante.

Breves comentários dos autores – Mapa de Identificação dos Temas (MIT)

O tema central cobrado nesta questão trata dos agentes públicos e o tema secundário é de aposentadoria dos notários e tabeliães.

> *O tema relativo a agentes públicos pode cobrar tanto o Estatuto dos Servidores Civis da União – Lei n. 8.112/90 – quanto os aspectos constitucionais do regime dos servidores públicos, entre os arts. 37 e 41 da CF.*

No caso em análise, devemos deixar marcado em nosso material de consulta o artigo relativo à aposentadoria dos servidores públicos (art. 40 da CRFB) e, quanto aos notários, o art. 236 da CRFB e a Lei n. 8.935/94.

Os notários e tabeliães não se enquadram na categoria de servidores públicos, embora estejam sujeitos à realização de concurso, na forma do § 3º do art. 236 da CRFB. Por essa razão, não se submetem ao regime de aposentadoria próprio dos servidores, chamado de Regime Próprio de Previdência Social – RPPS.

Dessa forma, não há que se falar em aposentadoria compulsória aos 75 anos. No caso, houve flagrante dano ao autor, merecedor de indenização.

II.19. Agentes públicos – agente de fato – devolução de valores

36. (XX Exame) José Maria, aprovado em concurso público para o cargo de Auditor Fiscal do Ministério da Fazenda, foi convocado a apresentar toda a sua documentação e os exames médicos necessários até o dia 13 de julho. Após a entrega dos documentos, José Maria foi colocado em treinamento, e, passadas duas semanas, iniciou o exercício de suas atividades funcionais, que consistiam no processamento de pedidos de parcelamento de débitos tributários. Ocorre que, meses depois, a Administração percebeu que José Maria não havia, formalmente, sido nomeado e nem assinado o termo de posse. Responda, fundamentadamente, aos itens a seguir.

A) Os atos praticados por José Maria podem gerar efeitos em relação a terceiros?

B) A Administração pode exigir de José Maria a devolução dos valores por ele percebidos ao longo do tempo em que não esteve regularmente investido?

GABARITO:

A) A resposta é positiva. A situação descrita configura exemplo de atuação de um agente de fato, isto é, aquele que desempenha atividade pública com base na presunção de legitimidade de sua situação funcional. Os atos praticados por agentes de fato podem ser convalidados, a fim de se evitarem prejuízos para a Administração ou a terceiros de boa-fé.

B) A resposta é negativa. Ainda que ilegítima a investidura, o agente de fato tem direito à percepção de sua remuneração porque agiu de boa-fé e as verbas recebidas tinham caráter alimentar, sob pena de enriquecimento sem causa da Administração Pública.

Breves comentários dos autores – Mapa de Identificação dos Temas (MIT)

O tema central cobrado na questão é agente público e o tema secundário é a caracterização do chamado "agente de fato".

> O agente de fato é aquele que exerce as atividades públicas com fundamento da presunção de legitimidade que o próprio Estado lhe confere. Diferente do chamado "usurpador de função pública", que exerce de forma ilegítima/ilegal a atividade pública, configurando, inclusive, crime.

II.20. Agentes públicos – princípio da publicidade

37. (XX Exame) Certo estado da Federação fez editar lei que determina a divulgação, por meio de sítios eletrônicos, da remuneração de seu quadro de pessoal, incluindo informações sobre nome, matrícula e montante bruto do total da remuneração de cada servidor. Cumprido o comando normativo, observou-se que o montante total bruto percebido por alguns servidores era superior ao teto remuneratório estipulado na Constituição. Como assessor jurídico da Secretaria de Estado de Administração, responda aos seguintes itens.

A) A lei em questão viola o direito à privacidade e à intimidade dos servidores? Fundamente sua resposta.

B) Existe verba que não esteja submetida ao teto remuneratório e possa validamente justificar a percepção de remuneração em valor acima do limite determinado pela Constituição?

GABARITO:

A) Não há violação ao direito à privacidade e à intimidade porque os dados a serem divulgados dizem respeito a agentes públicos atuando nessa qualidade; remuneração bruta, cargo e lotação são informações de interesse coletivo e geral, em consonância com o princípio republicano que se extrai do art. 1º da CF/88. A lei enquadra-se na parte inicial do disposto no art. 5º, XXXIII, da CF/88, ausente qualquer das circunstâncias impositivas de sigilo com base na parte final do dispositivo. A atividade administrativa e os respectivos gastos se submetem ao princípio da publicidade, enunciado no art. 37, *caput*, da Constituição da República.

B) A resposta é afirmativa. As verbas de caráter indenizatório, previstas em lei, não se submetem ao teto remuneratório, na forma do art. 37, § 11, da CF/88.

Breves comentários dos autores – Mapa de Identificação dos Temas (MIT)

O tema central cobrado na questão é agente público e o tema secundário é o princípio da publicidade e o sistema remuneratório do servidor.

Identificando o tema, fica mais fácil encontrar na CF e nas leis os artigos pertinentes. Caso não se recorde, basta buscar nos índices remissivos.

O tema relativo ao sistema remuneratório dos agentes públicos é bastante cobrado nos Exames da OAB, e deve ser pesquisado na CF, nos arts. 37 e 39.

> Quanto ao princípio da publicidade, vale também consultar a lei de acesso a informação (Lei n. 12.527/2011).

II.21. Agentes públicos – concurso público – psicotécnico – remoção

38. (XXII Exame) José prestou concurso público federal mediante a realização de provas e de exame psicotécnico, etapa integrante do certame e previsto na legislação. Ele logrou aprovação e foi regularmente investido na vaga existente no Estado Alfa. Sua esposa, Maria, já é servidora federal estável lotada no mesmo Estado. Logo após a nomeação de José, ela foi removida para o Estado Beta, no extremo oposto do país, onde terá que passar a residir, no interesse da Administração. Diante dessa situação hipotética, responda aos itens a seguir.

A) José poderia ser submetido à realização de exame psicotécnico como etapa de concurso público, ciente de que o cargo exige equilíbrio emocional?

B) José tem direito de ser removido para outro cargo, no âmbito do mesmo quadro funcional, para o Estado Beta, com o fim de se juntar a Maria?

GABARITO:

A) Sim. O exame psicotécnico pode constituir etapa de concurso público, desde que exista previsão em lei e no respectivo edital, na forma do art. 37, I, da CF/88 ou da Súmula Vinculante 44 do STF.

B) Sim, porque é cabível a remoção, a pedido, para outra localidade, independentemente do interesse da Administração para acompanhamento de cônjuge que tenha sido deslocado no interesse da Administração, como se extrai do art. 36, parágrafo único, inciso III, *a*, da Lei n. 8.112/90.

Breves comentários dos autores – Mapa de Identificação dos Temas (MIT)

O tema central cobrado na questão são os agentes públicos e os temas secundários são: exigência de psicotécnico e remoção de servidor.

> *Identificando o tema, fica mais fácil encontrar na CF e nas leis os artigos pertinentes. Caso não se recorde, basta buscar nos índices remissivos. Neste caso, as respostas estão todas na CF e na Lei n. 8.112/90.*

A admissão de servidores e empregados públicos deve observar a obrigatoriedade de concurso público de provas ou provas e títulos, salvo para o exercício de cargos em comissão e função temporária.

O exame psicotécnico pode ser exigido como etapa do concurso, desde que (i) haja expressa previsão em lei; (ii) os critérios de aprovação sejam objetivos; e (iii) seja dada a oportunidade de revisão do resultado.

Em relação à remoção, trata-se do deslocamento do servidor, a pedido ou de ofício, no âmbito do mesmo quadro, com ou sem mudança de sede, admitindo três modalidades:

I – de ofício, no interesse da Administração (independentemente da vontade do servidor);

II – a pedido, a critério da Administração (dependendo do interesse público);

III – a pedido, para outra localidade, independentemente do interesse da Administração, no caso de, entre outros, acompanhar cônjuge ou companheiro, também servidor público civil ou militar, de qualquer dos Poderes da União, dos Estados, do Distrito Federal e dos Municípios, que foi deslocado no interesse da Administração.

II.22. Agentes Públicos – PAD – Denúncia anônima – Prazos

39. (XXXI EXAME) Por meio de carta apócrifa, a autoridade competente tomou conhecimento de que Luciola, servidora pública federal estável, praticou conduta gravíssima no exercício da função pública. Ato contínuo, procedeu-se à sindicância que efetivamente apurou indícios da prática de tais atos e conduziu à instauração motivada do respectivo processo administrativo disciplinar, cujo curso respeitou a ampla defesa e o contraditório, culminando na demissão de Luciola. Ocorre que o julgamento do processo administrativo disciplinar se deu fora do prazo legal, pois alcançou o total de duzentos dias, considerando que o inquérito administrativo foi concluído em cento e setenta dias e a decisão pela autoridade competente levou trinta dias, sem prejuízo para a defesa. Na qualidade de advogado(a) de Luciola, responda, fundamentadamente, aos itens a seguir.

A) A instauração do processo administrativo disciplinar contra Luciola poderia decorrer de carta apócrifa? (Valor: 0,65)

B) É cabível a anulação da penalidade aplicada a Luciola em decorrência do excesso de prazo? (Valor: 0,60)

GABARITO:

A) Sim. É possível a instauração de processo administrativo disciplinar com base em denúncia anônima, devidamente motivada e com amparo em investigação ou sindicância, diante do poder-dever de autotutela imposto à Administração, consoante Súmula 611 do STJ.

B) Não. O descumprimento dos prazos legais para julgamento do processo administrativo disciplinar não importa nulidade do processo, se não houver prejuízo para a defesa, consoante disposto no art. 169, § 1º, da Lei n. 8.112/90 OU na Súmula 592 do STJ.

Breves comentários dos autores – Mapa de Identificação dos Temas (MIT)

O tema central cobrado na questão são os agentes públicos e suas responsabilidades, tendo como subtema o processo administrativo disciplinar – PAD.

Identificando o tema, fica mais fácil encontrar na Constituição e nas leis os artigos pertinentes. Caso não se recorde, basta buscar nos índices remissivos da sua Legislação Administrativa.

Questões que tratem de agentes públicos federais podem ser encontradas na CRFB/88, entre os artigos 37 e 41, bem como no Estatuto do Servidor – Lei n. 8.112/90. Todas as respostas estarão lá!

Importante ficarmos atentos aos enunciados do STJ, como o 611, que cuida exatamente da possibilidade de iniciar um PAD por meio de denúncia anônima, e o 592, que trata do prazo não fatal em PAD.

II.23. Requisitos de acesso a cargo público – licença para tratar de assuntos particulares

40. (XXVIII Exame) Márcio, estudante de engenharia civil, em razão dos elevados índices de desemprego e da dificuldade de conseguir um estágio, resolveu iniciar os estudos para ingressar no serviço público. Faltando exatamente seis meses para concluir a faculdade, o Tribunal Regional Federal da 1ª Região publica edital de concurso para provimento do cargo efetivo de engenheiro civil. O estudante inscreve-se no certame e é aprovado. Dois meses depois da colação de grau, Márcio é surpreendido com sua nomeação. Na qualidade de advogado(a) consultado(a), responda aos itens a seguir.

A) O fato de Márcio ter feito a inscrição no concurso quando ainda não preenchia os requisitos do cargo torna sem efeito sua posterior nomeação?

B) Márcio, seis meses depois da posse, recebe uma proposta para trabalhar em uma grande construtora brasileira. Para não se desvincular do serviço público, ele pode obter licença para tratar de interesses particulares pelo prazo de dois anos?

GABARITO:

A) A resposta é negativa. O diploma necessário para o exercício do cargo deve ser exigido na posse e não na inscrição para o concurso público, conforme dispõe a Súmula 266 do STJ. Logo, o fato de Márcio ter feito a inscrição no concurso quando ainda não preenchia os requisitos do cargo não torna sem efeito sua posterior nomeação. Observe-se, ainda, que não é dito que o Edital previa o preenchimento dos requisitos em momento à nomeação.

B) A resposta é negativa. Não é juridicamente possível a obtenção da referida licença, pois tal licença só pode ser concedida ao servidor que não esteja em estágio probatório, conforme disposto no art. 91 da Lei n. 8.112/90.

Breves comentários dos autores – Mapa de Identificação dos Temas (MIT)

Trata-se de questão que tem como tema principal os agentes públicos e como temas secundários os requisitos de acesso e momento de exigi-los, bem como a licença para tratar de assuntos particulares.

> *O tema relativo a agentes públicos pode cobrar tanto o Estatuto dos Servidores Civis da União – Lei n. 8.112/90 – quanto os aspectos constitucionais do regime dos servidores públicos, entre os arts. 37 e 41 da CF.*

No caso em análise, devemos deixar marcado em nosso material de consulta a Súmula 266 do STJ, bem como o art. 91 da Lei n. 8.112/90.

Os requisitos de acesso aos cargos públicos podem ser objetivos (guardam relação com as atribuições do cargo) ou subjetivos (dizem respeito a atributos físicos do candidato – teoria das classificações suspeitas). Esses requisitos subjetivos devem ser analisados em consonância com o princípio da razoabilidade. Exceto no caso do concurso para magistratura, os requisitos objetivos devem ser exigidos somente na posse.

A licença para tratar de assuntos particulares é um benefício estatutário concedido aos servidores ocupantes de cargos efetivos já estáveis, na forma do art. 91 da Lei n. 8.112/90.

II.24. Agente público – disponibilidade – desvio de finalidade

41. (XXIX Exame) Diante de rebelião instaurada em unidade prisional federal, que contou com a conivência de servidores públicos, a autoridade competente, ao final de apuração em processo administrativo disciplinar, aplicou a disponibilidade como sanção aos agentes penitenciários envolvidos no evento, dentre os quais estava André. Em razão disso, André procura você para, na qualidade de advogado(a), esclarecer, fundamentadamente, os questionamentos a seguir.

A) A autoridade competente poderia ter aplicado a disponibilidade como sanção a André?

B) Existe desvio de finalidade na aplicação da sanção descrita?

GABARITO:

A) Não. A disponibilidade não tem a natureza de sanção, somente se aplicando nas hipóteses de extinção do cargo ou declaração da sua desnecessidade, na forma do art. 41, § 3º, da CRFB/88, OU a disponibilidade não consta dentre as penalidades disciplinares previstas no art. 127 da Lei n. 8.112/90.

B) Sim. Há desvio de finalidade na situação descrita, dado que a disponibilidade foi utilizada para alcançar fim diverso daquele previsto na lei, consoante define o art. 2º da Lei n. 4.717/65.

Breves comentários dos autores – Mapa de Identificação dos Temas (MIT)

Trata-se de questão multitemática, envolvendo o tema da disponibilidade dos servidores públicos e o tema do desvio de finalidade dos atos administrativos.

> *O tema relativo a agentes públicos pode cobrar tanto o Estatuto dos Servidores Civis da União – Lei n. 8.112/90 – quanto os aspectos constitucionais do regime dos servidores públicos, entre os arts. 37 e 41 da CF. Já o tema dos vícios dos atos administrativos consta do art. 2º da Lei n. 4.717/65.*

No caso em análise, devemos deixar marcados em nosso material de consulta o art. 127 da Lei n. 8.112/90 e o art. 2º da Lei n. 4.717/65.

No desvio de finalidade ou de poder, o agente possui competência para a prática do ato, porém, no lugar de interesse público, acaba satisfazendo interesse pessoal.

Vale ressaltar que a disponibilidade não é punição. É uma situação transitória, ocasionada pela extinção do cargo ou declaração da sua desnecessidade, devendo o servidor ser aproveitado o mais breve possível.

III. INTERVENÇÃO DO ESTADO NA PROPRIEDADE

III.1. Servidão administrativa – fases e competências

42. (XIV Exame) O Estado "Y", mediante decreto, declarou como de utilidade pública, para fins de instituição de servidão administrativa, em favor da concessionária de serviço público "W", imóveis rurais necessários à construção de dutos subterrâneos para passagem de fios de transmissão de energia. A concessionária "W", de forma extrajudicial, conseguiu fazer acordo com diversos proprietários das áreas declaradas de utilidade pública, dentre eles, Caio, pagando o valor da indenização pela instituição da servidão por meio de contrato privado. Entretanto, após o pagamento da indenização a Caio, este não permitiu a entrada da concessionária "W" no imóvel para construção do duto subterrâneo, descumprindo o contrato firmado, o que levou a concessionária "W" a ingressar judicialmente com ação de instituição de servidão administrativa em face de Caio. Levando em consideração a hipótese apresentada, responda, de forma justificada, aos itens a seguir.

A) É possível a instituição de servidão administrativa pela via judicial?

B) Um concessionário de serviço público pode declarar um bem como de utilidade pública e executar os atos materiais necessários à instituição da servidão?

GABARITO:

A) A resposta deve ser positiva. O fundamento legal genérico do instituto da servidão é o art. 40 do Decreto-lei n. 3.365/41. Assim, às servidões se aplicam as regras de desapropriação presentes no decreto-lei em referência, dentre as quais a possibilidade de instituição pela via judicial.

B) O examinando deve identificar que os concessionários não podem declarar um bem como de utilidade pública, mas, de acordo com o art. 3º do Decreto-lei n. 3.365/41, c/c o art. 29, VIII, da Lei n. 8.987/95, os concessionários de serviços públicos podem executar/promover a instituição de servidão administrativa.

Breves comentários dos autores – Mapa de Identificação dos Temas (MIT)

A questão possui como tema central a intervenção do Estado na propriedade, e como tema secundário a servidão administrativa, suas fases e suas competências.

> A matriz constitucional das intervenções estatais está na própria Constituição, no art. 5º, XXII, XXIII, XXIV, XXV; no art. 182, § 4º; nos arts. 184 a 186, entre outros. Ainda, outros temas relacionados à intervenção estatal na propriedade estão no DL n. 3.365/41, o estatuto geral das desapropriações. A servidão administrativa é um deles.

Neste caso em particular, como se trata de servidão administrativa e concessionário de serviços públicos, devemos conjugar as duas leis, o DL n. 3.365/41 e a Lei n. 8.987/95 (Lei das Concessões).

Assim como nas desapropriações, as servidões administrativas são iniciadas por ato do Chefe do Poder Executivo e se dividem em duas fases: uma administrativa e outra judicial, esta última apenas nos casos de dúvida quanto à titularidade do bem ou quando não houver acordo financeiro pela indenização.

Sendo uma medida imperativa, só pode ser declarada pelas pessoas públicas. No entanto, sua promoção pode ser feita por particulares, conforme o art. 3º do DL n. 3.365 c/c art. 29, VIII, da Lei n. 8.987/95.

PRÁTICA ADMINISTRATIVA

III.2. Ocupação temporária ou provisória – características e prescrição da pretensão indenizatória

43. (X Exame) O município "X", tendo desapropriado um imóvel para a instalação da sede da prefeitura e, necessitando realizar obras de reparo no prédio, instala em terreno contíguo, de propriedade de Mário, o canteiro de obra necessário a realização dos reparos. Considerando apenas os fatos descritos acima, responda aos itens a seguir.

A) Qual é a figura de intervenção utilizada pelo Município e quais são suas características?

B) Nesse caso, é devida alguma indenização? Indique o fundamento legal.

GABARITO:

A) Trata-se de ocupação temporária, que se caracteriza pelo uso transitório por parte do Poder Público de imóvel privado, como meio de apoio à execução de obras públicas.

B) Nessa modalidade de ocupação temporária, por expressa disposição de lei (art. 36 do Decreto-lei n. 3.365/41), é devida indenização.

44. (XXV Exame – Direito Material da Peça – Reaplicação em Porto Alegre/RS) O Município Beta fez editar decreto expropriatório por utilidade pública do imóvel pertencente a Regina, com vistas a construir um estádio poliesportivo para sediar importante evento que irá ocorrer na localidade e deixar de legado para o lazer dos munícipes e prática desportiva para presentes e futuras gerações, certo que as partes alcançaram um acordo e a desapropriação foi ultimada na fase administrativa.

Não obstante, para a construção da mencionada obra, o Município Beta invadiu o imóvel de Abelardo, um terreno não edificado vizinho ao imóvel desapropriado, no qual alocou máquinas, equipamentos de serviço, barracas de operários e outros itens necessários para a empreitada, no período entre setembro de 2013 e setembro de 2014.

Após o mencionado interregno, o Poder Público abandonou o local. O proprietário, para que o bem voltasse às condições anteriores à sua utilização, teve gastos da ordem de R$ 20.000,00 (vinte mil reais) com a limpeza e o preparo do terreno. Em janeiro de 2018, Abelardo ajuizou ação com vistas a obter ressarcimento pelos danos emergentes e lucros cessantes decorrentes da utilização de seu imóvel, mediante a apresentação de todos os argumentos que lhe trariam maior benefício econômico, que foi extinta com resolução de mérito pelo Juízo da 2ª Vara de Fazenda Pública, cuja sentença pronunciou a prescrição trienal prevista no art. 206, § 3º, inciso V, do CC, mantida após a apresentação de Embargos de Declaração.

Inconformado, Abelardo procura você para, na qualidade de advogado, interpor o recurso cabível para impugnar a mencionada decisão, publicada na última sexta-feira.

GABARITO: Peça – recurso de apelação

A) não consumação da prescrição da pretensão indenizatória, que se submete ao prazo de cinco anos, previsto no art. 10, parágrafo único, do Decreto-Lei n. 3.365/41.

B) caracterização da ocupação temporária, consoante o art. 36 do Decreto-Lei n. 3.365/41.

C) previsão de indenização em decorrência de tal modalidade de intervenção do Estado na propriedade, no mencionado dispositivo, que deve abarcar:

I. Danos com a limpeza e preparo do terreno, da ordem de R$ 20.000,00 (vinte mil reais).

II. Remuneração mensal pela utilização do terreno no período entre setembro de 2013 a setembro de 2014.

D) a ilicitude da conduta do Município ao promover a invasão ou esbulho na propriedade de Abelardo, sem qualquer providência que pudesse legitimá-la, configuradora do dever de indenizar.

E) a vedação ao enriquecimento sem causa da Administração, na forma do art. 884 do CC, considerando que o imóvel fora efetivamente utilizado pelo período de um ano.

Breves comentários dos autores – Mapa de Identificação dos Temas (MIT)

A questão possui como tema central a intervenção do Estado na propriedade, e como tema secundário a ocupação temporária ou provisória e suas características. Conseguiu visualizar?

> *A matriz constitucional das intervenções estatais está na própria Constituição, no art. 5º, XXII, XXIII, XXIV, XXV; no art. 182, § 4º; nos arts. 184 a 186, entre outros. Ainda, outros temas relacionados à intervenção estatal na propriedade estão no DL n. 3.365/41, o estatuto geral das desapropriações. A ocupação temporária é um deles.*

Nestes casos em particular, como se tratam de ocupação temporária, devemos buscar o DL n. 3.365/41.

É fácil identificar a ocupação temporária. Trata-se de um instituto de intervenção estatal na propriedade privada, para que o estado tenha apoio na execução de uma obra ou serviço público. Os imóveis que servem como zonas eleitorais também sofrem ocupação temporária. Diferencia-se da requisição administrativa, pois nesta última há o requisito do perigo público iminente. A indenização é devida no caso de haver prejuízo ao bem imóvel, quer seja físico, quer seja pela impossibilidade de utilização pelo proprietário.

Na segunda questão, ainda houve o instituto da prescrição da pretensão indenizatória por parte do particular. Nesses casos de intervenção do Estado na propriedade, a prescrição indenizatória é quinquenal, na forma do art. 10, parágrafo único, do DL n. 3.365/41.

III.3. Requisição administrativa – características

45. (IV Exame) No curso de uma inundação e do aumento elevado das águas dos rios em determinada cidade no interior do Brasil, em razão do expressivo aumento do índice pluviométrico em apenas dois dias de chuvas torrenciais, o Poder Público municipal ocupou durante o período de 10 (dez) dias a propriedade de uma fazenda particular com o objetivo de instalar, de forma provisória, a sede da Prefeitura, do Fórum e da Delegacia de Polícia, que foram completamente inundadas pelas chuvas.

Diante da hipótese acima narrada, identifique e explicite o instituto de direito administrativo de que se utilizou o Poder Público municipal, indicando a respectiva base legal.

GABARITO: O examinando deve indicar que se trata do instituto da ocupação temporária de bens privados ou da requisição, tal como prevê o art. 5º, XXV, da CF.

A ocupação temporária de bens privados consiste no apossamento, mediante ato administrativo unilateral, de bem privado para uso temporário, em caso de iminente perigo público, com o dever de restituição no mais breve espaço de tempo e eventual pagamento de indenização pelos danos produzidos.

Deve o examinando explicitar que se trata de instrumento de exceção e que exige a configuração de uma situação emergencial. E, mais, que a ocupação independe da concordância do particular e que se configura instituto temporário, a ser exercido por meio de ato administrativo.

Breves comentários dos autores – Mapa de Identificação dos Temas (MIT)

A questão possui como tema central a intervenção do Estado na propriedade, e como tema secundário a requisição administrativa ou a ocupação temporária e suas características. Conseguiu visualizar?

> *A matriz constitucional das intervenções estatais está na própria Constituição, no art. 5º, XXII, XXIII, XXIV, XXV; no art. 182, § 4º; nos arts. 184 a 186, entre outros. Ainda, outros temas relacionados à intervenção estatal na propriedade estão no DL n. 3.365/41, o estatuto geral das desapropriações. A ocupação temporária é um deles. Já a requisição administrativa se encontra na própria CF.*

Neste caso em particular, como se trata de ocupação temporária ou de requisição administrativa, devemos buscar o DL n. 3.365/41 e a CF.

Data máxima vênia, não concordamos com o texto do gabarito oficial. Embora seja certa a adoção de ambas as modalidades de intervenção, convém deixar claro que a intervenção estatal que tem como fato gerador o perigo público iminente é a requisição administrativa, e não a ocupação temporária. Como dito anteriormente, a ocupação se presta a dar apoio à execução de obra ou serviço público, não havendo a figura do perigo público iminente.

III.4. Desapropriação sancionatória – confiscatória

46. (III Exame) Suponha que chegue ao conhecimento de um Ministro de Estado que Mévio, proprietário de uma fazenda na região central do país, vem utilizando sua propriedade para o cultivo ilegal de plantas psicotrópicas. Diante dessa notícia, a União Federal decide desapropriar as terras de Mévio. Com base no relatado acima, responda aos itens a seguir, empregando os argumentos jurídicos apropriados e a fundamentação legal pertinente ao caso.

A) É juridicamente possível que a União Federal promova a desapropriação sem pagar a Mévio qualquer indenização?

B) Qual seria a destinação do bem desapropriado?

C) Poderia o Estado da Federação em que estivessem situadas as glebas desapropriá-las para fins de reforma agrária?

GABARITO: A questão deve ser analisada à luz das normas dos arts. 243 e 184 da CF.

Em relação ao item A, é possível a desapropriação sem pagamento de indenização, eis que essa é a hipótese de expropriação constitucional estabelecida no art. 243 da CF, em que não haverá o pagamento de indenização. Entretanto, o próprio dispositivo constitucional estabelece que as glebas desapropriadas devem ser destinadas ao assentamento de colonos, para o cultivo de produtos alimentícios e medicamentosos.

Por sua vez, quanto ao item B, a competência para a desapropriação para fins de reforma agrária, com pagamento de indenização em títulos da dívida agrária, é da União Federal (art. 184 da CF) e, portanto, não poderia ser exercida pelo Estado-membro. Não há impedimento, porém, para o Estado declarar de interesse social e desapropriar o bem, desde que mediante prévia e justa indenização em dinheiro (observância da regra geral prevista no art. 5º, XXIV, da CF).

Breves comentários dos autores – Mapa de Identificação dos Temas (MIT)

A questão possui como tema central a desapropriação, e como tema secundário a sua modalidade sancionatória. Conseguiu visualizar?

> *A matriz constitucional das intervenções estatais está na própria Constituição, no art. 5º, XXII, XXIII, XXIV, XXV; no art. 182, § 4º; nos arts. 184 a 186, entre outros. Ainda, outros temas relacionados à intervenção estatal na propriedade estão no DL n. 3.365/41, o estatuto geral das desapropriações. As desapropriações estão na CF e no DL.*

Neste caso em particular, como se trata de desapropriação em sua forma sancionatória, devemos buscar um artigo específico na CF, facilmente encontrado pelo índice remissivo. Trata-se da desapropriação-confisco, ou expropriação, prevista no art. 243.

Houve uma mudança significativa em relação à desapropriação-confisco, promovida pela Emenda n. 81/2014. São elas:

1. Previsão de mais uma hipótese de aplicação, além do cultivo de plantas psicotrópicas – a exploração de trabalho escravo na forma da lei;

2. Propriedades urbanas também estão sujeitas à expropriação confisco;

3. Todo e qualquer bem de valor econômico apreendido em decorrência do tráfico ilícito de entorpecentes e drogas afins e da exploração de trabalho escravo será confiscado e reverterá a fundo especial com destinação específica, na forma da lei.

III.5. Desapropriação indireta – características

47. (VI Exame – Direito Material da Peça) Francisco de Tal é proprietário de uma área de 2.000 m² situada bem ao lado da sede da Prefeitura do Município de Bugalhadas. Ao se aposentar, no ano de 2003, cansado da agitada vida da cidade de São Paulo, onde reside, Francisco resolveu viajar pelo mundo por ininterruptos três anos. Ao retornar, Francisco descobre que o Município de Bugalhadas iniciou em 2004, sem sua autorização, obra em seu terreno para a construção de um prédio que servirá de apoio às atividades da Prefeitura. A obra já se encontra em fase bem adiantada, com inauguração prevista para o início do próximo mês. Francisco procura-o, na qualidade de advogado(a), para identificar e minutar a medida judicial que pode

PRÁTICA ADMINISTRATIVA

ser adotada para tutelar seus direitos. A medida judicial deve conter argumentação jurídica apropriada e desenvolvimento dos fundamentos legais do instituto jurídico contido no problema, abordando necessariamente: (i) competência do órgão julgador; (ii) a natureza da pretensão a ser deduzida por Francisco; (iii) a observância do prazo prescricional; e (iv) incidência de juros.

GABARITO: A peça a ser elaborada consiste em uma ação de desapropriação indireta ou em uma ação ordinária de indenização por apossamento administrativo em face do Município de Bugalhadas.

O enunciado deixa claro que o terreno já se encontra incorporado ao patrimônio público, de forma a afastar o manejo de ações possessórias ou de ação reivindicatória, na forma do art. 35 do Decreto-Lei n. 3.365/41. Daí por que a pretensão a ser deduzida em juízo é indenizatória.

É importante que o examinando deixe claro que não se aplica à ação de desapropriação indireta o prazo prescricional de cinco anos previsto no art. 10, parágrafo único, do Decreto-lei n. 3.365/41, afastando a ocorrência de prescrição no caso concreto.

Por fim, quanto à incidência de juros moratórios e compensatórios, o examinando deve requerer a aplicação do art. 15-A, § 3º, do Decreto-Lei n. 3.365/41.

48. (IX Exame) O proprietário de um terreno passou dois anos sem ir até sua propriedade. Após esse período, ao visitar o local, constata que, em seu terreno, foi construída uma escola municipal que, àquela altura, já se encontra em pleno funcionamento.

Com base no relatado acima, com o emprego dos argumentos jurídicos apropriados e a fundamentação legal pertinente ao caso, responda aos itens a seguir.

A) Indique e conceitue o fato administrativo tratado no caso apresentado.

B) Diante do ocorrido, que medida o proprietário do terreno pode tomar?

GABARITO:

A) O examinando deve identificar a desapropriação indireta como o fato administrativo ocorrido no caso em questão, descrevendo-o como ato da administração pública apropriar-se de um bem privado sem o devido processo legal.

B) Deve também reconhecer a impossibilidade de o proprietário reaver o bem, uma vez que este já se encontra afetado para a prestação de um serviço público, restando ao proprietário tão somente o ajuizamento de ação pleiteando indenização pelas perdas sofridas, conforme o art. 35 do Decreto-lei n. 3.365/41.

Breves comentários dos autores – Mapa de Identificação dos Temas (MIT)

As questões possuem como tema central a desapropriação, e como tema secundário a sua forma indireta. Conseguiu visualizar?

> *A matriz constitucional das intervenções estatais está na própria Constituição, no art. 5º, XXII, XXIII, XXIV, XXV; no art. 182, § 4º; nos arts. 184 a 186, entre outros. Ainda, outros temas relacionados à intervenção estatal na propriedade estão no DL n. 3.365/41, o estatuto geral das desapropriações. As desapropriações estão na CF e no DL.*

Nesses casos em particular, estamos diante de um caso clássico de desapropriação indireta, devendo ser observado o DL n. 3.365/41 e a jurisprudência do STJ.

A desapropriação indireta ocorre quando o estado se apropria de um bem particular sem observar os procedimentos legais pertinentes, tais como a declaração de utilidade ou necessidade e o pagamento prévio de indenização. Nesses casos, quando o bem já está incorporado ao patrimônio público, cabe apenas ao particular a pretensão indenizatória, e não reivindicatória, conforme o art. 35 do DL n. 3.365/41.

Se aplicam às desapropriações indiretas algumas regras próprias da desapropriação ordinária, como, por exemplo, a incidência de juros compensatórios e o pagamento de honorários advocatícios, na forma do art. 27, § 3º, II, do DL n. 3.365/41.

> No que se refere a prazos prescricionais, atualmente vigora a seguinte regra:
> 20 anos –> aplicável para todas as ações de desapropriação indireta ajuizadas antes da vigência do Código Civil de 2002 (que se deu em 11 de janeiro de 2003).
> 10 anos –> aplicável para as ações de desapropriação indireta ajuizadas após a vigência do Código Civil de 2002. Nesse caso, contudo, seria necessário também observar a aplicabilidade da norma de transição do art. 2.028 do CC.

III.6. Desapropriação – retrocessão – tredestinação

49. **(XII Exame)** O Prefeito do Município XYZ desapropriou um sítio particular para instalação de um novo centro de atendimento médico de emergência. Entretanto, antes do início das obras, o Estado ABC anunciou que o Município XYZ receberá um novo Hospital Estadual de Atendimento Médico Emergencial. Responda, fundamentadamente, aos itens a seguir.

A) O Município pode desistir da construção do centro de atendimento médico e destinar a área desapropriada à construção de uma escola?

B) Com o anúncio feito pelo Estado, o antigo proprietário do sítio desapropriado pode requerer o retorno da área à sua propriedade, mediante devolução do valor da indenização?

GABARITO:
A) A resposta é positiva. Após a efetivação de uma desapropriação, o ente expropriante deve empregar o bem à finalidade pública que desencadeou o processo de desapropriação. Em não o fazendo, estar-se-á diante da tredestinação, que nada mais é do que a destinação do bem em desconformidade com o plano inicialmente previsto. A tredestinação, entretanto, distingue-se em lícita (na qual o bem é empregado em finalidade diversa da inicialmente pretendida, mas ainda afetada ao interesse público) e ilícita (na qual não se emprega o bem em uma utilização de interesse público). A tredestinação lícita, isto é, a alteração na destinação do bem, por conveniência da administração pública, resguardando, de modo integral, o interesse público, não é vedada pelo ordenamento.

B) A resposta é negativa. A tredestinação lícita, por manter o bem afetado a uma finalidade de interesse público não configura direito de retrocessão, isto é, o direito do particular expropria-

PRÁTICA ADMINISTRATIVA   199

do de reaver o bem, em virtude da sua não utilização. E a própria legislação de regência, o Decreto-lei n. 3.365/41, dispõe, em seu art. 35, que os bens expropriados, uma vez incorporados à Fazenda Pública, não podem ser objeto de reivindicação.

Breves comentários dos autores – Mapa de Identificação dos Temas (MIT)

A questão possui como tema central a desapropriação e como tema secundário o instituto da retrocessão e tredestinação. Conseguiu visualizar?

> *A matriz constitucional das intervenções estatais está na própria Constituição, no art. 5º, XXII, XXIII, XXIV, XXV; no art. 182, § 4º; nos arts. 184 a 186, entre outros. Ainda, outros temas relacionados à intervenção estatal na propriedade estão no DL n. 3.365/41, o estatuto geral das desapropriações. As desapropriações estão na CF e no DL.*

Neste caso em particular, estamos diante de um caso em que o Estado desapropria para uma finalidade publica, desiste desta finalidade, mas mantém a destinação publica ao bem. Isso se chama tredestinação que, no caso, foi licita, não ensejando a retrocessão.

A retrocessão está prevista no art. 519 do Código Civil, e só tem cabimento nos casos de tredestinação ilícita e de abandono voluntário da coisa expropriada.

III.7. Desapropriação – efeitos

50. (VIII Exame) Uma determinada microempresa de gêneros alimentícios explora seu estabelecimento comercial, por meio de contrato de locação não residencial, fixado pelo prazo de 10 (dez) anos, com término em abril de 2011. Entretanto, em maio do ano de 2009, a referida empresa recebe uma notificação do Poder Público municipal com a ordem de que deveria desocupar o imóvel no prazo de 3 (três) meses a partir do recebimento da citada notificação, sob pena de imissão na posse a ser realizada pelo Poder Público do município. Após o término do prazo concedido, agentes públicos municipais compareceram ao imóvel e avisaram que a imissão na posse pelo Poder Público iria ocorrer em uma semana. Desesperado com a situação, o presidente da sociedade empresária resolve entrar em contato imediato com o proprietário do imóvel, um fazendeiro da região, que lhe informa que já recebeu o valor da indenização por parte do Município, por meio de acordo administrativo celebrado um mês após o decreto expropriatório editado pelo Senhor Prefeito. Indignado, o presidente da sociedade resolve ajuizar uma ação judicial em face do Município, com o objetivo de manter a vigência do contrato até o prazo de seu término, estipulado no respectivo contrato de locação comercial, ou seja, abril de 2011; e, de forma subsidiária, uma indenização pelos danos que lhe foram causados.

A partir da narrativa fática descrita acima, responda aos itens a seguir, utilizando os argumentos jurídicos apropriados e a fundamentação legal pertinente ao caso.

A) É juridicamente correta a pretensão do locatário (microempresa) de impor ao Poder Público a manutenção da vigência do contrato de locação até o seu termo final?

B) Levando-se em consideração o acordo administrativo realizado com o proprietário do imóvel, é juridicamente correta a pretensão do locatário (microempresa) em requerer ao Poder Público municipal indenização pelos danos causados?

GABARITO: *In casu*, é incontroversa a desapropriação do imóvel, cingindo-se a questão à possibilidade do pagamento de indenização ao locatário e à possibilidade de manutenção do contrato até o seu prazo final.

Para que fosse atribuída a pontuação referente à letra "A", era necessário que o examinando detivesse o conhecimento de que a desapropriação consiste em modo originário de aquisição de propriedade. Assim, não se afigura possível a manutenção da vigência do contrato de locação até o seu termo final, haja vista que o Poder Público adquire o bem livre de qualquer ônus real ou pessoal que incidia sobre a propriedade anteriormente.

A responsabilização civil do ente público no caso concreto decorre do dano causado pelo fato administrativo, independentemente de culpa e pela prática de uma conduta/ato lícito.

B) Assim como os proprietários, os locatários também possuem, na forma estabelecida pela Constituição Federal, o direito à justa indenização por todos os prejuízos que as desapropriações lhes causarem, visto que a sociedade locatária experimenta prejuízos distintos dos suportados pelo locador (proprietário). O proprietário é indenizado pela perda da propriedade (art. 5º, XXIV, da CF/88) enquanto a sociedade locatária pela interrupção do negócio e, além da perda do estabelecimento empresarial (fundo de comércio). Assim, o STJ, com base em precedentes, firmou jurisprudência no sentido de que o inquilino comercial tem amplo direito de ser ressarcido, independentemente das relações jurídicas entre ele e o proprietário, inclusive por perdas e danos causados pelo Poder Público.

Nesse sentido, a jurisprudência do E. Superior Tribunal de Justiça:

> PROCESSUAL CIVIL E ADMINISTRATIVO. RECURSO ESPECIAL. AUSÊNCIA DE PREQUESTIONAMENTO. SÚMULA 211/STJ. DESAPROPRIAÇÃO. IMÓVEL COMERCIAL. FUNDO DE COMÉRCIO. INDENIZABILIDADE. MATÉRIA PACIFICADA.
>
> [...]
>
> 2. O entendimento firmado pelo Tribunal estadual encontra amparo na jurisprudência consolidada no âmbito da Primeira Seção desta Corte Superior no sentido de que é devida indenização ao expropriado correspondente aos danos ocasionados aos elementos que compõem o fundo de comércio pela desapropriação do imóvel. Precedentes: REsp 1076124 /RJ, rel. Ministra Eliana Calmon, DJe 03/09/2009; AgRg no REsp 647660, rel. Ministra Denise Arruda, DJ 5-10-2006; REsp 696929 /SP, rel. Ministro Castro Meira, DJ 3-10-2005.
>
> 3. Cumpre destacar que, na hipótese em análise, o detentor do fundo do comércio é o próprio proprietário do imóvel expropriado. Assim, a identidade de titularidade torna possível a indenização simultânea a desapropriação. Ademais, o processo ainda se encontra na fase inicial, o que permite seja apurado o valor de bens intangíveis, representados pelo fundo de comércio, na própria perícia a ser realizada para fixação do valor do imóvel, dispensando posterior liquidação de sentença.
>
> 4. Agravo regimental não provido (AgRg no REsp 1.199.990, Rel. Min. Mauro Campbell Marques, *DJe* 25-4-2012).

Breves comentários dos autores – Mapa de Identificação dos Temas (MIT)

A questão possui como tema central a desapropriação e como tema secundário a possibilidade de o locatário se opor ao procedimento ou receber indenização pela perda do objeto locado.

> *A matriz constitucional das intervenções estatais está na própria Constituição, no art. 5º, XXII, XXIII, XXIV, XXV; no art. 182, § 4º; nos arts. 184 a 186, entre outros. Ainda, outros temas relacionados à intervenção estatal na propriedade estão no DL n. 3.365/41, o estatuto geral das desapropriações. As desapropriações estão na CF e no DL.*

Neste caso em particular, é necessário que se conheça a natureza da desapropriação: forma de aquisição originária de propriedade. Sendo assim, não poderá o locatário se opor ao procedimento.

Quanto ao pagamento de indenização, o gabarito oficial esgotou o tema.

Quadro resumo das modalidades de intervenção estatal na propriedade

	Natureza Jurídica	Objeto	Prazo	Instituição	Indenização
Servidão administrativa	Direito real	Bens imóveis	Indeterminado	Acordo ou decisão judicial	Prévia e condicionada (no caso de prejuízo)
Requisição	Direito pessoal	Bens móveis, imóveis e serviços	Transitório	Atos autoexecutórios (iminente perigo público)	Só se houver prejuízo. É posterior.
Ocupação temporária	Direito pessoal	Bens imóveis	Transitório	Ato formal (necessidade de realização de obras e serviços públicos)	Só se houver prejuízo.
Limitação administrativa	Atos legislativos ou administrativos de caráter geral	Interesses públicos abstratos	Indeterminado	Leis de caráter geral	Não há

III.8. Peça – desapropriação indireta – sanção – competência – prazo de prescrição da pretensão indenizatória

51. (XX Exame – Direito Material da Peça) João, ao retornar de um doutorado no exterior, é surpreendido com a presença de equipamentos e maquinário do Estado X em imóvel urbano de sua propriedade, e que, segundo informação do engenheiro responsável pela obra, o referido imóvel estaria sem uso há três anos e meio, e, por essa razão, teria sido escolhido para a construção de uma estação de metrô no local.

Inconformado com a situação, João ingressa com "ação de desapropriação indireta" perante o Juízo Fazendário do Estado X, tendo obtido sentença de total improcedência em primeiro grau de jurisdição, sob os seguintes fundamentos:

i) impossibilidade de reivindicação do bem, assim como da pretensão à reparação financeira, em decorrência da supremacia do interesse público sobre o privado;

ii) o transcurso de mais de três anos entre a ocupação do imóvel e a propositura da ação, ensejando a prescrição de eventual pleito indenizatório; e

iii) a subutilização do imóvel por parte de João, justificando a referida medida de política urbana estadual estabelecida.

Como advogado(a) de João, considerando que a sentença não padece de qualquer omissão, contradição ou obscuridade, elabore a peça adequada à defesa dos interesses de seu cliente, apresentando os fundamentos jurídicos aplicáveis ao caso.

GABARITO: O examinando deve elaborar o recurso de apelação em face da sentença de improcedência da pretensão, dirigido ao Juízo Fazendário do Estado X, com as razões recursais dirigidas ao Tribunal de Justiça do Estado X, que as apreciará.

O apelante é João e o apelado o Estado X.

No mérito, o examinando deverá afastar o argumento utilizado pelo Juízo *a quo*, no sentido da impossibilidade de indenização em decorrência da desapropriação indireta, nos termos do art. 35 do Decreto n. 3.365/41, pois a perda da propriedade por meio da desapropriação pressupõe a prévia e justa indenização em dinheiro, nos termos do art. 5º, XXIV, da CF/88, o que não foi observado no caso concreto.

A supremacia do interesse público sobre o privado não autoriza que João perca sua propriedade como uma modalidade de sanção, de modo que ele deve ser reparado financeiramente.

Ademais, o examinando deverá apontar que o art. 10, parágrafo único, do Decreto n. 3.365/41, fixa em cinco anos o prazo prescricional para a propositura da ação para a reparação dos danos decorrentes da desapropriação indireta, afastando a incidência do art. 206, § 3º, V, do Código Civil, por sua especificidade.

Desse modo, não há de se falar em prescrição sobre o direito de João.

O examinando deverá, ainda no mérito, argumentar que o Estado não detém competência constitucional para desapropriar como medida de política urbana, a qual é do Município (art. 182 da CF/88).

Por fim, o examinando deverá formular pedido de reforma da sentença para que seja reconhecido o direito de indenização pelos prejuízos causados.

PRÁTICA ADMINISTRATIVA

Breves comentários dos autores – Mapa de Identificação dos Temas (MIT)

O tema central cobrado na questão é desapropriação indireta e os temas secundários são a competência, a natureza e o prazo de prescrição da pretensão indenizatória.

> *Identificando o tema, fica mais fácil encontrar na CF e nas leis os artigos pertinentes. Caso não se recorde, basta buscar nos índices remissivos. Sabendo que o tema cuida da desapropriação indireta, devemos buscar as respostas no Estatuto Geral de Desapropriações, o DL n. 3.365/41.*

Não devemos confundir a desapropriação indireta com as formas sancionatórias de expropriação. No primeiro caso, o Estado se apossa de propriedade alheia sem observar as formalidades legais. Por consequência, a indenização ao proprietário se impõe, sob pena de enriquecimento ilícito do Estado. No segundo caso, o proprietário descumpre a função social da propriedade, dando ensejo a medidas sancionatórias, podendo até mesmo gerar o confisco da propriedade na hipótese prevista no art. 243 da CF.

Em relação às medidas sancionatórias, devemos observar o seguinte quadro:

	Descumprimento da função social da propriedade urbana	Descumprimento da função social da propriedade rural	Cultivo de plantas psicotrópicas e atividade de trabalho escravo
Previsão	Art. 182, § 4º, da CF	Arts. 184 a 186 da CF e LC n. 76/93	Art. 243 da CF
Competência	Municípios	União Federal	União Federal
Indenização	Em títulos da dívida pública resgatáveis em até dez anos	Em títulos da dívida agrária resgatáveis em até 20 anos	Não há

Quanto à prescrição da pretensão indenizatória, basta verificar o art. 10, parágrafo único, do DL n. 3.365/41.

III.9. Desapropriação – sujeitos e fases – caducidade do ato declaratório

52. (XXI Exame) Após a edição do pertinente decreto declaratório da utilidade pública pela União, sociedade de economia mista federal, enquanto prestadora de serviço público, foi incumbida de promover a desapropriação de imóvel de Antônio. Para tanto, pretende promover tratativas com vistas a lograr a chamada desapropriação amigável ou tomar as medidas judiciais cabíveis para levar a efeito a intervenção do Estado na propriedade em foco. Diante dessa situação hipotética, responda aos itens a seguir.

A) A sociedade de economia mista em questão pode ajuizar a ação de desapropriação?

B) Considerando que o mencionado decreto expropriatório foi publicado em 5-5-2016, analise se existe prazo para o eventual ajuizamento da ação de desapropriação.

GABARITO:

A) A resposta é afirmativa. É possível que a entidade administrativa promova a desapropriação e, consequentemente, ajuíze a respectiva ação, na forma do art. 3º do Decreto-lei n. 3.365/41, desde que haja autorização expressa em lei ou no contrato.

B) A resposta é afirmativa. Os legitimados para promover a desapropriação por utilidade pública possuem o prazo de 5 anos, a contar da expedição do decreto, para o ajuizamento da respectiva ação, sob pena de caducidade, consoante o art. 10 do Decreto-lei n. 3.365/41.

Breves comentários dos autores – Mapa de Identificação dos Temas (MIT)

O tema central cobrado na questão é a desapropriação e os temas secundários são: sujeitos e caducidade do decreto expropriatório.

> *Identificando o tema, fica mais fácil encontrar na CF e nas leis os artigos pertinentes. Caso não se recorde, basta buscar nos índices remissivos. Neste caso, as respostas estão todas no Decreto-lei n. 3.365/41, o Estatuto Geral das Intervenções Estatais na Propriedade.*

Convém ressaltar que a desapropriação possui duas fases, com legitimados ativos em cada uma delas. A fase inicial, chamada de "declaratória", é a expressão máxima do poder de império, é a submissão do bem a força expropriatória do Poder Público. Portanto, apenas os entes federados (União, Estados, Distrito Federal e Municípios) podem declarar, além de, excepcionalmente, a ANEEL e o DNIT.

A segunda fase é executória ou chamada de "Promoção". Trata-se da adoção de atos materiais visando à ultimação do processo expropriatório. Nesta fase, além dos entes federados, estão legitimadas as entidades da Administração Pública Indireta autorizadas por lei (autarquias, fundações públicas, associações públicas, sociedades de economia mista e empresas públicas) e os delegatários de serviços públicos, desde que devidamente autorizados por contrato.

Em relação ao ato declaratório de desapropriação, a lei concede o prazo de 5 anos para que a Administração Pública interessada adote os atos materiais após sua publicação, sob pena de perda dos efeitos jurídicos do ato (caducidade). Uma vez caduco, o decreto só poderá ser editado novamente após 1 ano.

	Fase declaratória	Fase executória (promoção)
Legitimados	União, Estados, Distrito Federal, Municípios, ANEEL e DNIT	Além dos entes federados, autarquias, fundações públicas, associações públicas, sociedades de economia mista e empresas públicas (autorizadas por lei) e delegatários de serviço público (concessionários, permissionários, autorizatários), desde que autorizados por contrato.

III.10. Desapropriação punitiva rural – reforma agrária – indenização

53. (XXVI Exame) José possuía uma grande propriedade rural, utilizada para o cultivo de milho e soja. Após seu falecimento, ocorrido em 2001, suas duas filhas, as únicas herdeiras, decidiram interromper o plantio dos grãos, tornando a propriedade improdutiva.

Em 2017, a União declarou a área como de interesse social para fins de reforma agrária. Após um processo judicial de rito sumário, o juiz fixou o valor da indenização devido às filhas de José. Na ocasião, identificou-se a ausência de benfeitorias no terreno desapropriado. Após o pagamento pela União do valor fixado na sentença, Ronaldo foi beneficiado pela desapropriação, passando a ser proprietário de uma pequena fração do terreno. Sobre a hipótese apresentada, responda aos itens a seguir.

A) O valor da indenização devido às filhas de José foi pago em dinheiro?

B) Ronaldo, dois anos após ser beneficiado pela desapropriação, pode vender o terreno recebido a terceiros?

GABARITO:

A) Não, o valor da indenização devido às filhas de José não foi pago em dinheiro, mas em títulos da dívida agrária, nos termos do art. 184 da CF/88.

B) Não, Ronaldo não pode vender o terreno dois anos depois de ser beneficiado pela desapropriação. Os imóveis recebidos na reforma agrária são inegociáveis por dez anos, nos termos do art. 189 da CF/88.

Breves comentários dos autores – Mapa de Identificação dos Temas (MIT)

O tema central cobrado na questão é a desapropriação punitiva/sancionatória rural, por descumprimento da função social da propriedade.

Identificando o tema, fica mais fácil encontrar na Constituição e nas leis os artigos pertinentes. Caso não se recorde, basta buscar nos índices remissivos de sua Legislação Administrativa.

Dica: nas questões que tratem de desapropriações punitivas de propriedades rurais, devemos utilizar a CF, em seus arts. 184 a 191, bem como a LC n. 76/93. Todas as respostas estarão lá!

A propriedade rural deve atender à sua função social. Esse atendimento se dá, basicamente, quando a propriedade é produtiva! Caso seja improdutiva, cabe desapropriação por interesse social, para fins de reforma agrária.

Nesse sentido, a indenização ao proprietário não obedece à regra das desapropriações comuns. Ela é feita em títulos da dívida agrária, resgatáveis em até 20 anos, conforme dispõe o art. 184 da CF.

Aqueles que se beneficiam com as terras desapropriadas, no âmbito de reformas agrárias, devem mantê-las por pelo menos 10 anos, conforme o art. 189 da CF.

III.11. Desapropriação – procedimento judicial – juros compensatórios

54. (XXVII Exame) Para diminuir o índice de acidentes em uma rodovia movimentada, o poder público decidiu alterar o traçado de alguns trechos críticos. Para tanto, será necessário desapropriar certas áreas, dentre as quais parte da fazenda que pertence a Roberval, que explora economicamente o bem por meio da plantação de milho. Em razão das constantes mortes que ocorrem na rodovia, o decreto expropriatório, que reconheceu a utilidade pública do bem, declarou a urgência da desapropriação. Em acréscimo, o poder público depositou a quantia arbitrada e, assim, requereu a imissão provisória na posse. Ao fim do processo de desapropriação, o valor do bem fixado na sentença corresponde ao dobro daquele ofertado em juízo para fins de imissão provisória na posse. Na qualidade de advogado(a) consultado(a), responda aos itens a seguir.

A) No processo de desapropriação, Roberval pode alegar toda e qualquer matéria de defesa na contestação?

B) Os juros compensatórios são devidos a partir de que momento?

GABARITO:

A) A resposta é negativa. A defesa de Roberval só poderá versar sobre vício do processo judicial ou sobre impugnação do preço; qualquer outra questão deverá ser decidida por ação direta, em conformidade com o art. 20 do Decreto-Lei n. 3.365/41.

B) Os juros compensatórios são devidos desde a imissão na posse, pois é neste momento que o proprietário é privado da exploração econômica de seu bem, em conformidade com a Súmula 69 do STJ OU com a Súmula 164 do STF OU com o art. 15-A do Decreto-Lei n. 3.365/41.

Breves comentários dos autores – Mapa de Identificação dos Temas (MIT)

O tema central cobrado na questão é a desapropriação, tendo como temas secundários o seu procedimento judicial e os denominados juros compensatórios.

Identificando o tema, fica mais fácil encontrar na Constituição e nas leis os artigos pertinentes. Caso não se recorde, basta buscar nos índices remissivos de sua Legislação Administrativa.

Dica: nas questões que tratem de desapropriações comuns, devemos buscar no Decreto-Lei n. 3.365/41. Todas as respostas estarão lá!

A desapropriação é forma imperativa de intervenção do Estado na propriedade, não cabendo ao proprietário, nem mesmo ao Judiciário, discutir o mérito da medida. Na contestação, o proprietário deve se limitar aos vícios processuais e ao *quantum* indenizatório.

Em relação aos juros compensatórios, estes servem para compensar eventual prejuízo patrimonial sofrido pelo proprietário, e começam a fluir desde a perda da posse até o efetivo pagamento da indenização.

III.12. DESAPROPRIAÇÃO PUNITIVA URBANA – SANÇÕES E INDENIZAÇÃO

55. (XXX EXAME) Maurício Silva, prefeito do Município Alfa, que conta com cerca de cem mil habitantes, determinou a elaboração de projeto destinado a promover a urbanização da localidade, cuja operacionalização se deu por equipe qualificada, mediante a realização de audiências públicas.

PRÁTICA ADMINISTRATIVA   207

Após aprofundada e debatida análise, um grupo multidisciplinar de pesquisa sugeriu que o prefeito promovesse a desapropriação urbanística sancionatória, com pagamento em títulos da dívida pública, dos solos urbanos não edificados ou subutilizados, na forma da lei específica para área incluída no plano diretor, devidamente discriminados nos estudos, dentre os quais, uma área de propriedade de João dos Santos, sob o fundamento de estar violando a função social da propriedade urbana.

João, que há anos não consegue colocar em prática seu projeto de utilização do imóvel em questão, procura você para, na qualidade de advogado(a), responder aos seguintes questionamentos.

A) Existem sanções a serem aplicadas pelo Poder Público do Município Alfa antes de promover a desapropriação sugerida? (Valor: 0,70).

B) Caso levada a efeito a desapropriação sugerida, o valor da indenização a ser paga a João dos Santos deveria incluir expectativas de lucros cessantes? (Valor: 0,55)

GABARITO:

A) Sim. A desapropriação com pagamento em títulos da dívida pública é a terceira das sanções aplicáveis pelo descumprimento da função social da propriedade urbana, mediante a não edificação ou subutilização do solo urbano, na forma da lei específica para área incluída no plano diretor. Ela deve ser necessariamente precedida do parcelamento e de edificação compulsórios e pela instituição do Imposto sobre a Propriedade Predial e Territorial Urbana (IPTU) progressivo no tempo, na forma do art. 182, § 4º, da CRFB/88.

B) Não. O valor real da indenização na desapropriação com pagamento em títulos da dívida pública não pode incluir expectativas de lucros cessantes, na forma do art. 8º, § 2º, inciso II, da Lei n. 10.257/01.

Breves comentários dos autores – Mapa de Identificação dos Temas (MIT)

O tema central cobrado na questão é a DESAPROPRIAÇÃO PUNITIVA/SANCIONATÓRIA URBANA, por descumprimento da função social da propriedade.

Identificando o tema, fica mais fácil encontrar na Constituição e nas leis os artigos pertinentes. Caso não se recorde, basta buscar nos índices remissivos da sua Legislação Administrativa.

DICA: questões que tratem de desapropriações punitivas de propriedades urbanas (ordenamento urbano), devemos utilizar a CRFB/88, em seu artigo 182, bem como o Estatuto da Cidade, nos arts. 5º ao 8º. Todas as respostas estarão lá!

IV. ORGANIZAÇÃO ADMINISTRATIVA

IV.1. Estatais – criação e regime de pessoal

56. (III Exame) O prefeito de um determinado município está interessado em descentralizar o serviço de limpeza urbana e pretende, para tanto, criar uma empresa pública. Diante disso, formula consulta jurídica a respeito do regime a ser observado pela estatal em relação aos aspectos abaixo transcritos.

Com base no relatado acima, responda aos itens a seguir, empregando os argumentos jurídicos apropriados e a fundamentação legal pertinente ao caso.

A) Qual é o instrumento jurídico necessário para a instituição de uma empresa pública?
B) Qual é o regime de pessoal a ser observado e a respectiva forma de recrutamento e seleção?
C) A empresa pública em questão deve observar limite máximo de remuneração previsto no art. 37, XI, da Constituição da República?

GABARITO: O examinando deve, em primeiro lugar, mencionar a necessidade de lei específica para a instituição de empresa pública, conforme norma do art. 37, XIX, da CF. Quanto ao regime de pessoal, as empresas públicas submetem-se ao regime jurídico da iniciativa privada no que tange às obrigações trabalhistas, donde se depreende a submissão ao regime de emprego público (celetista), conforme o art. 173, § 1º, II, da CF. No entanto, embora o regime de pessoal seja o celetista, o examinando deve registrar que o acesso ao emprego público depende de aprovação em concurso público, aplicando-se o princípio da meritocracia (art. 37, II, da CF). Por fim, quanto ao limite máximo de remuneração, a empresa pública deverá observá-lo caso receba recurso do Município de pagamento de despesas de pessoal ou de custeio em geral, conforme norma do art. 37, § 9º, da CF.

Breves comentários dos autores – Mapa de Identificação dos Temas (MIT)

A questão possui como tema central as *estatais* (empresa pública e sociedade de economia mista), e como tema secundário sua forma de criação e regime de pessoal.

> *A matriz constitucional das estatais está no art. 173. Neste artigo é possível extrair seu regime jurídico, objeto, e algumas de suas principais características. Outra fonte de consulta é o DL n. 200/67, em seu art. 5º, II e III.*

Neste caso em particular, como se trata de forma de criação e de regime de pessoal, devemos deixar marcado em nosso material de consulta os seguintes artigos: art. 37, II, XIX, XX e § 9º; e art. 173, § 1º, todos da CF.

As estatais são criadas por lei específica, assim como todas as entidades da Administração Indireta (princípio da reserva legal). No entanto, como sua personalidade é de direito privado, a lei apenas *autoriza* a criação, dependendo ainda do registro dos atos constitutivos no respectivo órgão.

Em relação aos seus servidores, convém deixar registradas algumas regras:

1. São admitidos por concurso público (art. 37, II), com regime funcional celetista (empregados públicos – art. 173, § 1º, II, da CF);

2. Por estarem submetidos à Lei Geral de Trabalho, não gozam de estabilidade;

3. Embora não tenham estabilidade, não podem ser demitidos imotivadamente;

4. Estão submetidos a teto remuneratório apenas caso a estatal receba verba pública para custeio geral e de pessoal (art. 37, § 9º, da CF);

5. A vedação de acumulação de cargos e empregos se estende aos empregados públicos (art. 37, XVII, da CF).

IV.2. Agências reguladoras – regime especial dos dirigentes

57. (VII Exame) O Governador do Estado X, após a aprovação da Assembleia Legislativa, nomeou o renomado cardiologista João das Neves, ex-presidente do Conselho Federal de Medicina e seu amigo de longa data, para uma das diretorias da Agência Reguladora de Transportes Públicos Concedidos de seu Estado. Ocorre que, alguns meses depois da nomeação, João das Neves e o Governador tiveram um grave desentendimento acerca da conveniência e oportunidade da edição de determinada norma expedida pela agência. Alegando a total perda de confiança no dirigente João das Neves e, após o aval da Assembleia Legislativa, o governador exonerou-o do referido cargo.

Considerando a narrativa fática acima, responda aos itens a seguir, empregando os argumentos jurídicos apropriados e apresentando a fundamentação legal pertinente ao caso.

A) À luz do Poder Discricionário e do regime jurídico aplicável às Agências Reguladoras, foi juridicamente correta a nomeação de João das Neves para ocupar o referido cargo?

B) Foi correta a decisão do governador em exonerar João das Neves, com aval da Assembleia Legislativa, em razão da quebra de confiança?

GABARITO:

A) Como sabido, discricionariedade é a margem de liberdade que a lei confere ao administrador para integrar a vontade da lei nos casos concretos conforme parâmetros/critérios de conveniência e oportunidade.

Assim, desde que observados alguns parâmetros, a escolha do dirigente é ato discricionário do chefe do Poder Executivo. Isso porque, como sabido, discricionariedade não se confunde com arbitrariedade.

Desse modo, ainda que discricionária a escolha deve atentar para o caráter técnico do cargo a ser ocupado, vez que as agências reguladoras se caracterizam por um alto grau de especialização técnica no setor regulado, que, obviamente, para o seu correto exercício, exige uma formação especial dos ocupantes de seus cargos.

Por essas razões, afigura-se bastante claro que, no caso proposto, a escolha do governador vai de encontro aos critérios previstos para a escolha dos dirigentes, visto que a nomeação de um cardiologista, ainda que renomado, para exercer o cargo de diretor de uma agência reguladora de transportes públicos concedidos, não obedece à exigência de que o nomeado tenha alto grau de especialização técnica no setor regulado, inerente ao regime jurídico especial das agências.

Inclusive, nesse sentido, dispõe o art. 5º da Lei n. 9.986/2000, com redação dada pela Lei n. 13.848/2019:

> Art. 5º O Presidente, Diretor-Presidente ou Diretor-Geral (CD I) e os demais membros do Conselho Diretor ou da Diretoria Colegiada (CD II) serão brasileiros, indicados pelo Presidente da República e por ele nomeados, após aprovação pelo Senado Federal, nos termos da alínea "f" do inciso III do art. 52 da Constituição Federal, entre cidadãos de reputação ilibada e de notório conhecimento no campo de sua especialidade, devendo ser atendidos 1 (um) dos requisitos das alíneas "a", "b" e "c" do inciso I e, cumulativamente, o inciso II:

I - ter experiência profissional de, no mínimo:

a) 10 (dez) anos, no setor público ou privado, no campo de atividade da agência reguladora ou em área a ela conexa, em função de direção superior; ou

b) 4 (quatro) anos ocupando pelo menos um dos seguintes cargos:

1. cargo de direção ou de chefia superior em empresa no campo de atividade da agência reguladora, entendendo-se como cargo de chefia superior aquele situado nos 2 (dois) níveis hierárquicos não estatutários mais altos da empresa;

2. cargo em comissão ou função de confiança equivalente a DAS-4 ou superior, no setor público;

3. cargo de docente ou de pesquisador no campo de atividade da agência reguladora ou em área conexa; ou

c) 10 (dez) anos de experiência como profissional liberal no campo de atividade da agência reguladora ou em área conexa; e

II - ter formação acadêmica compatível com o cargo para o qual foi indicado.

Sendo assim, não foi correta a nomeação de João das Neves.

B) Como sabido, é uma característica das agências reguladoras, a estabilidade reforçada dos dirigentes.

Trata-se de estabilidade diferenciada, caracterizada pelo exercício de mandato a termo, na qual se afigura impossível a exoneração *ad nutum* que, em regra, costuma ser inerente aos cargos em comissão. Desse modo, os diretores, na forma da legislação em vigor, só perderão os seus cargos por meio de renúncia, sentença transitada em julgado por meio de processo administrativo, observados a ampla defesa e o contraditório.

No mesmo sentido, dispõe expressamente o art. 9º da Lei n. 9.986/2000, com redação dada pela Lei n. 13.848/2019:

> Art. 9º O membro do Conselho Diretor ou da Diretoria Colegiada somente perderá o mandato:
>
> I - em caso de renúncia;
>
> II - em caso de condenação judicial transitada em julgado ou de condenação em processo administrativo disciplinar;
>
> III - por infringência de quaisquer das vedações previstas no art. 8º-B desta Lei.

Por essas razões, João das Neves não poderia ter sido exonerado pelo governador.

Breves comentários dos autores – Mapa de Identificação dos Temas (MIT)

A questão possui como tema central as agências reguladoras e como tema secundário o seu regime especial quanto à nomeação de seus dirigentes.

> As agências reguladoras são espécies de autarquias regidas por um sistema especial. As principais fontes de consulta neste tema são as Leis n. 9.986/2000 e n. 13.848/2019.

Assim, devemos deixar marcado em nosso material de consulta as leis supracitadas.

A recente Lei n. 13.848, de 25 de junho de 2019, em seu art. 3º, definiu as características do regime especial, a saber:

a. Autonomia funcional, decisória e administrativa – Caracterizada por uma capacidade de autoadministração (solicitar diretamente ao Ministério da Economia a autorização para a realização de concursos públicos; conceder diárias e passagens em deslocamentos nacionais e internacionais e autorizar afastamentos do País a servidores da agência etc.), bem como pela autonomia de suas decisões (não cabimento de recurso hierárquico impróprio).

IMPORTANTE: os processos administrativos se iniciam e se esgotam no âmbito próprio da autarquia, sem recurso a nenhuma outra esfera (impossibilidade de recurso hierárquico impróprio);

b. Ausência de tutela ou subordinação hierárquica – Esta característica não chega a ser especial em relação ao regime comum, tendo em vista que se aplica a todas as entidades da Indireta. Dessa forma, a lei garante a não ingerência administrativa da pessoa política que a criou, limitando o exercício do poder de tutela, supervisão ou controle.

c. Investidura a termo de seus dirigentes e estabilidade durante os mandatos – Esta talvez seja a característica mais definidora do regime especial. Seus dirigentes têm investidura a termo, são nomeados para prazo determinado fixado em lei (em regra, 5 anos), possuem certa estabilidade, são nomeados pelo Presidente da República e sua investidura depende de aprovação do Senado (art. 52, III, f, da CRFB).

Considerando que os dirigentes das agências reguladoras não podem ser exonerados livremente pelo Chefe do Poder Executivo (estabilidade especial), somente poderão ser desligados nas seguintes situações: (a) ao término do período de investidura dito pela lei, (b) por renúncia, (c) por condenação judicial transitada em julgado (d) após processo administrativo disciplinar (e) ou por infringência de quaisquer das vedações previstas no art. 8º-B da Lei n. 13.848/2019, conforme dispõe o art. 9º da Lei n. 9.986/2000.

Bom ressaltar ainda que o dirigente de uma agência reguladora deverá ser cidadão de reputação ilibada e de notório conhecimento no campo de sua especialidade, possuir formação acadêmica compatível, ter, no mínimo, dez anos no setor público ou privado, no campo de atividade da agência reguladora ou em área a ela conexa, em função de direção superior, ou quatro anos ocupando pelo menos um dos cargos previstos no art. 5º da Lei n. 9.986/2000.

d. Autonomia financeira – Capacidade de recolhimento de taxas e de outras fontes de recurso, estando excluídas do contingenciamento de verbas voltadas para as agências reguladoras nas leis orçamentárias, justamente para garantir que ela possa executar seu programa anual de fiscalização e controle.

IV.3. Consórcios públicos – atribuições e delegação de competência

58. (XIV Exame) Os municípios "X", "Y" e "Z", necessitando estabelecer uma efetiva fiscalização sanitária das atividades desenvolvidas por particulares em uma feira de produtos agrícolas realizada na interseção territorial dos referidos entes, resolvem celebrar um consórcio público, com a criação de uma associação pública. A referida associação, de modo a atuar com eficiência no seu mister, resolve delegar à Empresa ABCD a instalação e operação de sistema de câmeras e monitoramento da entrada e saída dos produtos.

Diante da situação acima apresentada, responda aos itens a seguir.

A) Pode a associação pública aplicar multas e demais sanções pelo descumprimento das normas sanitárias estabelecidas pelos referidos entes "X", "Y" e "Z"?

B) É possível que a referida associação pública realize a delegação prevista para a empresa ABCD?

GABARITO:

A) A resposta ao item A é afirmativa, pois a associação pública criada por meio de consórcio público, conforme o art. 1º, § 1º, da Lei n. 11.107/2005 c/c o art. 41 do Código Civil, possui personalidade jurídica de direito público e, portanto, admite que lhe seja outorgado o Poder de Polícia.

B) A resposta ao item B também é afirmativa, vez que estariam sendo delegados apenas os atos materiais do poder de polícia, sendo certo ainda que o art. 4º, XI, c, da Lei n. 11.107/2005, admite a autorização da delegação dos serviços do consórcio.

Breves comentários dos autores − Mapa de Identificação dos Temas (MIT)

A questão possui como tema central os consórcios públicos e como temas secundários as suas atribuições e competência para delegar.

> Os consórcios públicos estão previstos na CF, art. 241, na Lei n. 11.107/2005 e no art. 41, IV, do Código Civil. Uma boa fonte de consulta é o Decreto n. 6.017/2007, que traz conceitos muito úteis na hora da prova!

Assim, devemos deixar marcado em nosso material de consulta a Lei e o decreto acima citados, bem como os artigos.

Os consórcios públicos são associações criadas apenas por entes federados, que podem assumir personalidade de Direito Público (Associação Pública) ou de Direito Privado (Consórcio Público de Direito Privado).

Muito importante ficar atento à sua natureza. Vale a pena marcar o art. 6º da Lei de Consórcios Públicos.

Consórcio Público de Direito Público − Associação Pública	Regime jurídico integralmente público (licitação, concurso, controle, contratos administrativos, regime estatutário etc.)
Consórcio Público de Direito Privado	Regime jurídico híbrido (observam-se as regras de Direito Privado para a sua criação e o regime de pessoal − celetista)

IV.4. Consórcios públicos − prazo de duração e retirada de consorciado

59. (XVI Exame) O Estado X e os Municípios A, B, C e D constituíram consórcio público, com personalidade jurídica de direito público, para a prestação de serviços conjuntos

PRÁTICA ADMINISTRATIVA

de abastecimento de água e esgotamento sanitário. Com base na situação apresentada, responda aos itens a seguir.

A) É possível a fixação de prazo de duração para o consórcio ou, ao contrário, a constituição de um consórcio público para prestação de serviços conjuntos pressupõe prazo indeterminado?

B) É possível ao Município C retirar-se do consórcio público? Nesse caso, os bens que transferiu ao consórcio retornam ao seu patrimônio?

GABARITO: Em relação ao item A, a resposta é dada pelo art. 4º, I, da Lei n. 11.107/2005: são cláusulas essenciais do protocolo de intenções, dentre outras, as que estabeleçam o prazo de duração do consórcio. Dessa forma, a resposta à indagação formulada é no sentido de que é necessária a fixação de prazo.

Em relação ao item B, é possível a qualquer dos entes consorciados se retirar do consórcio, na forma do art. 11 da Lei n. 11.107/2005. Nesse caso, os bens transferidos ao consórcio somente retornam ao patrimônio do Município caso haja expressa previsão no contrato de consórcio público ou no instrumento de transferência ou de alienação, conforme consta do art. 11, § 1º, da Lei n. 11.107/2005. Do contrário, os bens permanecem com o consórcio.

Breves comentários dos autores – Mapa de Identificação dos Temas (MIT)

A questão possui como tema central os consórcios públicos e como temas secundários o prazo de duração e a possibilidade e efeitos da retirada de um ente consorciado.

> *Os consórcios públicos estão previstos na CF, art. 241, na Lei n. 11.107/2005 e no art. 41, IV, do Código Civil. Uma boa fonte de consulta é o Decreto n. 6.017/2007, que traz conceitos muito úteis na hora da prova!*

Assim, devemos deixar marcado em nosso material de consulta a lei e o decreto acima citados, bem como os artigos.

IV.5. Terceiro setor – organização social – qualificação e licitação

60. (XV Exame – Direito Material da Peça) Fulano de Tal, Presidente da República, concedeu a qualificação de Organização Social ao "Centro Universitário NF", pessoa jurídica de direito privado que explora comercialmente atividades de ensino e pesquisa em graduação e pós-graduação em diversas áreas. Diante da referida qualificação, celebrou contrato de gestão para descentralização das atividades de ensino, autorizando, gratuitamente, o uso de um prédio para receber as novas instalações da universidade e destinando--lhe recursos orçamentários.

Além disso, celebrou contrato com a instituição, com dispensa de licitação, para a prestação de serviços de pesquisa de opinião. Diversos veículos de comunicação demonstraram que Sicrano e Beltrano, filhos do Presidente, são sócios do Centro Universitário.

Indignado, Mévio, cidadão residente no Município X, procura você para, na qualidade de advogado, ajuizar medida adequada a impedir a consumação da transferência de recursos e o uso não remunerado do imóvel público pela instituição da qual os filhos do Presidente são sócios.

GABARITO: A medida adequada a ser ajuizada pelo examinando é a ação popular, remédio vocacionado, nos termos do art. 5º, LXXIII, da Constituição, à anulação de ato lesivo ao patrimônio público ou de entidade de que o Estado participe, à moralidade administrativa, ao meio ambiente e ao patrimônio histórico e cultural.

No mérito, o examinando deve indicar a violação aos princípios da moralidade e da impessoalidade, uma vez que o ato praticado pelo Presidente da República beneficia seus filhos, empresários do ramo da educação, além de configurar benefício injusto. Além disso, o examinando deve indicar que a instituição beneficiada não preenche o requisito básico à qualificação como Organização Social, que é a ausência de finalidade lucrativa (art. 1º da Lei n. 9.637/98), bem como a violação ao art. 24, XXIV, da Lei n. 8.666/93, uma vez que a dispensa de licitação somente alcança as atividades contempladas no contrato de gestão, o que não é o caso da pesquisa de opinião.

Breves comentários dos autores – Mapa de Identificação dos Temas (MIT)

A questão possui como tema central as OS e como temas secundários sua qualificação e características da licitação.

> *As Organizações Sociais são entidades privadas sem fins lucrativos que atuam ao lado do estado (paraestatal) em atendimento a demandas públicas não exclusivas do Poder Público. O diploma legal das OS é a Lei n. 9.637/98.*

Assim, devemos deixar marcado em nosso material de consulta a lei acima citada.

> *Organização Social é uma qualificação dada a uma entidade privada, normalmente uma associação civil sem fins lucrativos, que atenda a determinados requisitos previstos na lei. A outorga é discricionária, podendo o Poder Público negá-la, de forma justificada. A outorga da qualificação de organização social é feita por intermédio de um instrumento denominado "contrato de gestão". Esse instrumento é considerado pela doutrina majoritária como tendo natureza de convênio e não de contrato.*

IV.6. Terceiro setor – organização da sociedade civil de interesse público – licitação e concurso público

61. (VII Exame) Recentemente, 3 (três) entidades privadas sem fins lucrativos do Município ABCD, que atuam na defesa, preservação e conservação do meio-ambiente foram qualificadas pelo Ministério da Justiça como Organização da Sociedade Civil de Interesse Público. Buscando obter ajuda financeira do Poder Público para financiar parte de seus projetos, as 3 (três) entidades apresentaram requerimento à autoridade competente, expressando seu desejo de firmar um termo de parceria.

Com base na narrativa fática, responda às indagações abaixo, empregando os argumentos jurídicos apropriados e a fundamentação legal pertinente ao caso.

A) O poder público deverá realizar procedimento licitatório (Lei n. 8666/93) para definir com qual entidade privada irá formalizar termo de parceria?

B) Após a celebração do termo de parceria, caso a entidade privada necessite contratar pessoal para a execução de seus projetos, faz-se necessária a realização de concurso público?

GABARITO:

A) Organização da Sociedade Civil de Interesse Público (Oscip) é a qualificação jurídica conferida pelo Poder Público, por ato administrativo, às pessoas privadas sem fins lucrativos e que desempenham determinadas atividades de caráter social, atividades estas que, por serem de relevante interesse social, são fomentadas pelo Estado. A partir de tal qualificação, tais entidades ficam aptas a formalizar "termos de parceria" com o Poder Público, que permitirá o repasse de recursos orçamentários para auxiliá-las na consecução de suas atividades sociais.

As Oscip's integram o que a doutrina chama de "terceiro setor", isto é, uma nova forma de organização da Administração Pública por meio da formalização de parcerias com a iniciativa privada para o exercício de atividades de relevância social. Sendo assim, como as ideias de "mútua colaboração" e a ausência de "contraposição de interesses" são inerentes a tais ajustes, o "termo de parceria" tem sido considerado pela doutrina e pela jurisprudência espécies de convênios e não contratos, tendo em vista a comunhão de interesses do Poder Público e das entidades privadas na consecução de tais atividades.

Contudo, **apesar de desnecessária a licitação formal nos termos da Lei n. 8.666/93**, não se pode olvidar que deverá a administração observar os princípios do art. 37 da CF/88 na escolha da entidade além de, atualmente, vir prevalecendo o entendimento da doutrina, da jurisprudência e dos Tribunais de Contas no sentido de que, ainda que não se deva realizar licitação nos moldes da Lei n. 8.666/93, deverá ser realizado **procedimento licitatório simplificado** a fim de garantir a observância dos princípios da Administração Pública, como forma de restringir a subjetividade na escolha da Oscip a formalizar o "termo de parceria".

B) Não. Por não integrarem a Administração Pública, as Oscip's não se submetem às regras de concurso público, nos termos do art. 37, II, da CF. É importante ressaltar que, por se tratar de prova discursiva, será exigido do examinando o desenvolvimento do tema apresentado. Desse modo, além de resposta conclusiva acerca do arguido, a mera menção ao artigo não é pontuada, nem a mera resposta negativa desacompanhada do fundamento correto.

Breves comentários dos autores – Mapa de Identificação dos Temas (MIT)

A questão possui como tema central as Oscip's e como temas secundários a necessidade de realizar licitação e concurso público.

> As Organizações da Sociedade Civil de Interesse Público são entidades privadas sem fins lucrativos que atuam ao lado do estado (paraestatal) em atendimento a demandas públicas não exclusivas do Poder Público. O diploma legal das Oscip's é a Lei n. 9.790/99.

Assim, devemos deixar marcado em nosso material de consulta a lei acima citada.

> Oscip é uma qualificação dada a uma entidade privada, normalmente uma associação civil sem fins lucrativos, que atenda a determinados requisitos previstos na Lei. A outorga é vinculada e é feita por intermédio de um instrumento denominado "termo de parceria". Esse instrumento é considerado pela doutrina majoritária como tendo natureza de convênio e não de contrato.

IV.7. Terceiro setor – organização da sociedade civil de interesse público – licitação e concurso público

62. (XIX Exame) Na estrutura administrativa do Estado do Maranhão, a autarquia Ômega é responsável pelo desempenho das funções estatais na proteção e defesa dos consumidores. Em operação de fiscalização realizada pela autarquia, constatou-se que uma fornecedora de bebidas realizou "maquiagem" em seus produtos, ou seja, alterou o tamanho e a forma das garrafas das bebidas que comercializava, para que os consumidores não percebessem que passaria a haver 5% menos bebida em cada garrafa. Após processo administrativo em que foi conferida ampla defesa à empresa, a autarquia lhe aplicou multa, por violação ao dever de informar os consumidores acerca da alteração de quantidade dos produtos. Na semana seguinte, a infração praticada pela empresa foi noticiada pelos meios de comunicação tradicionais, o que acarretou considerável diminuição nas suas vendas, levando-a a ajuizar ação indenizatória em face da autarquia. A empresa alega que a repercussão social dos fatos acabou gerando danos excessivos à sua imagem. Diante das circunstâncias narradas, responda aos itens a seguir.

A) A autarquia Ômega, no exercício de suas atividades de proteção e defesa dos consumidores, possui o poder de aplicar multa à empresa de bebidas?

B) A autarquia deve reparar os danos sofridos pela redução de vendas dos produtos da empresa fiscalizada?

GABARITO:

A) A resposta deve ser positiva. A autarquia possui natureza jurídica de direito público, de modo que, no exercício de seu poder de polícia, pode exercer fiscalização e, caso encontre irregularidades, pode aplicar sanções (art. 78 do CTN e arts. 55 e 56, I, do CDC).

B) A resposta deve ser negativa. A responsabilidade civil pressupõe uma conduta do agente, um resultado danoso e um nexo de causalidade entre a conduta e o resultado. Ainda que, em casos excepcionais, seja possível a responsabilização do Estado por condutas lícitas, a autar-

PRÁTICA ADMINISTRATIVA

quia agiu, no caso narrado, em estrito cumprimento de seu dever legal, rompendo o nexo de causalidade que é pressuposto da responsabilidade civil. Além disso, a notícia acerca da infração ganhou notoriedade em virtude de haver sido publicada pelos meios de comunicação tradicionais, sem nenhum fato que pudesse indicar uma atuação específica, deliberada e desproporcional da autarquia em prejudicar a imagem da empresa. Por fim, deve-se ressaltar que seria um contrassenso não divulgar a notícia acerca da infração, a qual consistia exatamente no não cumprimento do dever de informar a alteração irregular dos produtos aos consumidores.

Breves comentários dos autores – Mapa de Identificação dos Temas (MIT)

A questão possui como tema central as autarquias e como temas secundários sua responsabilidade civil e sua natureza.

> *As autarquias são entidades da Administração Pública indireta, com personalidade jurídica de Direito Público. Podem ser encontradas, entre outros, no art. 5º, I, do DL n. 200/67, art. 41, IV, do Código Civil, e na CF.*

Assim, devemos deixar marcado em nosso material de consulta as leis acima citadas.

IV. 8. TERCEIRO SETOR – PARCERIAS DA LEI 11.019/14 – CHAMAMENTO PÚBLICO – ACORDOS DE COOPERAÇÃO

63. (XXXI EXAME) Eustáquio, prefeito eleito do Município Alfa, pretende implementar, ao longo de sua administração, projetos que atendam ao interesse público. A gestão desses projetos seria realizada em associação a outros entes da Administração e em parceria com a sociedade civil. Após a posse, Eustáquio realizou numerosas consultas e audiências públicas, e, com base nos estudos elaborados, concluiu que seria pertinente a formalização de um convênio com os Municípios Beta e Gama para promover o turismo na região, bem como estabelecer um acordo de cooperação com entidades da sociedade civil voltadas para a área de saúde. Diante dessa situação hipotética, responda, fundamentadamente, aos questionamentos a seguir.

A) A formalização de convênio entre os mencionados Municípios deve ser precedida de chamamento público, na forma exigida para os regimes de parceria? (Valor: 0,60)

B) O Município Alfa, para formalizar a parceria por meio do acordo de cooperação, pode transferir recursos financeiros do erário para uma organização da sociedade civil que venha a ser selecionada mediante a realização de chamamento público? (Valor: 0,65)

GABARITO:

A) Não. Os convênios entre entes federados não se submetem ao regime da Lei n. 13.019/14 ou estão submetidos ao art. 116 da Lei n. 8.666/93, consoante se depreende do Art. 84, parágrafo único, inciso I, da Lei n. 13.019/2014.

B) Não. Os acordos de cooperação não admitem a transferência de recursos financeiros, na forma do art. 2º, inciso VIII-A, da Lei n. 13.019/2014.

Breves comentários dos autores – Mapa de Identificação dos Temas (MIT)

Trata-se de questão cujo tema central são as parcerias previstas na Lei n. 13.019/2014, que integram o chamado "Terceiro Setor".

Identificando o tema, fica mais fácil encontrar na CRFB, e nas leis, os artigos pertinentes. Caso não se recorde, basta buscar nos índices remissivos.

Sabendo-se que o tema cuida de acordo de cooperação, todas as respostas podem ser encontradas na Lei n. 13.019/2014 – Estatuto das Parcerias.

Vale lembrar que, em se tratando de parcerias, algumas nomenclaturas são comuns em provas, como, por exemplo: chamamento público, manifestação de interesse social, termo de colaboração, termo de fomento e acordo de cooperação. Este último é o único que não envolve repasse de recursos públicos à iniciativa privada.

IV.9. Consórcios públicos – natureza jurídica e contrato de rateio

64. (XXVI Exame) Os Municípios Alfa, Beta e Gama decidiram criar um consórcio público para a execução de serviços de saneamento básico. Como não iriam outorgar o exercício de potestades públicas à entidade administrativa, os entes federativos em questão formalizaram o respectivo protocolo de intenções, no qual previram a criação de uma pessoa jurídica de direito privado, a ser denominada "Saneare", pelo prazo de vinte anos, constituída na forma da lei. Contudo, logo no início das atividades da "Saneare", o Município Alfa descumpriu com as obrigações regularmente assumidas no contrato de rateio. Na qualidade de advogado(a) consultado(a), esclareça os questionamentos a seguir.

A) "Saneare" é uma associação pública?

B) O Município Gama tem legitimidade para, isoladamente, exigir do Município Alfa o cumprimento das obrigações constantes do contrato de rateio?

GABARITO:

A) A resposta é negativa. "Saneare" é pessoa jurídica de direito privado, razão pela qual não pode ser considerada uma associação pública, que é pessoa jurídica de direito público, na forma do art. 6º da Lei n. 11.107/2005.

B) A resposta é positiva. O Município Gama é legitimado para exigir o cumprimento das obrigações constantes do contrato de rateio, isoladamente ou em conjunto com os demais entes consorciados, nos termos do art. 8º, § 3º, da Lei n. 11.107/2005.

Breves comentários dos autores – Mapa de Identificação dos Temas (MIT)

O tema central cobrado na questão é relativo aos consórcios públicos. Os temas secundários são a natureza jurídica dos consórcios e um dos instrumentos contratuais de consórcios públicos, que é o contrato de rateio.

Dica: todas as questões sobre Consórcios Públicos são resolvidas com base na Lei n. 11.107/2005 e no Decreto n. 6.017/2007. A matriz constitucional dos consórcios está no art. 241.

No caso em análise, devemos deixar marcados em nosso material de consulta os arts. 1º, 6º e 8º da Lei n. 11.107/2005.

Identificando o tema, caso não se recorde da Lei n. 11.107/2005, basta se socorrer no índice remissivo de sua legislação administrativa.

IMPORTANTE: os Consórcios Públicos podem assumir a natureza de direito público ou de direito privado, conforme autorizado pela lei de regência. Definida a natureza pública do consórcio, a Lei entendeu por chamá-la de "Associação Pública". Dessa forma, de acordo com o art. 6º da Lei n. 11.107/2005 e o art. 41, IV, do CC, a Associação Pública é uma espécie de consórcio público de direito público.

O contrato de rateio está previsto no art. 8º da Lei n. 11.107/2005, e prevê as obrigações financeiras dos entes consorciados em relação ao consórcio.

IV.10. Consórcios públicos – natureza jurídica e contrato de rateio

65. (XXIX Exame) O Estado Alfa, para prestar os serviços de captação e tratamento de água, uniu-se aos municípios localizados em seu território, formando um consórcio público de direito público. Devido ao aumento da população, foi necessário buscar novos mananciais, o que acarretou a necessidade de construção de novas adutoras. Por consequência, a nova tubulação precisará passar por áreas particulares, prevendo-se, com isso, a instituição de novas servidões. Na qualidade de advogado(a) consultado(a), esclareça os itens a seguir.

A) Os entes da federação consorciados podem ceder servidores para o consórcio público?
B) O consórcio público em questão pode instituir servidão?

GABARITO:

A) Sim. Os entes consorciados podem ceder servidores para o consórcio público na forma e condições de cada ente consorciado, nos termos do art. 4º, § 4º, da Lei n. 11.107/05 OU do art. 241 da CRFB/88.

B) Sim. Por ser pessoa jurídica de direito público, o consórcio pode instituir servidão, nos termos do contrato de consórcio, conforme o art. 2º, § 1º, inciso II, da Lei n. 11.107/05.

Breves comentários dos autores – Mapa de Identificação dos Temas (MIT)

O tema central cobrado na questão é relativo aos consórcios públicos. Os temas secundários são a possibilidade de cessão de servidores aos consórcios e a promoção de servidões.

Dica: todas as questões sobre Consórcios Públicos são resolvidas com base na Lei n. 11.107/2005 e no Decreto n. 6.017/2007. A matriz constitucional dos consórcios está no art. 241.

No caso em análise, devemos deixar marcados em nosso material de consulta os arts. 4º e 2º da Lei n. 11.107/2005.

Identificando o tema, caso não se recorde da Lei n. 11.107/2005, basta se socorrer no índice remissivo de sua legislação administrativa.

Considerando que o consórcio público é uma pessoa jurídica formada pela associação de entes federados, para que esta nova pessoa possa atingir seus objetivos, a lei permitiu a possibilidade de, entre outras:

1. firmar convênios, contratos, acordos de qualquer natureza, receber auxílios, contribuições e subvenções sociais ou econômicas de outras entidades e órgãos do governo;

2. promover desapropriações e instituir servidões nos termos de declaração de utilidade ou necessidade pública, ou interesse social, realizada pelo Poder Público (importante salientar que

o consórcio de direito público só poderá executar a desapropriação. A declaração expropriatória é exclusiva dos entes federados e de quem a lei permitir);

3. emitir documentos de cobrança e exercer atividades de arrecadação de tarifas e outros preços públicos pela prestação de serviços ou pelo uso ou outorga de uso de bens públicos por eles administrados ou, mediante autorização específica, pelo ente da Federação consorciado;

4. outorgar concessão, permissão ou autorização de obras ou serviços públicos mediante autorização prevista no contrato de consórcio público, que deverá indicar de forma específica o objeto da concessão, permissão ou autorização e as condições a que deverá atender, observada a legislação de normas gerais em vigor.

IV.11. Organização administrativa – estatais – dirigentes – licitações – impedimentos

66. (XXVI Exame) O Governador do estado Ômega decidiu nomear Alberto, engenheiro civil formado há dois anos, para o cargo de diretor da companhia estadual de água e esgoto, empresa pública que presta serviços em todo o estado e que tem um faturamento médio mensal em torno de R$ 1 bilhão. Assim que assumiu o cargo, seu primeiro emprego, Alberto ordenou a realização de licitação para ser construída uma nova estação de tratamento de esgoto.

Publicado o edital, seis empresas apresentaram propostas comerciais, sendo que o menor preço foi ofertado pela sociedade empresária Faz de Tudo. Ao analisar a documentação entregue pela referida empresa para fins de habilitação, a comissão de licitação apontou que o sócio administrador da Faz de Tudo também é sócio administrador de uma segunda empresa (Construtora Mercadão Ltda.), esta última declarada inidônea para participar de licitação na Administração Pública estadual. Sobre a hipótese apresentada, responda aos itens a seguir.

A) É válida a nomeação de Alberto?
B) A sociedade empresária Faz de Tudo pode ser habilitada no certame?

GABARITO:

A) A resposta é negativa. Como Alberto se formou há apenas dois anos e esse era seu primeiro emprego, ele não possui experiência profissional para ocupar o cargo de diretor da companhia estadual de água e esgoto. O examinando deve indicar as alíneas constantes no art. 17, I, da Lei n. 13.303/2016.

B) A resposta é negativa. A Lei de Responsabilidade das Estatais não permite a contratação de sociedades empresárias constituídas por sócio de outra empresa declarada inidônea. O examinando deve indicar o art. 38, IV, da Lei n. 13.303/2016.

Breves comentários dos autores – Mapa de Identificação dos Temas (MIT)

O tema central cobrado na questão é a organização administrativa, notadamente as Estatais: sociedades de economia mista e empresas públicas.

Identificando o tema, fica mais fácil encontrar na Constituição Federal e nas leis os artigos pertinentes. Caso não se recorde, basta buscar nos índices remissivos.

Dica: quando a questão exigir conhecimentos acerca das estatais, devemos utilizar o art. 173 da CF, a Lei n. 13.303/2016 e o Decreto n. 8.945/2016.

O novo Estatuto das Estatais – Lei n. 13.303/2016 – criou regras rígidas de nomeação de diretores em empresas públicas e sociedades de economia mista, à luz de seu art. 17. Portanto, no caso em análise, o nomeado não possuía as exigências para ocupar o cargo.

No que tange à participação em licitações promovidas pelas estatais, o art. 38 da Lei n. 13.303/2016 elenca os impedimentos, entre os quais está o da empresa constituída por sócio de empresa que estiver suspensa, impedida ou declarada inidônea.

IV.12. ORGANIZAÇÃO ADMINISTRATIVA – AGÊNCIAS REGULADORAS – ATRIBUIÇÕES E PESSOAL

67. (XXX EXAME) O governo de certo estado da Federação está realizando, no ano corrente, estudos para criar uma agência reguladora para os serviços de transporte intermunicipal, a ser denominada Transportare. Concluiu-se pela necessidade de lei para criar a mencionada entidade autárquica, com a delimitação das respectivas competências relacionadas à atividade regulatória, a abranger a edição de atos normativos técnicos para os serviços públicos em questão, segundo os parâmetros estabelecidos pela lei (as funções de fiscalização, incentivo e planejamento).

Apontou-se, ainda, que o quadro de pessoal de tal entidade deveria adotar o regime de emprego público, submetido à Consolidação das Leis do Trabalho, sob o fundamento de ser mais condizente com o princípio da eficiência.

Diante dessa situação hipotética, responda, fundamentadamente, aos questionamentos a seguir.

A) Existe respaldo constitucional para a competência regulatória a ser atribuída à agência Transportare? (Valor: 0,60)

B) É possível adotar o regime de pessoal sugerido? (Valor: 0,65)

GABARITO:

A) Sim. A competência regulatória, que seja abrangente das funções de normatização técnica, segundo os parâmetros estabelecidos pela lei (as funções de fiscalização, incentivo e planejamento), tem respaldo constitucional, nos termos do art. 174 da CRFB/88.

B) Não. A lei pretende criar uma agência reguladora, entidade autárquica em regime especial, que se submete ao Regime Jurídico Único ou ao Regime Jurídico Administrativo dos Servidores Públicos, na forma do art. 39, *caput*, da CRFB/88.

Breves comentários dos autores – Mapa de Identificação dos Temas (MIT)

O tema central cobrado na questão é a organização administrativa, notadamente as AGÊNCIAS REGULADORAS.

Identificando o tema, fica mais fácil encontrar na CRFB, e nas leis, os artigos pertinentes. Caso não se recorde, basta buscar nos índices remissivos.

DICA: quando a questão exigir conhecimentos acerca das agências reguladoras, devemos utilizar a CRFB, art. 174, e as Leis n. 9.986/2000 e 13.848/2019.

V. LICITAÇÕES E CONTRATOS ADMINISTRATIVOS

NOTA DOS AUTORES:

Cumpre esclarecer que desde 1º de abril de 2021 vigora a Lei n. 14.133/2021, atual marco regulatório das licitações e contratos administrativos, que absorveu as Leis 10.520/2002 (Lei do Pregão) e Lei n. 12.462/2011 (Lei do RDC). A Lei n. 8.666/93 ainda poderá ser aplicada até o dia 1º de abril de 2023.

V.1. Licitação – microempresas e empresas de pequeno porte e princípio da isonomia

68. (XIX Exame) A Secretaria de Saúde do Município de Muriaé-MG realizou procedimento licitatório na modalidade de concorrência, do tipo menor preço, para aquisição de insumos. Ao final do julgamento das propostas, observou-se que a microempresa Alfa havia apresentado preço 8% (oito por cento) superior em relação à proposta mais bem classificada, apresentada pela empresa Gama.

Diante desse cenário, a Pasta da Saúde concedeu à microempresa Alfa a oportunidade de oferecer proposta de preço inferior àquela trazida pela empresa Gama. Valendo-se disso, assim o fez a microempresa Alfa, sendo em favor desta adjudicado o objeto do certame.

Inconformada, a empresa Gama interpôs recurso, alegando, em síntese, a violação do princípio da isonomia, previsto no art. 37, XXI, da Constituição da República e no art. 3º, da Lei n. 8.666/1993. Na qualidade de Assessor Jurídico da Secretaria de Saúde do Município de Muriaé-MG, utilizando-se de fundamentação e argumentos jurídicos, responda aos itens a seguir.

A) É juridicamente correto oferecer tal benefício para a microempresa Alfa?

B) Houve violação ao princípio da isonomia?

GABARITO:

A) A resposta deve ser positiva. O art. 44, § 1º, da Lei Complementar n. 123/2006 presume como empate as hipóteses em que as propostas apresentadas pelas microempresas e empresas de pequeno porte forem iguais ou 10% superiores a melhor proposta. É o denominado "empate ficto ou presumido".

B) A resposta deve ser negativa. O examinando deve abordar o princípio da isonomia, previsto de forma genérica no art. 5º da Constituição da República, sob seu aspecto material, no qual se pressupõe tratamento desigual entre aqueles que não se enquadram na mesma situação fático-jurídica. No caso em questão, a própria Constituição estabelece a necessidade de tratamento diferenciado às microempresas e às empresas de pequeno porte (art. 146, III, *d*, art. 170, IX, e art. 179, todos da CF/88).

Breves comentários dos autores – Mapa de Identificação dos Temas (MIT)

O tema central cobrado na questão é *licitação* e o tema secundário é a participação de microempresas e empresas de pequeno porte.

> *A Lei Complementar n. 123/2006 é o Estatuto Nacional das microempresas e empresas de pequeno porte. Recentemente sofreu alterações significativas em seu procedimento licitatório por meio da Lei Complementar n. 147/2014.*

PRÁTICA ADMINISTRATIVA   223

No caso em análise, devemos deixar marcado em nosso material de consulta os arts. 42 a 49 da LC n. 123/2006, já com a nova redação dada pela LC n. 147/2014.

> *É conveniente que as microempresas e as empresas de pequeno porte possuem vantagens nos procedimentos licitatórios promovidos pelo Poder Público em função de sua fragilidade em relação a empresas de grande porte. Atualmente, a lei determina que nas licitações até 80 mil reais, só participem estas empresas menores (art. 48, I, da LC n. 123/2006).*
>
> *Isso não caracteriza ofensa ao princípio da isonomia, pois a igualdade buscada é a material e não a formal.*

V.2. Contratos administrativos – anulação

69. (II Exame) A empresa W.Z.Z. Construções Ltda. vem a se sagrar vencedora de licitação, na modalidade tomada de preço. Passado um mês, a referida empresa vem a celebrar o contrato de obra, a que visava à licitação. Iniciada a execução, que se faria em quatro etapas, e quando já se estava na terceira etapa da obra, a Administração constata erro na escolha da modalidade licitatória, pois, diante do valor, esta deveria seguir o tipo concorrência. Assim, com base no art. 49, da Lei n. 8.666/93, e no art. 53, da Lei n. 9784/98, declara a nulidade da licitação e do contrato, notificando a empresa contratada para restituir os valores recebidos, ciente de que a decisão invalidatória produz efeitos *ex tunc*. Agiu corretamente a Administração? Teria a empresa algum direito?

GABARITO: O examinando deve identificar o poder de anular os contratos administrativos e o dever da Administração de pagar pelo que a empresa executou até a anulação, bem como o dever de indenizar também outros eventuais prejuízos regularmente comprovados (art. 59, parágrafo único, da Lei n. 8.666/93).

A questão envolve a aplicação do parágrafo único do art. 59 da Lei n. 8.666/93, pois inegável a boa-fé da empresa e ter esta prestado a sua obrigação. Não caberia a restituição dos valores pagos, que seriam integrados, como indenização, ao patrimônio da contratada, que, inclusive, poderia postular perdas e danos.

Breves comentários dos autores – Mapa de Identificação dos Temas (MIT)

A questão tem como tema central os contratos administrativos e tema secundário sua anulação e efeitos.

> *Atualmente, o tema relativo a contratos administrativos deve nos remeter à Lei n. 14.133, a partir do art. 89. Quando a questão tratar de contratos de concessão de serviço público, então deve-mos conjugar a Lei n. 14.133/2021 com a Lei n. 8.987/95 e com a lei das parcerias público--privadas, Lei n. 11.079/2004.*

No caso em análise, devemos deixar marcado em nosso material de consulta o artigo relativo à anulação de contrato administrativo, previsto no art. 147 da Lei n. 14.133/2021.

V.3. Contratos administrativos – aplicação de penalidades

70. (VII Exame) A Secretaria estadual de Esportes do Estado ABC realiza certame licitatório para a seleção de prestadora de serviço de limpeza predial na sua sede. A vencedora do processo licitatório foi a empresa XYZ. Decorridos 10 (dez) meses, diante do que a Secretaria reputou como infrações por parte da empresa, foi instaurada comissão de instrução e julgamento composta por três servidores de carreira e, após processo administrativo, em que foram garantidos o contraditório e a ampla defesa, a empresa XYZ foi punida pela Comissão com a declaração de inidoneidade para contratar com a Administração Pública.

A empresa, então, ajuizou ação ordinária por meio da qual pretende anular o ato administrativo que aplicou aquela sanção, arguindo a ausência de tipificação da conduta como ato infracional, a não observância da aplicação de uma penalidade mais leve antes de uma mais grave e a não observância de todas as formalidades legais para a incidência da punição. Considerando o fato apresentado acima, responda, de forma justificada, aos itens a seguir.

A) É possível a anulação do ato administrativo que aplicou a penalidade, tendo em vista a não observância da aplicação de uma penalidade mais leve antes de uma mais grave?

B) É possível ao Judiciário anular o ato administrativo por algum dos fundamentos apontados pela empresa? Em caso afirmativo, indique-o.

GABARITO:

A) Não, tendo em vista que, como não há uma gradação/ordem legal de penalidades, elas podem ser aplicadas discricionariamente pela Administração Pública, sem a necessidade de aplicação de uma penalidade mais leve antes da mais grave, porém a sanção administrativa deve ser sempre correlacionada/adequada à gravidade da infração cometida no caso concreto.

B) Sim, em razão da não observância no caso concreto de todas as formalidades legais para a incidência da punição, uma vez que a penalidade aplicada (declaração de inidoneidade) é de competência exclusiva do secretário estadual de esportes (art. 87, § 3º, da Lei n. 8.666/93).

Breves comentários dos autores – Mapa de Identificação dos Temas (MIT)

A questão tem como tema central os contratos administrativos e tema secundário a aplicação de penalidades administrativas.

> Atualmente, o tema relativo a contratos administrativos deve nos remeter à Lei n. 14.133, a partir do art. 89. Quando a questão tratar de contratos de concessão de serviço público, então devemos conjugar a Lei n. 14.133/2021 com a Lei n. 8.987/95 e com a lei das parcerias público-privadas, Lei n. 11.079/2004.

No caso em análise, devemos deixar marcado em nosso material de consulta o artigo relativo à aplicação das penalidades administrativas nos contratos, previsto no art. 156 da Lei n. 14.133/2021.

V.4. Contrato administrativo – contrato verbal

71. (VII Exame) O Estado X ajuizou ação de reintegração de posse em face de Caio, servidor público que, na qualidade de vigia de uma escola pública estadual, reside em uma pequena casa nos fundos do referido imóvel público e, embora devidamente notificado para desocupar o bem, recusou-se a fazê-lo.

Em sua defesa, Caio alega (i) que reside no imóvel com a anuência verbal do Poder Público e (ii) que a sua boa-fé, associada ao decurso de mais de quinze anos de ocupação do bem sem qualquer oposição, lhe asseguram a usucapião do imóvel.

Considerando a situação hipotética apresentada, analise os dois fundamentos deduzidos por Caio em sua defesa, empregando os argumentos jurídicos apropriados e a fundamentação legal pertinente ao caso.

GABARITO: A anuência verbal do Poder Público em relação à ocupação do imóvel não repercute sobre a esfera jurídica do Poder Público, uma vez que os contratos verbais com a Administração Pública são nulos e sem nenhum efeito, nos termos do art. 60, parágrafo único, da Lei n. 8.666/93.

Em relação ao segundo argumento, um dos atributos dos bens públicos, qual seja, a sua imprescritibilidade, de modo que os bens públicos não se sujeitam à prescrição aquisitiva de direitos. Assim, a pretensão de usucapião de um bem público deve ser rejeitada, conforme previsto nos arts. 183, § 3º (propriedade urbana), e 191, parágrafo único (propriedade rural), ambos da CF.

Breves comentários dos autores – Mapa de Identificação dos Temas (MIT)

Trata-se de questão multitemática que envolve os temas do contrato administrativo e dos bens públicos. Neste ponto, falaremos apenas do primeiro, deixando para o item pertinente o assunto dos bens públicos. Sendo assim, o tema central é contrato administrativo e o tema secundário é a possibilidade da forma verbal.

> Atualmente, o tema relativo a contratos administrativos deve nos remeter à Lei n. 14.133, a partir do art. 89. Quando a questão tratar de contratos de concessão de serviço público, então devemos conjugar a Lei n. 14.133/2021 com a Lei n. 8.987/95 e com a lei das parcerias público-privadas, Lei n. 11.079/2004.

No caso em análise, devemos deixar marcado em nosso material de consulta o artigo relativo à formalização dos contratos, previsto no art. 89 da Lei n. 14.133/2021.

A forma verbal dos contratos administrativos é aceita, excepcionalmente, apenas nos casos de pequenas compras ou o de prestação de serviços de pronto pagamento, assim entendidos aqueles de valor não superior a R$ 10.000,00 (dez mil reais), na forma do § 2º do art. 95 da Lei n. 14.133/2021.

V.5. Licitação e contratos administrativos – ausência de licitação, prazos contratuais e violação a princípios licitatórios

72. (VII Exame – Direito Material da Peça) O Município Y, representado pelo Prefeito João da Silva, celebrou contrato administrativo com a empresa W – cujo sócio majoritário vem a ser Antonio Precioso, filho da companheira do Prefeito –, tendo por objeto o fornecimento de material escolar para toda a rede pública municipal de ensino, pelo prazo de sessenta meses. O contrato foi celebrado sem a realização de prévio procedimento licitatório e apresentou valor de cinco milhões de reais anuais.

José Rico, cidadão consciente e eleitor no Município Y, inconformado com a contratação que favorece o filho da companheira do Prefeito, o procura para, na qualidade de advogado(a), identificar e minutar a medida judicial que, em nome dele, pode ser proposta para questionar o contrato administrativo. A medida judicial deve conter a argumentação jurídica apropriada e o desenvolvimento dos fundamentos legais da matéria versada no problema, abordando, necessariamente:

(i) competência do órgão julgador;

(ii) a natureza da pretensão deduzida por José Rico; e

(iii) os fundamentos jurídicos aplicáveis ao caso.

GABARITO: A medida judicial a ser proposta em nome de José Rico é a ação popular, com fundamento no art. 5º, LXXIII, da CF e regulamentação infraconstitucional na Lei n. 4.717/65. A pretensão do autor popular será a obtenção de provimento jurisdicional que anule o contrato administrativo em questão, devendo ser deduzidos, pelo menos, quatro fundamentos jurídicos para tanto:

(i) Ausência de processo licitatório para aquisição do material escolar, caracterizando ofensa ao art. 37, XXI, da CF/88 e ao art. 2º da Lei n. 8.666/93;

(ii) violação ao princípio da impessoalidade, visto que a Administração não pode atuar com vistas beneficiar pessoas determinadas, uma vez que é sempre o interesse público que tem que nortear o seu comportamento;

(iii) violação ao princípio da moralidade ou probidade administrativa visto que a contratação direta, fora das hipóteses de dispensa, de empresa do enteado do prefeito implica violação aos padrões éticos que devem pautar a atuação do administrador;

(iv) violação à norma do art. 57 da Lei n. 8.666/93, que estabelece que a vigência dos contratos administrativos é adstrita à vigência dos respectivos créditos orçamentários.

Breves comentários dos autores – Mapa de Identificação dos Temas (MIT)

Trata-se de questão multitemática que envolve os temas da licitação, do contrato administrativo e dos princípios administrativos licitatórios. Os temas centrais são a licitação e o contrato administrativo e os temas secundários são a violação a princípios administrativos e os prazos contratuais.

> Atualmente, o tema relativo a contratos administrativos deve nos remeter à Lei n. 14.133/2021, a partir do art. 87. Quando a questão tratar de contratos de concessão de serviço público, então devemos conjugar a Lei n. 14.133/2021 com a Lei n. 8.987/95 e com a lei das parcerias público-privadas, Lei n. 11.079/2004. Em relação às licitações, o diploma básico é também a Lei n. 14.133/2021.

No caso em análise, devemos deixar marcado em nosso material de consulta o artigo relativo aos princípios licitatórios (art. 5º) e aos prazos contratuais – art. 105 da Lei n. 14.133/2021.

Vale registrar que os serviços, alienações, compras e obras devem ser precedidos de licitação, salvo situações excepcionais previstas em lei.

Também é imperioso observar que os prazos contratuais, em regra, não poderão superar a vigência dos créditos orçamentários (12 meses), salvo nas hipóteses previstas no próprio art. 105. Por fim, cumpre consignar que é vedado o contrato com prazo de vigência indeterminado.

V.6. Licitação – revogação e seus efeitos

73. (VI Exame) O Estado XPTO realizou procedimento licitatório, na modalidade concorrência, visando à aquisição de 500 (quinhentas) motocicletas para equipar a estrutura da Polícia Militar. Logo após a abertura das propostas de preço, o Secretário de Segurança Pública do referido Estado, responsável pela licitação, resolve revogá-la, por ter tomado conhecimento de que uma grande empresa do ramo não teria tido tempo de reunir a documentação hábil para participar da concorrência e que, em futura licitação, assumiria o compromisso de participar e propor preços inferiores aos já apresentados no certame em andamento.

Considerando a narrativa fática acima, responda aos itens a seguir, empregando os argumentos jurídicos apropriados e a fundamentação legal pertinente ao caso.

A) À luz dos princípios que regem a atividade administrativa, é juridicamente correta a decisão do Secretário de Segurança de revogar a licitação?
B) Quais são os requisitos para revogação de uma licitação?
C) Em se materializando a revogação, caberia indenização aos licitantes que participaram do procedimento revogado?

GABARITO: Em relação ao item A, o examinando deve expor que a decisão de revogação é juridicamente incorreta por violação aos princípios da impessoalidade e moralidade administrativa, previstos no *caput* do art. 37 da CF.

Quanto ao item B, o examinando deve indicar, de início, que a revogação do procedimento licitatório se encontra disciplinada no art. 49 da Lei n. 8.666/93 e que se trata de revogação condicionada. Os requisitos são: razões de interesse público decorrentes de fato superveniente devidamente comprovado, pertinente e suficiente para justificar a conduta.

Por fim, quanto ao item C, o examinando deve expor que, por se tratar de revogação ilícita de procedimento licitatório, os licitantes devem ser indenizados pelos prejuízos efetivamente comprovados, na forma do art. 37, § 6º, da CF.

Breves comentários dos autores – Mapa de Identificação dos Temas (MIT)

A questão tem como tema central a licitação e tema secundário sua revogação, possibilidade e efeitos.

> Em relação às licitações, o diploma básico atual é a Lei n. 14.133/2021, que revogou a Lei anterior 8.666/93 e regulamentou o art. 22, XXVII, da CF. Há também a LC n. 123/2006 (Estatuto Nacional das Microempresas).

No caso em análise, devemos deixar marcado em nosso material de consulta o artigo relativo à revogação da licitação, previsto no art. 71 da Lei n. 14.133/2021.

V.7. Licitação – contratação direta sem licitação – inexigibilidade

74. (XI Exame) O prefeito do município "A", buscando aumentar o turismo na festa de Ano Novo de sua cidade, decidiu contratar músicos renomados e uma agência de publicidade para realizar a propaganda do evento, procedendo de referidas contratações diretamente, sem proceder à realização de licitação.

Com base no caso acima, responda fundamentadamente, aos itens a seguir.

A) Pode o prefeito realizar as referidas contratações sem licitação? Sob qual fundamento legal?

B) Pode o administrador realizar contratação direta em casos que não estejam taxativamente arrolados na lei de licitações?

GABARITO:

A) O examinando deverá responder que o prefeito poderia realizar a contratação direta de músicos, uma vez que se trata de uma das hipóteses de inexigibilidade de licitação, à luz do art. 25, III, da Lei n. 8.666/93. Todavia, em relação à contratação de agência de publicidade, deveria o examinando indicar não ser possível a contratação, diante da vedação legal constante do art. 25, II, da referida Lei n. 8.666/93.

B) O examinando deverá analisar cada meio de contratação. No caso da licitação dispensada e da licitação dispensável, as hipóteses legais são taxativas, ou seja, não pode o administrador extrapolar o legalmente previsto.

Por sua vez no caso de licitação inexigível, é possível ao administrador aventar outras hipóteses, uma vez que o rol é meramente exemplificativo.

75. (III Exame) O presidente de uma sociedade de economia mista estadual prestadora de serviço público, preocupado com o significativo aumento de demandas judiciais trabalhistas ajuizadas em face da entidade (duas mil), todas envolvendo idêntica tese jurídica e com argumentação de defesa já elaborada, decide contratar, por inexigibilidade de licitação, renomado escritório de advocacia para realizar o patrocínio judicial das causas. Nesse cenário, responda aos itens a seguir, empregando os argumentos jurídicos apropriados e a fundamentação legal pertinente ao caso.

A) Na qualidade de assessor jurídico da presidência da estatal, analise a viabilidade jurídica da contratação direta.

B) Nas hipóteses de contratação direta, em sendo comprovado superfaturamento durante a execução contratual, é juridicamente possível responsabilizar solidariamente o agente público e o prestador do serviço pelo dano causado ao erário?

GABARITO: A inexigibilidade de licitação, em tal hipótese, encontraria fundamento na norma do art. 25, II, que prevê a inviabilidade de competição para a contratação de serviços técnicos enumerados no art. 13, dentre os quais o patrocínio de causas judiciais (art. 13, V) da Lei n. 8.666/93. Entretanto, para configurar tal hipótese de inexigibilidade de licitação, exige-se a natureza singular dos serviços, o que não ocorre na situação proposta, em que se pretende a contratação direta de escritório de advocacia para o patrocínio de causas de massa (contencioso trabalhista de massa).

Quanto ao item B, a responsabilidade solidária do agente público e do prestador do serviço nos casos de superfaturamento em contratos decorrentes de inexigibilidade ou dispensa de licitação encontra previsão expressa na norma do art. 25, § 2º, da Lei n. 8.666/93.

Breves comentários dos autores – Mapa de Identificação dos Temas (MIT)

As questões têm como tema central a licitação e tema secundário a contratação direta sem licitação por intermédio da inexigibilidade.

> *Em relação às licitações, o diploma básico atual é a Lei n. 14.133/2021, que regulamentou o art. 22, XXVII, da CF. Há também a LC n. 123/2006 (Estatuto Nacional das Microempresas).*

Nos casos em análise, devemos deixar marcado em nosso material de consulta os artigos relativos à contratação direta por inexigibilidade – art. 74 da Lei n. 14.133/2021.

Vale mencionar que a realização de licitação é regra. A contratação direta, exceção. Quando falamos em contratação direta sem licitação, devemos observar os artigos 72 a 75 da Lei n. 14.133/2021.

V.8. Contratos administrativos – alteração unilateral do contrato

76. (XIII Exame) No curso de obra pública de ampliação da malha rodoviária, adequadamente licitada pela Administração Pública, verifica-se situação superveniente e excepcional, na qual se constata a necessidade de realização de desvio de percurso, que representa aumento quantitativo da obra. Diante do caso exposto, empregando os argumentos jurídicos apropriados e a fundamentação legal pertinente, responda aos itens a seguir.

A) É possível que a Administração Pública exija o cumprimento do contrato pelo particular com a elaboração de termo aditivo, mesmo contra a sua vontade?

B) Em havendo concordância entre o particular, vencedor da licitação, e a Administração Pública, há limite para o aumento quantitativo do objeto do contrato?

GABARITO: A questão busca avaliar o conhecimento do candidato acerca das alterações contratuais permitidas pela Lei n. 8.666/93, tanto as consensuais quanto as unilaterais, promovidas pela Administração Pública.

A) O candidato deve responder que o particular é obrigado a aceitar a alteração contratual promovida unilateralmente pela Administração no limite de 25%, uma vez que não se trata de reforma de edifício ou equipamento (em que a alteração permitida é de até 50%). Trata-se da prerrogativa da mutabilidade dos contratos administrativos, legalmente disciplinada no art. 65 da Lei n. 8.666/93, que representa uma das possibilidades de alteração unilateral do contrato pelo Poder Público.

B) Sim, há limite. Em se tratando de alteração consensual, somente não se aplicam os limites previstos no art. 65, § 1º, da Lei n. 8.666/93 no caso de supressões, conforme o § 2º, II, da referida lei.

Breves comentários dos autores – Mapa de Identificação dos Temas (MIT)

A questão tem como tema central os contratos administrativos e tema secundário a possibilidade de alteração unilateral do contrato.

> *Atualmente, o tema relativo a contratos administrativos deve nos remeter à Lei n. 14.133/2021, a partir do art. 89. Quando a questão tratar de contratos de concessão de serviço público, então devemos conjugar a Lei n. 14.133/2021 com a Lei n. 8.987/95 e com a lei das parcerias público-privadas, Lei n. 11.079/2004. Em relação às licitações, o diploma básico é também a Lei n. 14.133/2021.*

No caso em análise, devemos deixar marcado em nosso material de consulta o artigo relativo às alterações unilaterais do contrato, previsto no art. 124 da Lei n. 14.133/2021.

As alterações contratuais podem ser feitas de forma unilateral pelo Poder Público, ou de maneira consensual. Na primeira hipótese, estaremos diante da chamada cláusula exorbitante, que permite a mutabilidade unilateral do contrato pelo Poder Público, respeitados os limites previstos na lei.

> *Quando a alteração for consensual, não haverá limite no caso de supressão do objeto.*

V.9. Licitação – obras – projeto básico e executivo – tomada de preços – vedação a preferência em razão da sede – habilitação – participação de consórcios

77. (XVIII Exame – Direito Material da Peça) O Ministério da Cultura publicou, na imprensa oficial, edital de licitação que veio assinado pelo próprio Ministro da Cultura,

PRÁTICA ADMINISTRATIVA

na modalidade de tomada de preços, para a elaboração do projeto básico, do projeto executivo e da execução de obras de reforma de uma biblioteca localizada em Brasília. O custo da obra está estimado em R$ 2.950.000,00 (dois milhões novecentos e cinquenta mil reais). O prazo de execução é de 16 (dezesseis) meses, e, de acordo com o cronograma divulgado, a abertura dos envelopes se dará em 45 (quarenta e cinco) dias e a assinatura do contrato está prevista para 90 (noventa) dias.

Do edital constam duas cláusulas que, em tese, afastariam do certame a empresa ABCD Engenharia. A primeira diz respeito a um dos requisitos de habilitação, pois se exige dos licitantes, para demonstração de qualificação técnica, experiência anterior em contratos de obra pública com a União (requisito não atendido pela empresa, que já realizou obras públicas do mesmo porte que a apontada no edital para diversos entes da Federação, mas não para a União). A segunda diz respeito à exigência de os licitantes estarem sediados em Brasília, sede do Ministério da Cultura, local onde se dará a execução das obras (requisito não atendido pela empresa, sediada no Município de Bugalhadas). Na mesma semana em que foi publicado o edital, a empresa o procura para que, na qualidade de advogado, ajuíze a medida cabível para evitar o prosseguimento da licitação, reconhecendo os vícios do edital e os retirando, tudo a permitir que possa concorrer sem ser considerada não habilitada, e sem que haja vício que comprometa o contrato. Pede, ainda, que se opte pela via, em tese, mais célere.

Elabore a peça adequada, considerando não ser necessária a dilação probatória, haja vista ser preciso apenas a juntada dos documentos próprios (edital, cópia dos contratos com outros entes federativos etc.) para se comprovar os vícios alegados. Observe o examinando que o interessado quer o procedimento que, em tese, seja o mais célere.

GABARITO: A peça a ser apresentada é um mandado de segurança, impugnando o edital de licitação publicado pelo Ministério da Cultura. No mérito, deve ser apontada:

1. a impossibilidade de licitar a obra sem a prévia existência de projeto básico, na forma do art. 7º, § 2º, I, da Lei n. 8.666/93;

2. a impossibilidade de elaboração de projeto básico e de execução da obra pela mesma pessoa, na forma do art. 9º, I, da Lei n. 8.666/93;

3. a violação ao limite de valor para a tomada de preços, conforme previsão do art. 23, I, *b*, da Lei n. 8.666/93;

4. a exigência de experiência de contratação anterior com a União é inválida, conforme previsão do art. 30, II, da Lei n. 8.666/93;

5. a vedação da cláusula que estabelece preferência ou distinção em razão da sede da empresa, na forma do art. 3º, § 1º, I, da Lei n. 8.666/93 e violação ao art. 20, parágrafo único, da Lei n. 8.666/93, que veda que seja utilizada a sede como impedimento à participação em licitação.

78. (XIV Exame – Direito Material da Peça) A Secretaria de Administração do Estado X publicou edital de licitação, na modalidade concorrência, para a elaboração dos projetos básico e executivo e para a realização de obras de contenção de encosta, na localidade de Barranco Alto, no valor de R$ 1.000.000,00 (um milhão de reais). O prazo de conclusão da obra é de 12 (doze) meses.

Como requisito de habilitação técnica, o edital exige a demonstração de aptidão para desempenho do objeto licitado, por meio de documentos que comprovem a participação anterior do licitante em obras de drenagem, pavimentação e contenção de encostas que alcancem o valor de R$ 150.000.000,00 (cento e cinquenta milhões de reais).

Como requisito de qualificação econômica, o edital exige a apresentação de balanço patrimonial e demonstrações contábeis do último exercício social, que comprovem a boa situação financeira da empresa, podendo ser atualizados por índices oficiais, quando encerrado há mais de 3 (três) meses antes da data de apresentação da proposta, assim como a apresentação de todas as certidões negativas e de garantia da quantia equivalente a 1% (um por cento) do valor estimado do objeto da contratação.

O edital admite a participação de empresas em consórcio, estabelecendo, como requisitos de habilitação do consórcio, um acréscimo de 50% (cinquenta por cento) dos valores exigidos para licitante individual.

As empresas ABC e XYZ, interessadas em participar da licitação em consórcio, entendem ilegais as exigências contidas no edital e apresentam, tempestivamente, impugnação. A Administração, entretanto, rejeita a impugnação, ao argumento de que todas as exigências decorrem da legislação federal e que devem ser interpretadas à luz do princípio constitucional da eficiência, de modo a afastar do certame empresas sem capacidade de realizar o objeto e, assim, frustrar o interesse público adjacente.

A empresa ABC o procura para, na qualidade de advogado, ajuizar a medida adequada a impedir o prosseguimento da licitação, apontando ilegalidade no edital.

Elabore a peça adequada, considerando que:

I. a única prova a ser produzida consiste na juntada do edital, isto é, não há necessidade de dilação probatória;

II. que já transcorreram 60 (sessenta) dias desde a publicação do edital;

III. que a licitação está agendada para menos de uma semana e que o seu cliente, expressamente, requereu a adoção da medida judicial cujo procedimento seja, em tese, o mais célere;

IV. a Constituição do Estado X, observando o princípio da simetria, prevê foro por prerrogativa de função para o presente caso, assim como o respectivo Código de Organização Judiciária.

GABARITO: O examinando deve elaborar uma petição inicial de mandado de segurança.

No mérito, o examinando deve demonstrar que o projeto básico e a obra estão sendo licitados em conjunto, o que não pode, pois significa que, indiretamente, a obra está sendo licitada sem projeto básico, o que viola a previsão constante do art. 7º, § 2º, I, da Lei n. 8.666/93. O examinando deve demonstrar, ainda nessa linha de argumento, que a Lei n. 8.666/93 veda a elaboração de projeto básico e a realização da obra pelo mesmo licitante, nos termos do art. 9º, I. O que se admite é a realização de projeto executivo e a obra pelo mesmo licitante, conforme o art. 9º, § 2º.

Ainda no mérito, o examinando deve indicar que, conforme o art. 30 da Lei n. 8.666/93, a documentação relativa à qualificação técnica limitar-se-á à comprovação de aptidão para desempenho de atividade pertinente e compatível em características, quantidades e prazos com o objeto da licitação, o que não é o caso do edital impugnado. A exigência de experiência prévia com serviços e valores muito superiores ao do objeto ora licitado viola o dispositivo acima mencionado.

PRÁTICA ADMINISTRATIVA

Por fim, o examinando deve demonstrar que a exigência, para os consórcios, de requisitos de habilitação com acréscimo de 50% dos valores exigidos para licitante individual viola o art. 33, III, da Lei n. 8.666/93, que estabelece, como limite, 30%.

Breves comentários dos autores – Mapa de Identificação dos Temas (MIT)

As questões são muito parecidas e têm como tema central a licitação e um conjunto de temas secundários que exigiam conhecimento acerca do procedimento licitatório para obras.

> *Em relação às licitações, o diploma básico atual é a Lei n. 14.133/2021, que regulamentou o art. 22, XXVII, da CF. Há também a LC n. 123/2006 (Estatuto Nacional das Microempresas).*

No caso da questão 1, devemos avaliar cada argumento apresentado pelo Poder Público e compará-los com os artigos da Lei n. 14.133/2021. Notamos, logo de início, que houve uma preterição ilegítima da empresa ABCD Engenharia, quer seja pela exigência descabida de experiência de contratação anterior com a União, quer seja por questão de sede da empresa.

Quanto aos aspectos formais da licitação, devemos ter ciência da necessidade de projeto básico para realização de obras no serviço público, bem como da impossibilidade de elaboração de projeto básico e de execução da obra pela mesma pessoa.

Por fim, é ficar atento aos valores que definem as modalidades de licitação.

V.10. Licitação – pregão – registro de preços

79. (XIV Exame) No Governo Federal, a Casa Civil realizou pregão e, ao final, elaborou registro de preços para a contratação de serviço de manutenção dos computadores e impressoras, consolidando a ata de registro de preços (com validade de seis meses) em 2-10-2010. A própria Casa Civil será o órgão gestor do sistema de registro de preços, sendo todos os ministérios órgãos participantes. Em 7-2-2011, o Ministério "X" pretendeu realizar contratação de serviço de manutenção dos seus computadores no âmbito deste registro de preços, prevendo duração contratual de 1 (um) ano. Nesta situação, indicando o fundamento legal, responda aos itens a seguir.

A) É válida a elaboração de uma ata prevendo preço para a prestação de serviços e que permita futuras contratações sem novas licitações?

B) Um deputado integrante da oposição, constatando que os preços constantes da ata são 20% superiores aos praticados pelas três maiores empresas do setor, poderá impugnar a ata?

C) O Ministério "X" pode realizar a contratação pelo prazo desejado?

GABARITO:

A) Sim, trata-se do sistema de registro de preços, previsto no art. 11 da Lei n. 10.520/2000 ou art. 15 da Lei n. 8.666/93.

B) Sim, qualquer cidadão é parte legítima para impugnar preço constante do quadro geral em razão de sua incompatibilidade com o preço vigente no mercado (art. 15, § 6º, da Lei n. 8.666/93).

C) Sim. Embora a ata de registro de preços tenha validade máxima de um ano – seis meses, no caso concreto, por previsão do edital –, o contrato tem prazos autônomos em relação à ata. Deve ser celebrado dentro da validade, mas a partir daí sua duração é regida pelas disposições do art. 57 da Lei de Licitações.

Breves comentários dos autores – Mapa de Identificação dos Temas (MIT)

A questão tem como tema central a licitação e como temas secundários o registro de preços e o pregão.

> Em relação às licitações, o diploma básico é a Lei n. 14.133/2021, que regulamentou o art. 22, XXVII, da CF. Há também a LC n. 123/2006 (Estatuto Nacional das Microempresas).

Cabe mencionar que a Lei n. 14.133/2021 determina que as compras, sempre que possível, deverão ser processadas pelo Sistema de Registro de Preços – SRP (art. 40, II, c/c art. 82).

O registro de preços é um sistema utilizado pelo Poder Público para aquisição de bens e serviços em que os interessados concordam em manter os preços registrados. Estes preços são consignados em uma ata de registro de preços, objetivando as contratações futuras, sem a necessidade de sucessivas licitações.

V.11. Contratos administrativos – prorrogação de prazo – equilíbrio financeiro

80. (XV Exame) A empresa ABC Engenharia de Pontes foi contratada pelo Município X, após licitação, para a construção de uma ponte de transposição de um rio, ligando dois diferentes bairros da cidade. O contrato tinha a duração de doze meses. A empresa, entretanto, atrasou o cronograma de execução da obra em virtude de uma longa greve dos caminhoneiros, que impediu o abastecimento dos insumos necessários à construção. A partir do caso apresentado, responda aos itens a seguir.

A) É possível a prorrogação do prazo de entrega da obra, nesse caso? Justifique.

B) Considerando que tenha havido, por conta de um fato superveniente e extraordinário, um aumento excepcional no preço dos insumos mais relevantes, será possível a revisão contratual? Justifique.

GABARITO:

A) A resposta é positiva. O art. 57, § 1º, II, da Lei n. 8.666/93 autoriza a prorrogação dos prazos de início das etapas de execução, de conclusão e de entrega, mantidas as demais cláusulas do contrato e assegurada a manutenção de seu equilíbrio econômico-financeiro, diante da ocorrência de fato excepcional ou imprevisível, estranho à vontade das partes, que altere fundamentalmente as condições de execução do contrato. É o caso descrito no enunciado (greve que impede o fornecimento dos insumos necessários à realização da obra).

B) A resposta também é positiva. A questão diz respeito ao tema do equilíbrio econômico-financeiro do contrato administrativo. O tema traduz a relação entre os encargos do contratado e o preço pago pela Administração Pública como contraprestação à execução do contrato. A manutenção do equilíbrio econômico-financeiro do contrato é a garantia de que a relação entre encargos e remuneração deve ser necessariamente mantida ao longo de toda a relação contratual. Assim, diante de fatos que ensejem desequilíbrio no ajuste, devem as partes buscar o seu restabelecimento nos moldes originariamente pactuados. Na questão proposta, um fato extraordinário e superveniente desequilibra excessivamente a relação de equivalência entre os encargos do contratado e a remuneração, impondo o restabelecimento da equação econômica inicial, conforme o art. 65, II, *d*, da Lei n. 8.666/93.

Breves comentários dos autores – Mapa de Identificação dos Temas (MIT)

A questão tem como tema central os contratos administrativos e temas secundários a prorrogação contratual e o equilíbrio econômico-financeiro do ajuste.

> *O tema relativo a contratos administrativos deve nos remeter à Lei n. 14.133/2021, a partir do art. 89. Quando a questão tratar de contratos de concessão de serviço público, então devemos conjugar com a Lei n. 8.987/95 e com a lei das parcerias público-privadas, Lei n. 11.079/2004. Em relação às licitações, o diploma básico é também a Lei n. 14.133/2021.*

No caso em análise, devemos deixar marcado em nosso material de consulta o artigo relativo às prorrogações de prazo (art. 107) e quanto ao equilíbrio financeiro – art. 130 da Lei n. 14.133/2021.

Ao contrário do reajuste, a *revisão* contratual para manutenção do equilíbrio econômico-financeiro não precisa estar expressamente no contrato, por ser uma determinação *ex vi legis*.

V.12. Contratos administrativos – exceção do contrato não cumprido – responsabilidade da contratada

81. (XVI Exame) O Estado ABCD contratou a sociedade empresária X para os serviços de limpeza e manutenção predial do Centro Administrativo Integrado, sede do Governo e de todas as Secretarias do Estado. Pelo contrato, a empresa fornece não apenas a mão de obra, mas também todo o material necessário, como, por exemplo, os produtos químicos de limpeza.

O Estado deixou, nos últimos 4 (quatro) meses, de efetuar o pagamento, o que, inclusive, levou a empresa a inadimplir parte de suas obrigações comerciais. Com base no caso apresentado, responda aos itens a seguir.

A) A empresa é obrigada a manter a prestação dos serviços enquanto a Administração restar inadimplente?

B) Caso, em razão da situação acima descrita, a empresa tenha deixado de efetuar o pagamento aos seus fornecedores pelos produtos químicos adquiridos para a limpeza do Centro Administrativo, poderão esses fornecedores responsabilizar o Estado ABCD, subsidiariamente, pelas dívidas da empresa contratada?

GABARITO:
A) A resposta é negativa. Nos termos do art. 78, XV, da Lei n. 8.666/93, "o atraso superior a 90 (noventa) dias dos pagamentos devidos pela Administração decorrentes de obras, serviços ou fornecimento, ou parcelas destes, já recebidos ou executados, salvo em caso de calamidade pública, grave perturbação da ordem interna ou guerra, assegurado ao contratado o direito de optar pela suspensão do cumprimento de suas obrigações até que seja normalizada a situação". Desse modo, pode a empresa suspender o cumprimento de suas obrigações até que a Administração regularize os pagamentos.

B) A resposta é negativa. Nos termos do art. 71, § 1º, da Lei n. 8.666/93, "A inadimplência do contratado, com referência aos encargos trabalhistas, fiscais e comerciais não transfere à Administração Pública a responsabilidade por seu pagamento". Portanto, os fornecedores da sociedade empresária X não poderão responsabilizar o Estado pelo descumprimento das obrigações comerciais.

Breves comentários dos autores – Mapa de Identificação dos Temas (MIT)

A questão tem como tema central os contratos administrativos e como temas secundários a teoria da exceção, contrato não cumprido e as responsabilidades da contratada.

> *O tema relativo a contratos administrativos deve nos remeter à Lei n. 14.133/2021, a partir do art. 89. Quando a questão tratar de contratos de concessão de serviço público, então devemos conjugar com a Lei n. 8.987/95 e com a lei das parcerias público-privadas, Lei n. 11.079/2004. Em relação às licitações, o diploma básico é também a Lei n. 14.133/2021.*

No caso em análise, devemos deixar marcado em nosso material de consulta o artigo relativo às responsabilidades da contratada (art. 121) e quanto às hipóteses de inexecução contratual, art. 137 da Lei n. 14.133/2021.

A exceção do contrato não cumprido (*exceptio non adimpleti contractus*) não é oponível aos contratos administrativos de concessão de serviço público, em razão do princípio da continuidade do serviço público. Apenas nos casos previstos no art. 137, § 2º, da Lei n. 14.133/2021 é possível a extinção do contrato por parte do contratado.

Outrossim, exclusivamente nas contratações de serviços contínuos com regime de dedicação exclusiva de mão de obra, a Administração responderá solidariamente pelos encargos previdenciários e subsidiariamente pelos encargos trabalhistas se comprovada falha na fiscalização do cumprimento das obrigações do contratado.

V.13. Contratos administrativos – penalidades

82. (XVII Exame – Direito Material da Peça) Após regular certame licitatório, vencido pelo consórcio "Mundo Melhor", o Estado X celebrou contrato de obra pública, tendo

PRÁTICA ADMINISTRATIVA

por objeto a construção de uma rodovia estadual com 75 km de extensão. Dois anos depois, com mais de 70% da obra já executada, o relatório da comissão de fiscalização do contrato apontou suposto atraso no cronograma da obra. Diante disso, o Governador do Estado X enviou correspondência aos representantes do consórcio, concedendo prazo de cinco dias úteis para apresentar defesa quanto aos fatos imputados, sob pena de aplicação de penalidade, conforme previsão constante da Lei n. 8.666/93.

Antes da fluência do prazo, entretanto, o Governador enviou nova correspondência aos representantes do consórcio, informando que há lei estadual que autoriza a aplicação das penalidades de advertência e de multa previamente à notificação do contratado, e que, por essa razão, naquele momento, o Governador aplicava as duas penalidades. Além disso, o Governador determinou a suspensão de todos os pagamentos devidos ao consórcio (pelos serviços já realizados e pelos a realizar) até a regularização do cronograma.

Nos 60 (sessenta) dias seguintes, o consórcio tentou resolver a questão na via administrativa, mas não teve sucesso. Diante disso, os representantes procuram você para, na condição de advogado, ajuizar a medida cabível à proteção dos direitos do consórcio, informando:

1. que nunca houve atraso, o que se demonstra pelo cronograma e pelo diário de obras, que registram a normal evolução do contrato;

2. que o consórcio depende da regularização dos pagamentos, até o término das obras, pelos serviços que vierem a ser executados; e

3. que não podem abrir mão do recebimento das parcelas pretéritas devidas pelo trabalho executado nos últimos 60 (sessenta) dias e nem dos pagamentos pelos serviços a realizar, pois essenciais à manutenção das empresas consorciadas.

Na qualidade de advogado(a), ajuíze a medida cabível à proteção integral dos interesses do consórcio.

GABARITO: A medida judicial a ser ajuizada é uma ação ordinária com pedido de antecipação dos efeitos da tutela.

No que concerne à fundamentação para a pretensão do consórcio, devem ser expressamente alegadas as seguintes questões de fato e de direito:

(i) a regra prevista na lei estadual de regência é inválida, por violar norma geral prevista na Lei n. 8.666/93 (art. 87, *caput*, da Lei n. 8.666/93);

(ii) violação ao contraditório e à ampla defesa, essenciais à aplicação de penalidade (art. 5º, LIV, da CF ou art. 87, § 2º, da Lei n. 8.666/93);

(iii) nunca houve atraso na obra, razão pela qual o fundamento que levou à aplicação da penalidade é falso;

(iv) o consórcio faz jus ao pagamento das parcelas em atraso, devidas pelo serviço já executado, sob pena de enriquecimento sem causa da Administração.

Breves comentários dos autores – Mapa de Identificação dos Temas (MIT)

A questão tem como tema central os contratos administrativos e temas secundários a violação às regras gerais da Lei n. 14.133/2021 e aos princípios administrativos da ampla defesa e do contraditório.

> *O tema relativo a contratos administrativos deve nos remeter à Lei n. 14.133/2021, a partir do art. 89. Quando a questão tratar de contratos de concessão de serviço público, então devemos conjugar com a Lei n. 8.987/95 e com a lei das parcerias público-privadas, Lei n. 11.079/2004. Em relação às licitações, o diploma básico é também a Lei n. 14.133/2021.*

No caso em análise, devemos deixar marcado em nosso material de consulta o artigo relativo à aplicação de penalidades nos contratos (art. 156 da Lei n. 14.133/2021) e quanto ao princípio constitucional da ampla defesa (art. 5º, LV).

A Lei n. 14.133/2021 é regra geral de licitações e contratos administrativos, sob a competência da União Federal, conforme o art. 22, XXVII, da CF. Isso não impede que Estados e Municípios também disponham sobre licitações, naquilo que não inovar e não conflitar com as regras gerais.

V.14. Licitação – contratação direta – impedimentos

83. (XXI Exame) O Município Sigma contratou o arquiteto João da Silva, por inexigibilidade de licitação, para elaborar projeto básico de serviço de restauração em prédios tombados naquela localidade, cuja execução seria objeto de futura licitação. O mencionado projeto básico foi realizado por João da Silva e, ao final do certame para a seleção da proposta mais vantajosa para sua execução, sagrou-se vencedora a sociedade Bela Construção Ltda., da qual João da Silva é sócio. A partir da hipótese apresentada, responda aos itens a seguir.

A) João poderia ter sido contratado sem a realização de procedimento licitatório para a elaboração de projeto básico?

B) A sociedade Bela Construção Ltda. poderia ter participado da licitação destinada à execução do projeto?

GABARITO:

A) A resposta é afirmativa. É possível a contratação direta de arquiteto com base em inexigibilidade de licitação, desde que o serviço técnico (elaboração do projeto básico) seja de natureza singular e o profissional seja de notória especialização, conforme o art. 25, II, c/c o art. 13, I, ambos da Lei n. 8.666/93.

B) A resposta é negativa. A ligação entre o autor do projeto básico e a sociedade licitante é suficiente para direcionar a licitação ou conceder vantagens indevidas. O fundamento normativo é a violação aos princípios da isonomia e da impessoalidade, essenciais aos procedimentos licitatórios, nos termos do art. 3º da Lei n. 8.666/93 ou a vedação explícita contida no art. 9º, I, da Lei n. 8.666/93.

Breves comentários dos autores – Mapa de Identificação dos Temas (MIT)

O tema central cobrado na questão é licitação e os temas secundários são: hipóteses de contratação direta sem licitação e impedimentos para participar do processo licitatório.

> *Identificando o tema, fica mais fácil encontrar na CF e nas leis os artigos pertinentes. Caso não se recorde, basta buscar nos índices remissivos. Neste caso, as respostas estão todas na Lei Geral de Licitações e Contratos Administrativos – Lei n. 14.133/2021.*

A realização de licitação prévia a uma contratação pública é a regra prevista na Constituição. No entanto, o legislador permitiu que em determinados casos pontuais a licitação não ocorresse e a contratação fosse direta. Um desses casos é a inviabilidade de competição que torna a licitação inexigível. As hipóteses de inexigibilidade estão de forma exemplificativa previstas no art. 25 da Lei de Licitações, sendo a contratação de serviços técnicos especializados, previstos no art. 13, uma delas.

Em relação aos impedimentos para participar de processos licitatórios, os casos estão elencados no art. 9º da Lei de Licitações, sendo que o autor do projeto, básico ou executivo, pessoa física ou jurídica, não pode participar.

V.15. Contratos administrativos – anulação

84. (XXII Exame) O fiscal da execução de um contrato administrativo constatou a existência de vício insanável no edital da licitação que lhe deu origem, mas o referido vício não foi objeto de impugnação pelos concorrentes. Em razão disso, encaminhou informação à autoridade superior competente, com indicação dos motivos da ilegalidade, e solicitou a adoção das medidas cabíveis. Sobre a hipótese, responda aos itens a seguir.

A) A Administração contratante pode anular o procedimento licitatório em razão de vício insanável e, por conseguinte, o contrato administrativo cuja execução se encontra em curso?

B) Ao particular contratado, deve ser assegurado o direito de manifestar-se previamente sobre a anulação?

GABARITO:

A) A resposta é afirmativa. No exercício da autotutela, a Administração deve anular o ato portador de vício insanável, mediante parecer escrito e devidamente fundamentado, conforme o art. 49, *caput*, da Lei n. 8.666/93, certo que a nulidade do procedimento licitatório induz à do contrato, na forma do art. 49, § 2º, da Lei n. 8.666/93.

B) A resposta é afirmativa. Por surtir efeitos na esfera jurídica do contratante, deve ser assegurada ampla defesa e o contraditório na anulação do contrato decorrente de vício no procedimento licitatório, como decorrência da garantia constitucional prevista no art. 5º, LV, da CF/88 ou na forma do art. 49, § 3º, da Lei n. 8.666/93.

Breves comentários dos autores – Mapa de Identificação dos Temas (MIT)

O tema central cobrado na questão são os contratos administrativos e o tema secundário diz respeito a possibilidade e efeitos da anulação do contrato.

Dica: o tema relativo a contratos administrativos deve nos remeter para a Lei n. 14.133/2021, a partir do art. 89. Quando a questão tratar de contratos de concessão de serviço público, então devemos conjugar com a Lei n. 8.987/95 e com a Lei das Parcerias Público-Privadas, Lei n. 11.079/2004.

> No caso em análise, devemos deixar marcado em nosso material de consulta o artigo relativo à anulação de contrato administrativo, previsto no art. 147 da Lei n. 14.133/2021.
> Identificando o tema, fica mais fácil encontrar na CF e nas leis os artigos pertinentes. Caso não se recorde, basta buscar nos índices remissivos.

Os contratos administrativos são ajustes bilaterais celebrados pelo Poder Público, sob a regência do direito público e, em regra, precedidos de licitação. Existem algumas espécies de contratos administrativos como os de serviços, alienações, compras, obras e concessões de serviços públicos.

Em relação à possibilidade de anulação de um contrato administrativo, a lei geral de contratos administrativos – Lei n. 14.133/2021 – trata do assunto nos arts. 147 a 150, sendo certa a necessidade de ampla defesa e contraditório no caso de anulação que repercute na esfera de interesses do contratado.

V.16. Licitação – microempresas e empresas de pequeno porte – tratamento diferenciado

85. (XXIII Exame) Determinado município precisou adquirir produtos de informática no valor de R$ 60.000,00 (sessenta mil reais), razão pela qual fez publicar edital de licitação, na modalidade pregão, destinado exclusivamente à participação de microempresas e empresas de pequeno porte. Observou-se, no entanto, que, na região em que está sediado tal ente federativo, existiam apenas duas sociedades capazes de preencher os requisitos constantes do instrumento convocatório e que apresentaram preços competitivos, a saber, Gama ME e Delta ME. Por ter apresentado a melhor proposta, a sociedade Gama ME foi declarada vencedora do certame e apresentou todos os documentos necessários para a habilitação. Considerando a situação narrada, responda aos itens a seguir.

A) O tratamento diferenciado conferido pelo Município às microempresas e empresas de pequeno porte é constitucional?

B) O pregão deveria ser homologado?

GABARITO:
A) Sim. O tratamento favorecido dado às microempresas e empresas de pequeno porte tem respaldo constitucional, na forma do art. 170, IX, da CF/88 ou no art. 179 da CF/88.

B) Não. A licitação destinada exclusivamente às microempresas e às empresas de pequeno porte não pode ser aplicada quando não houver um mínimo de três fornecedores competitivos sediados no local ou regionalmente, e que sejam capazes de cumprir as exigências estabelecidas no instrumento convocatório, consoante o disposto no art. 49, II, da Lei Complementar n. 123/2006.

Breves comentários dos autores – Mapa de Identificação dos Temas (MIT)

O tema central cobrado na questão é a participação de microempresas e empresas de pequeno porte em licitações públicas e a constitucionalidade do tratamento diferenciado dispensado a elas.

Dica: a Lei Complementar n. 123/2006 é o Estatuto Nacional das microempresas e empresas de pequeno porte. Sofreu alterações significativas em seu procedimento licitatório por meio da Lei Complementar n. 147/2014.

> No caso em análise, devemos deixar marcado em nosso material de consulta os arts. 42 a 49 da LC n. 123/2006, já com a nova redação dada pela LC n. 147/2014.
> Identificando o tema, caso não se recorde da LC n. 123/2006, basta se socorrer no índice remissivo de sua legislação administrativa.

IMPORTANTE! É conveniente que as microempresas e empresas de pequeno porte possuem vantagens nos procedimentos licitatórios promovidos pelo Poder Público em função de sua fragilidade em relação a empresas de grande porte.

Atualmente, a lei determina que nas licitações até 80 mil reais só participem essas empresas menores (art. 48, I, da LC n. 123/2006). No entanto, é necessário que haja um mínimo de três fornecedores competitivos sediados no local ou regionalmente, e que sejam capazes de cumprir as exigências estabelecidas no instrumento convocatório, sob pena de inviabilizar a licitação exclusiva.

V.17. Licitação – microempresas e empresas de pequeno porte – tratamento diferenciado – Sistema de Registro de Preços

86. (XXIX Exame) Determinada repartição pública federal divulgou edital de licitação para aquisição de material para escritório (caneta, papel, lápis, borracha, dentre outros), na modalidade pregão, para registro de preços. Uma única licitante apresentou a menor proposta para todos os itens: a Papelaria Ltda., classificada legalmente como microempresa. Ocorre que, em razão da crise econômica, a referida sociedade empresária deixou de pagar os tributos federais, apresentando, na fase de habilitação, certidões fiscais positivas que demonstravam sua inadimplência. Sobre a hipótese apresentada, responda aos itens a seguir.

A) A sociedade empresária Papelaria Ltda. deve ser prontamente inabilitada, em razão de não ter demonstrado sua regularidade fiscal?

B) Ainda na validade da ata de registro de preços, pode a Administração lançar nova licitação para a compra dos mesmos insumos?

GABARITO:

A) A resposta é negativa. Por se tratar de microempresa, a comprovação da regularidade fiscal somente será exigida para efeito de assinatura do contrato, devendo ser aberto prazo para regularização da situação fiscal da empresa. Ou seja, mesmo que a entidade apresente certidões fiscais positivas na habilitação, isso não a inabilitará automaticamente. O examinando deve apontar, como fundamento, o art. 42, caput, OU o art. 43, § 1º, da Lei Complementar nº 123/06.

B) A resposta é positiva. A existência de preços registrados não impede que a Administração promova novo certame licitatório. Entretanto, em igualdade de condições/preços, deve-se dar preferência àquele que figura na ata de registro de preços. O examinando deve mencionar, em sua resposta, o art. 15, § 4º, da Lei n. 8.666/93.

Breves comentários dos autores – Mapa de Identificação dos Temas (MIT)

O tema central cobrado na questão é a participação de microempresas e empresas de pequeno porte em licitações públicas, a constitucionalidade do tratamento diferenciado dispensado a elas e o SRP.

Dica: a Lei Complementar n. 123/2006 é o Estatuto Nacional das microempresas e empresas de pequeno porte. Sofreu alterações significativas em seu procedimento licitatório por meio da Lei Complementar n. 147/2014.

> No caso em análise, devemos deixar marcados em nosso material de consulta os arts. 42 a 49 da LC n. 123/2006, já com a nova redação dada pela LC n. 147/2014.
>
> Identificando o tema, caso não se recorde da LC n. 123/2006, basta se socorrer no índice remissivo de sua legislação administrativa.

IMPORTANTE: É conveniente que as microempresas e empresas de pequeno porte possuam vantagens nos procedimentos licitatórios promovidos pelo Poder Público em função de sua fragilidade em relação a empresas de grande porte.

A CRFB, em seu art. 179, determina que se dê tratamento diferenciado e favorecido às microempresas e empresas de pequeno porte, assim definidas em lei, visando a incentivá-las pela simplificação de suas obrigações administrativas, tributárias, previdenciárias e creditícias, ou pela eliminação ou redução destas por meio de lei.

A Lei n. 14.133/2021 também estabelece essa obrigação em seu art. 4º. Dessa forma, a LC n. 123/2006, entre os arts. 42 e 49, previu o tratamento diferenciado em relação às licitações com participação desses tipos de pessoas jurídicas.

Vejamos as regras licitatórias especiais que se aplicam às microempresas e empresas de pequeno porte:

1. Comprovação de regularidade fiscal e trabalhista diferida – Nas licitações públicas, a comprovação de regularidade fiscal e trabalhista das microempresas e das empresas de pequeno porte somente será exigida para efeito de assinatura do contrato. Havendo alguma restrição na comprovação da regularidade fiscal e trabalhista, será assegurado o prazo de cinco dias úteis, cujo termo inicial corresponderá ao momento em que o proponente for declarado vencedor do certame, prorrogável por igual período, a critério da administração pública, para regularização da documentação, para pagamento ou parcelamento do débito e para emissão de eventuais certidões negativas ou positivas com efeito de certidão negativa;

2. Empate ficto ou presumido – Nas licitações será assegurada, como critério de desempate, preferência de contratação para as microempresas e empresas de pequeno porte. Entende-se por empate aquelas situações em que as propostas apresentadas pelas microempresas e empresas de pequeno porte sejam iguais ou até 10% superiores à proposta mais

PRÁTICA ADMINISTRATIVA

bem classificada. Na modalidade de pregão, o intervalo percentual será de até 5% superior ao melhor preço;

3. Licitação exclusiva – A Administração deverá realizar processo licitatório destinado exclusivamente à participação de microempresas e empresas de pequeno porte nos itens de contratação cujo valor seja de até R$ 80.000,00.

O SRP pode ser definido como um conjunto de procedimentos para realização, mediante contratação direta ou licitação nas modalidades pregão ou concorrência, de registro formal de preços relativos a prestação de serviços, a obras e a aquisição e locação de bens para contratações futuras.

Dispõe a Lei n. 14.133/2021, em seu art. 40, II, que as compras realizadas pela Administração Pública, sempre que possível, deverão ser processadas pelo SRP, a fim de atender a celeridade, a economicidade e a eficiência nas contratações.

O SRP é utilizado quando, (i) pelas características do bem ou serviço, houver necessidade de contratações frequentes; (ii) for conveniente a aquisição de bens com previsão de entregas parceladas ou contratação de serviços remunerados por unidade de medida ou em regime de tarefa; (iii) for conveniente a aquisição de bens ou a contratação de serviços para atendimento a mais de um órgão ou entidade, ou a programas de governo; ou (iv) quando, pela natureza do objeto, não for possível definir previamente o quantitativo a ser demandado pela Administração.

O SRP poderá ser usado para a contratação de bens e serviços, inclusive de obras e serviços de engenharia, condicionado à realização prévia de ampla pesquisa de mercado; à seleção de acordo com os procedimentos previstos em regulamento; ao desenvolvimento obrigatório de rotina de controle; à atualização periódica dos preços registrados; à definição do período de validade do registro de preços; à inclusão, em ata de registro de preços, do licitante que aceitar cotar os bens ou serviços em preços iguais aos do licitante vencedor na sequência de classificação da licitação e inclusão do licitante que mantiver sua proposta original.

Após a realização da licitação, serão registrados na ata de registro de preços – ARP – os preços e quantitativos do licitante mais bem classificado durante a fase competitiva.

V.18. Licitação – Regime Diferenciado de Contratações – RDC – projeto básico e executivo

87. (XXIV Exame) A União, com vistas a amenizar a caótica situação no sistema carcerário no território nacional, pretende construir duas novas penitenciárias de segurança máxima, com o objetivo de abrigar os presos de alta periculosidade que possam comprometer a ordem e a segurança nos seus estados de origem. Para tanto, fez publicar edital, no qual determinou a aplicação das regras do Regime Diferenciado de Contratações e definiu, de forma clara e precisa, a obra pública a ser contratada.

Diante da possibilidade de utilização de diferentes metodologias e inovações tecnológicas, o Poder Público, mediante a justificativa técnica e econômica adequada, estabeleceu que o projeto básico e o projeto executivo deveriam ser desenvolvidos pela futura contratada, nos termos contidos no anteprojeto constante do instrumento convocatório. Na qualidade de advogado(a) consultado(a), responda, fundamentadamente, aos itens a seguir.

A) A União poderia ter optado por utilizar o Regime Diferenciado de Contratações?

B) É cabível a elaboração dos projetos básico e executivo pela futura contratada?

GABARITO:

A) A resposta é afirmativa. O Regime Diferenciado de Contratações é aplicável às licitações e contratações de obras e aos serviços de engenharia para construção de estabelecimentos penais, na forma do art. 1º, VI, da Lei n. 12.462/2011.

B) A resposta é afirmativa. Para a obra pública em questão, a Administração pode optar pelo regime da contratação integrada, certo que este regime determina o desenvolvimento dos projetos básico e executivo pelo futuro contratado, consoante o disposto no art. 9º da Lei n. 12.462/2011.

Breves comentários dos autores – Mapa de Identificação dos Temas (MIT)

Dica: O RDC foi incorporado pela nova lei de licitação, Lei n. 14.133/2021.

V.19. Licitação – pregão – Lei Anticorrupção

88. (XXV Exame) O Estado Alfa realizou licitação para a aquisição de equipamentos de escritório, a fim de guarnecer a nova sede da Assembleia Legislativa, mediante a utilização da modalidade pregão. A melhor proposta foi apresentada pela sociedade empresária Escritorando Ltda., mas verificou-se que ainda estavam vigentes as penalidades, que a ela foram aplicadas, de declaração de inidoneidade e de proibição de contratar com a Administração Pública pelo prazo de cinco anos, em decorrência da prática de atos de corrupção para a formalização de contratos com o ente federativo em questão, na forma da Lei n. 8.666/93. Apurou-se, ainda, que a mencionada conduta de corrupção também deu ensejo à instauração de procedimento administrativo de responsabilização por ato lesivo à Administração Pública nacional, que culminou na aplicação da pena de multa de 5% sobre o faturamento bruto da empresa no ano anterior ao processo administrativo, que correspondia à vantagem indevida por ela auferida.

Na qualidade de advogado(a) consultado(a), responda aos questionamentos a seguir.

A) Caso Escritorando Ltda. venha a ser utilizada com o objetivo de dissimular a lei, seus administradores e sócios poderão ser pessoalmente responsabilizados pela multa aplicada em sede de responsabilização administrativa?

B) Na hipótese de inabilitação de Escritorando Ltda. na licitação em apreço, como deve proceder a Administração para prosseguir com o certame?

GABARITO:

A) A resposta é positiva. É possível a desconsideração da personalidade jurídica para as hipóteses de sanções atinentes aos atos lesivos contra a Administração, na forma do art. 14 da Lei n. 12.846/2013.

B) O pregoeiro deverá examinar a oferta subsequente e a qualificação do licitante, na ordem de classificação, e assim sucessivamente, na forma do art. 4º, XVI, da Lei n. 10.520/2002. Deverá negociar com o proponente para que seja obtido preço menor, na forma do art. 4º, XVII, da Lei n. 10.520/2002.

PRÁTICA ADMINISTRATIVA

Breves comentários dos autores – Mapa de Identificação dos Temas (MIT)

A questão tem como tema central a licitação e temas secundários à Lei Anticorrupção (Lei n. 12.846/2013) e o sistema do Pregão.

> *Em relação às licitações, o diploma básico é a Lei n. 14.133/2021, que regulamentou o art. 22, XXVII, da CF. Há também a LC n. 123/2006 (Estatuto Nacional das Microempresas).*

Trata-se de questão multitemática, envolvendo a prática de ilícitos praticados por pessoas jurídicas contra a Administração Pública em processos licitatórios e o procedimento do pregão.

A Lei n. 12.846/2013, chamada de Lei Anticorrupção, prevê medidas administrativas e judiciais de prevenção e repressão contra atos ilícitos praticados por pessoas jurídicas contra a Administração Pública nacional ou estrangeira.

Em seu art. 5º, IV, elenca de forma exemplificativa quais atos podem causar prejuízos à Administração Pública no que tange às licitações e contratos administrativos.

A lei ainda admite que os sócios respondam pelos atos causados pelas pessoas jurídicas (art. 14).

Dica: sempre que uma questão mencionar atos lesivos à Administração Pública praticados por pessoas jurídicas, iremos utilizar a Lei n. 12.846/2013.

V.20. Licitação – Lei Anticorrupção – acordo de leniência

89. (XXVII Exame) Uma notícia divulgada pela mídia afirmava que cinco sociedades de grupos econômicos diferentes, dentre as quais Alfa S/A e Beta S/A, atuavam em conluio, com o objetivo de fraudar licitações promovidas por determinado ente federativo. Em razão disso, foram instaurados processos administrativos com o fim de apurar responsabilidades administrativas de cada uma das envolvidas, tanto com vistas à aplicação da penalidade definida no Art. 87, inciso IV, da Lei n. 8.666/93 (declaração de inidoneidade para licitar ou contratar com a Administração Pública) quanto a atos lesivos à Administração Pública. Diante dessas circunstâncias, a sociedade empresária Alfa S/A celebrou acordo de leniência com a autoridade competente, almejando mitigar as penalidades administrativas. O acordo resultou na identificação das outras quatro sociedades envolvidas e na obtenção de informações e documentos que comprovavam o esquema de prévia combinação de propostas, com a predefinição de quem venceria a licitação pública, alternadamente, de modo a beneficiar cada uma das sociedades empresárias participantes do conluio. Com o avanço das apurações, a sociedade empresária Beta S/A também se interessou em celebrar um acordo de leniência, sob o fundamento de que dispunha de outros documentos que ratificariam os ilícitos cometidos. Diante dessa situação hipotética, responda, fundamentadamente, aos itens a seguir.

A) O acordo de leniência firmado pela sociedade empresária Alfa S/A poderia alcançar a sanção de declaração de inidoneidade para licitar ou contratar com a Administração Pública?

B) A sociedade empresária Beta S/A poderia celebrar o acordo de leniência pretendido?

GABARITO:

A) Sim. A Administração Pública pode celebrar acordo de leniência com a pessoa jurídica que se admite responsável pela prática de ilícitos previstos na Lei n. 8.666/93, com vistas à isenção ou à atenuação das respectivas sanções administrativas, dentre as quais a prevista no art. 87, inciso IV, da Lei n. 8.666/93, tal como se depreende do art. 17 da Lei n. 12.846/2013.

B) Não. A sociedade empresária Beta S/A não foi a primeira a se manifestar sobre o seu interesse em cooperar para a apuração do ilícito, de modo que não preenche os requisitos cumulativos elencados no art. 16, § 1º, da Lei n. 12.846/2013.

Breves comentários dos autores – Mapa de Identificação dos Temas (MIT)

A questão tem como tema central a licitação e a Lei Anticorrupção (Lei n. 12.846/2013), bem como o chamado "Acordo de Leniência".

> *Em relação às licitações, o diploma básico é a Lei n. 14.133/2021, que regulamentou o art. 22, XXVII, da CF. Quanto às violações ao patrimônio da Administração Pública, causadas por pessoas jurídicas, a Lei é a de n. 12.846/2013.*

Trata-se de questão multitemática, envolvendo a prática de ilícitos praticados por pessoas jurídicas contra a Administração Pública em processos licitatórios e o procedimento da leniência.

A Lei n. 12.846/2013, chamada de Lei Anticorrupção, prevê medidas administrativas e judiciais de prevenção e repressão contra atos ilícitos praticados por pessoas jurídicas contra a Administração Pública nacional ou estrangeira.

Em seu art. 16, elenca as condições para a celebração do acordo de leniência, que pode beneficiar a empresa que cooperar com as investigações.

Dica: sempre que uma questão mencionar atos lesivos à Administração Pública praticados por pessoas jurídicas, utilizaremos a Lei n. 12.846/2013.

A autoridade máxima de cada órgão ou entidade pública poderá celebrar acordo de leniência com as pessoas jurídicas responsáveis pela prática dos atos previstos nesta Lei que colaborem efetivamente com as investigações e o processo administrativo, resultando dessa colaboração: I – a identificação dos demais envolvidos na infração, quando couber; e II – a obtenção célere de informações e documentos que comprovem o ilícito sob apuração.

São condições para a celebração do acordo de leniência:

I – que a pessoa jurídica seja a primeira a se manifestar sobre seu interesse em cooperar para a apuração do ato ilícito;

II – que a pessoa jurídica cesse completamente seu envolvimento na infração investigada a partir da data de propositura do acordo;

III – que a pessoa jurídica admita sua participação no ilícito e coopere plena e permanentemente com as investigações e o processo administrativo, comparecendo, sob suas expensas, sempre que solicitada, a todos os atos processuais, até seu encerramento.

IMPORTANTE: O acordo de leniência não exime a pessoa jurídica da obrigação de reparar integralmente o dano causado, porém interrompe o prazo prescricional dos atos ilícitos.

A administração pública poderá também celebrar acordo de leniência com a pessoa jurídica responsável pela prática de ilícitos previstos na Lei de Licitações, com vistas à isenção ou atenuação das sanções administrativas estabelecidas em seus arts. 86 a 88.

V.21. Licitação – recursos em licitação e seus efeitos – revogação da licitação

90. (XXV Exame) O Município Campo Feliz publicou licitação, na modalidade concorrência, para a realização das obras de construção de uma creche municipal. Participaram do certame quatro sociedades empresárias, tendo sido três delas habilitadas. A sociedade empresária inabilitada interpôs recurso administrativo, que teve provimento negado. Abertas as propostas comerciais, sagrou-se vencedora, com o menor preço, a sociedade empresária Gama Ltda. Após homologação e adjudicação do objeto à construtora, o prefeito decidiu revogar o certame por razões de interesse público, oriundas de fato superveniente. Tal decisão surpreendeu todos os interessados, incluindo a sociedade empresária Gama, que não teve oportunidade de se manifestar previamente. Na qualidade de advogado(a) consultado(a), responda aos itens a seguir.

A) O recurso administrativo contra a decisão que inabilitou uma licitante tem efeito suspensivo?

B) A revogação do certame foi válida?

GABARITO:

A) Sim. Contra decisão da comissão de licitação que inabilita licitante é cabível recurso administrativo com efeito suspensivo, nos termos do art. 109, § 2º, da Lei n. 8.666/93.

B) Não. A revogação da licitação deveria ter sido precedida da prévia disponibilização à empresa Gama Ltda. do contraditório e da ampla defesa, nos termos do art. 5º, LV, da CF/88 ou do art. 49, § 3º, da Lei n. 8.666/93.

Breves comentários dos autores – Mapa de Identificação dos Temas (MIT)

A questão tem como tema central a licitação e como temas secundários o recurso administrativo em licitação e a revogação da licitação.

> Em relação às licitações, o diploma básico é a Lei n. 14.133/2021, que regulamentou o art. 22, XXVII, da CF. Há também a Lei n. 10.520/2002, que trata do Pregão, além da Lei n. 12.462/2011 (RDC) e LC n. 123/2006 (Estatuto Nacional das Microempresas).

Em regra, os recursos administrativos possuem apenas efeito devolutivo, não suspendem o processo. No entanto, em se tratando de recurso em licitação tendo como fato gerador a inabilitação ou desclassificação de licitante, o efeito é o suspensivo!!!

Quanto à possibilidade de revogação de licitação, devemos observar o disposto no art. 71, § 2º, da Lei n. 14.133/2021.

V.22. Licitação – alienação de bens públicos – requisitos e características

91. (XXV Exame – reaplicação Porto Alegre/RS) Em determinada ação de execução movida pela União em desfavor da Construtora Beta Ltda., o poder público indicou para penhora um pequeno prédio de três andares de propriedade da executada. Durante a execução, tentou-se a alienação judicial do bem, mas não houve interessados. Assim, foi requerida – e efetivada – a adjudicação do imóvel para a Fazenda Pública. Passados dois anos da efetiva adjudicação, sobreveio queda nas receitas públicas, obrigando a União a alienar o bem.

Sobre a hipótese apresentada, na qualidade de advogado(a), responda aos itens a seguir.

A) A venda do imóvel a particulares deve ser precedida de licitação?

B) A venda do imóvel para qualquer outro ente federado deve ser precedida de licitação?

GABARITO:

A) Por se tratar de imóvel cuja aquisição haja derivado de procedimento judicial, a alienação deve ser precedida de licitação, na modalidade de concorrência ou leilão. O examinando deve fundamentar sua resposta no art. 19, III, da Lei n. 8.666/93.

B) Neste caso, a licitação pode ser dispensada, em conformidade com o art. 17, I, e, da Lei n. 8.666/93.

Breves comentários dos autores – Mapa de Identificação dos Temas (MIT)

A questão tem como tema central a licitação e como tema secundário a alienação de bens públicos.

> *Em relação às licitações, o diploma básico é a Lei n. 14.133/2021, que regulamentou o art. 22, XXVII, da CF. Há também a LC n. 123/2006 (Estatuto Nacional das Microempresas).*

> *No caso narrado, em se tratando de alienação de bens públicos, devemos observar o disposto nos arts. 76 e 77 da Lei n. 14.133/2021.*

Quando se trata de alienação de bens públicos, a regra é sempre pela licitação. Quanto à modalidade, devemos nos atentar para a natureza do bem. Como a questão menciona um bem imóvel adquirido em procedimento judicial, atualmente aplica-se a regra do art. 76, § 1º, da Lei n. 14.133/2021.

Como exceção, a licitação estará dispensada quando se tratar de alienação para outro ente da federação.

V.23. Licitação – impugnação de edital e ausência de audiência pública

92. (XXV Exame – reaplicação Porto Alegre/RS) A União pretende realizar uma obra de grande complexidade que promoverá o interesse público, orçada em duzentos milhões de reais, por meio de licitação única. Para tanto, fez publicar o respectivo edital, na modalidade concorrência, com todas as especificações necessárias. Ao tomar conhecimento do mencionado instrumento convocatório, Bruno, cidadão diligente, que não pretende participar da licitação, apresentou, dois dias antes da data designada para a abertura das propostas, impugnação ao edital, sob o fundamento de que a concorrência em questão deveria ser precedida de audiência pública. A respeito da posição de Bruno, responda aos itens a seguir.

A) É tempestiva a impugnação ao edital apresentada por Bruno?

B) A Administração pode anular a licitação com base no argumento suscitado por Bruno, mesmo que a impugnação não seja admitida?

GABARITO:

A) Não. Apesar de ser possível para qualquer cidadão impugnar o edital de licitação, verifica-se que a manifestação de Bruno é extemporânea, pois não respeitou o prazo de cinco dias úteis da abertura das propostas, na forma do art. 41, § 1º, da Lei n. 8.666/93.

B) Sim. Em razão da prerrogativa de autotutela, é dever da Administração anular os procedimentos licitatórios eivados de vícios insanáveis, o que está caracterizado no caso pela inobservância ao art. 39 da Lei n. 8.666/93, consoante art. 49 da Lei n. 8.666/93 OU art. 53 da Lei n. 9.784/99 OU Súmula 473/STF OU Súmula 346/STF.

Breves comentários dos autores – Mapa de Identificação dos Temas (MIT)

A questão tem como tema central a licitação e como tema secundário a possibilidade de impugnação do edital e a ausência de audiência pública para objetos (obras) de grande complexidade.

> *Em relação às licitações, o diploma básico atual é a Lei n. 14.133/2021, que regulamentou o art. 22, XXVII, da CF. Há também a LC n. 123/2006 (Estatuto Nacional das Microempresas).*

O edital de licitação é a publicação do procedimento que conduzirá ao contrato administrativo. Deve respeitar a formalidade e as condições da Lei n. 14.133/2021.

No entanto, qualquer pessoa é parte legítima para impugnar edital de licitação por irregularidade na aplicação desta Lei ou para solicitar esclarecimento sobre os seus termos, devendo protocolar o pedido até 3 (três) dias úteis antes da data de abertura do certame.

V.24. Contratos administrativos – dispensa de licitação – contratos de emergência – controle dos contratos pelo Tribunal de Contas

93. (XXVII Exame) Em razão de fortes chuvas que caíram no município Alfa, muitas famílias que habitavam regiões de risco foram retiradas de suas residências e levadas para abrigos públicos. Para prover condições mínimas de subsistência aos desamparados, Manuel Bandeira, prefeito, expediu decreto reconhecendo a situação de calamidade pública e contratou, por dispensa de licitação, a sociedade empresária Culinária Social para preparar e fornecer alimentação às vítimas. Passados noventa dias da contratação, as condições climáticas melhoraram e as famílias retornaram às suas respectivas moradias, não havendo mais necessidade da ajuda estatal. A despeito disso, o Município manteve o contrato com a sociedade empresária. Na qualidade de advogado(a) consultado(a), responda aos itens a seguir.

A) Superada a situação de calamidade, é lícita a decisão de manter o contrato com a sociedade empresária Culinária Social?

B) Qualquer pessoa física pode representar ao Tribunal de Contas para que a Corte examine eventual ilegalidade da manutenção do contrato?

GABARITO:

A) A resposta é negativa. Superada a situação de calamidade, a decisão de manter o contrato com a sociedade empresária Culinária Social é ilícita, pois a contratação emergencial deve se limitar aos serviços necessários ao atendimento da população afetada pela chuva. Com o retorno das famílias às suas residências, cessa, por consequência, a situação emergencial. O examinando deve fundamentar sua resposta no art. 24, inciso IV, da Lei n. 8.666/93.

B) A resposta é positiva. Como parte do controle social, o legislador previu a possibilidade de qualquer pessoa física representar ao Tribunal de Contas. O examinando deve indicar o art. 113, § 1º, da Lei n. 8.666/93.

Breves comentários dos autores – Mapa de Identificação dos Temas (MIT)

A questão tem como tema central os contratos administrativos e como temas secundários a contratação por emergência após a dispensa de licitação e o controle exercido pelos Tribunais de Contas.

> Atualmente, o tema relativo a contratos administrativos deve nos remeter à Lei n. 14.133/2021, a partir do art. 89. Quando a questão tratar de contratos de concessão de serviço público, então devemos conjugar com a Lei n. 8.987/95 e com a Lei n. 11.079/2004 – Lei das Parcerias Público-Privadas. Em relação às licitações, o diploma básico é também a Lei n. 14.133/2021.

PRÁTICA ADMINISTRATIVA

No caso em análise, devemos deixar marcados em nosso material de consulta os artigos relativos à contratação por emergência (art. 75, VIII, da Lei n. 14.133/2021) e ao controle pelo Tribunal de Contas (art. 169, III, da Lei n. 14.133/2021).

Quanto ao controle das contratações feitas pela Administração Pública, cabe a qualquer pessoa representar ao Tribunal de Contas.

V.25. Licitação – obras – projeto básico – responsabilidade da contratada

94. (XXVIII Exame) O Município Beta, situado no litoral, após a realização de projeto básico e do projeto executivo pelo próprio ente federativo, promoveu licitação, na modalidade concorrência, para a construção de uma ciclovia na área costeira. Da licitação, sagrou-se vencedora a sociedade empresária Pedalada S.A. Em seguida, a mesma sociedade empresária foi contratada, seguindo os trâmites legais, e executou o respectivo objeto, sem qualquer falha. Pouco depois da inauguração, parte da obra desmoronou, na medida em que os estudos realizados para o projeto básico e para o projeto executivo não levaram em consideração o impacto das marés na ciclovia. O incidente levou a óbito José, que trafegava na localidade, no exato momento do ocorrido. Em razão disso, os filhos de José procuram você para, na qualidade de advogado(a), responder, fundamentadamente, aos questionamentos a seguir.

A) Em lugar de realizar o projeto básico, o Município Beta poderia ter incluído sua elaboração, juntamente com a execução das obras, no objeto da licitação em questão?

B) É necessária a demonstração de dolo ou culpa para responsabilizar a sociedade empresária Pedalada S.A. pelo óbito de José?

GABARITO:

A) Não. Considerando que a modalidade de licitação é a concorrência, é vedada a execução de obras antes da conclusão e da aprovação do projeto básico pela autoridade competente, consoante se depreende do art. 7º, § 1º, da Lei n. 8.666/93.

B) Sim. Trata-se de hipótese de responsabilidade subjetiva, de modo que a ela não pode ser atribuída a responsabilidade pelo evento, sem a demonstração de dolo ou culpa, consoante o art. 70 da Lei n. 8.666/93.

Breves comentários dos autores – Mapa de Identificação dos Temas (MIT)

A questão tem como tema central a licitação para contratação de obras e como tema secundário a responsabilidade da contratada.

Em relação às licitações e contratos administrativos, atualmente o diploma básico é a Lei n. 14.133/2021, que regulamentou o art. 22, XXVII, da CF e revogou a Lei n. 8.666/93.

V.26. Contratos administrativos – alteração unilateral do contrato

95. (XXVIII Exame) O Município Beta realizou um estudo para efetuar a compra de materiais necessários para aparelhar as salas de aula das escolas municipais, com o fim de substituir ou repor aqueles existentes, que se encontram em estado precário. Concluiu pela necessidade de aquisição de dez mil novas carteiras, o que fez constar do respectivo edital de licitação, na modalidade pregão, no qual se sagrou vencedora a sociedade empresária Feliz Ltda., com quem contratou o respectivo fornecimento. A auditoria, efetuada depois de formalizado tal contrato, verificou que o estudo que instruiu a especificação do objeto contratado não levou em conta a existência, em perfeito estado, de cerca de mil carteiras recém-adquiridas, equivocadamente enviadas ao depósito municipal. A autoridade competente, alegando a existência de carteiras novas em depósito, promoveu a alteração unilateral do contrato para suprimir o quantitativo de mil carteiras; em consequência, reduziu o valor global do contrato em dez por cento, em correspondência à supressão de mil carteiras do total de dez mil. É certo que a contratada já havia adquirido do fabricante todos os bens necessários para o cumprimento da avença originária. Diante dessa supressão, os representantes da sociedade empresária Feliz Ltda. procuram você para, na qualidade de advogado(a), responder, fundamentadamente, aos questionamentos a seguir.

A) A sociedade empresária Feliz Ltda. é obrigada a suportar a alteração promovida unilateralmente pelo Município Beta?

B) Caso a sociedade empresária Feliz Ltda. não entregue as mil carteiras suprimidas pelo Município Beta, ela estará obrigada a arcar com o prejuízo decorrente de já haver adquirido do fabricante as dez mil carteiras inicialmente contratadas?

GABARITO:

A) Sim. A contratada (sociedade empresária Feliz Ltda.) é obrigada a suportar a supressão quantitativa introduzida unilateralmente pelo Município contratante, porque a supressão se conteve no limite de 25% do valor inicial do contrato, na forma do art. 65, § 1º, da Lei n. 8.666/93.

B) Não. Em se tratando de caso de supressão quantitativa do objeto, a contratada (sociedade empresária Feliz Ltda.) poderá ser ressarcida pelos danos regularmente comprovados, consoante o disposto no art. 65, § 4º, da Lei n. 8.666/93.

OU B) Sim. Em se tratando de caso de supressão quantitativa do objeto e não tendo ocorrido a entrega das mil carteiras, a contratada (sociedade empresária Feliz Ltda.), caso não comprove a ocorrência de outros danos decorrentes da supressão, não terá direito ao ressarcimento do custo da aquisição, consoante o disposto no art. 65, § 4º, da Lei n. 8.666/93.

Breves comentários dos autores – Mapa de Identificação dos Temas (MIT)

A questão tem como tema central os contratos administrativos e como tema secundário a prerrogativa da alteração unilateral do contrato.

> Atualmente, o tema relativo a contratos administrativos deve nos remeter à Lei n. 14.133/2021, a partir do art. 89. Quando a questão tratar de contratos de concessão de serviço público, então devemos conjugar com a Lei n. 8.987/95 e com a Lei n. 11.079/2004 – Lei das Parcerias Público-Privadas. Em relação às licitações, o diploma básico é também a Lei n. 14.133/2021.

No caso em análise, devemos deixar marcado em nosso material de consulta o artigo relativo às prerrogativas da Administração, a partir do art. 104 da Lei n. 14.133/2021.

As prerrogativas da Administração, anteriormente chamadas de cláusulas exorbitantes, conferem à Administração Pública certos privilégios ausentes em contratos comuns, os quais são obrigatórios em razão do regime público e de sua posição de supremacia em relação aos contratados. Entre essas prerrogativas encontramos:

Alteração unilateral do contrato, para melhor adequação às finalidades de interesse público, respeitados os direitos do contratado.

Sobre esse tema, cabem algumas considerações. Essas alterações só são cláusulas exorbitantes se forem UNILATERAIS. Se for por acordo entre as partes, não há que se falar em privilégio. As alterações no contrato podem se referir à quantidade do objeto contratado (quantitativa) ou à qualidade do projeto ou das especificações, para melhor adequação técnica aos seus objetivos (qualitativa).

V.27. CONTRATOS ADMINISTRATIVOS – FORMALIZAÇÃO E PRAZOS

96. (XXX EXAME) O Município Beta, após o devido procedimento licitatório, contratou a sociedade empresária Sobe e Desce Ltda. para a manutenção de elevadores, pelo montante de R$ 80.000,00 (oitenta mil reais) mensais. Após as prorrogações necessárias, sucessivas e por igual período, a avença já perdura por quase sessenta meses, de forma satisfatória e com a manutenção dos valores compatíveis segundo as práticas do mercado, após os reajustes cabíveis.

O mencionado ente federativo, à vista de aproximar-se o limite máximo de duração do contrato, fez publicar edital de novo certame competitivo, com vistas a obter proposta mais vantajosa para a prestação do aludido serviço, edital esse que veio a ser objeto de impugnações, daí a administração haver prorrogado o contrato firmado com a sociedade empresária Sobe e Desce Ltda. por mais doze meses, mediante autorização da autoridade competente.

Diante dessa situação hipotética, na qualidade de advogado(a) consultado(a), responda aos itens a seguir.

A) O Município Beta poderia ter realizado a contratação verbal do serviço em questão? (Valor: 0,65)

B) É válida a prorrogação do contrato por mais doze meses? (Valor: 0,60)

GABARITO:

A) Não. A contratação verbal somente é admitida nas situações em que o valor do ajuste não ultrapasse 5% do limite estabelecido para modalidade convite, segundo o art. 23, inciso II, alínea *a*, cujo objeto seja pequena compra de pronto pagamento ou serviço que não se enquadre como de engenharia, tal como se depreende do art. 60, parágrafo único, da Lei n. 8.666/93.

B) Sim. Em caráter excepcional, devidamente justificado e mediante autorização da autoridade superior, é possível prorrogar, por doze meses, o prazo dos contratos de serviços de prestação contínua, para além das prorrogações por períodos iguais e sucessivos, limitada a sessenta meses, na forma do art. 57, § 4º, da Lei n. 8.666/93.

Breves comentários dos autores – Mapa de Identificação dos Temas (MIT)

Trata-se de questão cujo tema central são os CONTRATOS ADMINISTRATIVOS.

Identificando o tema, fica mais fácil encontrar na CRFB, e nas leis, os artigos pertinentes. Caso não se recorde, basta buscar nos índices remissivos.

Sabendo-se que o tema cuida de contratos administrativos, todas as respostas podem ser encontradas na Lei Geral de Contratos – Lei n. 14.133/2021.

V.28. LICITAÇÃO – QUALIFICAÇÃO TÉCNICA E ECONÔMICA

97. **(XXXI EXAME)** O Município Sigma pretende construir um túnel, obra de grande vulto, alta complexidade técnica e operacional, com vistas a melhorar a caótica mobilidade urbana que aflige sua população. Para tanto, fez publicar um edital de licitação, na modalidade concorrência, que continha a exigência de demonstração, pelos licitantes, da qualificação técnica para a execução do objeto, mediante a apresentação de documentos que demonstrassem experiência anterior em obra de similar magnitude. Designada a sessão de julgamento, a sociedade empresária Belezura foi inabilitada por não ter apresentado os documentos que comprovassem a experiência exigida, razão pela qual interpôs o respectivo recurso administrativo, sob o fundamento de que conta com a estrutura e o aparelhamento necessários à execução do objeto. Após o julgamento do recurso, na sequência do certame, a sociedade empresária Lindeza, devidamente habilitada, teve sua proposta desclassificada porque considerada inexequível, na medida em que, com o intuito de ganhar a licitação, especificou valor zero para diversos insumos indispensáveis à consecução do objeto, de maneira incoerente com os custosos valores de mercado, de forma que os valores por ela apresentados foram muito inferiores aos das demais licitantes. Diante dessa situação hipotética, responda, na condição de advogado(a), aos questionamentos a seguir.

A) É válida a cláusula do edital que levou à inabilitação da sociedade Belezura? (Valor: 0,60)

B) Em razão da inexequibilidade da proposta, é cabível a desclassificação da sociedade Lindeza? (Valor: 0,65)

GABARITO:

A) Sim. É válida a cláusula de edital relativa à qualificação técnica para obra de alta complexidade técnica e operacional, que exija a demonstração de experiência anterior em projeto de similar magnitude, na forma do art. 30, § 3º, da Lei n. 8.666/93.

B) Sim. Devem ser desclassificadas as propostas com preços manifestamente inexequíveis, assim considerados aqueles que não tenham demonstrado sua viabilidade por meio de documentação que comprove que os custos dos insumos são coerentes com os de mercado, consoante art. 44, § 3º, ou art. 48, inciso II, da Lei n. 8.666/93.

Breves comentários dos autores – Mapa de Identificação dos Temas (MIT)

O tema central cobrado na questão é o da LICITAÇÃO, tendo como subtemas as características das qualificações exigidas pela Lei n. 14.133/2021.

Identificando o tema, fica mais fácil encontrar na CRFB, e nas leis, os artigos pertinentes. Caso não se recorde, basta buscar nos índices remissivos.

DICA: quando a questão exigir conhecimentos acerca das licitações gerais, atualmente devemos utilizar a Lei n. 14.133/2021.

V. 29. LICITAÇÃO. OBRAS TIPOS DE LICITAÇÃO

98. (XX Exame) O Município de Bugalhadas foi escolhido para sediar a Feira Mundial do Agronegócio, a ser realizada em 2016. São esperados mais de 10.000 (dez mil) turistas e visitantes nos 5 (cinco) dias de evento. O Município, entretanto, não está preparado, e, por isso, anunciou um grande pacote de obras de urbanização, com recursos repassados pela União e pelo Estado. Estão previstas obras de ampliação de ruas, asfaltamento, ampliação da rede coletora de esgotos, construção de praças e ciclovias, além da reforma do centro de convenções, que somadas, alcançam o montante de R$ 90.000.000,00 (noventa milhões de reais). Sobre a hipótese apresentada, responda aos itens a seguir.

A) É possível ao Município licitar a realização de todas as obras em conjunto?

B) Considerando a necessidade de conclusão das obras até a realização do evento, pode o Município estabelecer, como tipo de licitação, o menor prazo de execução da obra (considerando o orçamento estimado como limite de valor das propostas)?

GABARITO:

A) Não. O examinando deve indicar que, conforme previsão expressa do art. 23, § 1º, da Lei n. 8.666/93, "As obras, serviços e compras efetuadas pela Administração serão divididas em tantas parcelas quantas se comprovarem técnica e economicamente viáveis, procedendo-se à licitação com vistas ao melhor aproveitamento dos recursos disponíveis no mercado e à ampliação da competitividade sem perda da economia de escala". Assim, obras que não apresentem qualquer relação de interdependência devem ser licitadas separadamente, com vistas à ampliação da competitividade.

B) A resposta também é negativa. O art. 45, § 1º, da Lei n. 8.666/93 dispõe que constituem tipos de licitação a de menor preço, a de melhor técnica e a de técnica e preço. O § 5º do mesmo dispositivo veda a utilização de outros tipos de licitação, como no exemplo, o de menor prazo de execução das obras.

Breves comentários dos autores – Mapa de Identificação dos Temas (MIT)

O tema central cobrado na questão é licitação e o tema secundário é a licitação relativa às obras públicas.

Identificando o tema, fica mais fácil encontrar na CF, e nas leis, os artigos pertinentes. Caso não se recorde, basta buscar nos índices remissivos.

Nas licitações de obras, bem como de serviços, a regra é a separação dos objetos, com licitações distintas, a fim de ampliar a competição e buscar valores menores para a Administração Pública.

VI. PODERES ADMINISTRATIVOS

VI.1. Poder regulamentar e controle político

99. (XIX Exame) A lei federal n. 1.234 estabeleceu novas diretrizes para o ensino médio no país, determinando a inclusão de Direito Constitucional como disciplina obrigatória. Para regulamentar a aplicação da lei, o Presidente da República editou o Decreto n. 101 que, a fim de atender à nova exigência legal, impõe às escolas públicas e particulares, a instituição de aulas de Direito Constitucional, de Direito Administrativo e de Noções de Defesa do Consumidor, no mínimo, de uma hora semanal por disciplina, com professores diferentes para cada uma. Com base na hipótese apresentada, responda, fundamentadamente, aos itens a seguir.

A) Considerando o poder regulamentar, conferido à Administração Pública, de editar atos normativos gerais para complementar os comandos legislativos e permitir sua aplicação, é válido o Decreto n. 101, expedido pelo Chefe do Poder Executivo?

B) O ato expedido pelo Chefe do Poder Executivo está sujeito a controle pelo Poder Legislativo?

GABARITO:

A) A resposta é negativa. O poder regulamentar conferido à Administração tem caráter complementar à lei, a fim de permitir sua aplicação. O poder regulamentar destina-se, portanto, a explicitar o teor das leis, preparando sua execução, não podendo criar obrigação nova, não prevista na lei. O art. 84, IV, da CF/88 dá a exata dimensão dessa prerrogativa: "expedir decretos e regulamentos para sua fiel execução".

B) A resposta é positiva. O Congresso Nacional tem competência constitucional para sustar os atos normativos do Poder Executivo que exorbitem do poder regulamentar, conforme previsão do art. 49, V, da CF/88.

Breves comentários dos autores – Mapa de Identificação dos Temas (MIT)

O tema central cobrado na questão é poder regulamentar e o tema secundário é controle dos atos.

No caso em análise, o decreto expedido pelo Presidente da República, ao inserir o direito administrativo e as noções de defesa do consumidor, criou obrigações não previstas na lei, extrapolando a mera explicação de sua execução.

Identificando o tema, fica mais fácil encontrar na CF e nas leis os artigos pertinentes. Caso não se recorde, basta buscar nos índices remissivos.

É conveniente relembrar que o poder regulamentar conferido ao Poder Executivo não pode extrapolar a mera explicação da lei. Se isso ocorre, compete ao Poder Legislativo sustar a eficácia do ato.

VI.2. Poder de polícia – atributos – discricionariedade e autoexecutoriedade

100. (II Exame) Um determinado fiscal de vigilância sanitária do Estado, ao executar uma operação de fiscalização em alguns restaurantes situados no centro da cidade do Rio de Janeiro, acabou por destruir todo o estoque de gêneros alimentícios perecíveis que se encontravam na câmara frigorífica de um dos estabelecimentos fiscalizados. A destruição do estoque, alegou o fiscal posteriormente, deveu-se à impossibilidade de separar os produtos que já estavam com o prazo de validade vencido, daqueles que, ainda, se encontravam dentro da validade. O dono do estabelecimento fiscalizado, um restaurante, procura um advogado com o objetivo de se consultar acerca de possíveis medidas judiciais em face do Estado, em virtude dos prejuízos de ordem material sofrido.

Na qualidade de advogado do dono do estabelecimento comercial, indique qual seria a medida judicial adequada e se ele possui o direito a receber uma indenização em face do Estado, em razão da destruição dos produtos que se encontravam dentro do prazo de validade.

GABARITO: A questão trabalha com o conceito de poder de polícia da atribuído à Administração Pública. O candidato deve explicitar, inicialmente, o conceito de poder de polícia a fim de enquadrar juridicamente a hipótese de fato trazida na questão.

Deve o candidato expor que se trata de um poder discricionário, porém não arbitrário. E deve indicar todas as características do poder de polícia, tais como: autoexecutoriedade, legitimidade e presunção de legalidade.

Logo, como não se trata de um poder arbitrário, deve o candidato expor que a conduta do fiscal em destruir os produtos que, ainda, estavam dentro do prazo de validade, extrapolou os limites da razoabilidade e da proporcionalidade que devem informar a Administração Pública e seus agentes ao praticar atos que constituam poder de polícia.

E desta forma deve indicar que o dono do estabelecimento comercial deverá ajuizar uma ação judicial com o objetivo de postular o pagamento pelos prejuízos materiais, consistente no valor de todos os produtos destruídos e que se encontravam dentro do prazo de validade.

Breves comentários dos autores – Mapa de Identificação dos Temas (MIT)

O tema central cobrado na questão é poder de polícia e o tema secundário são os seus atributos.

No caso em análise, embora o fiscal estivesse agindo em razão do poder de polícia, houve um exagero no ato, ao inutilizar material ainda em bom estado.

Identificando o tema, fica mais fácil encontrar na CF e nas leis os artigos pertinentes. Caso não se recorde, basta buscar nos índices remissivos.

É conveniente relembrar que o poder de polícia não pode suprimir direitos, apenas limitar ou condicionar o uso de bem particular e o exercícios de atividades ou direitos privados, em benefício da coletividade.

VI.3. Poder de polícia – atributos – autoexecutoriedade

101. (IV Exame) O Sr. Joaquim Nabuco, dono de um prédio antigo, decide consultá-lo como advogado. Joaquim relata que o seu prédio está sob ameaça de ruir e que o poder público já iniciou os trabalhos para realizar sua demolição. Joaquim está inconformado com a ação do poder público, justamente por saber que não existe ordem judicial determinando tal demolição.

Diante do caso em tela, discorra fundamentadamente sobre a correção ou ilegalidade da medida.

GABARITO: O examinando deve sustentar a correção da medida tomada pelo poder público com base no poder de polícia da administração pública, uma vez que, por meio desse poder, a administração está concretizando um de seus deveres: garantir a segurança da coletividade.

Também deve ser abordada a viabilidade da execução da medida diretamente pela administração pública, sem necessidade de ordem judicial, em função do atributo da autoexecutoriedade do poder de polícia, que é aplicável em casos urgentes, conforme relatado no caso em análise.

Breves comentários dos autores – Mapa de Identificação dos Temas (MIT)

O tema central cobrado na questão é poder de polícia e o tema secundário é o atributo da autoexecutoriedade.

Identificando o tema, fica mais fácil encontrar na CF, e nas leis, os artigos pertinentes. Caso não se recorde, basta buscar nos índices remissivos.

> *O atributo da autoexecutoriedade é medida utilizada amplamente pela Administração Pública. No entanto, nem todos os atos podem ser autoexecutados. Como exceção, temos os atos com repercussão financeira, como a multa.*

VI.4. Poder de polícia – delegação – possibilidade

102. (VIII Exame) A União pretende delegar à iniciativa privada, mediante licitação, poderes de polícia administrativa na fiscalização de portos e aeroportos nacionais, compreendendo a edição de normas básicas, a fiscalização de passageiros e de mercadorias e a aplicação de sanções. Para tanto, formatou um modelo a partir do qual o vencedor do certame será definido pelo menor valor cobrado da Administração Pública para a prestação do

PRÁTICA ADMINISTRATIVA   259

serviço de fiscalização. A respeito da situação apresentada, responda, fundamentadamente, aos itens a seguir.

A) É possível a delegação, nesse caso?
B) É possível a delegação a uma autarquia criada para essa finalidade?

GABARITO:

A) O examinando deve indicar que não é possível a delegação, no caso proposto, pois é entendimento corrente que o poder de polícia só pode ser delegado a pessoas jurídicas de direito público, e não a pessoas jurídicas de direito privado. Nesse sentido, já decidiu o STF (ADIn 1.717-6). Admite-se a delegação de atos meramente preparatórios ao exercício do poder de polícia, mas não as funções de legislação e aplicação de sanção.

B) O examinando deve identificar que, por se tratar de pessoa jurídica de direito público, dotada do *ius imperii* estatal, é possível a outorga do poder de polícia a autarquia.

Breves comentários dos autores – Mapa de Identificação dos Temas (MIT)

O tema central cobrado na questão é poder de polícia e o tema secundário é a possibilidade de sua delegação a pessoas jurídicas privadas.

Identificando o tema, fica mais fácil encontrar na CF e nas leis os artigos pertinentes. Caso não se recorde, basta buscar nos índices remissivos.

> *O exercício do poder de polícia é de competência das pessoas jurídicas de direito público. No entanto, a jurisprudência do STJ vem admitindo que particulares possam exercer medidas típicas do poder de polícia, como, por exemplo, os atos de fiscalização e de consentimento, quando vinculado!*

As ordens de polícia e a sanção de polícia são indelegáveis. Uma boa dica para lembrar destes momentos de polícia está no art. 269, § 1º, do Código de Trânsito Brasileiro.

VI.5. Poder de polícia – consentimento de polícia – natureza do ato de autorização para o exercício de atividade

103. (XI Exame) João, comerciante experimentado, fundado na livre iniciativa, resolve pedir à administração do município "Y" que lhe outorgue o competente ato para instalação de uma banca de jornal na calçada de uma rua. Considerando a situação narrada, indaga-se:

A) Pode o Município "Y" se negar a outorgar o ato, alegando que considera desnecessária a referida instalação? Fundamente.
B) Pode o município "Y", após a outorga, rever o ato e o revogar? Neste caso é devida indenização a João? Fundamente.
C) Caso o ato de outorga previsse prazo para a duração da utilização do espaço público, seria devida indenização se o Poder Público resolvesse cancelar o ato de outorga antes do prazo? Fundamente.

GABARITO:

A) O município "Y" tem o direito de negar, porque, tratando-se ato discricionário, sua aprovação é baseada na conveniência e oportunidade do Administrador.

B) Do mesmo modo, o município "Y" pode revogar tal ato autorizativo a qualquer tempo, tendo em vista a precariedade do ato, não sendo devida qualquer indenização em vista dessa característica.

C) No entanto, a fixação de prazo certo implica desnaturação do caráter precário do vínculo, ensejando no particular a legítima expectativa de que sua exploração irá vigorar pelo prazo predeterminado pela própria Administração. Sendo assim, a revogação do ato antes do esgotamento do prazo caracteriza conduta descrita como *venire contra factum proprium*, ensejando a devida indenização pelos prejuízos efetivamente comprovados.

Breves comentários dos autores – Mapa de Identificação dos Temas (MIT)

O tema central cobrado na questão é poder de polícia e o tema secundário é a natureza do ato de autorização para o exercício de atividade remunerada.

Identificando o tema, fica mais fácil encontrar na CF e nas leis os artigos pertinentes. Caso não se recorde, basta buscar nos índices remissivos.

> A autorização é ato administrativo unilateral, discricionário e precário, sendo concedida, a critério da Administração Pública, para o exercício de atividade sujeita a controle ou a consentimento especial. Sendo ato precário, pode ser revogada a qualquer tempo, sem caráter indenizatório. No entanto, se houver a estipulação de obrigações recíprocas, como prazo certo, a indenização será devida!

VI.6. Poderes administrativos – poder de polícia – atributos

104. (XXI Exame) Maria construiu, de forma clandestina, um imóvel residencial em local de risco e, em razão disso, a vida de sua família e outros imóveis situados na região estão ameaçados. A autoridade municipal competente, por meio do devido processo administrativo, tomou as providências cabíveis para determinar e promover a demolição de tal construção, nos exatos termos da legislação local. Diante dessa situação hipotética, responda aos itens a seguir.

A) Pode o Município determinar unilateralmente a obrigação demolitória?

B) Caso Maria não cumpra a obrigação imposta, o Município está obrigado a postular a demolição em Juízo?

GABARITO:

A) Sim. O ato administrativo em questão decorre do exercício do poder de polícia que goza do atributo da imperatividade ou coercibilidade, por meio do qual a Administração pode impor unilateralmente obrigações válidas.

B) A resposta é negativa. O ato administrativo em questão goza do atributo da autoexecutoriedade, que autoriza a Administração a executar diretamente seus atos e a fazer cumprir suas determinações, sem recorrer ao Judiciário.

Breves comentários dos autores – Mapa de Identificação dos Temas (MIT)

O tema central cobrado na questão é poder de polícia e o tema secundário são seus atributos.

> *Identificando o tema, fica mais fácil encontrar na CF e nas leis os artigos pertinentes. Caso não se recorde, basta buscar nos índices remissivos.*

Importante mencionar que o poder de polícia é conceituado no art. 78 do CTN. Em linhas gerais, trata-se de atividade administrativa de caráter geral que visa limitar, restringir ou condicionar o uso de bens particulares ou o exercício de direitos e atividades privadas em benefício de toda a coletividade.

O poder de polícia tem como atributos a discricionariedade, a autoexecutoriedade e a coercibilidade – DAC. Além disso, as medidas de polícia são, em regra, imperativas, independem da vontade do particular.

O atributo da autoexecutoriedade permite que medidas imperativas do poder de polícia administrativa possam ser exigidas independentemente de ordem judicial, salvo aquelas de cunho financeiro, como as multas.

VI.7. Poderes administrativos – poder de polícia – atributos

105. (XXII Exame) O Município Beta, que possui cerca de quinze mil habitantes, pretende fazer uso de instrumentos previstos na ordem jurídica pátria para promover a ordenação urbana local, tais como os de parcelamento e edificação compulsórios. Para tanto, fez editar o plano diretor da cidade, aprovado pela Câmara Municipal, cujo projeto foi de iniciativa do Prefeito, após a efetivação de estudos técnicos por especialistas multidisciplinares contratados, que não realizaram a oitiva popular acerca das mudanças sugeridas. Diante dessa situação hipotética, responda aos questionamentos a seguir.

A) Para o Município Beta, a elaboração de plano diretor para se utilizar dos instrumentos de parcelamento e edificação compulsórios é obrigatória?

B) Considerando as diretrizes estabelecidas na legislação de regência, o Município Beta deveria ter promovido a participação popular no processo de elaboração do plano diretor?

GABARITO:

A) Sim. A utilização dos instrumentos de parcelamento e edificação compulsórios depende de previsão no plano diretor, tal como se depreende do art. 182, § 4º, I, da CF/88 ou do art. 5º da Lei n. 10.257/2001 (Estatuto da Cidade) ou do art. 41, III, também da Lei n. 10.257/2001.

B) Sim. A gestão democrática das cidades constitui importante diretriz elencada no art. 2º, II, da Lei n. 10.257/2001 (Estatuto da Cidade), a ser implementada por meio da participação popular, que é obrigatória no processo de elaboração do plano diretor, na forma do art. 40, § 4º, da Lei n. 10.257/2001.

Breves comentários dos autores – Mapa de Identificação dos Temas (MIT)
O tema central cobrado na questão é o ordenamento urbano.

> *Identificando o tema, fica mais fácil encontrar na CF e nas leis os artigos pertinentes. Caso não se recorde, basta buscar nos índices remissivos.*

Dica: quando a questão exigir conhecimentos acerca de ordenamento das cidades (urbano), devemos buscar o art. 182 da CF e as Leis n. 10.257/2001 (Estatuto da Cidade) e 13.089/2015 (Estatuto das Metrópoles).

O plano diretor, aprovado por lei municipal, é o instrumento básico da política de desenvolvimento e expansão urbana. Todas as demais ações urbanas devem estar previstas nele. A lei que instituir o plano diretor deverá ser revista, pelo menos, a cada 10 anos.

A gestão democrática da cidade é uma das diretrizes de ordenamento urbano prevista no art. 43 do Estatuto da Cidade e a elaboração do plano diretor deve perpassar pela consulta popular.

VII. PRINCÍPIOS ADMINISTRATIVOS

VII.1. Proteção à vida e garantia à saúde

106. (XVI Exame – Direito Material da Peça) Edir, pessoa idosa que vive com a ajuda de parentes e amigos, é portadora de grave doença degenerativa, cujo tratamento consta de protocolo clínico e da diretriz terapêutica estabelecida pelo Sistema Único de Saúde (SUS). Seu tratamento é acompanhado por profissionais do SUS em hospital público federal especializado nessa doença, contando com o fornecimento regular dos medicamentos 1, 2 e 3. Enquanto realizava consulta de acompanhamento, Edir foi informada pelo médico Domênico, profissional do SUS, de que existia um novo medicamento disponível no mercado (o "medicamento A"), que seria muito mais eficaz, conforme relatório de estudos clínicos oficiais, no tratamento de sua doença do que aqueles já prescritos. Contudo, a paciente foi informada de que o "medicamento A" não seria fornecido gratuitamente pelo SUS, haja vista que o referido medicamento não consta ainda do protocolo clínico e da diretriz terapêutica interna do SUS para o tratamento da doença, além de não ter sido incorporado às listas de medicamentos.

Inconformada com a negativa de fornecimento do "medicamento A", Edir procura você para que, na qualidade de advogado(a), ajuíze a medida cabível para garantir a continuidade e qualidade de seu tratamento.

GABARITO: A medida adequada, a ser ajuizada pelo examinando, é uma petição inicial de ação de conhecimento com pedido de antecipação dos efeitos da tutela jurisdicional.

No mérito, devem ser indicados como fundamentos à pretensão autoral:

(i) a violação aos arts. 5º e/ou 6º e/ou 196 da Constituição da República, tendo em vista que o direito à vida e à saúde de Edir gera, aos entes públicos, o dever de fornecer os medicamentos necessários para preservar sua vida;

(ii) os direitos assegurados pela Constituição não podem ser limitados por listas, protocolos clínicos ou por razões orçamentárias;

PRÁTICA ADMINISTRATIVA

(iii) o próprio profissional do SUS emitiu laudo médico atestando a condição clínica da paciente Edir e prescreveu o uso do "medicamento A".

Breves comentários dos autores – Mapa de Identificação dos Temas (MIT)

O tema central cobrado na questão são os princípios administrativos e o tema secundário é a proteção à vida e a garantia à saúde.

A maioria das peças traz embutidos alguns princípios administrativos. Fique atento a isso. Quando o assunto versar sobre princípios, a base é a CF e a Lei n. 9.784/99.

No que tange à saúde pública, é dever *solidário* dos entes prestar a assistência adequada nas redes públicas de saúde.

VII.2. Publicidade e razoabilidade

107. **(XII Exame)** José está inscrito em concurso público para o cargo de assistente administrativo da Administração Pública direta do Estado de Roraima. Após a realização das provas, ele foi aprovado para a fase final do certame, que previa, além da apresentação de documentos, exames médicos e psicológicos. A lista dos candidatos aprovados e o prazo para a apresentação dos documentos pessoais e para a realização dos exames médicos e psicológicos foram publicados no Diário Oficial do Poder Executivo do Estado de Roraima após 1 (um) ano da realização das provas; assim como foram veiculados através do site da Internet da Administração Pública direta do Estado, tal como previsto no respectivo edital do concurso.

Entretanto, José reside em município localizado no interior do Estado de Roraima, onde não circula o Diário Oficial e que, por questões geográficas, não é provido de Internet. Por tais razões, José perde os prazos para o cumprimento da apresentação de documentos e dos exames médicos e psicológicos e só toma conhecimento da situação quando resolve entrar em contato telefônico com a secretaria do concurso. Insatisfeito, José procura um advogado para ingressar com um Mandado de Segurança contra a ausência de intimação específica e pessoal quando de sua aprovação e dos prazos pertinentes à fase final do concurso. Na qualidade de advogado de José, indique os argumentos jurídicos a serem utilizados nessa ação judicial.

GABARITO: A despeito da ausência de norma editalícia prevendo a intimação pessoal e específica do candidato José, a Administração Pública tem o dever de intimar o candidato, pessoalmente, quando há o decurso de tempo razoável entre a homologação do resultado e a data da nomeação, em atendimento aos princípios constitucionais da publicidade e da razoabilidade.

É desarrazoada a exigência de que o impetrante efetue a leitura diária do *Diário Oficial do Estado*, por prazo superior a um ano, ainda mais quando reside em município em que não há circulação do DOE e que não dispõe de acesso à internet.

Breves comentários dos autores – Mapa de Identificação dos Temas (MIT)

O tema central cobrado na questão são os princípios administrativos e o tema secundário são os princípios da razoabilidade e da publicidade.

> A maioria das peças traz embutidos alguns princípios administrativos. Fique atento a isso. Quando o assunto versar sobre princípios, a base é a CF e a Lei n. 9.784/99.

VII.3. Impessoalidade

108. (VIII Exame) O prefeito do município "P", conhecido como João do "P", determinou que, em todas as placas de inauguração das novas vias municipais pavimentadas em seu mandato na localidade denominada "E", fosse colocada a seguinte homenagem: "À minha querida e amada comunidade "E", um presente especial e exclusivo do João do "P", o único que sempre agiu em favor de nosso povo!"

O Ministério Público estadual intimou o Prefeito a fim de esclarecer a questão. Na qualidade de procurador do município, você é consultado pelo Prefeito, que insiste em manter a situação. Indique o princípio da Administração Pública que foi violado e por que motivo.

GABARITO: Evidente, na hipótese, a violação ao princípio da impessoalidade. Por esse princípio traduz-se a ideia de que a Administração Pública tem de tratar a todos os administrados sem discriminações, benéficas ou negativas. Dessa forma, não se admite, por força de regra constitucional, nem favoritismos, nem perseguições, sejam políticas, ideológicas ou eleitorais.

A resposta deve considerar que, no caso concreto, a violação ao princípio da impessoalidade decorre do fato de que a publicidade dos atos, programas, obras ou serviços devem ter caráter educativo, informativo ou de orientação social, dela não podendo constar nomes ou quaisquer elementos que caracterizem promoção pessoal de autoridade ou servidor público.

Breves comentários dos autores – Mapa de Identificação dos Temas (MIT)

O tema central cobrado na questão são os princípios administrativos e o tema secundário é a impessoalidade.

> A maioria das peças traz embutidos alguns princípios administrativos. Fique atento a isso. Quando o assunto versar sobre princípios, a base é a CF e a Lei n. 9.784/99. No presente caso, a impessoalidade prevista no caput do art. 37 da CF e seu § 1º foram violados.

Identificando o tema, fica mais fácil encontrar na Constituição e nas leis os artigos pertinentes.

VII.4. Legalidade, devido processo legal, isonomia e segurança jurídica

109. (XIII Exame – Direito Material da Peça) A Lei n. 1.234, do Município X, vedava a ampliação da área construída nos apartamentos do tipo cobertura, localizados na orla da cidade. Com a revogação da lei, diversos moradores formularam pleitos, perante a Secretaria Municipal de Urbanismo, e obtiveram autorização para aumentar a área construída de suas coberturas. Diversos outros moradores sequer formularam qualquer espécie de pleito e, mesmo assim, ampliaram seus apartamentos, dando, após, ciência à Secretaria, que não adotou contra os moradores qualquer medida punitiva.

Fulano de Tal, antes de adquirir uma cobertura nessa situação, ou seja, sem autorização da Secretaria Municipal de Urbanismo para aumento da área construída, formula consulta à Administração Municipal sobre a possibilidade de ampliação da área construída, e recebe, como resposta, a informação de que, na ausência de lei, o Município não pode se opor à ampliação da área. Fulano de Tal, então, compra uma cobertura, na orla, e inicia as obras de ampliação do apartamento.

Entretanto, três meses depois, é surpreendido com uma notificação para desfazer toda a área acrescida, sob pena de multa, em razão de novo entendimento manifestado pela área técnica da Administração Municipal, a ser aplicado apenas aos que adquiriram unidades residenciais naquele ano e acolhido em decisão administrativa do Secretário Municipal de Urbanismo no processo de consulta aberto meses antes.

Mesmo tomando ciência de que outros proprietários não receberam a mesma notificação, Fulano de Tal inicia a demolição da área construída, mas, antes de concluir a demolição, é orientado por um amigo a ingressar com demanda na justiça e formular pedido de liminar para afastar a incidência da multa e suspender a determinação de demolir o acrescido até decisão final, de mérito, de anulação do ato administrativo, perdas e danos materiais e morais. Você é contratado como advogado e obtém decisão antecipatória da tutela no sentido almejado. Contudo, a sentença do Juízo da 1ª Vara de Fazenda Pública da Comarca X revoga a liminar anteriormente concedida e julga improcedente o pedido de anulação do ato administrativo, acolhendo argumento contido na contestação, de que o autor não esgotara as instâncias administrativas antes de socorrer-se do Poder Judiciário.

GABARITO: A peça a ser apresentada é uma apelação, em face da sentença do magistrado de primeira instância.

No mérito deve ser, de início, afastado o argumento utilizado pelo juízo *a quo*, no sentido de que não houve esgotamento da instância administrativa. Nem a lei e nem a Constituição exigem o esgotamento da via administrativa como condição de acesso ao Poder Judiciário. Ao contrário, a Constituição consagra, no art. 5º, XXXV, a inafastabilidade do controle jurisdicional.

Deve ser apontada a violação ao princípio do devido processo legal, que deve nortear a conduta da Administração, uma vez que a Administração Pública não pode, com novo entendimento (sequer amparado em lei), empreender à redução no patrimônio do particular sem que lhe seja dada a participação em processo administrativo formal.

Ainda no mérito, deve ser apontada a violação ao princípio da legalidade, tanto pela ausência de norma que imponha ao particular restrição à sua propriedade quanto pela ausência de norma que autorize o Poder Público Municipal a recusar a reforma procedida pelo particular em sua propriedade.

O examinando deve indicar a violação ao princípio da isonomia, tendo em vista que outros proprietários em idêntica situação não foram alvo de notificação por parte da Administração municipal, o que revela tratamento desigual entre os particulares, sem critério legítimo de diferenciação. Pior: o novo entendimento da Administração, desfavorável, só será aplicado aos que adquiriram a propriedade naquele ano.

Por fim, deve ser feita referência à violação ao princípio da segurança jurídica ou proteção à confiança. A emissão da resposta da Administração gerou, no particular, a legítima confiança na preservação daquele entendimento inicial, razão pela qual praticou determinados atos (realizou investimentos). Essa confiança restou violada pela súbita alteração do entendimento e prática de atos incompatíveis com a conduta anterior da Administração (comportamento contraditório).

Breves comentários dos autores – Mapa de Identificação dos Temas (MIT)

O tema central cobrado na questão são os princípios administrativos e o tema secundário são a isonomia, segurança jurídica, devido processo legal e legalidade.

> *A maioria das peças traz embutidos alguns princípios administrativos. Fique atento a isso. Quando o assunto versar sobre princípios, a base é a CF e a Lei n. 9.784/99.*

Identificando o tema, fica mais fácil encontrar na Constituição e nas leis os artigos pertinentes.

VII.5. Princípios administrativos – moralidade – nepotismo

110. (XXII Exame) Em fevereiro de 2017, o Estado Alfa fez editar a Lei n. XYZ, que inovou no ordenamento local ao proibir a nomeação de cônjuge, companheiro ou parente em linha reta, colateral ou por afinidade, até o terceiro grau inclusive, da autoridade nomeante ou de servidor da mesma pessoa jurídica investido em cargo de direção, chefia ou assessoramento, para o exercício de cargo em comissão ou de confiança, ou, ainda, de função gratificada na respectiva Administração Pública Direta e na Indireta de todos os Poderes locais, também abrangendo ajustes mediante designações recíprocas. Com isso, a dita lei vedou a prática do chamado nepotismo. Em razão de tal norma, o governador do Estado Alfa se recusou a nomear João para o cargo de médico, para o qual este havia sido aprovado em concurso público regularmente realizado, sob o fundamento de o candidato ser filho de deputado estadual. Diante dessa situação hipotética, responda, fundamentadamente, aos itens a seguir.

A) Considerando que a Lei n. XYZ inovou no ordenamento local, analise se a prática de nepotismo era possível antes de seu advento, à luz do ordenamento vigente.

B) É válida a conduta do governador de recusar a nomeação de João?

GABARITO:

A) A resposta é negativa. A vedação ao nepotismo não depende de lei ordinária para a sua aplicação, que decorre diretamente dos princípios consagrados na CF/88, conforme o art. 37, *caput*, da CF/88 ou a Súmula Vinculante 13, do STF, notadamente os da isonomia, moralidade e eficiência.

B) A resposta é negativa. A vedação ao nepotismo não se aplica à investidura de servidores por efeito de aprovação em regular concurso público, sob pena de violar o disposto no art. 37, II, da CF/88.

PRÁTICA ADMINISTRATIVA

Breves comentários dos autores – Mapa de Identificação dos Temas (MIT)

O tema central cobrado na questão são os princípios administrativos e o tema secundário é o nepotismo.

> *Identificando o tema, fica mais fácil encontrar na CF e nas leis os artigos pertinentes. Caso não se recorde, basta buscar nos índices remissivos da sua legislação administrativa.*

O nepotismo é uma prática adotada por agentes públicos no sentido de beneficiar parentes e amigos com a distribuição de cargos públicos de natureza comissionada.

Tal prática viola diretamente o princípio da moralidade administrativa, previsto no art. 37, *caput*, da CF, não sendo necessário nenhum outro ato infraconstitucional de vedação. O próprio STF já teve a oportunidade de se posicionar ao editar a Súmula Vinculante 1.

Convém apenas ressaltar que, conforme o atual posicionamento do Supremo, o nepotismo para o exercício de cargos de natureza política *ainda* é permitido.

VII.6. Princípios administrativos – autotutela e motivação

111. **(XXIII Exame)** O Congresso Nacional aprovou recentemente a Lei n. 20.100/2017, que reestruturou diversas carreiras do funcionalismo público federal e concedeu a elas reajuste remuneratório. Especificamente em relação aos analistas administrativos de determinada agência reguladora, foi instituída gratificação de desempenho. Ao proceder aos cálculos, a Administração interpreta equivocadamente a lei e calcula a maior o acréscimo salarial, erro que só é percebido alguns anos depois de iniciado o pagamento. Sobre a hipótese apresentada, responda aos itens a seguir.

A) Não havendo má-fé dos servidores, a Administração pode rever a qualquer tempo os cálculos e exigir a devolução da quantia paga indevidamente?

B) O ato da Administração que resultar na revisão do cálculo da gratificação precisa, obrigatoriamente, ser motivado?

GABARITO:

A) A Administração possui o prazo de 5 anos para anular os atos administrativos de que decorram efeitos favoráveis para os destinatários, conforme disposto no art. 54 da Lei n. 9.784/99. Quanto à restituição da quantia paga a maior, por não terem os servidores dado causa ao equívoco e estarem de boa-fé, bem como diante do caráter alimentar e do princípio da confiança legítima, não será cabível.

B) Sim, a Administração deve obrigatoriamente motivar o ato, conforme disposto no art. 50, I, da Lei n. 9.784/99 ou no art. 50, VI ou VIII, da Lei n. 9.784/99.

Breves comentários dos autores – Mapa de Identificação dos Temas (MIT)

O tema central cobrado na questão são os princípios administrativos, em especial o da autotutela e o da motivação.

Identificando o tema, fica mais fácil encontrar na CF e nas leis os artigos pertinentes. Caso não se recorde, basta buscar nos índices remissivos.

Dica: quando a questão exigir conhecimentos acerca de princípios gerais do direito administrativo, devemos buscar a CF, art. 37, e a Lei n. 9.784/99.

Pelo princípio da autotutela, a Administração deve anular seus próprios atos quando eivados de vícios que os tornam ilegais, porque deles não se originam direitos, e pode revogá-los por questão de conveniência ou oportunidade, resguardados os direitos adquiridos, na forma do art. 53 da Lei n. 9.784/99 e do Verbete 473 da Súmula do STF.

No entanto, o prazo para anular os atos administrativos de que decorram efeitos favoráveis para os destinatários decai em 5 anos, contados da data em que foram praticados, salvo comprovada má-fé. Em não havendo má-fé dos destinatários, não se fala em restituição do que fora percebido por erro da Administração Pública.

Em relação ao princípio da motivação, as hipóteses de motivação obrigatória dos atos administrativo estão elencadas no at. 50 da Lei n. 9.784/99.

VII.7. Princípios administrativos e licitação

112. (XXVI Exame) Ricardo, prefeito do município Delta, decide reformar a sede da prefeitura. Para tanto, pretende, dentre outras coisas, pintar a fachada do prédio com as cores do partido ao qual é filiado. Questionado, Ricardo confirma que a intenção é homenagear seu partido, que neste ano completa 40 anos de existência.

A Secretaria Municipal de Obras elaborou o projeto básico e orçou as despesas em R$ 500.000,00 (quinhentos mil reais). O prefeito, então, publica edital de licitação, na modalidade concorrência, para a contratação de empresa responsável pelas reformas na sede da prefeitura. Sobre a hipótese apresentada, responda aos itens a seguir.

A) É lícita a decisão de pintar a fachada do prédio da prefeitura com as cores do partido do prefeito?

B) A licitação pode ser realizada na modalidade concorrência?

GABARITO:

A) A resposta é negativa. Não é lícita a decisão de pintar a fachada do prédio da prefeitura com as cores do partido do prefeito. A utilização das cores de partido político nos prédios públicos faz com que a reforma esteja associada à gestão do prefeito, ferindo assim o princípio da impessoalidade previsto no art. 37 da CF.

B) A resposta é positiva. Nos casos em que couber tomada de preços (o orçamento da licitação é inferior ao limite previsto no art. 23, I, b, da Lei n. 8.666/93), a Administração poderá utilizar a modalidade concorrência, por se tratar de uma modalidade de maior complexidade, nos termos do art. 23, § 4º, da Lei n. 8.666/93.

Breves comentários dos autores – Mapa de Identificação dos Temas (MIT)

Trata-se de questão multitemática, abordando os temas dos princípios administrativos constitucionais e das licitações.

PRÁTICA ADMINISTRATIVA

Identificando o tema, fica mais fácil encontrar na Constituição Federal e nas leis os artigos pertinentes. Caso não se recorde, basta buscar nos índices remissivos.

Sabendo-se que o tema cuida de princípios, todas as respostas podem ser encontradas na Lei n. 9.784/99 ou no art. 37 da CF.

Quanto às licitações, mais precisamente em relação às modalidades, a Lei Geral ATUAL é a Lei n. 14.133/2021.

O princípio da impessoalidade impede a promoção pessoal de autoridades ou agentes públicos. Ao atrelar as cores da Prefeitura às do partido, o agente político está violando a impessoalidade nas ações públicas.

VII.8. Princípios administrativos – publicidades dos atos – Lei de Acesso à Informação – LAI

113. (XXVII Exame) Determinada organização não governamental, destinada à fiscalização das contas públicas, solicitou informações de certa empresa pública federal, que desenvolve atividades bancárias e de operações financeiras, no sentido de obter cópias de todos os processos administrativos envolvendo os investimentos internacionais a serem realizados no ano corrente. A entidade administrativa em questão deferiu parcialmente o pedido. Por meio de documento escrito, a empresa pública esclareceu o lugar e a forma pelos quais as cópias das informações disponíveis poderiam ser obtidas, mediante pagamento dos custos para a reprodução dos documentos. Registrou, ainda, que não poderia autorizar o acesso a certos dados, sob o fundamento de que estão submetidos a sigilo, na medida em que colocam em risco a condução de negociações ou as relações internacionais do Brasil. Indicou, enfim, a possibilidade de recurso administrativo, bem como prazo e condições para a sua interposição. Diante dessa situação hipotética, na qualidade de advogado(a), responda, fundamentadamente, aos questionamentos a seguir.

A) Existe amparo legal para a cobrança pela reprodução dos documentos solicitados?

B) É juridicamente cabível o argumento invocado pela empresa pública federal para qualificar parte das informações como sigilosa? Exemplifique.

GABARITO:

A) A resposta é afirmativa. O ordenamento jurídico faculta a cobrança pela reprodução de documentos pela entidade consultada, para o ressarcimento dos custos e materiais utilizados, na forma do art. 12 da Lei n. 12527/2011.

B) A resposta é afirmativa. São passíveis de sigilo algumas informações imprescindíveis para a segurança da sociedade e do Estado, na forma do art. 5º, inciso XXXIII, da CRFB/88, dentre as quais, aquelas que põem em risco a condução de negociações ou as relações internacionais do país, consoante o art. 23, inciso II, da Lei n. 12.527/2011.

Breves comentários dos autores – Mapa de Identificação dos Temas (MIT)

Trata-se de questão que aborda o tema do princípio administrativo da publicidade e suas exceções, bem como os termos da Lei de Acesso à Informação – LAI.

Identificando o tema, fica mais fácil encontrar na Constituição Federal e nas leis os artigos pertinentes. Caso não se recorde, basta buscar nos índices remissivos.

Sabendo-se que o tema cuida do princípio da publicidade e suas exceções, todas as respostas podem ser encontradas no art. 5º, XXXIII, e no art. 37 da CF, bem como na Lei n. 12.527/2011.

O princípio da publicidade é um dos princípios expressos no *caput* do art. 37 da CRFB. Em regra, os atos administrativos devem ser publicados, como condição de validade e eficácia, sendo o sigilo uma exceção prevista no art. 5º, XXXIII da CRFB, regulamentado pela Lei n. 12.527/2011, denominada "Lei de Acesso à Informação – LAI".

A aludida Lei permite a qualificação de determinados atos como sigilosos, a fim de garantir a segurança do Estado e da sociedade.

VIII. ATOS ADMINISTRATIVOS

VIII.1. Controle do ato pelo Poder Judiciário – violação a princípios administrativos

114. (XI Exame – Direito Material da Peça) Caio, Tício e Mévio são servidores públicos federais exemplares, concursados do Ministério dos Transportes há quase dez anos. Certo dia, eles pediram a três colegas de repartição que cobrissem suas ausências, uma vez que sairiam mais cedo do expediente para assistir a uma apresentação de balé. No dia seguinte, eles foram severamente repreendidos pelo superior imediato, o chefe da seção em que trabalhavam. Nada obstante, nenhuma consequência adveio a Caio e Tício, ao passo que Mévio, que não mantinha boa relação com seu chefe, foi demitido do serviço público, por meio de ato administrativo que apresentou, como fundamentos, reiterada ausência injustificada do servidor, incapacidade para o regular exercício de suas funções e o episódio da ida ao balé.

Seis meses após a decisão punitiva, Mévio o procura para, como advogado, ingressar com medida judicial capaz de demonstrar que, em verdade, nunca faltou ao serviço e que o ato de demissão foi injusto. Seu cliente lhe informou, ainda, que testemunhas podem comprovar que o seu chefe o perseguia há tempos, que a obtenção da folha de frequência demonstrará que nunca faltou ao serviço e que sua avaliação funcional sempre foi excelente. Como advogado, considerando o uso de todas as provas mencionadas pelo cliente, elabore a peça processual adequada para amparar a pretensão de seu cliente.

GABARITO: A peça a ser elaborada consiste em uma petição inicial de ação de rito ordinário.

No mérito, deve ser demonstrada a possibilidade de análise do ato administrativo pelo Judiciário, para controle de legalidade, e que o motivo alegado no ato de demissão é falso, em violação à teoria dos motivos determinantes.

Ainda no mérito, o examinando deve indicar a violação do art. 41, § 1º, da Constituição Federal, uma vez que Mévio foi demitido do Serviço Público sem a abertura de regular processo administrativo. O examinando, por fim, deve indicar que não foi assegurado a Mévio o contraditório e a ampla defesa, violando o devido processo legal. Além disso, o ato representa violação aos princípios da isonomia, uma vez que Mévio foi o único dos três servidores penalizados pela ida ao balé, e da impessoalidade, pois Mévio foi alvo de perseguição por seu chefe. Nesta parte da causa de pedir, deverá ser mencionada a lesão patrimonial, pelo não recebimento dos vencimentos no período em que se coloca arbitrariamente fora dos quadros da Administração por demissão ilegal.

PRÁTICA ADMINISTRATIVA

Breves comentários dos autores – Mapa de Identificação dos Temas (MIT)

Questão multitemática que aborda o tema dos agentes públicos, do controle dos atos e dos princípios administrativos. Falaremos, neste ponto, apenas em relação aos atos.

O tema central cobrado na questão são os atos administrativos e o tema secundário é possibilidade de controle pelo Poder Judiciário.

> *O tema relativo a atos administrativos normalmente é resolvido em conjunto com a aplicação de princípios constitucionais. Uma fonte segura de consulta são as Leis n. 9.874/99 e 4.717/65, além das Súmulas do STF e STJ.*

Identificando o tema, fica mais fácil encontrar nas leis e na CF os artigos pertinentes.

> *A FGV identifica três possibilidades de controle judicial dos atos administrativos discricionários:*
> *1. princípio da razoabilidade;*
> *2. teoria dos motivos determinantes;*
> *3. desvio de finalidade.*

VIII.2. Anulação dos atos e seus efeitos

115. (XVI Exame) A Lei n. XX, de março de 2004, instituiu, para os servidores da autarquia federal ABCD, o adicional de conhecimento e qualificação, um acréscimo remuneratório a ser pago ao servidor que, comprovadamente, realizar curso de aperfeiçoamento profissional. Com esse incentivo, diversos servidores passaram a se inscrever em cursos e seminários e a ter deferido o pagamento do referido adicional, mediante apresentação dos respectivos certificados. Sobre a hipótese, responda aos itens a seguir.

A) A Administração efetuou, desde janeiro de 2006, enquadramento equivocado dos diplomas e certificados apresentados por seus servidores, pagando-lhes, por essa razão, um valor superior ao que lhes seria efetivamente devido. Poderá a Administração, em 2015, rever aqueles atos, reduzindo o valor do adicional pago aos servidores?

B) Francisco da Silva, servidor da autarquia, vem percebendo, há seis anos o referido adicional, com base em um curso que, deliberadamente, não concluiu (fato que passou despercebido pela comissão de avaliação responsável, levada a erro por uma declaração falsa assinada pelo servidor). A Administração, percebendo o erro, poderá cobrar do servidor a devolução de todas as parcelas pagas de forma errada?

GABARITO:

A) A resposta é negativa. Nos termos expressos do art. 54 da Lei n. 9.784/99, "O direito da Administração de anular os atos administrativos de que decorram efeitos favoráveis para os destinatários decai em cinco anos, contados da data em que foram praticados". E, em se tratando de efeitos patrimoniais contínuos, como no exemplo descrito, o prazo de decadência contar-se-á da percepção do primeiro pagamento.

B) A resposta é positiva, uma vez que se demonstre a má-fé do servidor. Nos termos do art. 54 da Lei n. 9.784/99, "O direito da Administração de anular os atos administrativos de que decorram efeitos favoráveis para os destinatários decai em cinco anos, contados da data em que foram praticados, salvo comprovada má-fé". Francisco da Silva, que não concluiu o curso e, mesmo assim, apresentou declaração a fim de receber o referido adicional, agiu de má-fé e não está protegido pela fluência do prazo decadencial.

Breves comentários dos autores – Mapa de Identificação dos Temas (MIT)

O tema central cobrado na questão são os atos administrativos e o tema secundário é a anulação e seus efeitos.

> O tema relativo a atos administrativos normalmente é resolvido em conjunto com a aplicação de princípios constitucionais. Uma fonte segura de consulta são as Leis n. 9.874/99 e 4.717/65, além das sumulas do STF e STJ.

Identificando o tema, fica mais fácil encontrar nas leis e na CF os artigos pertinentes.

A anulação de ato administrativo ocorre quando há vício de ilegalidade insanável na produção do ato, que impede a regular produção dos efeitos.

No entanto, o dever de anular os atos pela Administração Pública não é ilimitado no tempo. Esbarra no art. 54 da Lei n. 9.784/99.

> Se o vício for sanável e não houver lesão ao interesse público nem prejuízo a terceiros, os atos mesmo ilegais poderão ser convalidados pela própria Administração, na forma do art. 55 da Lei n. 9.784/99.

VIII.3. Revogação e fato gerador

116. (XII Exame) O Ministério X efetua a doação de um imóvel em área urbana extremamente valorizada, para que determinada agência de turismo da Europa construa a sua sede no Brasil. Meses depois, o Ministro revoga o ato de doação, ao fundamento de que ela era nula por não se enquadrar nas hipóteses legais de doação de bens públicos. A empresa pede a reconsideração da decisão, argumentando que não existe qualquer ilegalidade no ato.

Considerando a situação hipotética descrita acima, responda, justificadamente, aos itens a seguir.

A) Há, de fato, alguma ilegalidade na doação constante do enunciado?

B) É juridicamente correta a revogação da doação fundamentada na ilegalidade vislumbrada pelo Ministro?

PRÁTICA ADMINISTRATIVA

GABARITO: A questão versa o conteúdo de dois pontos do programa: os atos administrativos e o seu desfazimento (esperando-se do examinando que consiga distinguir a anulação e a revogação) e os bens públicos e a forma de sua transferência a terceiros.

A) A resposta é afirmativa. A alienação de bens imóveis pertencentes à União dependerá de autorização legislativa para órgãos da administração direta e entidades autárquicas e fundacionais, e, para todos, inclusive as entidades paraestatais, dependerá de avaliação prévia e de licitação na modalidade de concorrência, dispensada esta no caso de doação, permitida exclusivamente para outro órgão ou entidade da administração pública, de qualquer esfera de governo (art. 17, I, da Lei de Licitações).

B) Não é correta a revogação da doação com fundamento na sua ilegalidade, uma vez que a revogação é fundamentada em motivos de conveniência e oportunidade. Diante de vícios de legalidade, a Administração pode anular os seus atos, conforme entendimento doutrinário tradicional, expressado jurisprudencialmente na Súmula 473 do STF.

Breves comentários dos autores – Mapa de Identificação dos Temas (MIT)

A questão é multitemática e cuida de atos administrativos e de bens públicos. Neste ponto, falaremos apenas sobre os atos.

O tema central é a revogação de ato administrativo e o tema secundário é a possibilidade de revogar ato inválido.

> *O tema relativo a atos administrativos normalmente é resolvido em conjunto com a aplicação de princípios constitucionais. Uma fonte segura de consulta são as Leis n. 9.874/99 e 4.717/65, além das Súmulas do STF e STJ.*

Identificando o tema, fica mais fácil encontrar nas leis e na CF os artigos pertinentes.

A anulação de ato administrativo ocorre quando há vício de ilegalidade insanável na produção do ato, que impede a regular produção dos efeitos.

A revogação tem como fato gerador a inconveniência de se manter o ato válido.

	Competência	Efeitos	Limites
Anulação	Judiciário e Administração Pública	*Ex tunc*	Teoria do fato consumado e prejuízo ao interesse público
Revogação	Administração Pública	*Ex nunc*	Atos vinculados, Atos consumados, Atos declaratórios, Direitos Adquiridos
Convalidação	Administração Pública	*Ex tunc*	Vícios sanáveis

VIII.4. Peça – ato administrativo – vinculação e discricionariedade – princípios da isonomia e inafastabilidade do Poder Judiciário

117. (XXI Exame – Direito Material da Peça) Diante de fortes chuvas que assolaram o Município Alfa, fez-se editar na localidade legislação que criou o benefício denominado "aluguel social" para pessoas que tiveram suas moradias destruídas por tais eventos climáticos, mediante o preenchimento dos requisitos objetivos estabelecidos na mencionada norma, dentre os quais, a situação de hipossuficiência e a comprovação de comprometimento das residências familiares pelos mencionados fatos da natureza.

Maria preenche todos os requisitos determinados na lei e, ao contrário de outras pessoas que se encontravam na mesma situação, teve indeferido o seu pedido pela autoridade competente na via administrativa. Em razão disso, impetrou Mandado de Segurança perante o Juízo de 1º grau competente, sob o fundamento de violação ao seu direito líquido e certo de obter o benefício em questão e diante da existência de prova pré-constituída acerca de suas alegações.

A sentença denegou a segurança sob o fundamento de que a concessão de "aluguel social" está no âmbito da discricionariedade da Administração e que o mérito não pode ser invadido pelo Poder Judiciário, sob pena de violação do princípio da separação dos Poderes.

Considerando que já foram apresentados embargos de declaração, sem qualquer efeito modificativo, por não ter sido reconhecida nenhuma obscuridade, contradição, omissão ou erro material na sentença, e que existe prazo para a respectiva impugnação, redija a peça cabível para a defesa dos interesses de Maria.

GABARITO:

A medida cabível é a apelação em mandado de segurança, pois se trata de sentença que denegou a segurança, na forma do art. 14 da Lei n. 12.016/2009.

Na fundamentação, a peça recursal deve:

(i) Impugnar o fundamento constante da sentença, no sentido de que a concessão do "aluguel social" se submete à discricionariedade da Administração, pois, se a lei elenca os requisitos que impõem a concessão do benefício, sem qualquer margem de escolha para o administrador, trata-se de ato vinculado, que confere direito subjetivo a quem atenda aos requisitos constantes da norma.

(ii) Destacar a inexistência de violação ao princípio da separação de poderes, em decorrência do controle de legalidade ou juridicidade a ser realizado sobre tal ato, notadamente porque o art. 5º, XXXV, da CF/88 consagra o princípio da inafastabilidade de jurisdição.

(iii) Apontar a existência de violação de direito líquido e certo da apelante à concessão do benefício, diante do preenchimento de todos os requisitos estabelecidos na lei de regência.

(iv) Indicar, ainda, a violação ao princípio da isonomia, diante do deferimento do benefício a outras pessoas que estão na mesma situação de Maria, bem como a proteção constitucional ao direito de moradia, constante do art. 6º da CF/88.

Breves comentários dos autores – Mapa de Identificação dos Temas (MIT)

O tema central cobrado na questão é a dinâmica e a classificação dos atos administrativos, quanto ao seu regramento, ou seja, vinculação e discricionariedade, tendo como tema secundário os princípios administrativos constitucionais, sempre presentes nas peças.

> *Identificando o tema, fica mais fácil encontrar na CF e nas leis os artigos pertinentes. Caso não se recorde, basta buscar nos índices remissivos. Sabendo que o tema cuida, de forma secundária, dos princípios administrativos, devemos buscar as respostas nos arts. 5º e 37 da CF e no art. 2º da Lei n. 9.784/99.*

Os atos administrativos são manifestações unilaterais de vontade da Administração Pública, ou de quem atua em seu nome, regidos pelo direito público e tendentes a produzir efeitos jurídicos.

Essas manifestações unilaterais de vontade podem ser discricionárias ou vinculadas. Atos discricionários são aqueles em que o agente público goza de certa liberdade de ação, podendo adotar algumas das medidas previstas em lei, levando em consideração a conveniência e oportunidade em atendimento ao interese público. Não há direitos subjetivos na prática de atos discricionários, tendo em vista que a adoção do ato necessita de avaliação do agente público quanto ao seu mérito.

Em relação aos atos vinculados, não há margem de opção por parte do agente público, já que todos os seus elementos estão determinados pela própria lei. Neste sentido, basta a ocorrência da situação prevista em lei para que o agente público seja obrigado a cumpri-la. Desse modo, podemos dizer que existem direitos subjetivos resguardados nos atos vinculados, sendo suficiente o preenchimento das condições elencadas na lei.

118. (XXII Exame – Direito Material da Peça) Em 25-11-2016, o Ministério Público ajuizou ação civil pública de improbidade administrativa exclusivamente em face da sociedade empresária Veloz Ltda. e de seu antigo administrador, Marcelo, por infração ao disposto no art. 10 da Lei n. 8.429/92, em decorrência de se haver beneficiado, por dispensa indevida de licitação, do contrato de compra de veículos oficiais para a Assembleia Legislativa, firmado em 3-4-2010 pela autoridade competente, deputado estadual cujo mandato terminou em 31-1-2011.

No curso da fase probatória, restou demonstrado que a dispensa de licitação foi efetivamente indevida, bem como caracterizada a culpa dos demandados na formalização do contrato. Igualmente, verificou-se que os veículos foram entregues em momento oportuno e que foi cobrado preço compatível com o mercado, além de comprovada a boa reputação da sociedade empresária Veloz Ltda.

Na sentença, o Juízo da 2ª Vara de Fazenda Pública da Comarca da Capital do Estado Alfa julgou procedente o pedido, condenando tanto a sociedade Veloz Ltda. quanto o antigo administrador Marcelo às seguintes penas previstas no art. 12, inciso II, da Lei n. 8.429/92:

i) ressarcimento ao erário consistente na devolução de todos os valores recebidos com base na contratação indevida;

ii) multa civil de três vezes o valor do dano; e

iii) proibição, pelo prazo de cinco anos, de contratar com o Poder Público ou de receber benefícios ou incentivos fiscais ou creditícios, direta ou indiretamente, ainda que por intermédio de pessoa jurídica da qual fossem sócios majoritários.

Inconformados com a condenação, mantida mesmo após a oposição de embargos de declaração, cuja decisão foi publicada na última sexta-feira, os novos administradores da sociedade empresária Veloz Ltda. procuram um(a) advogado(a) para apresentar a medida judicial cabível em defesa dos interesses da pessoa jurídica.

Redija a peça pertinente, alinhando todos os fundamentos jurídicos adequados.

GABARITO:

A peça a ser apresentada é um recurso de apelação.

A) A fundamentação do recurso deve conter os seguintes argumentos:

1) ausência de legitimidade passiva, diante da impossibilidade de a ação civil pública de improbidade ser ajuizada exclusivamente em face de particulares, sendo indispensável a presença concomitante de agente público no polo passivo da demanda;

2) prescrição da pretensão punitiva para a ação de improbidade, diante da aplicação do disposto no art. 23, I, da Lei n. 8.429/92, considerando que o termo inicial para a contagem do prazo para particulares é o mesmo aplicável ao agente público que praticou a ilicitude, ou seja, o término do mandato do deputado estadual.

B) Em caso de não acolhimento das preliminares e pela necessidade de devolução de toda a matéria ao segundo grau, deve ser alegado, ainda:

1) inexistência de lesão ao erário, considerando que foram cobrados preços compatíveis com os de mercado, de modo a não se configurar o ato de improbidade previsto no art. 10 da Lei n. 8.429/92;

2) ilegalidade da multa civil fixada, cujo valor extrapolou os limites do art. 12, II, da Lei n. 8.429/92, que estabelece que a sanção deve ser de até duas vezes o valor do dano, que, por sua vez, não existe;

3) ilegalidade de ressarcimento da integralidade dos valores recebidos pelo contrato, considerando que os veículos foram entregues ao Poder Público, sob pena de enriquecimento indevido da Administração ou violação do art. 884 do Código Civil;

4) violação dos princípios da proporcionalidade ou da razoabilidade, sobretudo com relação à necessidade de que as sanções atendam à natureza, à gravidade e às consequências da ilicitude praticada, sendo desproporcional a aplicação de penalidades em seu limite máximo.

Breves comentários dos autores – Mapa de Identificação dos Temas (MIT)

O tema central cobrado na questão é a improbidade administrativa, tendo como temas secundários: sujeitos, prescrição e penalidades.

> *Identificando o tema, fica mais fácil encontrar na CF e nas leis os artigos pertinentes. Caso não se recorde, basta buscar nos índices remissivos. Sabendo que o tema cuida de improbidade, todas as respostas podem ser encontradas na Lei n. 8.429/92, a LIA.*

Primeiro, devemos esclarecer que o STJ entendeu recentemente que a ação civil pública de improbidade administrativa não pode ser proposta exclusivamente em face de terceiros, sendo obrigatória a presença do agente público no polo passivo da demanda.

Em relação à prescrição quinquenal da pretensão punitiva do Estado, a contagem do prazo tem início ao término do mandato, no caso de agentes públicos ocupantes de mandato eletivo, sendo este prazo aplicável também aos terceiros beneficiários – art. 23 da LIA. Não podemos esquecer que o ressarcimento ao erário em razão de improbidade administrativa é imprescritível.

Quanto às penalidades, o art. 10 da LIA prevê os atos que causam prejuízo ao erário (Fazenda Pública), sendo necessária a ocorrência do efetivo prejuízo para que seja imputada a responsabilidade de reparação.

Por fim, o art. 12 da LIA dispõe acerca das penalidades e suas respetivas gradações, violando o princípio da razoabilidade a imputação de penas em seus limites máximos para toda e qualquer infração, devendo o juiz levar em consideração a extensão do dano causado, assim como o proveito patrimonial obtido pelo agente.

	Suspensão dos direitos políticos	Multa civil	Proibição de contratar com o Poder Público por
Enriquecimento ilícito	De 8 a 10 anos	Até três vezes o valor do acréscimo patrimonial	10 anos
Prejuízo ao erário	De 5 a 8 anos	Até duas vezes o valor do dano	5 anos
Ação ou omissão para conceder, aplicar ou manter benefício financeiro ou tributário	De 5 a 8 anos	Até três vezes o valor do benefício financeiro ou tributário concedido	X
Violação a princípios administrativos	De 3 a 5 anos	Até cem vezes o valor da remuneração percebida pelo agente	3 anos

IX. SERVIÇOS PÚBLICOS – CONCESSÕES DE SERVIÇOS PÚBLICOS

IX. 1. Serviços públicos – concessão de serviços públicos – PPP

119. (XXXI EXAME) Para incentivar a prática de diversos esportes olímpicos, a Secretaria de Esportes de determinado estado da Federação publicou edital de licitação (parceria público-privada na modalidade concessão patrocinada), que tinha por objeto a construção, gestão e operação de uma arena poliesportiva. No estudo técnico, anexo ao edital, consta que as receitas da concessionária advirão dos valores pagos pelas equipes esportivas para a utilização do espaço, complementadas pela contrapartida do parceiro público. O aporte de dinheiro público corresponde a 80% do total da remuneração do parceiro privado. Na época da publicação do instrumento convocatório, dois deputados estaduais criticaram o excessivo aporte de recursos públicos, bem como a ausência de participação da Assembleia Legislativa nesse importante projeto. Diversas empresas participaram do certame, sagrando-se vencedor o consórcio Todos Juntos, que apresentou proposta de exatos R$ 30 milhões. O prazo de duração do futuro contrato, conforme estabelecido em edital, é de cinquenta anos. Dias antes da celebração do contrato, após o certame ter sido homologado e adjudicado, foi constituída uma Sociedade de Propósito Específico (SPE), que seria responsável por implantar e gerir o objeto da parceria. O representante da SPE, não satisfeito com a minuta contratual que lhe fora apresentada, resolveu procurar o Secretário de Esportes para propor que toda a contraprestação do parceiro público fosse antecipada para o dia da celebração do contrato, o que foi aceito pela autoridade estadual, após demorada reunião. Diversos veículos de comunicação divulgaram que o acolhimento do pleito da SPE ocorreu em troca de apoio financeiro para a campanha do Secretário de Esportes ao cargo de Governador. A autoridade policial obteve, por meio lícito, áudio da conversa travada entre o Secretário e o representante da SPE, que confirma a versão divulgada na imprensa. Dias depois, a mulher do Secretário de Esportes procura a polícia e apresenta material (vários documentos) que demonstram que a licitação foi "dirigida" e que o preço está bem acima do custo. Ricardo, cidadão brasileiro residente na capital do referido estado, com os direitos políticos em dia, procura você para, na qualidade de advogado(a), redigir a peça adequada para anular a licitação. Há certa urgência na obtenção do provimento jurisdicional, tendo em vista a iminente celebração do contrato. Considere que, de acordo com a lei de organização judiciária local, o foro competente é a Vara da Fazenda Pública. A peça deve abranger todos os fundamentos de Direito que possam ser utilizados para dar respaldo à pretensão, inclusive quanto à legitimidade do demandante. (Valor: 5,00).

GABARITO:

A FGV apresentou o seguinte gabarito:

A peça adequada é a **Ação Popular**, destinada, nos termos do art. 5º, inciso LXXIII, da CRFB/88, à anulação de ato lesivo ao patrimônio público e à moralidade administrativa.

Não é cabível a utilização de Mandado de Segurança, que não é substitutivo da Ação Popular (Súmula 101 do STF), nem Ação Ordinária. A Ação Popular deve ser proposta no Juízo da Vara da Fazenda Pública da capital do Estado. O autor é Ricardo. Os réus da ação são o Secretário de Esportes, o Estado e a SPE, beneficiária direta dos atos (art. 6º da Lei n. 4.717/65).

O examinando deve demonstrar, em preliminar, a legitimidade ativa de Ricardo. Assim, deve citar que o autor é cidadão com direitos políticos vigentes, conforme demonstrado por juntada de cópia de título de eleitor, tal como exige o art. 1º, § 3º, da Lei n. 4.717/65.

O examinando deve abordar as seguintes questões no mérito:

i) O prazo de vigência do contrato de parceria público-privada não pode ser superior a 35 (trinta e cinco) anos, nos termos do art. 5º, inciso I, da Lei n. 11.079/2004;

ii) A contraprestação da Administração Pública deve obrigatoriamente ser precedida da disponibilização do serviço objeto do contrato de parceria público-privada, não podendo ser antecipada para a data da celebração do contrato, nos termos do Art. 7º da Lei n. 11.079/2004;

iii) Como o aporte de dinheiro público corresponde a 80% do total da remuneração do parceiro privado, seria necessária a autorização legislativa específica, o que não ocorreu no caso concreto, violando, assim, o art. 10, § 3º, da Lei n. 11.079/2004;

iv) O favorecimento da SPE em troca de apoio financeiro para campanha eleitoral fere o princípio da moralidade ou da impessoalidade, nos termos do art. 37 da CRFB/88. Deve ser formulado pedido de concessão de medida liminar, consistente na suspensão do certame com a consequente não celebração do contrato, demonstrando-se o fundamento relevante (itens i, ii, iii e iv do parágrafo anterior) e o perigo da demora (materialização do dano consubstanciado pela celebração do contrato).

Devem ser formulados os seguintes pedidos:

i) a concessão de liminar para a suspensão do certame, com a consequente não celebração do contrato;

ii) a citação dos réus;

iii) a intimação do representante do Ministério Público (art. 7º, inciso I, alínea a, da Lei n. 4.717/65);

iv) procedência do pedido para a confirmação da liminar e para a anulação da licitação; e

v) a condenação dos réus ao pagamento das verbas de sucumbência. Deve, ainda, requerer a produção de provas.

Por fim, o fechamento da peça.

Breves comentários dos autores – Mapa de Identificação dos Temas (MIT)

O tema central cobrado na questão é Parceria Público-Privada – PPP.

Identificando o tema, fica mais fácil encontrar na CRFB, e nas leis, os artigos pertinentes. Caso não se recorde, basta buscar nos índices remissivos.

Dica: sempre que uma questão exigir conhecimentos acerca das PPP's, devemos buscar subsídios na Lei n. 11.079/2004.

A percepção da peça restou tranquila na medida em que a questão deixou clara a qualidade do autor como "cidadão" que deseja anular uma licitação com provas robustas de direcionamento e favorecimento, com violação clara aos princípios licitatórios.

Nunca é demais lembrar que a ação popular se propõe à anulação de ato lesivo ao patrimônio público e à moralidade administrativa.

Igualmente é importante registrar a necessidade de comprovação da qualidade de cidadão do autor, na inicial da ação popular, que deve ser feita em preliminar.

No mérito, todos os aspectos cobrados dizem respeito à Lei n. 11.079/2004, que cuida da concessão especial de serviços públicos, denominada PPP.

IX.2. Concessão de serviço público – PPP – modalidade de licitação – características da SPE

120. (XVII Exame) O Estado W resolve criar um hospital de referência no tratamento de doenças de pele. Sem dispor dos recursos necessários para a construção e a manutenção do "Hospital da Pele", pretende adotar o modelo de parceria público-privada. O edital de licitação prevê que haverá a seleção dos particulares mediante licitação na modalidade de pregão presencial, em que será vencedor aquele que oferecer o menor valor da contraprestação a ser paga pela Administração estadual.

Está previsto também, no instrumento convocatório, que a Administração deverá, obrigatoriamente, deter 51% das ações ordinárias da sociedade de propósito específico a ser criada para implantar e gerir o objeto da parceria. Esta cláusula do edital foi impugnada pela sociedade empresária XYZ, que pretende participar do certame. Diante disso, responda, justificadamente, aos itens a seguir.

A) A modalidade e o tipo de licitação escolhidos pelo Estado W são juridicamente adequados?

B) A impugnação ao edital feita pela sociedade empresária XYZ procede?

GABARITO:

A) A modalidade de licitação não é adequada, uma vez que a Lei n. 11.079/2004 prevê, obrigatoriamente, que a licitação ocorra na modalidade de concorrência (art. 10). Já o tipo (critério de julgamento) está correto, uma vez que a lei faculta a adoção desse critério de julgamento (art. 12, II, *a*, da Lei n. 11.079/2004).

B) Sim, considerando que a Lei n. 11.079/2004 veda expressamente à Administração Pública ser titular da maioria do capital votante das sociedades de propósito específico criadas para implantar e gerir o objeto da parceria (art. 9º, § 4º).

Breves comentários dos autores – Mapa de Identificação dos Temas (MIT)

O tema central cobrado na questão é parceria público-privada e o tema secundário é a modalidade de licitação adequada e as características da Sociedade de Propósito Específico.

> A PPP (parceria público-privada) é modalidade de concessão especial de serviço público. Dessa forma, devemos usar a lei geral de concessões (de forma complementar) e a lei específica de PPP, Lei n. 11.079/2004.

Identificando o tema, fica mais fácil encontrar nas leis os artigos pertinentes.

Relembrando que as concessões de serviço público devem ser precedidas de licitação, na modalidade *concorrência*.

IX.3. Concessão de serviço público – PPP – prazos e modalidade de licitação

121. (XI Exame) Para a concessão da prestação de um determinado serviço público através de parceria público-privada na modalidade patrocinada, o Estado X, após realizar tomada de preços, celebrou contrato com um particular no valor de R$ 25.000.000,00 (vinte e cinco milhões de reais), com prazo de vigência de 40 (quarenta) anos, a fim de permitir que o particular amortizasse os investimentos realizados.

Diante das circunstâncias apresentadas, é válida a contratação realizada?

Responda justificadamente, empregando os argumentos jurídicos apropriados e a fundamentação legal pertinente ao caso.

GABARITO: A resposta deve ser negativa.

Em primeiro lugar, nos termos do art. 10 da Lei n. 11.079/2004, a contratação de parceria público-privada deve ser precedida de licitação na modalidade de concorrência, cuja realização é sujeita a diversos condicionamentos previstos no citado dispositivo. A tomada de preços, portanto, não é a modalidade de licitação adequada à contratação de parceria público-privada.

Em segundo lugar, conforme o inciso I do art. 5º da Lei n. 11.079/2004, o prazo de vigência do contrato de parceria público-privada não pode ser inferior a cinco, nem superior a 35 anos, incluindo eventual prorrogação.

Breves comentários dos autores – Mapa de Identificação dos Temas (MIT)

O tema central cobrado na questão é parceria público-privada e o tema secundário é a modalidade de licitação adequada e os prazos legais.

> *A PPP (parceria público-privada) é modalidade de concessão especial de serviço público. Dessa forma, devemos usar a lei geral de concessões (de forma complementar) e a lei específica de PPP, Lei n. 11.079/2004.*

Identificando o tema, fica mais fácil encontrar nas leis os artigos pertinentes.

IX.4. Concessão de serviço público – PPP – competência legislativa

122. (X Exame) Determinado Estado da Federação celebra contrato de parceria público-privada (PPP) patrocinada para a reforma e administração de área portuária. Estipulou-se no contrato que o parceiro privado será responsável pela construção de galpões de armazenamento de bens, com conclusão prevista para cinco anos após a celebração do contrato, e posterior prestação do serviço público. Também se estabeleceu que a sua remuneração dar-se-á de forma imediata pelo Poder Público e após o término das obras pelos usuários do serviço público, previsão admitida pela lei estadual sobre as PPP's. Sobre a hipótese, responda aos itens a seguir.

A) Tendo em vista que a Lei n. 11.079/2004 é aplicável a todos os entes da Federação (art. 1º, parágrafo único), é válida a lei estadual que trate de parcerias público-privadas?

B) É possível a remuneração do parceiro privado nos moldes acima descritos?

GABARITO: Em relação ao item A, o candidato deve destacar que, conforme determina o art. 22, XXVII, da Constituição Federal, compete privativamente à União legislar sobre normas gerais de licitação e contratação, em todas as modalidades, para as administrações públicas diretas, autárquicas e fundacionais da União, Estados, Distrito Federal e Municípios. Sendo assim, a lei estadual pode disciplinar sobre PPP's de forma supletiva, no que não colidir com as normas gerais editadas pela União.

Já em relação ao item B, era necessário ressaltar que, na forma do art. 7º da Lei n. 11.079/2004, a remuneração pela Administração Pública, nos contratos de parceria público-privada, deve ser precedida da disponibilização do serviço objeto, disposição esta que tem caráter de norma geral. Portanto, a previsão de contraprestação imediata, sem a disponibilização do serviço, não será possível, pois fere a norma citada.

Breves comentários dos autores – Mapa de Identificação dos Temas (MIT)

O tema central cobrado na questão é parceria público-privada e o tema secundário é a competência legislativa quanto ao tema e a possibilidade de previsão supletiva distinta da prevista em norma geral.

> *A PPP (parceria público-privada) é modalidade de concessão especial de serviço público. Dessa forma, devemos usar a lei geral de concessões (de forma complementar) e a lei específica de PPP, Lei n. 11.079/2004.*

Identificando o tema, fica mais fácil encontrar nas leis os artigos pertinentes.

A Lei n. 11.079/2004 estabelece normas gerais sobre as PPP's, sendo de competência da União Federal. No entanto, não impede que os demais entes federados regulamentem o tema de forma supletiva, naquilo que não conflitar com as normas gerais. A previsão de matéria contrária à norma geral se mostra inconstitucional.

IX.5. Concessão de serviço público – PPP – valor de contrato e delegação de funções

123. (V Exame) O governador de determinado Estado da Federação, comprometido com a recuperação do sistema penitenciário estadual, decide lançar edital de licitação para a contratação de uma parceria público-privada tendo por objeto a construção e a gestão de complexo penal, abrangendo a execução de serviços assistenciais (recreação, educação e assistência social e religiosa), de hospedaria e de fornecimento de bens aos presos (alimentação e produtos de higiene). O edital de licitação estima o valor do contrato em R$ 28.000.000,00 (vinte e oito milhões de reais) e estabelece o prazo de quinze anos para a concessão.

Com base nesse cenário, responda aos itens a seguir, empregando os argumentos jurídicos apropriados e a fundamentação legal pertinente ao caso.

A) Analise a juridicidade do projeto à luz do valor estimado do contrato e do prazo de concessão.

B) É juridicamente possível que o contrato de parceria público-privada contemple, além dos serviços descritos no enunciado, a delegação das funções de direção e coerção na esfera prisional?

GABARITO: À luz do valor estimado do contrato e do prazo de concessão, o projeto é juridicamente correto, atendendo aos requisitos estabelecidos no art. 2º, § 4º, I e II, ou art. 5º, I, da Lei n. 11.079/2004.

Quanto ao item B, não seria possível a delegação das funções de direção e coerção na esfera prisional ao parceiro privado, uma vez que essas são atividades típicas de Estado e, nesse sentido, indelegáveis. A esse respeito, a própria legislação de regência das PPP's prevê expressamente a indelegabilidade do exercício do poder de polícia e de outras atividades exclusivas de Estado (conforme o art. 4º, III, da Lei n. 11.079/2004).

Breves comentários dos autores – Mapa de Identificação dos Temas (MIT)

O tema central cobrado na questão é parceria público-privada e o tema secundário é o valor mínimo de contrato e a possibilidade de delegação de funções típicas do Poder Público.

> *A PPP (parceria público-privada) é modalidade de concessão especial de serviço público. Dessa forma, devemos usar a lei geral de concessões (de forma complementar) e a lei específica de PPP, Lei n. 11.079/2004.*

Identificando o tema, fica mais fácil encontrar nas leis os artigos pertinentes.

Lembrando, a valor mínimo de investimento em PPP é de R$ 20 milhões.

IX.6. Concessão de serviço público – rescisão contratual – arbitragem

124. (XIX Exame) A sociedade empresária Sigma sagrou-se vencedora da licitação para a concessão de serviço público, precedida da execução de obra pública, a saber, a construção de linha férrea unindo quatro municípios da Região Metropolitana do Estado do Pará e posterior exploração comercial da linha. No segundo ano da entrada em operação do serviço ferroviário, a empresa não pôde efetuar o reajuste da tarifa, com base no índice previsto no contrato, sob o argumento de que se tratava de um ano eleitoral.

Com base no caso apresentado, responda, fundamentadamente, aos itens a seguir.

A) A sociedade empresária Sigma pode, mediante notificação prévia, declarar a rescisão unilateral do contrato? Alternativamente, pode a empresa determinar a interrupção na prestação do serviço até a aprovação do reajuste pelo Estado?

B) Poderia ter sido previsto no referido contrato de concessão que eventuais conflitos decorrentes de sua execução seriam resolvidos por meio de arbitragem?

GABARITO:

A) A resposta é dada pelo art. 39 da Lei n. 8.987/95: o contrato de concessão poderá ser rescindido por iniciativa da concessionária. No caso de descumprimento das normas contratuais pelo poder concedente, mediante ação judicial especialmente intentada para esse fim. A sociedade empresária não pode, portanto, declarar a rescisão unilateral do contrato, devendo ajuizar demanda para esse fim. De igual modo, não pode determinar a interrupção na prestação do serviço, mesmo diante do descumprimento de cláusula contratual pelo poder concedente, na forma do art. 39, parágrafo único, que determina a impossibilidade de interrupção ou paralisação do serviço até decisão judicial transitada em julgado.

B) A resposta é positiva. O art. 23-A da Lei n. 8.987/95 dispõe que "o contrato de concessão poderá prever o emprego de mecanismos privados, para resolução de disputas decorrentes ou relacionadas ao contrato, inclusive a arbitragem, a ser realizada no Brasil e em língua portuguesa". Nesse sentido, a Lei n. 13.129/2015 passou a disciplinar a utilização da arbitragem para dirimir conflitos relativos a direitos patrimoniais disponíveis envolvendo a Administração Pública.

Breves comentários dos autores – Mapa de Identificação dos Temas (MIT)

O tema central cobrado na questão é concessão de serviço público e os temas secundários são a possibilidade de rescisão do contrato por parte do concessionário e a previsão de arbitragem nos contratos de concessão.

As concessões de serviço público são tratadas no art. 175 da CF e nas Leis n. 8.987/95 e n. 9.074/95. Podemos utilizar, de forma complementar, a lei de contratos administrativos, Lei n. 14.133/2021. Não se esqueça de marcar em seu material de consulta as leis acima mencionadas.

Identificando o tema, fica mais fácil encontrar nas leis os artigos pertinentes.

Relembrando: nos contratos de concessão de serviço público, não pode o concessionário declarar de ofício a rescisão contratual, nem pode paralisar a execução do serviço. Somente poderá suspender o contrato após o trânsito em julgado da sentença judicial neste sentido. **Em outras palavras, não é possível opor a exceção do contrato não cumprido aos contratos de concessão de serviço público!**

IX.7. Concessão de serviço público – possibilidade de declarar bem para fins de intervenção na propriedade

125. (XIV Exame) O Estado "Y", mediante decreto, declarou como de utilidade pública, para fins de instituição de servidão administrativa, em favor da concessionária de serviço público "W", imóveis rurais necessários à construção de dutos subterrâneos para passagem de fios de transmissão de energia. A concessionária "W", de forma extrajudicial, conseguiu fazer acordo com diversos proprietários das áreas declaradas de utilidade pública, dentre eles, Caio, pagando o valor da indenização pela instituição da servidão por meio de contrato privado. Entretanto, após o pagamento da indenização a Caio, este não permitiu a entrada da concessionária "W" no imóvel para construção do duto subterrâneo, descumprindo o contrato firmado, o que levou a concessionária "W" a ingressar judicialmente com ação de instituição de servidão administrativa em face de Caio. Levando em consideração a hipótese apresentada, responda, de forma justificada, aos itens a seguir.

A) É possível a instituição de servidão administrativa pela via judicial?

B) Um concessionário de serviço público pode declarar um bem como de utilidade pública e executar os atos materiais necessários à instituição da servidão?

GABARITO:

A) A resposta deve ser positiva. O fundamento legal genérico do instituto da servidão é o art. 40 do Decreto-lei n. 3.365/41. Assim, às servidões se aplicam as regras de desapropriação presentes no decreto-lei em referência, dentre as quais a possibilidade de instituição pela via judicial.

B) O examinando deve identificar que os concessionários não podem declarar um bem como de utilidade pública, mas, de acordo com o art. 3º, do Decreto-lei n. 3.365/41, c/c o art. 29, VIII, da Lei n. 8.987/95, os concessionários de serviços públicos podem executar/promover a instituição de servidão administrativa.

Breves comentários dos autores – Mapa de Identificação dos Temas (MIT)

A questão é multitemática. O tema relativo à servidão administrativa será tratado em título pertinente.

O tema central cobrado na questão é concessão de serviço público e o tema secundário é a possibilidade de declarar um bem privado para fins de instituição da servidão administrativa.

PRÁTICA ADMINISTRATIVA

> As concessões de serviço público são tratadas no art. 175 da CF e nas Leis n. 8.987/95 e n. 9.074/95. Podemos utilizar, de forma complementar, a lei de contratos administrativos (Lei n. 14.133/2021). Não se esqueça de marcar em seu material de consulta as leis acima mencionadas. Neste caso em particular, a resposta está na Lei de Desapropriações, DL n. 3.365/41, que também trata das servidões.

Identificando o tema, fica mais fácil encontrar nas leis os artigos pertinentes.

IX.8. Concessão de serviço público – possibilidade de estabelecimento de fontes alternativas de receitas e procedimento licitatório

126. (VI Exame) O Estado X lançou edital de concorrência para concessão, pelo prazo de 10 (dez) anos, do serviço de manutenção de importante rodovia estadual. O edital estabelece que o critério de julgamento das propostas será o menor valor da tarifa e prevê, como forma de favorecer a modicidade tarifária, a possibilidade de o concessionário explorar os painéis publicitários localizados ao longo da rodovia. Além disso, o edital também estabelece que os envelopes contendo os documentos de habilitação dos licitantes apenas serão abertos após a fase de julgamento das propostas e com a observância da ordem de classificação, de forma que, habilitado o licitante mais bem classificado, será ele declarado vencedor.

Considerando as previsões editalícias acima referidas, responda aos questionamentos a seguir formulados, empregando os argumentos jurídicos apropriados e a fundamentação legal pertinente ao caso.

A) É juridicamente possível que o edital de concorrência estabeleça, em favor do concessionário, a exploração dos painéis publicitários localizados ao longo da rodovia? (Valor: 0,65).

B) É juridicamente possível que a fase de habilitação somente ocorra em momento posterior à fase de classificação das propostas?

GABARITO: Em relação ao item A, a resposta deve ser afirmativa. Trata-se da previsão de fontes provenientes de receitas alternativas, complementares, acessórias ou de projetos associados, que podem ser estabelecidas no edital em favor da concessionária precisamente com o objetivo de favorecer a modicidade tarifária. Essa possibilidade encontra-se prevista no art. 11 da Lei n. 8.987/95.

A resposta ao item B deve ser igualmente afirmativa. A possibilidade da inversão da ordem das fases de habilitação e julgamento nas concorrências para concessão de serviços públicos encontra-se prevista no art. 18-A da Lei n. 8.987/95.

Breves comentários dos autores – Mapa de Identificação dos Temas (MIT)

O tema central cobrado na questão é concessão de serviço público e os temas secundários são a possibilidade previsão de fontes alternativas de receitas em favor dos concessionários e as características do procedimento licitatório em concessões.

> *As concessões de serviço público são tratadas no art. 175 da CF e nas Leis n. 8.987/95 e n. 9.074/95. Podemos utilizar, de forma complementar, a lei de contratos administrativos (Lei n. 14.133/2021). Não se esqueça de marcar em seu material de consulta as leis acima mencionadas.*

Identificando o tema, fica mais fácil encontrar nas leis os artigos pertinentes.

No procedimento licitatório das concessões, a lei admitiu a inversão das fases de habilitação e julgamento de propostas, a exemplo do que ocorre com o pregão.

IX.9. Concessão de serviço público – exclusividade na prestação do serviço – alteração unilateral do contrato

127. (XVIII Exame) União celebrou contrato de concessão de serviços públicos de transporte interestadual de passageiros, por ônibus do tipo leito, entre os Estados X e Y, na Região Nordeste do país, com a empresa Linha Verde. Ocorre que já existe concessão de serviço de transporte interestadual entre os Estados X e Y, por ônibus do tipo executivo (com ar condicionado e assentos individuais estofados, mas não do tipo leito), executada pela empresa Viagem Rápida.

Em virtude do novo contrato celebrado pela União, a empresa Viagem Rápida, concessionária do serviço por ônibus, do tipo executivo, entre os Estados X e Y, ingressou com demanda em Juízo, alegando que a celebração do novo contrato (com o estabelecimento de concorrência anteriormente inexistente) rompe seu equilíbrio econômico-financeiro, razão pela qual se impõe a exclusividade na exploração comercial daquela linha. Com base no caso apresentado, responda, fundamentadamente, aos itens a seguir.

A) Procede a alegação da empresa Viagem Rápida de que se impõe a exclusividade na exploração comercial daquela linha?

B) Pode a União determinar alteração na linha que liga os Estados X e Y, impondo ao concessionário (empresa Viagem Rápida) um novo trajeto, mais longo e mais dispendioso?

GABARITO:

A) A resposta é negativa. De acordo com o art. 16 da Lei n. 8.987/95, "a outorga de concessão ou permissão não terá caráter de exclusividade, salvo no caso de inviabilidade técnica ou econômica justificada no ato a que se refere o art. 5º desta Lei". Portanto, a empresa Viagem Rápida não pode exigir exclusividade na exploração comercial da linha de ônibus, seja em relação ao mesmo tipo de ônibus, seja em relação a outro.

B) A resposta é positiva. Trata-se da chamada alteração unilateral do contrato, prerrogativa da Administração, em favor do interesse da coletividade. Entretanto, qualquer alteração que imponha gravame ou ônus ao concessionário deve ser acompanhada de medidas capazes de recompor o inicial equilíbrio econômico e financeiro do contrato, garantia assegurada pelo art. 37, XXI, da CF/88 e pelo art. 9º, § 4º, da Lei n. 8.987/95. É lícita, portanto, a modificação pelo poder concedente do funcionamento do serviço, desde que assegurado

PRÁTICA ADMINISTRATIVA

o equilíbrio contratual, e observando-se o limite estabelecido no art. 65, § 1º, da Lei n. 8.666/93.

Breves comentários dos autores – Mapa de Identificação dos Temas (MIT)

O tema central cobrado na questão é concessão de serviço público e os temas secundários são a possibilidade de conceder exclusividade na prestação do serviço público ao concessionário e a alteração unilateral do contrato.

> *As concessões de serviço público são tratadas no art. 175 da CF e nas Leis n. 8.987/95 e n. 9.074/95. Podemos utilizar, de forma complementar, a lei de contratos administrativos (Lei n. 14.133/2021). Não se esqueça de marcar em seu material de consulta as leis acima mencionadas.*

Identificando o tema, fica mais fácil encontrar nas leis os artigos pertinentes.

IX.10. Concessão de serviço público – exclusividade na prestação do serviço – Encampação

128. (XXV Exame – Reaplicação em Porto Alegre/RS) O Estado Ômega, após os devidos trâmites, promoveu a concessão comum de serviço de gás canalizado para a sociedade Sigma, pelo prazo de 20 anos, em regime de exclusividade, mediante a justificativa de que, para a realização de tal atividade, é necessário um grande investimento na construção de um gasoduto pela concessionária. Após o início das obras e no curso da regular execução da avença, sem que a concessionária tivesse cometido qualquer falta contratual, o novo Governador eleito entendeu que o serviço público em questão era muito relevante para ser prestado por uma concessionária, de modo que decidiu promover a rescisão unilateral do contrato por razões de interesse público, na forma do art. 78, XII, da Lei n. 8.666/93, sob o fundamento de que a atividade seria mais eficiente se prestada diretamente pelo Estado.

Na qualidade de advogado(a) consultado(a), responda aos questionamentos a seguir.

A) É possível a concessão operacionalizada pelo Estado Ômega em regime de exclusividade?

B) Agiu corretamente o Governador do Estado Ômega ao promover a rescisão unilateral do contrato em questão com o fundamento legal disposto?

GABARITO:

A) A resposta é positiva. A exclusividade é possível nas situações justificadas em que a concorrência se mostre inviável técnica ou economicamente, nos termos do art. 16 da Lei n. 8.987/95.

B) A resposta é negativa. A extinção da concessão por razões de interesse público deve ser operacionalizada por meio da encampação, nos termos do art. 37 da Lei n. 8.987/95.

Breves comentários dos autores – Mapa de Identificação dos Temas (MIT)

O tema central cobrado na questão é concessão de serviço público e os temas secundários são a possibilidade de conceder exclusividade na prestação do serviço público ao concessionário e a extinção por Encampação.

> As concessões de serviço público são tratadas no art. 175 da CF e nas Leis n. 8.987/95 e n. 9.074/95. Podemos utilizar, de forma complementar, a lei de contratos administrativos (Lei n. 14.133/2021). Não se esqueça de marcar em seu material de consulta as leis acima mencionadas.

Identificando o tema, fica mais fácil encontrar nas leis os artigos pertinentes.

A questão que envolve o tema da exclusividade da concessão está prevista no art. 16 da Lei n. 8.987/95. Em regra, não é possível conferir exclusividade. No entanto, a lei a permite no caso de inviabilidade técnica ou econômica justificada.

Quanto à forma de extinção do contrato de concessão, não era possível aplicar a Lei n. 8.666/93, como narrado no caso. Trata-se de contrato de concessão de serviço público, cujas formas de extinção estão nos arts. 35 a 39 da Lei n. 8.987/95.

A encampação é a modalidade de extinção de concessão por questão de interesse público, devendo ser promovida após autorização legislativa e prévio pagamento de indenização.

IX.11. Concessão de serviço público – reversão – princípio da continuidade dos serviços públicos

129. (XII Exame) Determinado estado da Federação celebra contrato de concessão de serviço metroviário pelo prazo de 20 anos com a empresa Vá de Trem S.A. Nos termos do referido contrato, a empresa tem a obrigação de adquirir 2 (dois) novos vagões, além de modernizar os já existentes, e que tais bens serão, imediatamente, transferidos para o Poder Público ao fim do termo contratual. Sobre o caso acima narrado, responda, fundamentadamente, aos itens a seguir.

A) Qual o princípio setorial que fundamenta a reversão de tais bens? Justifique.

B) O concessionário pode exigir do Poder Concedente indenização pela transferência de tais bens ao Poder Público ao final do contrato? Justifique.

GABARITO: A reversão é a transferência ao poder concedente dos bens do concessionário, afetados ao serviço público e necessários à sua continuidade, quando do término do contrato de concessão e que se encontra prevista nos arts. 35 e 36 da Lei n. 8.987/95.

A) O examinando deve destacar que o fundamento da reversão é o princípio da continuidade dos serviços públicos, já que os bens necessários à prestação do serviço deverão ser utilizados pelo Poder Concedente, após o fim do término do prazo de concessão, sob pena de interrupção da prestação do serviço.

B) É necessário ressaltar que, caso a fixação da tarifa não tenha sido suficiente para ressarcir o concessionário pelos recursos que empregou na aquisição e modernização de tais bens, é devida indenização, nos termos do art. 36 da Lei n. 8.987/95.

Breves comentários dos autores – Mapa de Identificação dos Temas (MIT)

O tema central cobrado na questão é concessão de serviço público e os temas secundários são o fenômeno da reversão e o princípio da continuidade dos serviços públicos.

> *As concessões de serviço público são tratadas no art. 175 da CF e nas Leis n. 8.987/95 e n. 9.074/95. Podemos utilizar, de forma complementar, a lei de contratos administrativos (Lei n. 14.133/2021). Não se esqueça de marcar em seu material de consulta as leis acima mencionadas.*

Identificando o tema, fica mais fácil encontrar nas leis os artigos pertinentes.

A reversão pode ser gratuita ou onerosa. Será onerosa sempre que o contrato de concessão for extinto antes do prazo e houver valores a amortizar em favor do concessionário.

IX.12. Concessão de serviço público – extinção – caducidade

130. (V Exame – Direito Material da Peça) A empresa Aquatrans é concessionária de transporte público aquaviário no Estado X há sete anos e foi surpreendida com a edição do Decreto 1.234, da Chefia do Poder Executivo Estadual, que, na qualidade de Poder Concedente, declarou a caducidade da concessão e fixou o prazo de trinta dias para assumir o serviço, ocupando as instalações e os bens reversíveis.

A concessionária, inconformada com a medida, especialmente porque jamais fora cientificada de qualquer inadequação na prestação do serviço, procura-o, na qualidade de advogado(a), e o contrata para ajuizar a medida judicial pertinente para discutir a juridicidade do decreto, bem como para assegurar à concessionária o direito de continuar prestando o serviço até que, se for o caso, a extinção do contrato se opere de maneira regular.

Elabore a peça processual adequada, levando em consideração que a matéria não demanda qualquer dilação probatória e que se deve optar pela medida judicial cujo rito, em tese, seja o mais célere.

GABARITO: A medida judicial adequada, diante dos parâmetros indicados no enunciado, é o mandado de segurança contra ato do Senhor Governador do Estado X, consubstanciado no Decreto n. 1.234, por meio do qual declarou a caducidade do contrato de concessão de serviço público de transporte aquaviário celebrado com a empresa Aquatrans.

No que diz respeito à fundamentação jurídica, o examinando deve, em primeiro lugar, abordar brevemente em que consiste a caducidade de uma concessão e, logo após, identificar que existe uma série de requisitos prévios à opção pela caducidade que, absolutamente, não foram observados no caso proposto.

Isso porque, nos termos do art. 38, §§ 2º e 3º, da Lei n. 8.987/95, a declaração de caducidade deve ser precedida da verificação de inadimplência da concessionária em processo administrativo que lhe assegure ampla defesa, sendo certo que o processo administrativo não pode ser instaurado antes de cientificada a concessionária dos descumprimentos contratuais, com a fixação de prazo para que promova as correções necessárias. A inobservância do "devido processo legal" impõe, portanto, a anulação do decreto.

Breves comentários dos autores – Mapa de Identificação dos Temas (MIT)

O tema central cobrado na questão é concessão de serviço público e o tema secundário é a extinção do contrato por caducidade.

> As concessões de serviço público são tratadas no art. 175 da CF e nas Leis n. 8.987/95 e n. 9.074/95. Podemos utilizar, de forma complementar, a lei de contratos administrativos (Lei n. 14.133/2021). Não se esqueça de marcar em seu material de consulta as leis acima mencionadas.

Identificando o tema, fica mais fácil encontrar nas leis os artigos pertinentes.

A questão aborda uma das modalidades de extinção dos contratos de concessão, a caducidade. Esta modalidade tem como fato gerador o descumprimento total ou parcial de obrigações contratuais por parte do concessionário. A declaração é feita de oficio pelo poder concedente após regular processo administrativo, sendo observado o devido processo legal.

IX.13. Concessão de serviço público – política tarifária – equilíbrio econômico--financeiro

131. (IV Exame) Transvia, empresa de grande porte concessionária da exploração de uma das mais importantes rodovias federais, foi surpreendida com a edição de decreto do Presidente da República excluindo as motocicletas da relação de veículos sujeitos ao pagamento de pedágio nas rodovias federais, medida que reduz substancialmente as vantagens legitimamente esperadas pela concessionária.

Considerando a situação hipotética narrada, responda aos itens a seguir, empregando os argumentos jurídicos apropriados e a fundamentação legal pertinente ao caso.

A) É juridicamente possível que o Poder Concedente estabeleça unilateralmente benefícios tarifários não contemplados originariamente no contrato de concessão?

B) A empresa concessionária tem direito a alguma forma de compensação em decorrência do impacto que o decreto produz na remuneração contratual?

GABARITO: Em relação ao item A, a possibilidade de o poder concedente estabelecer benefícios tarifários não contemplados no contrato de concessão decorre da própria titularidade do serviço público. Com o contrato de concessão, é tão somente a execução do serviço público que se transfere para o concessionário, cabendo ao poder concedente regulamentar o serviço concedido (art. 2º, II, e art. 29, I, ambos da Lei n. 8.987/95). Para fundamentar tal resposta, o examinando poderia mencionar o art. 175 da CF, os arts. 2º, II, e 29, I, da Lei n. 8.987/95 e o art. 58, I, da Lei n. 8.666/93. Além disso, também foram consideradas as referências feitas pelos examinandos aos fenômenos do fato do príncipe ou do fato da administração pública. Por fim, foram igualmente consideradas apropriadas as respostas que invocaram a norma do art. 35 da Lei n. 9.074/95. **Sempre que o estabelecimento de benefícios tarifários não contemplados originariamente no contrato de concessão causarem impacto na equação econômico-financeira do contrato, haverá a necessidade de serem revistas as cláusulas econômicas, de modo a que o equilíbrio seja recomposto.** Nesse sentido, ao estabelecer benefícios tarifários que afetem o equilíbrio econômico-financeiro do contrato, o Poder Concedente deverá, concomitantemente, recompor a equação financeira.

Como resultado, em atenção ao item B, a resposta é positiva, fazendo jus a concessionária a uma compensação para que o equilíbrio econômico-financeiro do contrato de concessão seja mantido, nos termos do art. 9º, § 4º, da Lei n. 8.987/95 ou do art. 35 da Lei n. 9.074/95.

Breves comentários dos autores – Mapa de Identificação dos Temas (MIT)

O tema central cobrado na questão é concessão de serviço público e o tema secundário é a extinção do contrato por caducidade.

> *As concessões de serviço público são tratadas no art. 175 da CF e nas Leis n. 8.987/95 e n. 9.074/95. Podemos utilizar, de forma complementar, a Lei de contratos administrativos (Lei n. 14.133/2021). Não se esqueça de marcar em seu material de consulta as leis acima mencionadas.*

Identificando o tema, fica mais fácil encontrar nas leis os artigos pertinentes.

IX.14. Serviço público – interrupção do serviço por falta de pagamento – aplicação do CDC

132. (X Exame) Maria, jovem integrante da alta sociedade paulistana, apesar de não trabalhar, reside há dois anos em um dos bairros nobres da capital paulista, visto que recebe do Estado de São Paulo pensionamento mensal decorrente da morte de seu pai, ex-servidor público. Ocorre que, após voltar de viagem ao exterior, foi surpreendida com a suspensão do pagamento da referida pensão, em razão de determinação judicial. Em razão disso, deixou de pagar a conta de luz de sua casa por dois meses consecutivos o que acarretou, após a prévia notificação pela concessionária prestadora do serviço público, o corte do fornecimento de luz em sua residência.

Considerando a narrativa fática acima, responda aos itens a seguir, empregando os argumentos jurídicos apropriados e a fundamentação legal pertinente ao caso.

A) À luz dos princípios da continuidade e do equilíbrio econômico-financeiro do contrato de concessão de serviço público, é lícito o corte de luz realizado pela concessionária?

B) O Código de Defesa do Consumidor pode ser aplicado irrestritamente à relação entre usuários e prestadores de serviços públicos?

GABARITO:

A) O princípio da continuidade do serviço público (art. 6º, § 1º, da Lei n. 8.987/95) consiste na exigência de que o serviço seja prestado de forma permanente, sem qualquer interrupção, visando assegurar estabilidade para os usuários por meio de sua manutenção de forma ininterrupta. O art. 22 do CDC também exige que o serviço seja prestado de forma contínua.

Contudo, não se pode esquecer de que a remuneração do serviço público, prestado pela concessionária, advém como regra geral, da tarifa paga pelo usuário, tarifa esta que é parte essencial da manutenção do equilíbrio econômico-financeiro, garantido constitucionalmente pelo art. 37, XXI, da CF/88.

Nesse sentido, o art. 6º, § 3º, II, da Lei n. 8.987/95 expressamente previu que a interrupção do serviço, após prévio aviso, quando houver inadimplemento do usuário, não caracteriza descontinuidade do serviço. Isso porque a continuidade da prestação do serviço facultativo pressupõe o cumprimento de deveres por parte do usuário, notadamente o pagamento da tarifa. Ora, a falta de remuneração adequada, ante a aceitação do inadimplemento pelo usuário, poderia levar ao próprio colapso do serviço, o que afetaria a própria sociedade como um todo. Do mesmo modo, o equilíbrio econômico-financeiro do contrato restaria abalado caso a concessionária fosse obrigada a prestar o serviço ao consumidor inadimplente.

B) Neste caso, estamos diante de um conflito aparente entre o CDC e a Lei n. 8.987/95. Contudo, tal conflito já se encontra pacificado na doutrina e jurisprudência, pela aplicação do critério da especialidade, haja vista que a Lei n. 8.987/95 busca disciplinar relação especial de consumo (usuário de serviço público). **Sendo assim, o CDC não se aplica irrestritamente aos serviços públicos, mas apenas de forma subsidiária.**

Breves comentários dos autores – Mapa de Identificação dos Temas (MIT)

O tema central cobrado na questão é o serviço público e os temas secundários são a possibilidade de interrupção dos serviços ante a falta de pagamento de tarifa e a aplicação do CDC nas relações de consumo de serviço público.

> *A Lei n. 8.987/95 é a lei geral dos serviços públicos. Neste caso em particular, há a previsão de violação a princípios do serviço público que estão elencados no art. 6º da referida lei. Como também se fala em relações de consumo, devemos nos socorrer no CDC.*

Identificando o tema, fica mais fácil encontrar nas leis os artigos pertinentes.

Os serviços públicos remunerados por tributo, tais como a coleta de lixo e a iluminação pública, não admitem paralisação por falta de pagamento, somente quando motivada por razões de ordem técnica ou de segurança das instalações.

IX.15. Concessão de serviços públicos – subconcessão

133. (XX Exame) A sociedade empresária "Mais Veloz", concessionária do serviço público de transporte ferroviário de passageiros no Estado X, está encontrando uma série de dificuldades na operação de um dos ramais do sistema ferroviário. Os consultores da sociedade empresária recomendaram aos seus administradores a manutenção da concessão, que é lucrativa, e a subconcessão do ramal que está gerando problemas. Os consultores, inclusive, indicaram o interesse de duas empresas em assumir a operação do ramal – e ambas atendem a todos os requisitos de qualificação que haviam sido inicialmente exigidos no edital de concessão do serviço. Com base no caso apresentado, responda fundamentadamente.

A) Caso seja silente o contrato de concessão celebrado, pode haver a subconcessão do ramal que está gerando problemas operacionais?

B) Caso autorizada a subconcessão, a sociedade empresária "Mais Veloz" pode escolher livremente uma das duas empresas para celebrar o contrato de subconcessão?

GABARITO:

A) A resposta é negativa. A subconcessão é admitida em nosso ordenamento, mas, nos termos do art. 26 da Lei n. 8.987/95 deve haver expressa previsão no contrato de concessão.

B) A resposta é negativa. A outorga de subconcessão, nos termos do art. 26, § 1º, da Lei n. 8.987/95, será sempre precedida de concorrência, não podendo, portanto, haver uma escolha por parte da sociedade empresária "Mais Veloz".

Breves comentários dos autores – Mapa de Identificação dos Temas (MIT)

O tema central cobrado na questão é concessão de serviços públicos e o tema secundário é a possibilidade de subconcessão dos serviços por parte do concessionário.

Identificando o tema, fica mais fácil encontrar na CF, e nas leis, os artigos pertinentes. Caso não se recorde, basta buscar nos índices remissivos.

> *O tema das concessões de serviço público está concentrado nas Leis n. 8.987/95 e n. 11.079/2004. Esta última lei trata das parcerias público-privadas (PPP's), uma espécie de concessão especial de serviços públicos.*

IX.16. Concessão de serviços públicos – participação de consórcios

134. (XXV Exame) A sociedade empresária Alfa, percebendo a necessidade de duplicação das faixas de rolamento em uma determinada rodovia federal, apresentou, autorizada pelo poder público, um estudo detalhado para mostrar que a demanda atual era maior do que a capacidade da pista. No entender da empresa, haveria uma demanda reprimida pela utilização da via, prejudicando e encarecendo o escoamento de grãos para os principais portos brasileiros. O Governo Federal, ciente das suas limitações orçamentárias, decidiu fazer uma concessão de serviço público precedida da execução de obra pública. Os estudos feitos pela sociedade empresária Alfa foram utilizados na estimativa do fluxo de caixa feita pela Administração e estavam disponíveis para consulta pelos interessados. Após o procedimento licitatório, sagrou-se vencedor o consórcio Sigma, formado pelas empresas Beta e Gama. Na qualidade de advogado(a) consultado(a), responda aos itens a seguir.

A) O consórcio vencedor do certame pode ser obrigado a pagar pelos estudos desenvolvidos pela sociedade empresária Alfa?

B) O consórcio Sigma está obrigado, por lei, a se constituir em sociedade empresária antes da celebração do contrato com o poder concedente?

GABARITO:

A) Sim, o consórcio pode ser obrigado a pagar os estudos, pois tais estudos são de utilidade para a licitação, foram realizados com a autorização do poder concedente e estavam à disposição dos interessados no certame, conforme disposto no art. 21 da Lei n. 8.987/95.

B) Não. O consórcio não está obrigado por lei a se constituir em sociedade empresária. No entanto, o edital pode exigir do consórcio a constituição de sociedade empresária, mas desde que tal exigência esteja alinhada com o interesse do serviço a ser concedido, conforme disposto no art. 20 da Lei n. 8.987/95.

Breves comentários dos autores – Mapa de Identificação dos Temas (MIT)

O tema central cobrado na questão é concessão de serviços públicos e o tema secundário é a participação de consórcios na licitação.

Identificando o tema, fica mais fácil encontrar na CF e nas leis os artigos pertinentes. Caso não se recorde, basta buscar nos índices remissivos.

> O tema das concessões de serviço público está concentrado nas Leis n. 8.987/95 e n. 11.079/2004. Esta última lei trata das parcerias público-privadas (PPP's), uma espécie de concessão especial de serviços públicos.

A questão menciona a concessão de serviço público precedida de obra pública, sem qualquer contraprestação financeira por parte do Estado. Portanto, aplicável a lei geral de concessões comuns – Lei n. 8.987/95.

Quando existe a possibilidade de participação de empresas em consórcio nas licitações para concessão de serviço público, devemos utilizar os arts. 20 e 21 da lei geral.

IX.17. Serviços públicos – princípios – concessões – descumprimento de obrigações

135. (XXVI Exame – Direito Material da Peça) A sociedade empresária Leva e Traz explora, via concessão, o serviço público de transporte de passageiros no município Sigma, conhecido pelos altos índices de criminalidade; por isso, a referida concessionária encontra grande dificuldade em contratar motoristas para seus veículos. A solução, para não interromper a prestação dos serviços, foi contratar profissionais sem habilitação para a direção de ônibus.

Em paralelo, a empresa, que utiliza ônibus antigos (mais poluentes) e em péssimo estado de conservação, acertou informalmente com todos os funcionários que os veículos não deveriam circular após as 18 horas, dado que, estatisticamente, a partir desse horário, os índices de criminalidade são maiores. Antes, por exigência do poder concedente, os ônibus circulavam até meia-noite.

Os jornais da cidade noticiaram amplamente a precária condição dos ônibus, a redução do horário de circulação e a utilização de motoristas não habilitados para a condução dos veículos.

Seis meses após a concretização da mencionada situação e da divulgação das respectivas notícias, a associação municipal de moradores, entidade constituída e em funcionamento há dois anos e que tem por finalidade institucional, dentre outras, a proteção dos usuários de transporte público, contrata você, jovem advogado(a), para adotar as providências cabíveis perante o Poder Judiciário para compelir o poder concedente e a concessionária a regularizarem a atividade em questão.

Há certa urgência, pois no último semestre a qualidade do serviço público caiu drasticamente e será necessária a produção de provas no curso do processo.

Considerando essas informações, redija a peça cabível para a defesa dos interesses dos usuários do referido serviço público.

GABARITO:

Considerando tratar-se de direitos coletivos, a medida judicial adequada é o **ajuizamento de Ação Civil Pública (ACP)**.

No mérito, o examinando deve apontar a violação do art. 6º, § 1º, da Lei n. 8.987/95 OU do art. 22 da Lei n. 8.078/90 (Código de Defesa do Consumidor – CDC) OU do art. 4º da Lei n. 13.460/2017, com base nos seguintes fundamentos:

I. a concessão pressupõe a prestação de serviço público em condição segura para os usuários, o que não está sendo feito, pois os motoristas dos ônibus não têm habilitação para direção e os veículos apresentam péssimo estado de conservação;

II. a concessão pressupõe a prestação de serviço público regular e contínuo, requisitos que não estão sendo observados, dada a interrupção da circulação dos ônibus a partir das dezoito horas, deixando a população desprovida do serviço; e

III. a utilização de veículos antigos e mais poluentes viola o princípio da atualidade do serviço, que pressupõe a modernidade dos equipamentos postos à disposição dos usuários.

Deve ser requerida medida liminar para impedir a designação de motoristas sem habilitação (obrigação de não fazer) e para obrigar os réus à renovação da frota e à circulação dos ônibus até meia-noite (obrigações de fazer). A probabilidade do direito está caracterizada pelos fundamentos já expostos nos itens I, II e III do parágrafo anterior. O perigo de dano também está caracterizado, pois cidadãos deixam de ser atendidos pelo transporte público. Em relação àqueles que utilizam os ônibus, eles estão expostos a riscos de acidentes, tendo em vista a inabilitação dos condutores e a precária condição dos veículos.

Breves comentários dos autores – Mapa de Identificação dos Temas (MIT)

O tema central cobrado na questão é a execução de serviços públicos. Verificamos no texto a violação a vários princípios próprios dessa atividade com relação direta ao tema secundário, que são as concessões de serviço público.

Identificando o tema, fica mais fácil encontrar na Constituição Federal e nas leis os artigos pertinentes. Caso não se recorde, basta buscar nos índices remissivos.

Dica: sempre que uma questão exigir conhecimentos acerca do exercício de serviços públicos, devemos ter em mente as Leis n. 8.987/95, n. 11.079/2004 e n. 13.460/2017.

A identificação da peça restou tranquila na medida em que a questão tratou de serviços públicos executados de forma irregular, causando prejuízos à coletividade. A questão abordou a iniciativa de uma associação de moradores no intuito de compelir os agentes públicos a prestarem um serviço adequado (obrigação de fazer e de não fazer), afastando o mandado de segurança pela necessidade de produção de provas!

Logo, a peça cabível era mesmo a ação civil pública – ACP, **com rito próprio na Lei n. 7.347/85**.

Na fundamentação, que é a parte mais pontuada da peça, mais uma vez a banca exigiu conhecimento de princípios. No que tange aos serviços públicos, os princípios estão elencados no art. 6º da Lei n. 8.987/95, principalmente em seus parágrafos.

Na peça, especificamente, foram cobrados os princípios da segurança (manter condições mínimas de segurança aos usuários), da regularidade (prestação regular de serviços públicos), da continuidade (serviços públicos não podem ser descontinuados) e da atualidade (utilização de técnicas e equipamentos modernos e adequados).

IX.18. SERVIÇOS PÚBLICOS – IMPROBIDADE ADMINISTRATIVA – CARACTERIZAÇÃO

136. (XXX EXAME) Márcio foi prefeito do Município Alfa, entre janeiro de 2009 e dezembro de 2012. Na campanha eleitoral em 2008, Márcio prometeu que, se eleito, construiria um hospital no Município. A proposta visava facilitar o atendimento médico da população, que até então precisava se deslocar para a capital do Estado, distante 300 km. Após assumir o mandato, Márcio identificou um rombo nas contas públicas, em muito provocado pelos altos salários do funcionalismo. A situação perdurou por todo o mandato, tendo em vista a ausência de crescimento das receitas municipais. Nesse cenário, restou inviabilizada a construção do hospital. Ao término do mandato, o Ministério Público estadual, ciente de que Márcio não fora reeleito, instaurou inquérito civil público para investigar a promessa não cumprida. Em janeiro de 2018, o *parquet* ingressou com ação civil pública por ato de improbidade administrativa em desfavor do ex-prefeito Márcio. Na inicial, sustenta-se que a omissão atentou contra os princípios da Administração Pública, sobretudo porque, supostamente, teria violado o dever de honestidade e deixado de praticar, injustificadamente, ato de ofício que se põe vinculado por promessa eleitoral. Por essa razão, foi requerida a suspensão dos direitos políticos de Márcio, por três anos, bem como a imposição de multa no valor de R$ 500.000,00 (quinhentos mil reais). Também foi requerida a medida cautelar de indisponibilidade dos bens do ex-prefeito. Antes de oferecer qualquer oportunidade de manifestação a Márcio, o magistrado da Vara da Fazenda Pública recebeu a inicial, afirmando a presença de justa causa, e determinou a citação do ex-prefeito. Quanto à medida cautelar de indisponibilidade de bens, a autoridade judicial consignou que o pedido seria examinado após a apresentação da defesa. Regularmente citado, Márcio contrata você, como advogado(a), para assumir sua defesa. O ex-gestor público alega ter sido surpreendido pela aludida citação, sem ter direito à manifestação prévia, e faz questão de expor suas razões para o Juízo de primeiro grau, na medida em que considera que o ajuizamento da ação é perseguição política. Considerando essas informações e ciente que Márcio procurou você no mesmo dia da citação, sem que ainda tivesse iniciado a contagem dos prazos processuais, redija a peça cabível, junto ao juízo onde tem curso a ação, para a defesa dos interesses de Márcio, invocando todos os argumentos pertinentes à luz do caso concreto. (Valor: 5,00)

GABARITO:

A FGV apresentou o seguinte gabarito:

O examinando deve elaborar uma CONTESTAÇÃO, nos termos do art. 17, § 9º, da Lei n. 8.429/92. A peça deve ser dirigida ao Juízo competente e indicar Márcio como requerido e o Ministério Público como requerente.

O examinando deve abordar as seguintes questões:

A) Como preliminar:

I – Ocorrência de prescrição da ação de improbidade, tendo em vista que o mandato do ex-prefeito encerrou-se em dezembro de 2012 e a ação só foi ajuizada em janeiro de 2018. Transcorreram, no caso concreto, mais de cinco anos até a propositura da ação. Como fundamento legal, o art. 23, inciso I, da Lei n. 8.429/92;

II – A nulidade da decisão que recebeu a ação de improbidade, ante a violação ao princípio constitucional do contraditório. Antes do recebimento, deveria o Juízo ter dado oportunidade para o requerido se manifestar acerca da acusação que lhe foi feita, em conformidade com o art. 17, § 7º, da Lei n. 8.429/92;

III – Ausência dos pressupostos para a decretação da indisponibilidade de bens, tendo em vista que a referida cautelar só pode ser decretada quando o ato de improbidade causar lesão ao patrimônio público ou ensejar enriquecimento ilícito. Na hipótese do enunciado, Márcio está sendo acusado da prática de ato de improbidade que atenta contra os princípios da Administração Pública. O examinando deve apontar, como fundamento, o art. 7º da Lei n. 8.429/92;

B) No mérito:

I – Falta do elemento subjetivo (dolo e/ou culpa) na conduta de Márcio e, por consequência, a inexistência do ato de improbidade.

II – A não construção do hospital decorreu de situação alheia à vontade do ex-Prefeito, uma vez que o município não dispunha de recursos suficientes para arcar com as obras (cláusula da reserva do possível). A promessa de campanha é fato atípico, incabível de ser penalizado. Devem ser formulados os seguintes pedidos:

i) improcedência liminar da ação, tendo em vista a ocorrência de prescrição; ii) nulidade da decisão de recebimento da ação de improbidade por ofensa ao contraditório; iii) indeferimento da decretação de indisponibilidade de bens ante a ausência dos pressupostos autorizadores; iv) improcedência da ação, dada a inexistência do ato de improbidade; e v) produção genérica de provas.

Por fim, o fechamento da peça.

Breves comentários dos autores – Mapa de Identificação dos Temas (MIT)

O tema central cobrado na questão é IMPROBIDADE ADMINISTRATIVA.

Identificando o tema, fica mais fácil encontrar na CRFB, e nas leis, os artigos pertinentes. Caso não se recorde, basta buscar nos índices remissivos.

Dica: sempre que uma questão exigir conhecimentos acerca da improbidade administrativa, devemos buscar subsídios na Lei n. 8.429/92 – LIA.

A identificação da peça restou tranquila na medida em que a questão deixou clara a existência de uma inicial, uma citação e exigiu uma resposta do réu. Logo, a peça cabível era mesmo uma CONTESTAÇÃO. Tendo em vista o vício no procedimento (ausência de notificação prévia de

Marcio), até poderíamos cogitar um agravo de instrumento, na forma do art. 17, § 10, da LIA. No entanto, o enunciado exigiu a resposta junto ao juízo onde tem curso a ação.

Devemos ter cuidado com as preliminares em contestação, que costumam pontuar bastante. No presente caso, foram três preliminares, como vícios de procedimento e prescrição.

No mérito, a principal alegação era a ausência do elemento subjetivo na conduta do réu. Para que se configure o ato de improbidade, é necessário o dolo para os casos de enriquecimento ilícito e violação a princípios administrativos. Na hipótese de dano ao erário, basta a culpa.

X. BENS PÚBLICOS E ESTATUTO DA CIDADE

X.1. Utilização de logradouro por particulares para o exercício de atividades ambulantes

137. (II Exame) Abílio, vendedor ambulante e camelô, comercializava os seus produtos em uma calçada no centro da cidade do Rio de Janeiro, mediante autorização expedida pela Prefeitura do Município do Rio de Janeiro. Em razão de obras no local, todos os ambulantes foram retirados e impedidos de comercializar seus produtos na calçada onde Abílio e seus companheiros vendiam seus produtos.

Abílio, não conformado com a decisão da Administração Pública municipal, resolve ingressar com uma ação na Justiça, por meio da qual pretende uma indenização por danos morais e materiais, em virtude do período em que ficou sem seu trabalho, além do restabelecimento da autorização para que volte a vender seus produtos no mesmo local. Na qualidade de advogado de Abílio, identifique a natureza jurídica da autorização municipal e exponha, de forma fundamentada, se Abílio possui ou não direito às indenizações pelos danos morais e materiais, além do restabelecimento da autorização.

GABARITO: Espera-se que o examinando conheça os bens públicos e a possibilidade de uso mediante autorização, a natureza precária do ato e a consequente ausência de direitos dele decorrentes.

O Código Civil estabelece, no seu art. 65, que são públicos os bens do domínio nacional pertencentes à União, aos Estados ou aos Municípios, restando, para o domínio privado, todos os demais.

Pelo disposto no art. 65 do mesmo Código, os bens públicos estão classificados em: a) os de uso comum do povo, tais como mares, rios, estradas, ruas e praças; b) os de uso especial, tais como os edifícios ocupados por serviços públicos específicos, como escolas, quartéis, hospitais; e c) os dominicais, também chamados de bens do patrimônio disponível, que são aqueles que o Poder Público utiliza como deles utilizariam os particulares, e que podem, por exemplo, ser alugados ou cedidos, neste caso, obedecendo-se às regras de licitação e contratação administrativa.

Pelo processo de desafetação, os bens públicos podem ser alterados na sua respectiva classificação. Pelo sistema constitucional em vigor, os bens públicos podem ser da União (art. 20), dos Estados (art. 26), e dos Municípios (os restantes, inclusive as ruas e praças).

Cabe ao Município, no seu poder de organização da comunidade local instituído pelo art. 30 da Constituição, legislar sobre os assuntos de interesse local e promover, no que couber, adequado ordenamento territorial, mediante planejamento e controle do uso, do parcelamento e da ocupação do solo urbano, o que abrange, através do respectivo ordenamento jurídico (leis, decretos e regulamentos), dispor, no Código de Postura e no Código Tributário (e respectivas leis extravagantes) sobre os ambulantes ou camelôs.

Plácido e Silva, no seu clássico *Vocabulário Jurídico*, diz:

> AMBULANTE. Termo usado na linguagem comercial e de Direito Fiscal, para designar o comerciante que, não possuindo estabelecimento fixo, vende as suas mercadorias, transportadas por si mesmo ou por veículos, de porta em porta, ou seja, de um a outro lugar. Vendedor ambulante. Mascate, bufarinheiro. Não tendo um ponto certo ou comercial para sede de seus negócios, o ambulante terá o seu domicílio comercial, ou sede de seu negócio, no lugar em que for encontrado. Segundo as regras das leis fiscais, o ambulante está sujeito a registro, devendo estar munido de sua patente, para que possa efetuar suas vendas. O ambulante, ou vendedor ambulante, pode negociar ou vender por conta própria ou por conta de outrem. Seu comércio, que se diz comércio ambulante, é compreendido como comércio a varejo.

Ambulante, assim, é o comerciante que não possui estabelecimento fixo, transportando suas mercadorias consigo. É o sucessor do antigo mascate, que tanto serviços prestou à formação da nacionalidade, pois levava suas mercadorias nas casas das cidades, aldeias e fazendas.

Alguns ordenamentos jurídicos municipais admitem a ocupação de trechos específicos das vias públicas por camelôs, que, assim, deixam de ser "ambulantes", no sentido de que devem deambular, sem ter ponto fixo. Assim, para estes Municípios, compreende-se como ambulante aquele que não tem ponto fixo e, como camelô, o que ocupa espaço predeterminado.

Também as leis municipais exigem, por necessidade de organizar a atividade comercial por razões sanitárias e de defesa do consumidor, que ambulantes e camelôs dependam de autorização para o exercício de suas atividades. Tais autorizações possuem o caráter de *precariedade* e, desta forma, podem ser, a qualquer tempo, cassadas pela autoridade pública, sem que possam os respectivos titulares arguir eventual direito adquirido, nos termos dos atos normativos regedores da espécie, que geralmente estipulam: a autorização do ambulante ou camelô é pessoal e intransferível e concedida a título precário.

Sobre a autorização leciona Hely Lopes Meirelles:

> Autorização de uso é o ato unilateral, discricionário e precário pelo qual a Administração consente na prática de determinada atividade individual incidente sobre um bem público. Não tem forma nem requisitos especiais para a sua efetivação, pois visa apenas a atividades transitórias e irrelevantes para o Poder Público, bastando que se consubstancie em ato escrito, revogável sumariamente a qualquer tempo e sem ônus para a Administração. Essas autorizações são comuns para ocupação de terrenos baldios para a retirada de água em fontes não abertas ao uso comum do povo e para outras utilizações de interesse de certos particulares, desde que não prejudiquem a comunidade nem embaracem o serviço público. Tais autorizações não geram privilégios contra a Administração ainda que remuneradas e fruídas por muito tempo, e, por isso mesmo, dispensam lei autorizativa e licitação para o seu deferimento (ob. cit., p. 429).

A precariedade rege a autorização que o município concede ao ambulante e ao camelô.

A Administração Municipal desnecessita de lei formal para conceder a autorização, porque dela não decorrem direitos, salvo o de exercitar, enquanto válida, a atividade autorizada. Aliás, por razões de Política da Administração, sequer interessa ao Poder Municipal a existência de tal norma que, se existente, poderá restringir a discricionariedade administrativa.

A autorização somente está submetida aos próprios termos da norma que a prevê ou do despacho que a concedeu. Se houver norma, a ela ficará vinculado o despacho.

Pode a autorização ser suspensa ou revogada a qualquer tempo, sem que se exija, para sua eficácia, qualquer procedimento administrativo, da mesma forma que pode ser concedida a autorização sem que necessite passar sob o procedimento licitatório. Sobre o disposto no art. 21, XII, da Constituição Federal, que se refere a "autorização, concessão ou permissão", ensina Jessé Torres em matéria por tudo aplicável ao presente tema: as autorizações aventadas no art. 21, XII, da Constituição Federal estariam sujeitas à licitação? Parece que não, dada sua índole (unilateralidade e discricionariedade do Poder Público na outorga, e interesse privado na exploração do objeto da autorização[2].

Pode a lei municipal estabelecer a cobrança de tributo (por exemplo, de imposto sobre serviços), sobre a atividade do ambulante, atividade que pode ser exercitada por empresas legalmente constituídas.

Também poderão ser cobradas taxas (inclusive de expediente) para a expedição da autorização, que, nem por isso, perderá o seu caráter precário.

Breves comentários dos autores – Mapa de Identificação dos Temas (MIT)

O tema central cobrado na questão são os bens públicos e o tema secundário é sua utilização por particulares à título precário.

> Para conceituar os bens públicos, basta se atentar para quem é seu proprietário. Segundo o art. 98 do Código Civil, públicos são os bens que pertencem às pessoas jurídicas de Direito Público, todos os outros são particulares. Podemos utilizar o próprio Código Civil, entre os arts. 98 e 103 da CF e a Lei n. 9.636/98.

Identificando o tema, fica mais fácil encontrar nas leis os artigos pertinentes.

> Bem público não pode ser objeto de penhora ou de usucapião.
> No caso narrado, o logradouro público não pode ser utilizado e forma permanente. Deve-se conceder uma autorização precária para o exercício da atividade.

---

[2] *Comentários à lei das licitações e das contratações da Administração Pública*. Rio de Janeiro: Renovar, 1994, p. 20.

PRÁTICA ADMINISTRATIVA

X.2. Natureza dos bens das autarquias e alienação de bens públicos

138. (VI Exame) Ao assumir a presidência de uma importante autarquia estadual, Tício determinou a realização de uma auditoria em todo o patrimônio da entidade. Ao final dos trabalhos da comissão de auditoria, chamou a atenção de Tício a enorme quantidade de bens móveis catalogados, no relatório final de auditoria, como inservíveis para a administração.

Considerando a situação hipotética narrada, responda aos seguintes questionamentos, empregando os argumentos apropriados e a fundamentação legal pertinente ao caso.

A) Qual a natureza jurídica dos bens pertencentes à autarquia?

B) Como deverá proceder Tício caso resolva alienar os bens móveis catalogados como inservíveis para a administração?

GABARITO: Sendo a autarquia uma pessoa jurídica de direito público, seus bens são considerados bens públicos e submetem-se ao regime jurídico juspublicista. Tal conclusão extrai-se da norma do art. 98 do Código Civil, que classifica os bens públicos de acordo com a sua titularidade.

A alienação de bens móveis pertencentes à autarquia deve observar a disciplina prevista no art. 17, II, da Lei n. 8.666/93, que exige: interesse público devidamente justificado, avaliação prévia e licitação. É importante que o examinando registre que a licitação, *in casu*, deve seguir a modalidade leilão, nos termos do art. 22, § 5º, da Lei n. 8.666/93.

Breves comentários dos autores – Mapa de Identificação dos Temas (MIT)

O tema central cobrado na questão são os bens públicos e o tema secundário é sua utilização por particulares a título precário.

> *Para conceituar os bens públicos, basta se atentar para quem é seu proprietário. Segundo o art. 98 do Código Civil, públicos são os bens que pertencem às pessoas jurídicas de Direito Público, todos os outros são particulares. Podemos utilizar o próprio Código Civil, entre os arts. 98 e 103 da CF e a Lei n. 9.636/98.*

Identificando o tema, fica mais fácil encontrar nas leis os artigos pertinentes.

> *No caso narrado, em se tratando de alienação de bens públicos, atualmente devemos observar o disposto nos arts. 76 e 77 da Lei n. 14.133/2021.*

X.3. Usucapião de bens públicos

139. (VII Exame) O Estado X ajuizou ação de reintegração de posse em face de Caio, servidor público que, na qualidade de vigia de uma escola pública estadual, reside em uma pequena casa nos fundos do referido imóvel público e, embora devidamente notificado para desocupar o bem, recusou-se a fazê-lo. Em sua defesa, Caio alega (i) que reside no imóvel com a anuência verbal do Poder Público e (ii) que a sua boa-fé, associada ao decurso de mais de quinze anos de ocupação do bem sem qualquer oposição, lhe asseguram a usucapião do imóvel.

Considerando a situação hipotética apresentada, analise os dois fundamentos deduzidos por Caio em sua defesa, empregando os argumentos jurídicos apropriados e a fundamentação legal pertinente ao caso.

GABARITO: A anuência verbal do Poder Público em relação à ocupação do imóvel não repercute sobre a esfera jurídica do Poder Público, uma vez que os contratos verbais com a Administração Pública são nulos e sem nenhum efeito, nos termos do art. 60, parágrafo único, da Lei n. 8.666/93.

Em relação ao segundo argumento, um dos atributos dos bens públicos, qual seja, a sua imprescritibilidade, de modo que os bens públicos não se sujeitam à prescrição aquisitiva de direitos. Assim, a pretensão de usucapião de um bem público deve ser rejeitada, conforme previsto nos arts. 183, § 3º (propriedade urbana), e 191, parágrafo único (propriedade rural), ambos da CF.

140. (XXV Exame) Luiz encontrou um ônibus pertencente a uma autarquia federal abandonado em um terreno baldio e passou a utilizá-lo para promover festas itinerantes patrocinadas por sua empresa. O uso e a posse desse ônibus, com *animus domini*, vêm perdurando por longo período, de modo que já estariam presentes os requisitos para a usucapião do mencionado bem móvel.

Em razão disso, Luiz procura você para, na qualidade de advogado(a), orientá-lo na regularização e integração do ônibus ao patrimônio da empresa promotora de festas, formulando as indagações a seguir.

A) O ônibus em questão é um bem público?

B) É possível a usucapião de tal ônibus?

GABARITO:

A) A resposta é afirmativa. O bem em questão pertence a uma pessoa jurídica de direito público, e a situação fática de abandono não desnatura sua natureza jurídica. O citado veículo é um bem público, consoante define o art. 98 do CC.

B) A resposta é negativa. Os bens públicos gozam da característica da imprescritibilidade, ou seja, não poderão ser usucapidos, segundo estabelece o art. 102 do CC.

Breves comentários dos autores – Mapa de Identificação dos Temas (MIT)

As questões são multitemáticas e cuidam de contratos administrativos e bens públicos. Vamos analisar neste ponto apenas o tema dos bens públicos.

O tema central cobrado nas questões consiste em bens públicos e os temas secundários são a possibilidade de usucapi-los e sua caracterização como bens públicos.

> *Para conceituar os bens públicos, basta se atentar para quem é seu proprietário. Segundo o art. 98 do Código Civil, públicos são os bens que pertencem às pessoas jurídicas de Direito Público, todos os outros são particulares. Podemos utilizar o próprio Código Civil, os arts. 98 a 103 da CF e a Lei n. 9.636/98.*

Identificando o tema, fica mais fácil encontrar nas leis os artigos pertinentes.

Lembrando: bens públicos não podem ser usucapidos, independentemente de sua classificação!

X.4. Alienação e penhora de bens públicos

141. (XV Exame) Todas as Secretarias do Município XYZ têm sede no prédio do Centro de Administração Pública Municipal, na zona norte da cidade. Entretanto, tal edifício, além de muito antigo e em precário estado de conservação, já não comporta toda a estrutura da Administração Direta do Município. Por essa razão, diversas Secretarias já alocaram parte operacional de suas estruturas em outros endereços.

Com base no exposto, responda, empregando os argumentos jurídicos apropriados e a fundamentação legal pertinente, aos itens a seguir.

A) Pode o Prefeito do Município XYZ, após licitação e sem nenhuma outra providência, alienar o prédio do Centro de Administração Pública Municipal?

B) Supondo que o prédio do Centro de Administração Pública Municipal seja guarnecido com obras de arte não relacionadas à atividade administrativa, podem esses bens públicos ser objeto de penhora?

GABARITO:

A) A resposta é negativa. O prédio do Centro de Administração Pública é um bem público de uso especial, e tais bens, no direito brasileiro, caracterizam-se pela inalienabilidade, conforme previsão constante do art. 100 do Código Civil. Assim, para a alienação dos bens públicos de uso especial, faz-se necessário, primeiro, a sua desafetação, uma vez que os bens dominicais podem ser alienados, conforme previsão constante do art. 101 do Código Civil.

B) A resposta também é negativa. Os bens titularizados pelo Município são classificados como bens públicos, independentemente de sua utilização. E os bens públicos (de uso comum, de uso especial ou dominicais) são impenhoráveis, mesmo que não afetados a uma utilidade de interesse público.

Breves comentários dos autores – Mapa de Identificação dos Temas (MIT)

O tema central cobrado na questão são os bens públicos e o tema secundário é possibilidade de alienação e penhora.

> *Para conceituar os bens públicos, basta se atentar para quem é seu proprietário. Segundo o art. 98 do Código Civil, públicos são os bens que pertencem às pessoas jurídicas de Direito Público, todos os outros são particulares. Podemos utilizar o próprio Código Civil, os arts. 98 a 103 da CF e a Lei n. 9.636/98.*

Identificando o tema, fica mais fácil encontrar nas leis os artigos pertinentes.

A alienação de bens públicos é condicionada a cinco requisitos:
1. interesse público devidamente justificado;
2. prévia avaliação;
3. autorização legislativa;
4. licitação, na modalidade concorrência ou leilão;
5. desafetação.

X.5. Alienação de bens públicos a outras entidades públicas e locação de bens pela administração

142. (XVI Exame) O Município M, em sérias dificuldades financeiras, pretende alienar alguns dos bens integrantes do seu patrimônio. Em recente avaliação, foi identificado que o Centro Administrativo do Município, que concentra todas as secretarias da Administração Municipal em uma área valorizada da cidade, seria o imóvel com maior potencial financeiro para venda. Com base no caso apresentado, responda aos itens a seguir.

A) É necessária licitação para a alienação do Centro Administrativo, caso se pretenda fazê-lo para o Estado X, que tem interesse no imóvel?

B) Caso o Município pretenda alugar um novo edifício, em uma área menos valorizada, é necessária prévia licitação?

GABARITO:

A) O examinando deve indicar que, conforme previsão constante do art. 17, I, e, da Lei n. 8.666/93, é dispensada a licitação para a venda de um bem imóvel a outro órgão ou entidade da administração pública, de qualquer esfera de governo. **Portanto, não é necessária a licitação.**

B) O examinando deve indicar que é necessária a licitação ou que é possível a locação com dispensa de licitação de imóvel destinado ao atendimento das finalidades precípuas da administração, cujas necessidades de instalação e localização condicionem a sua escolha, desde que o preço seja compatível com o valor de mercado, segundo avaliação prévia, conforme previsão expressa do art. 24, X, da Lei n. 8.666/93.

Breves comentários dos autores – Mapa de Identificação dos Temas (MIT)

O tema central cobrado na questão são os bens públicos e o tema secundário é a desnecessidade de licitação para alienação a outra entidade pública e a locação de bem imóvel pela Administração Pública.

Para conceituar os bens públicos, basta se atentar para quem é seu proprietário. Segundo o art. 98 do Código Civil, públicos são os bens que pertencem às pessoas jurídicas de Direito Público, todos os outros são particulares. Podemos utilizar o próprio Código Civil, os arts. 98 a 103 da CF e a Lei n. 9.636/98.

Identificando o tema, fica mais fácil encontrar nas leis os artigos pertinentes.

X.6. Doação de bens públicos

143. (XVII Exame) O Ministério X efetua a doação de um imóvel em área urbana extremamente valorizada, para que determinada agência de turismo da Europa construa a sua sede no Brasil. Meses depois, o Ministro revoga o ato de doação, ao fundamento de que ela era nula por não se enquadrar nas hipóteses legais de doação de bens públicos. A empresa pede a reconsideração da decisão, argumentando que não existe qualquer ilegalidade no ato. Considerando a situação hipotética descrita acima, responda, justificadamente, aos itens a seguir.

A) Há, de fato, alguma ilegalidade na doação constante do enunciado?

B) É juridicamente correta a revogação da doação fundamentada na ilegalidade vislumbrada pelo Ministro?

GABARITO: A questão versa o conteúdo de dois pontos do programa: os atos administrativos e o seu desfazimento (esperando-se do examinando que consiga distinguir a anulação e a revogação) e os bens públicos e a forma de sua transferência a terceiros.

A) A resposta é afirmativa. A alienação de bens imóveis pertencentes à União dependerá de autorização legislativa para órgãos da administração direta e entidades autárquicas e fundacionais, e, para todos, inclusive as entidades paraestatais, dependerá de avaliação prévia e de licitação na modalidade de concorrência, dispensada esta no caso de doação, permitida exclusivamente para outro órgão ou entidade da administração pública, de qualquer esfera de governo (art. 17, I, da Lei de Licitações).

B) Não é correta a revogação da doação com fundamento na sua ilegalidade, uma vez que a revogação é fundamentada em motivos de conveniência e oportunidade. Diante de vícios de legalidade, a Administração pode anular os seus atos, conforme entendimento doutrinário tradicional, expressado jurisprudencialmente na Súmula 473 do STF.

Breves comentários dos autores – Mapa de Identificação dos Temas (MIT)

A questão é multitemática. O tema relativo à revogação de ato será tratado no capítulo pertinente. O tema central cobrado na questão são os bens públicos e o tema secundário é a doação a terceiros.

> *Para conceituar os bens públicos, basta se atentar para quem é seu proprietário. Segundo o art. 98 do Código Civil, públicos são os bens que pertencem às pessoas jurídicas de Direito Público, todos os outros são particulares. Podemos utilizar o próprio Código Civil, os arts. 98 a 103 da CF e a Lei n. 9.636/98.*

Identificando o tema, fica mais fácil encontrar nas leis os artigos pertinentes.

X.7. Estatuto da cidade – direito de preempção

144. (V Exame) O Município de Cachoeira Azul pretende implementar, com base em seu plano diretor, um importante projeto de criação de espaços públicos de lazer e áreas verdes ao longo dos próximos quatro anos e, para tanto, necessitará de áreas urbanas que atualmente constituem propriedade privada. O prefeito, então, encaminhou projeto de lei à Câmara de Vereadores estabelecendo direito de preferência em favor do Município caso os imóveis localizados na área venham a ser objeto de alienação onerosa entre particulares durante aquele prazo.

Considerando a situação hipotética narrada, responda aos seguintes quesitos, empregando os argumentos jurídicos apropriados e a fundamentação legal pertinente ao caso.

A) É juridicamente possível o estabelecimento do direito de preferência por lei municipal e pelo prazo mencionado?

B) Supondo afirmativa a resposta ao quesito anterior, ultrapassado o prazo de quatro anos estabelecido na lei, poderia o prefeito encaminhar novo projeto de lei para renová-lo por igual período?

GABARITO: Em relação ao item A, espera-se que o examinando responda afirmativamente, demonstrando conhecimento a respeito do denominado direito de preempção, instituto previsto no art. 25 da Lei n. 10.257/2001.

Em relação ao item B, a resposta deve levar em consideração o prazo estabelecido no Estatuto da Cidade para a renovação do prazo de vigência do direito de preempção, que apenas pode ocorrer a partir de um ano após o decurso do prazo inicial de vigência, conforme norma do art. 25, § 1º, parte final.

Breves comentários dos autores – Mapa de Identificação dos Temas (MIT)

Foi a única vez, até essa edição do livro, que a banca exigiu conhecimentos específicos acerca do Estatuto da Cidade.

O tema central da questão é o Estatuto da Cidade e o tema secundário é o direito de preempção em favor da municipalidade.

> *As áreas urbanas são ordenadas por um instrumento denominado "plano diretor". Esse plano estabelece as diretrizes de organização do município.*

> *Sendo assim, se a questão aborda as expressões: plano diretor, política urbana, outorga onerosa do direito de construir, direito de superfície, operações urbanas consorciadas, não há dúvidas... vamos buscar o Estatuto da Cidade – Lei n. 10.257/2001.*

No entanto, foi publicado o Estatuto das Metrópoles, Lei n. 13.089/2015, que trata de aglomerados urbanos, governança interfederativa, plano de desenvolvimento urbano integrado e região metropolitana.

Identificando o tema, fica mais fácil encontrar nas leis os artigos pertinentes.

PRÁTICA ADMINISTRATIVA

XI. INTERVENÇÃO ESTATAL NO DOMÍNIO ECONÔMICO

XI.1. Ausência de lei sobre processo administrativo – aplicação da lei federal

145. (XIV Exame) As empresas "Frangão", "Quero Frango" e "Frangonne", que, juntas, detêm dois terços da produção nacional de aves para consumo, realizam um acordo para reduzir em 25% a comercialização de aves de festa (aves maiores, consumidas especialmente no Natal), de modo a elevar o seu preço pela diminuição da oferta (incrementando o lucro), bem como reduzir os estoques de frango comum, cujo consumo havia caído sensivelmente naquele ano. Às vésperas do Natal de 2009, as empresas são autuadas pelo órgão competente, pela prática de infração da ordem econômica. Em suas defesas, as três alegam que a Constituição consagra a liberdade econômica, de modo que elas poderiam produzir na quantidade que desejassem e se desejassem, não sendo obrigadas a manter um padrão mínimo de produção. Seis meses depois, os autos são remetidos ao julgador administrativo, que, diante do excessivo número de processos pendentes, somente consegue proferir a sua decisão em outubro de 2013.

Em alegações finais, as empresas apontam a prescrição ocorrida. Sobre a situação dada, responda, fundamentadamente, aos itens a seguir.

A) A conduta das três empresas é lícita?
B) É procedente o argumento da prescrição?

GABARITO:

A) Não. A Lei n. 12.529/2011, ao estruturar o Sistema Brasileiro de Defesa da Concorrência, prevê uma série de condutas que constituem infração da ordem econômica, independentemente de culpa, caso tenham por objeto ou possam produzir como efeito o aumento arbitrário dos lucros. Dentre elas, destaca-se acordar, combinar, manipular ou ajustar com concorrente, sob qualquer forma, os preços de bens ou serviços ofertados individualmente ou a produção ou a comercialização de uma quantidade restrita ou limitada de bens (art. 36, § 3º, I, ou art. 173, § 4º, da CF/88).

B) Sim. A Lei n. 12.529/2011 estabelece a prescrição no procedimento administrativo paralisado por mais de três anos, pendente de julgamento ou despacho, cujos autos serão arquivados de ofício ou mediante requerimento da parte interessada, sem prejuízo da apuração da responsabilidade funcional decorrente da paralisação, se for o caso (art. 46, § 3º, da Lei n. 12.529/2011).

Breves comentários dos autores – Mapa de Identificação dos Temas (MIT)

O tema central cobrado na questão é a intervenção do Estado no domínio econômico, tendo como tema secundário a aparente violação ao sistema de concorrência comercial.

> *Até o fechamento desta obra, essa foi a primeira vez que a banca exigiu, na segunda fase, uma questão sobre violação do princípio da livre concorrência. Doravante, se a questão tratar de livre concorrência ou intervenção estatal no domínio econômico, devemos buscar na Lei n. 12.529/2011 a resposta combinada com o art. 170 da CF.*

Identificando o tema, fica mais fácil encontrar nas leis e na CF os artigos pertinentes.

XII. CONTROLE DA ADMINISTRAÇÃO PÚBLICA

XII.1. Controle judicial dos atos administrativos discricionários

146. (III Exame) O Poder Executivo municipal da cidade X resolve, após longos debates públicos com representantes de associações de moradores, editar um decreto de desapropriação de uma determinada área urbana, a fim de atender às exigências antigas da comunidade local dos Pontinhos, que ansiava pela construção de um hospital público na região. Entretanto, outra comunidade de moradores do mesmo município X, localizada a 10 km da primeira comunidade acima citada e denominada Matinhos, resolve ajuizar mandado de segurança coletivo contra o ato (decreto expropriatório) praticado pelo Prefeito. A comunidade de Matinhos é devidamente representada pela respectiva associação de moradores, constituída há pelo menos cinco anos e em funcionamento. A ação judicial coletiva objetiva, em sede liminar e de forma definitiva, sob pena de multa, a decretação de nulidade do decreto de desapropriação e a determinação de que o hospital seja imediatamente construído na localidade de Matinhos. Argumenta a associação, ora autora da ação coletiva, que em sua campanha política o Prefeito prometeu a construção de um hospital na localidade de Matinhos e que, por razões de conveniência e oportunidade, o Poder Executivo municipal não deveria construir o hospital na localidade de Pontinhos, pois lá já existe um hospital público federal em funcionamento, enquanto na localidade de Matinhos não há qualquer hospital.

Diante da situação acima narrada e ao considerar que o decreto de desapropriação foi editado de forma válida e legal, sem qualquer vício de legalidade, explicite a possibilidade ou não de:

A) anulação do ato administrativo de desapropriação pelo Poder Judiciário;

B) determinação judicial de que o Prefeito deva construir o hospital na região de Matinhos.

GABARITO: O princípio da autotutela administrativa que se encontra consagrado por força de reiterada jurisprudência, pela Súmula 473 do Supremo Tribunal Federal, impõe à Administração Pública o poder/dever de anular os atos ilegais ou revogá-los, por motivo de oportunidade e conveniência, em ambos os casos, respeitados os direitos adquiridos.

Esse enunciado, entretanto, não afasta a apreciação do Poder Judiciário, ou seja, o controle judicial dos atos praticados pela Administração Pública que, hoje, ante ao avanço das decisões judiciais e da doutrina do direito público permite que seja realizado à luz não só da adequação do ato aos ditames legais e jurídicos (princípios) – controle de legalidade ou de juridicidade –, como também permite ao juiz apreciar o denominado "mérito" administrativo, ou seja, permite a análise e o controle dos atos discricionários.

Os atos discricionários, segundo a melhor e atual doutrina do direito administrativo, devem pautar a sua edição em determinados critérios eleitos que serão analisados pelo Poder Judiciário, quais sejam: 1) se o ato praticado atendeu ao princípio da razoabilidade (se foi necessário e se os meios foram proporcionais aos fins pretendidos e executados); 2) se o ato atendeu aos motivos que determinaram a sua edição ou se apenas atendeu a interesses privados e secundários (teoria dos motivos determinantes); 3) e se o ato atendeu às finalidades da lei, em última análise, se o ato atendeu aos interesses públicos reais, sem qualquer desvio de poder.

Por fim, importa ressaltar que o Poder Judiciário não pode substituir o administrador. Dessa forma, quando da anulação do ato discricionário, não cabe ao juiz determinar a prática do ato, mas sim devolver ao administrador público essa decisão que deverá ser fundamentada e exposta, segundo novos critérios de oportunidade e conveniência, respeitados os motivos determinantes, a razoabilidade e a finalidade (interesse público).

Breves comentários dos autores – Mapa de Identificação dos Temas (MIT)

O tema central cobrado na questão é o controle judicial dos atos administrativos e o tema secundário é a possibilidade de o Judiciário exercer esse controle sobre atos discricionários.

> *A FGV identifica três possibilidades de controle judicial dos atos administrativos discricionários:*
> *1. princípio da razoabilidade;*
> *2. teoria dos motivos determinantes;*
> *3. desvio de finalidade.*

A desapropriação é um procedimento administrativo que se inicia com um ato discricionário. O mérito do ato não pode ser controlado pelo Poder Judiciário, salvo nas três hipóteses acima. Em se tratando de ato dessa natureza, caso o magistrado entenda desarrazoado, deverá devolver os atos e determinar a adoção de outra medida mais "razoável".

XII.2. Tribunais de contas – controle dos atos administrativos – licitação

147. (V Exame) Um órgão da Administração Pública Federal lançou edital de concorrência para execução de obra pública. Logo após sua publicação, uma empresa interessada em participar do certame formulou representação ao Tribunal de Contas da União (TCU) noticiando a existência de cláusulas editalícias restritivas da competitividade. O TCU, então, solicitou para exame cópia do edital de licitação já publicado e, ao apreciá-lo, determinou a retificação do instrumento convocatório.

Cumprida a determinação e regularizado o edital, realizou-se a licitação, e o contrato foi celebrado com o licitante vencedor. Entretanto, durante a execução da obra, o TCU recebeu denúncia de superfaturamento e deliberou pela sustação do contrato, comunicando o fato ao Congresso Nacional.

Considerando a situação hipotética narrada, responda aos itens a seguir, empregando os argumentos jurídicos apropriados e a fundamentação legal pertinente ao caso.

A) Foi juridicamente correta a atuação do TCU ao solicitar para exame o edital de licitação publicado?

B) O TCU tem competência para sustar a execução do contrato superfaturado?

GABARITO:

A) Foi juridicamente acertada a atuação do TCU ao solicitar o edital já publicado para exame, conforme previsto no art. 113, § 2º, da Lei n. 8.666/93. A solicitação foi motivada e casuística, conforme exige o Supremo Tribunal Federal.

B) O TCU não tem competência para sustar contratos administrativos. De acordo com a norma do art. 71, § 1º, da CF, a sustação da execução do contrato deve ser solicitada ao Congresso

Nacional, que deverá deliberar em 90 dias. Somente após o prazo, sem manifestação do Congresso Nacional, é que o TCU poderá decidir a respeito.

Breves comentários dos autores – Mapa de Identificação dos Temas (MIT)

O tema central cobrado na questão é o Tribunal de Contas e o tema secundário é sua atuação diante dos atos e contratos administrativos supostamente ilegais ou irregulares.

> Quando a questão tratar de atuação dos Tribunais de Contas, devemos pesquisar na CF. Os tribunais e suas atribuições são tratados entre os arts. 70 a 75. Além disso, podemos buscar a lei orgânica do TCU, Lei n. 8.443/92.

Identificando o tema, fica mais fácil encontrar na Constituição e nas leis os artigos pertinentes.

> Em relação a contratos administrativos, compete ao Congresso Nacional promover a sustação quando apontadas irregularidades insanáveis. Já em relação aos atos administrativos, o próprio tribunal de contas possui competência para sustá-los nos casos de irregularidades.

Lembrando sempre que as regras previstas na CF para o TCU se aplicam por simetria aos TCE's e TCM's.

Contratos administrativos ilegais	Competência de controle primária do Congresso Nacional e residual dos tribunais (art. 71, §§ 1º e 2º, da CF)
Atos administrativos ilegais	Competência direta dos tribunais (art. 71, X, da CF)

XII.3. Tribunais de Contas – atribuições e natureza das decisões

148. (X Exame) Durante o ano de 2010, o Município "T" concedeu subvenção social à Associação "S" para a instalação de projetos de assistência social para crianças com até seis anos de idade, totalizando o valor de R$ 300.000,00 (trezentos mil reais). Ao final do exercício, foi encaminhada ao competente Tribunal de Contas do Estado (TCE) a prestação de contas dos recursos subvencionados. Em sua análise, o TCE detectou algumas irregularidades e, após o devido processo legal, oportunizando o contraditório e a ampla defesa aos interessados, imputou débito de R$ 150.000,00 (cento e cinquenta mil reais) ao Prefeito responsável pela concessão da subvenção e, solidariamente, à entidade subvencionada.

Considerando a situação hipotética apresentada, responda aos questionamentos a seguir, empregando os argumentos jurídicos apropriados e a fundamentação legal pertinente ao caso.

A) É juridicamente possível ao TCE, na análise da referida prestação de contas, imputar o débito à entidade privada?

B) Qual a natureza jurídica da decisão do TCE que resultou em imputação de débito por dano causado ao erário?

GABARITO:

A) A resposta é afirmativa, devendo o examinando registrar a possibilidade de os Tribunais de Contas imputarem débito a pessoas jurídicas de direito privado que utilizem, gerenciem ou administrem bens, valores ou dinheiros públicos, na forma do art. 70, parágrafo único, da CF.

B) O objetivo é avaliar o conhecimento quanto à natureza jurídica da decisão dos Tribunais de Contas e respectiva eficácia (art. 71, § 3º, da CF).

Breves comentários dos autores – Mapa de Identificação dos Temas (MIT)

O tema central cobrado na questão é o Tribunal de Contas e o tema secundário são suas atribuições e natureza das suas decisões que resultem em debito para a autoridade ou órgão.

> Quando a questão tratar de atuação dos Tribunais de Contas, devemos pesquisar na CF. Os tribunais e suas atribuições são tratados entre os arts. 70 a 75. Além disso, podemos buscar a lei orgânica do TCU, Lei n. 8.443/92.

Identificando o tema, fica mais fácil encontrar na Constituição e nas leis os artigos pertinentes.

> O controle financeiro exercido pelos Tribunais de Contas atinge não só pessoas jurídicas, públicas ou privadas, como também pessoas físicas.
> Uma de suas atribuições é justamente aplicar aos responsáveis, em caso de ilegalidade de despesa ou irregularidade de contas, as sanções previstas em lei, que estabelecerá, entre outras cominações, multa proporcional ao dano causado ao erário (art. 71, VIII, da CF).

Essa multa terá eficácia de título executivo extrajudicial, único previsto na CF (art. 71, § 3º).

XII.4. Tribunais de contas – competências

149. (XII Exame) Determinada Sociedade de Economia Mista federal, exploradora de atividade econômica, é objeto de controle pelo Tribunal de Contas da União, o qual verifica, em tomada de contas especial, que há editais de licitação da estatal que contêm critérios de julgamento inadequados. Sobre o caso, empregando os argumentos jurídicos apropriados e a fundamentação legal pertinente, responda aos itens a seguir.

A) Uma sociedade de economia mista que explora atividade econômica pode ser submetida ao controle do Tribunal de Contas?

B) O Tribunal de Contas pode determinar a aplicação de critérios que entenda mais adequados, para o julgamento de licitações?

GABARITO: A questão busca verificar o conhecimento do examinando sobre a disciplina jurídica das sociedades de economia mista, bem como sobre as competências constitucionais do Tribunal de Contas.

A) É possível o controle das sociedades de economia mista pelo Tribunal de Contas, nos termos do art. 71, II, da Constituição, já que se trata de uma sociedade instituída pelo Poder Público. O Supremo Tribunal Federal firmou entendimento no sentido de que as sociedades de economia mista se sujeitam à fiscalização pelos Tribunais de Contas (STF, Mandado de Segurança 25.092/DF, RE 356.209 AgR /GO, Mandado de Segurança 26.117/DF, dentre outros).

B) A resposta deve ser pela impossibilidade de o Tribunal de Contas, em controle prévio de editais de licitação, determinar a modificação de critérios, o qual estaria substituindo a vontade do administrador em seu campo discricionário, em violação ao princípio da separação dos Poderes (art. 2º da CF). Tal situação é excepcionada, nos termos da jurisprudência do STF (RE 547.063), quando há fundado receio de irregularidade na licitação, como ocorre, por exemplo, quando há critério de julgamento manifestamente irrazoável, com suspeita de direcionamento do resultado do certame.

Breves comentários dos autores – Mapa de Identificação dos Temas (MIT)

O tema central cobrado na questão é o Tribunal de Contas e o tema secundário são suas competências.

> *Quando a questão tratar de atuação dos Tribunais de Contas, devemos pesquisar na CF. Os tribunais e suas atribuições são tratados entre os arts. 70 a 75. Além disso, podemos buscar a lei orgânica do TCU, Lei n. 8.443/92.*

Identificando o tema, fica mais fácil encontrar na Constituição e nas leis os artigos pertinentes.

> *Embora seja atribuição dos tribunais de contas solicitar para exame, até o dia útil imediatamente anterior à data de recebimento das propostas, cópia de edital de licitação já publicado, obrigando-se os órgãos ou entidades da Administração interessada à adoção de medidas corretivas pertinentes que, em função desse exame, lhes forem determinadas, essa imposição não pode chegar ao ponto de alterar o mérito de critérios definidos em editais.*

XII.5. Mandado de segurança – cabimento

150. (IX Exame) João inscreveu-se em concurso público para o provimento de cargo cujo exercício pressupõe a titulação de nível superior completo. Após aprovação na prova de conhecimentos gerais (1ª fase), João foi impedido de realizar as provas de conhecimentos específicos e a prova oral por não ter apresentado o diploma de nível superior logo após a aprovação na 1ª fase do certame, tal como exigido no instrumento convocatório e, em razão disso, eliminado do concurso. Sabendo-se que o edital do concurso foi publicado em 13 de janeiro de 2011 e que a eliminação de João foi divulgada em 17 de maio do mesmo ano, responda, empregando os argumentos jurídicos apropriados e a fundamentação legal pertinente ao caso, aos seguintes quesitos.

A) A impetração de Mandado de Segurança seria via processual adequada para impugnar a eliminação de João do certame?

B) Qual fundamento poderia ser invocado por João para obter judicialmente o direito de prosseguir no concurso e participar das fases subsequentes?

GABARITO:

A) O examinando deve responder afirmativamente, registrando que o prazo para impetração do mandado de segurança é de 120 dias na forma do art. 23 da Lei n. 12.016/2009.

B) O examinando deve demonstrar conhecimento da jurisprudência consolidada do STJ no sentido de apenas ser legítima a exigência de comprovação de diploma ou habilitação legal para exercício de cargo público no momento da posse (Súmula 266 do STJ).

Breves comentários dos autores – Mapa de Identificação dos Temas (MIT)

Esta questão se apresenta multitemática, contemplando o assunto do controle judicial via mandado de segurança e agentes públicos. Deixemos para falar sobre agentes públicos em item pertinente.

O tema central cobrado na questão é o controle judicial dos atos administrativos pela via do mandado de segurança e o tema secundário são as hipóteses de cabimento do mandado de segurança.

> *O mandado de segurança é uma ação constitucional que visa proteger direitos líquidos e certos violados, ou em vias de serem violados, não amparados por habeas corpus e habeas data, com previsão na CF, art. 5º, LXIX e LXX, e na Lei n. 12.016/2009.*

Identificando o tema, fica mais fácil encontrar nas leis os artigos pertinentes.

Relembrando: o prazo decadencial do mandado de segurança é de 120 dias a contar da ocorrência do ato lesivo. O art. 5º da Lei n. 12.016/2009 prevê outras formas de **não cabimento** do mandado de segurança. Fique ligado!!!

XII.6. Ação popular – legitimidade e efeitos

151. (XVII Exame) José, cidadão brasileiro que exerce o cargo de deputado estadual, foi condenado, em caráter definitivo, por improbidade administrativa, em julho de 2013. Com a condenação, os direitos políticos de José foram suspensos por cinco anos, embora ele tenha sempre afirmado ser inocente. Em outubro de 2013, ele ajuíza ação popular pleiteando a anulação da venda de uma série de imóveis públicos promovida pelo Governador, seu principal desafeto político, a quem culpa pelas denúncias que levaram à sua condenação. Segundo o relato da inicial, a venda ocorreu abaixo do preço de mercado. Diante de tal situação, responda fundamentadamente:

A) José é parte legítima para a propositura da ação?

B) Eventuais compradores dos imóveis, na condição de particulares, podem ser afetados pela decisão da ação popular e, por isto, também devem figurar no polo passivo?

GABARITO:

A) Não. A Constituição prevê a suspensão dos direitos políticos no caso de condenação por improbidade administrativa (art. 15, V, c/c o art. 37, § 4º, ambos da CF), sendo certo que o gozo dos direitos políticos é requisito de legitimidade ativa.

B) Sim, uma vez que os beneficiários do ato lesivo ao patrimônio público devem ser parte na ação popular (art. 6º da Lei n. 4.717/65).

Breves comentários dos autores – Mapa de Identificação dos Temas (MIT)

O tema central cobrado na questão é a ação popular e o tema secundário é a legitimidade ativa e passiva.

> *Em se tratando de ação popular, devemos buscar o art. 5º, LXXIII, da CF e a Lei n. 4.717/65. Inclusive, esta lei nos dá dicas preciosas quanto aos elementos dos atos administrativos e seus vícios.*

Identificando o tema, fica mais fácil encontrar nas leis os artigos pertinentes.

Lembrando: a ação popular é uma ação constitucional que visa anular ato lesivo ao patrimônio público ou de entidade de que o Estado participe, à moralidade administrativa, ao meio ambiente e ao patrimônio histórico e cultural.

O sujeito ativo é o cidadão, assim entendido como a pessoa em gozo dos direitos políticos.

Os sujeitos passivos são:

1. União, Distrito Federal, Estados, Municípios, entidades autárquicas, sociedades de economia mista, sociedades mútuas de seguro nas quais a União represente os segurados ausentes, empresas públicas, serviços sociais autônomos, instituições ou fundações para cuja criação ou custeio o tesouro público haja concorrido ou concorra com mais de cinquenta por cento do patrimônio ou da receita ânua, empresas incorporadas ao patrimônio da União, do Distrito Federal, dos Estados e dos Municípios, e de quaisquer pessoas jurídicas ou entidades subvencionadas pelos cofres públicos;

2. Autoridades, funcionários ou administradores que houverem autorizado, aprovado, ratificado ou praticado o ato impugnado, ou que, por omissas, tiverem dado oportunidade à lesão;

3. Beneficiários diretos.

XII.7. Controle da Administração Pública – Tribunais de Contas – sustação de contratos administrativos

152. (XXX EXAME) Em sede de controle realizado pelo Tribunal de Contas da União sobre contrato de obra de grande vulto, celebrado entre a União e a sociedade empresária Engenhoca S/A, foi apurada a existência de fraudes na respectiva licitação, além de graves vícios insanáveis na formalização da avença.

No procedimento administrativo de apuração, apenas a União foi instada a se manifestar e, após a consideração dos argumentos apresentados por esta, a Corte de Contas prolatou decisão no sentido de sustar, diretamente, a execução do contrato e notificou o poder executivo para tomar, de imediato, as providências cabíveis. Os representantes da sociedade empresária Engenhoca S/A procuram você, na qualidade de advogado(a), para responder, fundamentadamente, aos questionamentos a seguir.

A) A sociedade empresária Engenhoca S/A deveria ter sido chamada pelo Tribunal de Contas a participar do processo administrativo de apuração? (Valor: 0,65)

B) A Corte de Contas é competente para realizar, diretamente, o ato de sustação do aludido contrato? (Valor: 0,60)

GABARITO:

A) Sim. A Corte de Contas, considerando o objeto específico do controle externo e que os atos decorrentes dele podem repercutir na esfera jurídica de Engenhoca S/A, deveria ter intimado a contratada para participar do processo administrativo que resultou na sustação do contrato. Essa iniciativa respeitaria o princípio do devido processo legal ou da ampla defesa e do contraditório, na forma do art. 5º, inciso LIV OU inciso LV, da CRFB/88, ou da Súmula Vinculante 3 do STF.

B) Não. A decisão da Corte de Contas, de sustar, diretamente, o contrato administrativo, é inconstitucional porque tal ato é de competência do Congresso Nacional, nos termos do art. 71, § 1º, da CRFB/88.

Breves comentários dos autores – Mapa de Identificação dos Temas (MIT)

O tema central cobrado na questão é relativo ao CONTROLE DA ADMINISTRAÇÃO PÚBLICA feito pelos Tribunais de Contas.

Dica: Todas as questões sobre Tribunais de Contas devem ser consultadas na Constituição, entre os artigos 70 e 75, além da sumula vinculante n. 3.

Identificando o tema, caso não se recorde dos artigos citados, basta se socorrer no índice remissivo de sua legislação administrativa.

IMPORTANTE!!! O exercício da ampla defesa em matéria de controle dos tribunais de contas foi tratado na súmula vinculante n. 3, sendo dispensada apenas nas hipóteses de concessão inicial de aposentadoria, pensão ou reforma, até 5 anos após a entrada do processo na corte de contas.

Quando se trata de contrato administrativo, a competência para sustar é do Congresso.

XIII. IMPROBIDADE ADMINISTRATIVA

XIII.1. Ação de improbidade administrativa – características

153. (III Exame) Em janeiro de 2006, o Ministério Público abre inquérito civil para checar atos de improbidade administrativa realizados pelo prefeito de Mar Azul, município situado no interior do Estado X. Esses atos de improbidade consistiriam na auferição de vantagens patrimoniais indevidas em razão do exercício do cargo e envolveriam atuações do próprio prefeito e do chefe do gabinete civil. No curso das investigações procedidas, ficou confirmado que o chefe do gabinete civil recebeu vantagem econômica, em dinheiro, de vários empreiteiros que contratavam com o poder público. Ficou apurado, também, que algumas pessoas chegaram a informar ao prefeito essa conduta de seu chefe do gabinete civil. Entretanto, o prefeito não tomou providências, sempre dizendo às pessoas que realizavam as denúncias que confiava na atuação de seu secretário. Ainda na parte da apuração, para efeitos da justa causa voltada ao ajuizamento da ação civil pública de improbidade, ficou comprovado o aumento patrimonial do chefe do gabinete civil, desproporcional aos seus ganhos, mas não o do prefeito. Com isso, já agora em janeiro de 2011, o Ministério Público ajuíza ação de improbidade em face do prefeito e de seu chefe de gabinete, fazendo menção a todos os atos de improbidade – o último teria se dado em dezembro de 2004, ano em que expirava o mandato do Prefeito –, representativos da afronta ao art. 9º, inciso I, da Lei n. 8.429/92. Em sua peça, bem instruída com o inquérito civil, o Ministério Público menciona conduta comissiva do chefe de gabinete do prefeito e omissiva deste último, caracterizadora de desídia, a se enquadrar na ideia de negligência com o interesse público. Recebendo a peça inicial, o juiz da vara fazendária de Mar Azul determina a citação dos réus no dia 02/02/2011. Os mandados são efetivados no dia 04/02/2011 e juntos no dia 08/02/2011.

Transtornado com a ação proposta e ciente do pedido de suspensão dos direitos políticos por 10 anos e pagamento de multa civil de até 100 vezes de seus subsídios, o prefeito – cujo nome é Caio da Silva Nunes – procura você para apresentar a sua defesa.

Tendo sido aceito o mandado, componha a peça adequada, trazendo todos os fundamentos possíveis para a defesa e datando com o último dia do prazo.

GABARITO: O examinando deverá elaborar uma peça contestatória (art. 17, § 9º, da Lei n. 8.429/92) ou a interposição de agravo de instrumento contra a decisão que recebeu a petição inicial (recurso contra o juízo de admissibilidade positivo da petição inicial, na forma do art. 17, § 10, da Lei n. 8.429/92).

No mérito, deve o examinando argumentar no sentido da impossibilidade de ser o réu responsabilizado, haja vista que a sua conduta não foi maliciosa ou de má-fé, inexistindo, portanto, conduta dolosa, elemento subjetivo imprescindível para a incidência do art. 9º da Lei de Improbidade.

Em reverência ao princípio da eventualidade, o examinando deverá mencionar a desproporcionalidade da multa postulada, a qual se submete aos limites impostos no art. 12, I, da Lei de Improbidade.

Aqueles examinandos que optaram pela interposição de agravo de instrumento devem desenvolver os seguintes temas:

Ao desenvolver as razões do pedido de reforma da decisão agravada, deve o examinando sustentar, em primeiro lugar, a nulidade da citação, por inobservância do rito estabelecido na norma do art. 17, § 7º, da Lei n. 8.429/92 (não foi oportunizada ao agravante a apresentação de defesa prévia). Além disso, também para fundamentar a necessidade de anulação da decisão agravada, deve o examinando desenvolver a ausência de justa causa para a ação de improbidade.

Breves comentários dos autores – Mapa de Identificação dos Temas (MIT)

O tema central cobrado na questão é improbidade administrativa e o tema secundário é a caracterização do ato como improbidade.

> A improbidade administrativa é uma imoralidade qualificada pela CF. Está prevista no art. 37, § 4º da CF e na Lei n. 8.429/92.

> Em relação à prática dos atos de enriquecimento ilícito e violação de princípios administrativos, a lei impõe a existência de dolo para a caracterização do ato de improbidade. Já em relação aos atos que causem lesão ao erário, previstos no art. 10 da LIA (Lei de Improbidade Administrativa), basta o elemento culpa para a configuração.

Outrossim, convém mencionar que a aplicação das sanções previstas na LIA independe da efetiva ocorrência de dano ao patrimônio público, salvo quanto à pena de ressarcimento e da aprovação ou rejeição das contas pelo órgão de controle interno ou pelo Tribunal ou Conselho de Contas (art. 21 da LIA).

XIII.2. Elemento subjetivo e aprovação das contas pelo tribunal de contas

154. (IX Exame) Luiz foi secretário de assistência social do Estado "X" durante cinco anos e acaba de ser cientificado de que o Ministério Público Estadual ajuizou, contra ele, uma ação de improbidade administrativa por ter celebrado contrato, indevidamente rotulado de convênio, sem a observância do devido procedimento licitatório. Luiz argumenta que não houve, de sua parte, má-fé ou intenção de fraudar o procedimento licitatório. Além disso, comprova que adotou todas as medidas de cautela que poderiam ser razoavelmente exigidas de um administrador público antes de celebrar o ajuste. Por fim, informa que o Tribunal de Contas do Estado (TCE) competente teria aprovado as contas que prestou na qualidade de ordenador de despesas, não identificando qualquer dano ao erário. Considerando a hipótese apresentada, responda, empregando os argumentos jurídicos apropriados e a fundamentação legal pertinente ao caso, aos itens a seguir.

A) O argumento de Luiz, ao pretender afastar a improbidade administrativa sob o fundamento de que não teria agido com a intenção de fraudar o procedimento licitatório, deve prevalecer?

B) O argumento de Luiz, ao pretender descaracterizar o ato de improbidade administrativa invocando a aprovação de suas contas pelo TCE, deve prevalecer?

GABARITO:

A) A resposta deve ser afirmativa. De acordo com a jurisprudência consolidada dos Tribunais Superiores, a improbidade é a ilegalidade tipificada e qualificada pelo elemento subjetivo da conduta. Assim, para caracterizá-la, é indispensável que a conduta do agente seja dolosa, para a tipificação das hipóteses previstas no art. 9º e no art. 11, ou ao menos culposa, para a tipificação das condutas previstas no art. 10, todos da Lei n. 8.429/92 (REsps 734.984/SP; 842.428/ES; 658.415/MA, entre outros). No caso, afasta-se também a culpa de Luiz, pois ele demonstrou que tomou todas as cautelas exigíveis antes da celebração do ajuste.

B) O argumento de Luiz não deve prevalecer, tendo em vista a independência das instâncias. Nesse sentido, confirma-se a norma do art. 21, II, da Lei n. 8.429/92.

Breves comentários dos autores – Mapa de Identificação dos Temas (MIT)

O tema central cobrado na questão é improbidade administrativa e o tema secundário é a caracterização do ato como improbidade.

> A improbidade administrativa é uma imoralidade qualificada pela CF. Está prevista no art. 37, § 4º, da CF e na Lei n. 8.429/92.

Identificando o tema, fica mais fácil encontrar na Constituição e nas leis os artigos pertinentes.

> Em relação à prática dos atos de enriquecimento ilícito e violação de princípios administrativos, a lei impõe a existência de dolo para a caracterização do ato de improbidade. Já em relação aos atos que causem lesão ao erário, previstos no art. 10 da LIA (Lei de Improbidade Administrativa), basta o elemento culpa para a configuração.

Outrossim, convém mencionar que a aplicação das sanções previstas na LIA independe da efetiva ocorrência de dano ao patrimônio público, salvo quanto à pena de ressarcimento e da aprovação ou rejeição das contas pelo órgão de controle interno ou pelo Tribunal ou Conselho de Contas (art. 21 da LIA).

XIII.3. Caracterização e rol exemplificativo dos atos

155. (XVIII Exame) José da Silva, presidente de autarquia federal, admitiu servidores públicos sem o devido concurso público. O Ministério Público Federal ajuizou ação de improbidade em face de José da Silva, sob o fundamento de prática de ato de improbidade administrativa que atenta contra princípios da Administração Pública. Devidamente citado, José da Silva, por meio de seu advogado, apresentou contestação em que sustentou, em primeiro lugar, que houve mera irregularidade administrativa, sem configuração de ato de improbidade administrativa, ante a inexistência de dano ao erário ou de enriquecimento ilícito. Alegou, ainda, que os atos de improbidade estariam taxativamente discriminados na lei e não há nenhum dispositivo que expressamente afirme que a não realização de concurso público é ato de improbidade administrativa. Levando em consideração a hipótese apresentada, responda, de forma justificada, aos itens a seguir.

A) É procedente a alegação de que houve mera irregularidade administrativa e não ato de improbidade administrativa?

B) É procedente a alegação de que a Lei de Improbidade Administrativa elenca taxativamente os atos de improbidade administrativa?

GABARITO: O objetivo da questão é avaliar o conhecimento do examinando quanto aos atos de improbidade administrativa.

A) A resposta deve ser negativa. O enquadramento dos atos de improbidade como violadores dos princípios da Administração Pública prescinde da ocorrência de lesão ao erário e/ou enriquecimento ilícito do agente, nos termos das hipóteses previstas pelo art. 11 da Lei n. 8.429/92.

B) A resposta deve ser negativa. O examinando deve identificar que as condutas específicas elencadas nos incisos dos arts. 9º a 11 da Lei n. 8.429/92 são situações meramente exemplificativas, podendo existir outras condutas que, inserindo-se no *caput* dos mencionados dispositivos, importem ato de improbidade administrativa por causarem lesão ao erário, enriquecimento ilícito ou violação a princípio da Administração Pública. Tanto é assim que os arts. 9º, 10 e 11 utilizam-se da palavra "notadamente", a indicar que há outras hipóteses que configuram atos de improbidade além daquelas elencadas nos seus incisos.

Breves comentários dos autores – Mapa de Identificação dos Temas (MIT)

O tema central cobrado na questão é improbidade administrativa e o tema secundário é a caracterização do ato como improbidade.

A improbidade administrativa é uma imoralidade qualificada pela CF. Está prevista no art. 37, § 4º, da CF e na Lei n. 8.429/92.

Identificando o tema, fica mais fácil encontrar na Constituição e nas leis os artigos pertinentes.

XIII.4. Improbidade administrativa – sujeitos – penalidades

156. (XXI Exame) Mário, servidor público não estável, foi designado, sem auferir remuneração específica, para integrar comissão de licitação destinada a escolher a melhor proposta dentre as que as empresas especializadas viessem a apresentar para a execução de serviço de engenharia, consistente em assentar uma ciclovia. Encerrada a licitação, um terceiro representou à autoridade administrativa competente, denunciando que a comissão praticara ato de improbidade administrativa porque seus membros teriam induzido a contratação por preço superior ao de mercado, o que causa lesão ao erário. Como assessor(a) jurídico(a) da autoridade, responda aos itens a seguir.

A) Mário pode ser considerado sujeito ativo de ato de improbidade administrativa?

B) Pela prática de ato de improbidade administrativa que causa prejuízo ao erário, ao juiz da ação de improbidade é dado, segundo a lei de regência, cumular as sanções de multa e de perda da função pública, afastando as demais aplicáveis à espécie?

GABARITO:

A) A resposta é afirmativa. Mário é servidor público que pode ser considerado sujeito ativo por ato de improbidade, independentemente de ainda não gozar de estabilidade ou de não auferir remuneração específica para a realização da atribuição em comento, considerando que a Lei de Improbidade adotou conceito amplo de agente público, tal como se depreende do art. 2º da Lei n. 8.429/92.

B) O magistrado não está obrigado a aplicar cumulativamente todas as sanções previstas no art. 12, II, da Lei n. 8.429/92, podendo, mediante adequada fundamentação, fixá-las e dosá-las segundo a natureza, a gravidade e as consequências da infração. Mas, uma vez comprovado o prejuízo ao erário, o ressarcimento, em correspondência aos danos efetivamente causados ao Poder Público, constitui consequência necessária do ato de improbidade, por aplicação do disposto no art. 5º da Lei n. 8.429/92.

Breves comentários dos autores – Mapa de Identificação dos Temas (MIT)

O tema central cobrado na questão é improbidade administrativa e os temas secundários são: sujeitos e penalidades.

Dica: a improbidade administrativa é uma imoralidade qualificada pela CF. Está prevista no art. 37, § 4º, da CF e na Lei n. 8.429/92 – LIA.

> *Identificando o tema, fica mais fácil encontrar na Constituição e nas leis os artigos pertinentes. Caso não se recorde, basta buscar nos índices remissivos da sua legislação administrativa.*

São considerados passíveis de atos de improbidade administrativa os agentes públicos, ou seja, todo aquele que exerce, ainda que transitoriamente ou sem remuneração, por eleição, nomeação, designação, contratação ou qualquer outra forma de investidura ou vínculo, mandato, cargo, emprego ou função pública. No caso em comento, Mário, mesmo exercendo funções não remuneradas, pode ser enquadrado na LIA.

Em relação às penalidades, a LIA elencou, de forma exemplificativa, os atos considerados de improbidade e suas respectivas penalidades, que devem ser dosadas pelo intérprete na hora de aplicá-las, conforme a gravidade e as circunstâncias do ato ímprobo.

XIII.5. Improbidade administrativa – prescrição – sucessores

157. (XXIII Exame) Odorico foi prefeito do Município Beta entre 1-1-2009 e 31-12-2012, tendo sido apurada pelo Ministério Público a prática de atos de improbidade que causaram lesão ao erário pelo então chefe do Poder Executivo, no período entre janeiro e julho de 2010. Em razão disso, em 10-11-2016, foi ajuizada a respectiva ação civil pública, com fulcro no art. 10 da Lei n. 8.429/92, sendo certo que Odorico veio a falecer em 10-1-2017. Diante dessa situação hipotética, responda, fundamentadamente, aos questionamentos a seguir.

A) Operou-se a prescrição de pretensão punitiva para a ação de improbidade?

B) O Juízo deve extinguir o feito em decorrência do falecimento de Odorico?

GABARITO:

A) A resposta é negativa. Na mencionada ação de improbidade, o marco inicial para a contagem do prazo de prescrição da pretensão punitiva é o término do mandato do prefeito, segundo o art. 23, I, da Lei n. 8.429/92.

B) A resposta é negativa. Os sucessores de Odorico respondem pela prática de atos que tenham causado prejuízos ao erário, até o limite do valor da herança, na forma do art. 8º da Lei n. 8.429/92.

Breves comentários dos autores – Mapa de Identificação dos Temas (MIT)
O tema central cobrado na questão é a improbidade administrativa, tendo como temas secundários: a prescrição e seus efeitos, bem como em relação aos sucessores do agente ímprobo.

> *Identificando o tema, fica mais fácil encontrar na CF e nas leis os artigos pertinentes. Caso não se recorde, basta buscar nos índices remissivos. Sabendo que o tema cuida de improbidade, todas as respostas podem ser encontradas na Lei n. 8.429/92, a LIA.*

Em relação à prescrição quinquenal da pretensão punitiva do Estado, a contagem do prazo tem início ao término do mandato, no caso de agentes públicos ocupantes de mandato eletivo, sendo este prazo aplicável também aos terceiros beneficiários – art. 23 da LIA. Não podemos esquecer que o ressarcimento ao erário em razão de improbidade administrativa é imprescritível.

Em relação à transcendência das penalidades, a própria LIA determina que os sucessores respondem pela prática de atos de improbidade administrativa, principalmente no tocante ao ressarcimento ao erário, no limite de suas heranças.

XIII.6. Improbidade administrativa – prescrição – penalidades

158. (XXIX Exame) Determinado município brasileiro publicou, em agosto de 2011, edital de concurso público destinado ao preenchimento de sete vagas do cargo efetivo de analista de controle interno. Márcia, filha do prefeito Emanuel, foi aprovada, ficando classificada em sétimo lugar. Ela tomou posse no dia 02 de agosto de 2012. Após o encerramento do mandato de Emanuel, que ocorreu em dezembro de 2012, a Polícia Civil descobriu, em maio de 2013, que, dias antes da aplicação das provas, o ex-prefeito teve acesso ao conteúdo das questões e o repassou à sua filha. O Ministério Público teve conhecimento dos fatos em setembro de 2017. Ato contínuo, ajuizou ação de improbidade administrativa em desfavor de Emanuel, em novembro de 2017, por ofensa aos princípios da Administração Pública, requerendo, na oportunidade, dentre outras coisas, a suspensão dos seus direitos políticos pelo prazo de oito anos. Na resposta preliminar, Emanuel alega, basicamente, a prescrição da ação de improbidade. Sobre a hipótese apresentada, responda aos itens a seguir.

A) É possível o acolhimento do pleito de suspensão dos direitos políticos pelo prazo de oito anos?

B) A ação de improbidade administrativa está prescrita?

GABARITO:
A) Não. Por se tratar de ato de improbidade que atenta contra os princípios da Administração Pública, sobretudo (frustração da licitude do concurso público e desrespeito ao princípio da moralidade), não é possível o acolhimento do pleito de suspensão dos direitos políticos pelo

prazo de oito anos, pois a Lei de Improbidade limita o prazo em até cinco anos, nos termos do art. 12, inciso III, da Lei n. 8.429/92.

B) Não. Emanuel era detentor de cargo eletivo. Assim, nos termos do art. 23, inciso I, da Lei n. 8.429/92, o prazo prescricional de cinco anos tem como termo inicial o término do mandato de prefeito, que ocorreu em dezembro de 2012. Como a ação de improbidade foi proposta em novembro de 2017, não houve a prescrição.

Breves comentários dos autores – Mapa de Identificação dos Temas (MIT)

O tema central cobrado na questão é a improbidade administrativa, tendo como temas secundários a prescrição e as penalidades.

> *Identificando o tema, fica mais fácil encontrar na Constituição Federal e nas leis os artigos pertinentes. Caso não se recorde, basta buscar nos índices remissivos. Sabendo que o tema cuida de improbidade, todas as respostas podem ser encontradas na Lei n. 8.429/92, a LIA.*

Em relação à prescrição quinquenal da pretensão punitiva do Estado, a contagem do prazo tem início ao término do mandato, no caso de agentes públicos ocupantes de mandato eletivo, sendo esse prazo aplicável também aos terceiros beneficiários – art. 23 da LIA e Súmula 634 do STJ. Não podemos esquecer que o ressarcimento ao erário em razão de improbidade administrativa é imprescritível.

XIII.7. Improbidade administrativa – sujeitos – elemento subjetivo do tipo

159. (XXXI EXAME) A Associação Verdinha dedica-se à proteção do meio ambiente e, recentemente, foi qualificada como Organização da Sociedade Civil de Interesse Público, mas não recebeu qualquer dinheiro do erário, pois não chegou a formalizar termo de parceria ou qualquer outro convênio para o desenvolvimento de suas atividades. Certas condutas de José dos Santos, como dirigente da mencionada associação, beneficiaram os negócios de seus parentes e foram objeto de fiscalização pelo Ministério Público. A fiscalização do MP culminou no ajuizamento de ação civil pública por improbidade administrativa em desfavor de José, sob o fundamento de violação dos princípios da Administração Pública. Diante dessa situação hipotética, responda, como advogado(a), fundamentadamente, aos questionamentos a seguir.

A) José dos Santos pode ser sujeito ativo da conduta ímproba a ele imputada? (Valor: 0,65)

B) O ato de improbidade apontado pelo Ministério Público – violação dos princípios da Administração Pública – admite a modalidade culposa?

GABARITO:

A) Não. A Associação Verdinha, apesar de qualificada como Organização da Sociedade Civil de Interesse Público, não recebeu qualquer verba do erário, de modo que José dos Santos não poderia ser sujeito ativo da conduta ímproba a ele imputada, tal como se depreende do art. 1º da Lei n. 8.429/92 ou os agentes particulares não podem estar no polo passivo de ação civil pública de improbidade sem a presença de agente público induzido, concorrente ou beneficiado pelo ato de improbidade, nos termos do art. 3º da Lei n. 8.429/92.

B) Não. O ato de improbidade imputado a José dos Santos foi o de violar os princípios da Administração Pública, que conhece apenas a modalidade dolosa ou não admite a modalidade culposa, na forma do art. 11 da Lei n. 8.429/92.

Breves comentários dos autores – Mapa de Identificação dos Temas (MIT)

O tema central cobrado na questão é relativo à IMPROBIDADE ADMINISTRATIVA, tendo como subtemas os sujeitos e natureza do elemento subjetivo de cada tipo de conduta.

Dica: Todas as questões sobre improbidade administrativa estarão na Lei n. 8.429/92.

Identificando o tema, caso não se recorde dos artigos citados, basta se socorrer no índice remissivo de sua legislação administrativa.

IMPORTANTE!!! Podem ser sujeitos de ação de improbidade os agentes públicos sozinhos ou acompanhados de terceiros que concorram, induzam ou se beneficiem da conduta ímproba pratica por agentes. O STJ não reconhece ação proposta apenas em face de terceiros não agentes públicos.

Quanto ao elemento subjetivo da conduta, releva mencionar que os atos que importam em enriquecimento ilícito, bem como aqueles que violam princípios administrativos, necessitam do dolo, diferentemente daqueles que causam lesão ao erário, caso em que a conduta culposa é aceita.

XIV. PROCESSO ADMINISTRATIVO FEDERAL – LEI N. 9.784/99

XIV.1. Ausência de lei sobre processo administrativo – aplicação da lei federal

160. (VIII Exame) O prefeito do município "X", ao tomar posse, descobriu que diversos servidores públicos vinham recebendo de boa-fé, há mais de dez anos, verbas remuneratórias ilegais e indevidas. Diante de tal situação, o prefeito, após oportunizar o contraditório e a ampla defesa aos servidores, pretende anular o ato concessivo do referido benefício. Antes, porém, resolve consultar seu assessor jurídico, formulando algumas indagações.

Responda aos itens a seguir, utilizando os argumentos jurídicos apropriados e a fundamentação legal pertinente ao caso.

A) É juridicamente correta a pretensão do prefeito, considerando, hipoteticamente, não existir no município legislação disciplinadora do processo administrativo?

B) Diante da ausência de legislação local, poder-se-ia aplicar à hipótese a Lei Federal n. 9.784/99, que regula o processo administrativo no âmbito federal?

GABARITO:

A) O examinando deve mencionar o princípio da legalidade administrativa e o poder-dever de autotutela, segundo o qual o administrador público não pode e não deve compactuar com a manutenção de ilegalidades na Administração Pública e, por isso, tem o poder-dever de anular o ato (Súmulas 346 e 473 do STF). Todavia, considerando o tempo decorrido e a ausência de marco temporal previsto em lei local, o examinando deve sugerir a aplicação, *in casu*, do princípio da segurança das relações jurídicas, que, tendo em conta a boa-fé dos servidores e o recebimento do benefício financeiro há mais de dez anos, sugere manutenção das verbas em favor dos beneficiários, porquanto já incorporadas ao seu patrimônio.

B) O examinando deve demonstrar conhecimento a respeito do art. 54 (prazo decadencial de cinco anos para exercício da autotutela) da Lei n. 9.784/99, que, em regra, é de aplicação restrita ao âmbito federal. Todavia, é possível extrair seus conceitos e princípios básicos para aplicação extensiva em entes federativos diversos que ainda não possuem legislação própria para o processo administrativo. No caso específico, é possível extrair da Lei Federal n. 9.784/99 a regra do art. 54, que estabelece o prazo de cinco anos para a Administração Pública anular seus próprios atos, quando deles derivar direito a terceiros, desde que estes estejam de boa-fé.

O STJ tem entendimento de que, em nome do princípio da segurança jurídica, na ausência de lei local sobre processo administrativo, Estados e Municípios devem aplicar a Lei n. 9.784/99. Isso porque, sob pena de violação ao referido princípio, a ausência de regra expressa na legislação local para o exercício da autotutela não pode autorizar o entendimento da inexistência de prazo decadencial para anulação de ato administrativo que produza efeitos patrimoniais favoráveis a beneficiários de boa-fé.

Breves comentários dos autores – Mapa de Identificação dos Temas (MIT)

Questão multitemática que aborda o tema dos atos administrativos e do processo administrativo federal.

O tema central cobrado na questão é o processo administrativo federal, tendo como tema secundário sua aplicação subsidiária em outros entes federados.

> *O assunto relativo a processo administrativo federal é tratado na Lei n. 9.874/99. A marcação desta lei em seu material de consulta é fundamental.*

Identificando o tema, fica mais fácil encontrar nas leis e na CF os artigos pertinentes.

XIV.2. Desistência do processo e impedimentos

161. (XV Exame) Maria é filha da servidora pública federal Josefina, aposentada por invalidez em janeiro de 2013. Depois de uma briga com sua genitora, formula denúncia ao órgão federal competente, afirmando que sua mãe, na verdade, está apta para o exercício das funções inerentes ao seu cargo, o que se comprova mediante a verificação de que ela exerce semelhantes funções em um escritório privado desde fevereiro de 2013, quando se recuperou plenamente da doença.

Depois de aberto o processo administrativo para fins de verificação de eventual erro na perícia médica e apuração da possibilidade de reversão ao serviço público ativo, o feito é encaminhado novamente ao mesmo médico, que retifica o laudo anterior, opinando pela possibilidade de a servidora ser mantida no serviço ativo, e remete o feito à autoridade superior para decisão.

Antes da decisão final, Maria, já reconciliada com Josefina, formula pleito de desistência do processo administrativo, informando que, na verdade, contara inverdades sobre sua mãe e que esta é incapaz para o trabalho, tanto no serviço público quanto na iniciativa privada, juntando laudos médicos diversos, inclusive dos hospitais públicos em que sua mãe foi atendida.

Diante de decisão fundamentada que determina o prosseguimento do processo, mesmo com a desistência da requerente, Maria interpõe recurso, argumentando que o processo não pode prosseguir diante da contrariedade da requerente e apontando a nulidade do processo pela participação do mesmo médico responsável pela primeira perícia.

Com base no caso apresentado, responda, justificadamente, aos itens a seguir.

A) Foi regular o prosseguimento do processo após a desistência formulada por Maria?

B) Uma vez que a decisão se baseou no laudo do citado profissional, é procedente o argumento da nulidade do processo pela participação do médico em questão?

GABARITO:

A) Sim, porque a Lei n. 9.784/99 estabelece que a desistência ou renúncia do interessado, conforme o caso, não prejudica o prosseguimento do processo, se a Administração considerar que o interesse público assim o exige (art. 51, § 2º).

B) Sim, pois a lei de processo administrativo (Lei n. 9.784/99), ao prever as hipóteses de impedimento do servidor, estabelece ser impedido de atuar em processo administrativo o servidor ou autoridade que tenha participado ou venha a participar como perito (art. 18, II).

Breves comentários dos autores – Mapa de Identificação dos Temas (MIT)

O tema central cobrado na questão é o processo administrativo federal, tendo como tema secundário a desistência e os impedimentos.

> *O assunto relativo a processo administrativo federal é tratado na Lei n. 9.874/99. A marcação desta lei em seu material de consulta é fundamental.*

Identificando o tema, fica mais fácil encontrar nas leis e na CF os artigos pertinentes.

XIV.3. Recurso administrativo – Lei n. 9.784/99 – *reformatio in pejus* e procedimento

162. (XXIII Exame) No regular exercício do poder de polícia e após o devido processo administrativo, certo órgão competente da Administração Pública Federal aplicou à sociedade empresária Beleza Ltda. multa de R$ 10.000,00 (dez mil reais) pelo descumprimento de normas administrativas que lhe são aplicáveis.

Inconformada, a apenada apresentou o recurso administrativo cabível, no qual foi verificado que o valor da multa aplicada estava muito aquém dos limites estabelecidos pela lei. Após ciência e manifestação da pessoa jurídica em questão, a multa foi majorada para R$ 50.000,00 (cinquenta mil reais), sendo certo que tal valor foi mantido na terceira instância administrativa após novo recurso da sociedade. Diante dessa situação hipotética, considerando que existe autoridade superior à que manteve a majoração da multa aplicada à sociedade empresária Beleza Ltda. e que não há legislação específica acerca de recursos no mencionado processo administrativo, responda aos itens a seguir.

A) Analise a viabilidade de a pessoa jurídica prejudicada recorrer administrativamente dessa última decisão.

B) É cabível a majoração da multa efetuada pela autoridade administrativa?

GABARITO:

A) Não é viável recorrer administrativamente, na hipótese. A norma geral do processo administrativo determina o cabimento de recurso por até três esferas administrativas, que já se consumaram na hipótese, tal como se depreende do art. 57 da Lei n. 9.784/99.

B) Sim. A Administração está autorizada a majorar a penalidade aplicada ao particular que se mostre contrária à lei, em decorrência do princípio da autotutela ou do poder-dever de zelar pela legalidade dos atos administrativos, na forma do art. 64 da Lei n. 9.784/99.

Breves comentários dos autores – Mapa de Identificação dos Temas (MIT)

O tema central cobrado na questão são os recursos administrativos, a possibilidade de revisão e majoração da penalidade e o procedimento recursal.

> Identificando o tema, fica mais fácil encontrar na CF e nas leis os artigos pertinentes. Caso não se recorde, basta buscar nos índices remissivos da sua legislação administrativa.

Dica: questões que tratem de processo administrativo e de recurso administrativo devem ser buscadas na Lei de Processo Administrativo Federal – Lei n. 9.784/99. Todas as respostas estão lá!

A lei federal de processos e recursos administrativos, por questão de celeridade processual, só admite que os recursos tramitem por no máximo três instâncias administrativas, mesmo que haja autoridade superior ainda não consultada.

No que se refere à possibilidade de majoração da penalidade, a chamada *reformatio in pejus*, o direito administrativo contempla essa possibilidade na hipótese de decisões em desacordo com a lei e mediante notificação do recorrente para que formule suas alegações antes da decisão. Vale ressaltar que os processos administrativos de que resultem sanções poderão ser revistos, a qualquer tempo, a pedido ou de ofício, quando surgirem fatos novos ou circunstâncias relevantes suscetíveis de justificar a inadequação da sanção aplicada. No entanto, da revisão do processo não poderá resultar agravamento da sanção.

XIV.4. Recurso administrativo – Lei n. 9.784/99 – Efeitos do silêncio – Súmula Vinculante 21

163. (XXVIII Exame) Maria dos Santos, médica de um hospital federal, é plantonista na emergência da unidade de saúde. Determinado dia, ao chegar ao local de trabalho, é notificada pela ouvidoria do referido órgão acerca de uma reclamação feita por uma paciente da médica, na qual é narrado o péssimo atendimento prestado pela profissional de saúde. Na mesma notificação, a ouvidoria pediu esclarecimentos a Maria, que deveriam ser prestados em cinco dias. Por um lapso, Maria não deu sua versão sobre o ocorrido. A ouvidoria entendeu, assim, que os fatos narrados pela paciente eram verdadeiros, razão pela qual a médica foi ad-

PRÁTICA ADMINISTRATIVA

vertida – apontamento este incluído nos assentamentos funcionais da servidora. Insatisfeita, Maria recorreu. Para que o apelo fosse admitido, teve que fazer um depósito de R$ 500,00 (quinhentos reais) para cobrir custos administrativos decorrentes do pleito de reexame do processo. Sobre a hipótese apresentada, responda aos itens a seguir.

A) O silêncio de Maria implica sua concordância quanto aos fatos narrados pela paciente?
B) É lícita a exigência de caução como requisito de admissibilidade do recurso?

GABARITO:

A) A resposta é negativa. O não atendimento da notificação não implica o reconhecimento da verdade dos fatos narrados pela paciente OU a Administração deveria apurar os fatos antes de aplicar qualquer sanção administrativa, nos termos do art. 27 da Lei n. 9.784/99 OU art. 5º, inciso LV, da CRFB/88.

B) A resposta é negativa. A Administração Pública não pode exigir depósito ou caução como condicionante à análise de recursos administrativos, conforme a Súmula Vinculante 21 do STF OU Súmula 373 do STJ.

Breves comentários dos autores – Mapa de Identificação dos Temas (MIT)

Os temas centrais cobrados na questão são os recursos administrativos, os efeitos da não manifestação em processos administrativos e a desnecessidade de caução para interposição de recursos.

Identificando o tema, fica mais fácil encontrar na Constituição Federal e nas leis os artigos pertinentes. Caso não se recorde, basta buscar nos índices remissivos da sua legislação administrativa.

Dica: questões que tratem de processo administrativo e de recurso administrativo devem ser buscadas na Lei de Processo Administrativo Federal – Lei n. 9.784/99. Todas as respostas estão lá!

Exigência de caução para recorrer administrativamente – após inúmeras discussões, o STF pacificou esse assunto ao editar a Súmula Vinculante 21, vazada nos seguintes termos: "É inconstitucional a exigência de depósito ou arrolamento prévios de dinheiro ou bens para admissibilidade de recurso administrativo".

4. SÚMULAS SELECIONADAS

4.1. Principais enunciados da súmula do Supremo Tribunal Federal divididos por tema

Estatais

Súmula 8. Diretor de sociedade de economia mista pode ser destituído no curso do mandato.

Agentes públicos

Súmula 14 (ver Súmula 683 do STF). Não é admissível, por ato administrativo, restringir, em razão da idade, inscrição em concurso para cargo público.

Súmula 15. Dentro do prazo de validade do concurso, o candidato aprovado tem o direito à nomeação, quando o cargo for preenchido sem observância da classificação.

Súmula 16. Funcionário nomeado por concurso tem direito à posse.

Súmula 18 (ver art. 126 da Lei n. 8.112/90). Pela falta residual, não compreendida na absolvição pelo juízo criminal, é admissível a punição administrativa do servidor público.

Súmula 19. É inadmissível segunda punição de servidor público, baseada no mesmo processo em que se fundou a primeira.

Súmula 20 (ver art. 143 da Lei n. 8.112/90). É necessário processo administrativo com ampla defesa, para demissão de funcionário admitido por concurso.

Súmula 21. Funcionário em estágio probatório não pode ser exonerado nem demitido sem inquérito ou sem as formalidades legais de apuração de sua capacidade.

Súmula 22. O estágio probatório não protege o funcionário contra a extinção do cargo.

Súmula 36. Servidor vitalício está sujeito à aposentadoria compulsória, em razão da idade.

Súmula 316. A simples adesão a greve não constitui falta grave.

Súmula 339 (ver Súmula Vinculante 37 do STF). Não cabe ao Poder Judiciário, que não tem função legislativa, aumentar vencimentos de servidores públicos sob fundamento de isonomia.

Súmula 683. O limite de idade para a inscrição em concurso público só se legitima em face do art. 7º, XXX, da Constituição, quando possa ser justificado pela natureza das atribuições do cargo a ser preenchido.

Súmula 684. É inconstitucional o veto não motivado à participação de candidato a concurso público.

Súmula 685. É inconstitucional toda modalidade de provimento que propicie ao servidor investir-se, sem prévia aprovação em concurso público destinado ao seu provimento, em cargo que não integra a carreira na qual anteriormente investido.

Súmula 686. Só por lei se pode sujeitar a exame psicotécnico a habilitação de candidato a cargo público.

Controle – peças

Súmula 101. O mandado de segurança não substitui a ação popular.

Súmula 248 (art. 102, I, *d*, da CF). É competente, originariamente, o Supremo Tribunal Federal, para mandado de segurança contra ato do Tribunal de Contas da União.

Súmula 266. Não cabe mandado de segurança contra lei em tese.

Súmula 267 (art. 5º da Lei n. 12.016/2009). Não cabe mandado de segurança contra ato judicial passível de recurso ou correição.

Súmula 268 (art. 5º da Lei n. 12.016/2009). Não cabe mandado de segurança contra decisão judicial com trânsito em julgado.

Súmula 269 (ver art. 14, § 4º, da Lei n. 12.016/2009). O mandado de segurança não é substitutivo de ação de cobrança.

Súmula 271 (ver art. 14, § 4º, da Lei n. 12.016/2009). Concessão de mandado de segurança não produz efeitos patrimoniais em relação a período pretérito, os quais devem ser reclamados administrativamente ou pela via judicial própria.

Súmula 304. Decisão denegatória de mandado de segurança, não fazendo coisa julgada contra o impetrante, não impede o uso da ação própria.

Súmula 330 (art. 105, II, *b*, da CF). O Supremo Tribunal Federal não é competente para conhecer de mandado de segurança contra atos dos Tribunais de Justiça dos Estados.

Súmula 365. Pessoa jurídica não tem legitimidade para propor ação popular.

Súmula 430. Pedido de reconsideração na via administrativa não interrompe o prazo para o mandado de segurança.

Súmula 510 (ver art. 14, § 3º, da Lei n. 9.784/99). Praticado o ato por autoridade, no exercício de competência delegada, contra ela cabe o mandado de segurança ou a medida judicial.

Súmula 512 (ver art. 25, da Lei n. 12.016/2009). Não cabe condenação em honorários de advogado na ação de mandado de segurança.

Súmula 556 (ver art. 109, I, da CF). É competente a Justiça comum para julgar as causas em que é parte sociedade de economia mista. (CUIDADO: REPERCUSSÃO GERAL: competência da Justiça Federal Comum para julgar os casos de mandado de segurança quando a autoridade apontada como coatora for autoridade federal, considerando-se como tal também os dirigentes de pessoa jurídica de direito privado investida de delegação concedida pela União).

Bens públicos

Súmula 340 (ver art. 98 e ss. do Código Civil e art. 183, § 3º, da CF). Desde a vigência do Código Civil, os bens dominicais, como os demais bens públicos, não podem ser adquiridos por usucapião.

Atos administrativos

Súmula 346 (ver Súmula 473 do STF e arts. 53, 54 e 55 da Lei n. 9.784/99). A administração pública pode declarar a nulidade dos seus próprios atos.

Súmula 473 (ver Súmula 346 do STF e arts. 53, 54 e 55 da Lei n. 9.784/99). A administração pode anular seus próprios atos, quando eivados de vícios que os tornam ilegais, porque deles não se originam direitos; ou revogá-los, por motivo de conveniência ou oportunidade, respeitados os direitos adquiridos, e ressalvada, em todos os casos, a apreciação judicial.

Poderes administrativos

Súmula 646 (ver art. 170 da CF e Súmula Vinculante 49). Ofende o princípio da livre concorrência lei municipal que impede a instalação de estabelecimentos comerciais do mesmo ramo em determinada área.

4.2. Principais enunciados de súmula do Superior Tribunal de Justiça divididos por tema

Controle – peças

Súmula 2. Não cabe *habeas data* (CF, art. 5º, LXXII, letra "a") se não houve recusa de informações por parte da autoridade administrativa.

Súmula 42. Compete à Justiça Comum Estadual processar e julgar as casas cíveis em que é parte sociedade de economia mista e os crimes praticados em seu detrimento.

Súmula 105. Na ação de mandado de segurança não se admite condenação em honorários advocatícios.

Súmula 137. Compete à Justiça Comum Estadual processar e julgar ação de servidor público municipal, pleiteando direitos relativos ao vínculo estatutário.

Súmula 208. Compete à Justiça Federal processar e julgar prefeito municipal por desvio de verba sujeita à prestação de contas perante órgão federal.

Súmula 209. Compete à Justiça Estadual processar e julgar prefeito por desvio de verba transferida e incorporada ao patrimônio municipal.

Súmula 218. Compete à Justiça dos Estados processar e julgar ação de servidor estadual decorrente de direitos e vantagens estatutárias no exercício do cargo em comissão.

Súmula 333. Cabe mandado de segurança contra ato praticado em licitação promovida por sociedade de economia mista ou empresa pública.

Intervenção na propriedade

Súmula 12. Em desapropriação, são cumuláveis juros compensatórios e moratórios.

Súmula 56. Na desapropriação para instituir servidão administrativa são devidos os juros compensatórios pela limitação de uso da propriedade.

Súmula 69. Na desapropriação direta, os juros compensatórios são devidos desde a antecipada imissão na posse e, na desapropriação indireta, a partir da efetiva ocupação do imóvel.

Súmula 70. Os juros moratórios, na desapropriação direta ou indireta, contam-se desde o trânsito em julgado da sentença.

Súmula 102. A incidência dos juros moratórios sobre os compensatórios, nas ações expropriatórias, não constitui anatocismo vedado em lei.

Súmula 113. Os juros compensatórios, na desapropriação direta, incidem a partir da imissão na posse, calculados sobre o valor da indenização, corrigido monetariamente.

Súmula 114. Os juros compensatórios, na desapropriação indireta, incidem a partir da ocupação, calculados sobre o valor da indenização, corrigido monetariamente.

Súmula 141. Os honorários de advogado em desapropriação direta são calculados sobre a diferença entre a indenização e a oferta, corrigidas monetariamente.

Súmula 408 (Ver Súmula 618 do STF e art. 15-A do DL n. 3.365/41). Nas ações de desapropriação, os juros compensatórios incidentes após a Medida Provisória n. 1.577, de 11-6-1997, devem ser fixados em 6% ao ano até 13-9-2001 e, a partir de então, em 12% ao ano, na forma da Súmula 618 do Supremo Tribunal Federal.

Agentes públicos

Súmula 266. O diploma ou habilitação legal para o exercício do cargo deve ser exigido na posse e não na inscrição para o concurso público.

Súmula 377. O portador de visão monocular tem direito de concorrer, em concurso público, às vagas reservadas aos deficientes.

Súmula 552. O portador de surdez unilateral não se qualifica como pessoa com deficiência para o fim de disputar as vagas reservadas em concursos públicos.

Súmula 611. Desde que devidamente motivada e com amparo em investigação ou sindicância, é permitida a instauração de processo administrativo disciplinar com base em denúncia anônima, em face do poder-dever de autotutela imposto à Administração.

Súmula 635. Os prazos prescricionais previstos no art. 142 da Lei n. 8.112/1990 iniciam-se na data em que a autoridade competente para a abertura do procedimento administrativo toma conhecimento do fato, interrompem-se com o primeiro ato de instauração válido – sindicância de caráter punitivo ou processo disciplinar – e voltam a fluir por inteiro, após decorridos 140 dias desde a interrupção.

Processos e recursos administrativos

Súmula 373 (Ver Súmula Vinculante 21 do STF). É ilegítima a exigência de depósito prévio para admissibilidade de recurso administrativo.

Súmula 510. A liberação de veículo retido apenas por transporte irregular de passageiros não está condicionada ao pagamento de multas e despesas.

Súmula 633. A Lei n. 9.784/1999, especialmente no que diz respeito ao prazo decadencial para a revisão de atos administrativos no âmbito da Administração Pública federal, pode ser aplicada, de forma subsidiária, aos estados e municípios, se inexistente norma local e específica que regule a matéria.

Bens públicos

Súmula 103. Incluem-se entre os imóveis funcionais que podem ser vendidos os administrados pelas forças armadas e ocupados pelos servidores civis.

Súmula 619. A ocupação indevida de bem público configura mera detenção, de natureza precária, insuscetível de retenção ou indenização por acessões e benfeitorias.

Poderes administrativos

Súmula 312. No processo administrativo para imposição de multa de trânsito, são necessárias as notificações da autuação e da aplicação da pena decorrente da infração.

Súmula 434. O pagamento da multa por infração de trânsito não inibe a discussão judicial do débito.

Improbidade administrativa

Súmula 634. Ao particular aplica-se o mesmo regime prescricional previsto na Lei de Improbidade Administrativa para o agente público.

4.3. Súmulas vinculantes comentadas

Súmula Vinculante 3 (Temas: Devido processo legal – TCU). Nos processos perante o tribunal de contas da união asseguram-se o contraditório e a ampla defesa quando da decisão puder resultar anulação ou revogação de ato administrativo que beneficie o interessado, excetuada a apreciação da legalidade do ato de concessão inicial de aposentadoria, reforma e pensão.

COMENTÁRIOS: Devemos lembrar que o mandamento constitucional do devido processo legal (art. 5º, LIV, da Constituição Federal) é garantia estendida também aos processos perante o Tribunal de Contas da União. Por essa razão, imagine que um servidor público receba uma remuneração superior ao teto remuneratório do STF, ou seja, em flagrante ofensa ao art. 37, XI, da Constituição Federal. Poderia o TCU determinar de imediato a nulidade do ato remuneratório? Não, pois eventual decisão seria nula, vez que não foi garantido o devido processo legal, nos termos da jurisprudência do STF (mandado de segurança 32.761, Rel. Min. Marco Aurélio).

Súmula Vinculante 4 (Tema: Remuneração – art. 40 e ss. da Lei n. 8.112/90). Salvo nos casos previstos na constituição, o salário mínimo não pode ser usado como indexador de base de cálculo de vantagem de servidor público ou de empregado, nem ser substituído por decisão judicial.

COMENTÁRIOS: O mandamento do art. 7º, IV, da Constituição Federal, é no sentido de impedir que os aumentos do salário mínimo gerassem, ainda que indiretamente, um peso muito maior do que aqueles relacionados com o aumento em si, fato este que, inevitavelmente, traria sempre um reajuste reduzido ao salário mínimo. Ainda, é preciso lembrar a limitação ao Poder Judiciário de atuar como legislador.

Súmula Vinculante 5 (Tema: Devido processo legal – Prescindibilidade da defesa técnica na esfera administrativa). A falta de defesa técnica por advogado no processo administrativo disciplinar não ofende a constituição.

COMENTÁRIOS: Na esfera administrativa, com o advento dessa súmula vinculante, o advogado passou a ser prescindível. Ou seja, enquanto a regra, no processo judicial, é a existência da defesa técnica/advogado, na esfera administrativa, ter ou não ter uma defesa realizada por um advogado não é, por si só, causa de nulidade ou eventual ofensa ao texto constitucional. Assim, tanto na Lei n. 8.112/90 quanto na Lei n. 9.784/99 a palavra "procurador" deve ser compreendida não mais como sinônimo de "advogado", mas como um servidor que será nomeado pela Administração Pública para defender os interesses do colega processado administrativamente.

Súmula Vinculante 6 (Tema: Art. 7º, IV e art. 39, § 3º, ambos da Constituição Federal – art. 40 e ss. da Lei n. 8.112/90). Não viola a Constituição o estabelecimento de remuneração inferior ao salário mínimo para as praças prestadoras de serviço militar inicial.

COMENTÁRIOS: O entendimento do Supremo Tribunal Federal é que o texto constitucional não garantiu aos militares o mesmo que garantiu para outras categorias de trabalhadores, inclusive quanto ao salário mínimo. Assim, o servidor público civil possui direitos e garantias próprias, não extensíveis aos militares. Por essa razão, aquele que ingressa no serviço militar obrigatório acaba por exercer um *munus publico* diretamente relacionado à defesa da pátria e, assim, é obrigação do Estado dar todas as condições materiais para a prestação do serviço militar obrigatória nas Forças Armadas, não sendo garantida uma limitação ao recebimento de valores abaixo do salário mínimo.

Súmula Vinculante 12 (Tema: Gratuidade do ensino público). A cobrança de taxa de matrícula nas universidades públicas viola o disposto no art. 206, IV, da Constituição Federal.

COMENTÁRIOS: Diante da garantia constitucional da gratuidade do ensino público em estabelecimentos oficiais (art. 206, IV, da Constituição Federal), qualquer cobrança financeira por parte de universidades públicas é prática nitidamente inconstitucional, seja qual for o valor da taxa.

Súmula Vinculante 13 (Tema: Nepotismo – Princípios da moralidade e da impessoalidade/finalidade – Art. 37, *caput*, da Constituição Federal). A nomeação de cônjuge, companheiro ou parente em linha reta, colateral ou por afinidade, até o terceiro grau, inclusive, da autoridade nomeante ou de servidor da mesma pessoa jurídica investido em cargo de direção, chefia ou assessoramento, para o exercício de cargo em comissão ou de confiança ou, ainda, de função gratificada na administração pública direta e indireta em qualquer dos poderes da união, dos estados, do distrito federal e dos municípios, compreendido o ajuste mediante designações recíprocas, viola a constituição federal.

COMENTÁRIOS: A prática do nepotismo em qualquer dos poderes/funções da República é nitidamente ilícita e inconstitucional, vez que tal proibição é resultado da aplicação direta dos princípios da moralidade e da impessoalidade, nos termos do art. 37, *caput*, da Constituição Federal. Diante disso, os cargos em comissão e as funções de confiança não podem ser providos por pessoas que possuam até o terceiro grau de parentesco da autoridade nomeante, ainda que a título de nomeação cruzada. Vale lembrar que esta súmula vinculante não se aplica aos primos (são parentes em 4º) nem aos agentes políticos (jurisprudência do próprio STF).

Súmula Vinculante 16 (Tema: Art. 37, XI, art. 7º, IV, e art. 39, § 3º, todos da CF – Art. 40 e ss. da Lei n. 8.112/90). Os artigos 7º, IV, e 39, § 3º (redação da EC n. 19/98), da constituição, referem-se ao total da remuneração percebida pelo servidor público.

COMENTÁRIOS: A garantia do servidor público de não receber abaixo do salário mínimo refere-se ao total da sua remuneração, não somente ao vencimento básico. Assim, o vencimento básico acrescido das vantagens resultará na totalidade da remuneração do servidor e, dessa forma, esse montante não pode ser inferior a um salário mínimo.

Súmula Vinculante 17 (Tema: art. 100, da Constituição Federal – Desapropriações). Durante o período previsto no § 1º do art. 100 da Constituição, não incidem juros de mora sobre os precatórios que nele sejam pagos.

COMENTÁRIOS: Se o próprio texto constitucional garantiu, ao Estado, o prazo para pagamento do precatório até o final do exercício seguinte (leia-se: 31 de dezembro do outro ano), somente no caso de não pagamento a partir desta data é que se poderia falar em atraso (mora). Por isso, os juros de mora não correm enquanto o Estado estiver dentro do período constitucionalmente garantido a ele para efetuar o pagamento.

Súmula Vinculante 19 (Tema: Serviços públicos). A taxa cobrada exclusivamente em razão dos serviços públicos de coleta, remoção e tratamento ou destinação de lixo ou resíduos provenientes de imóveis, não viola o art. 145, II, da constituição federal.

COMENTÁRIOS: Entendeu o Supremo Tribunal Federal que a cobrança de taxa para os serviços de coleta, remoção e tratamento do lixo e/ou seus resíduos é constitucional, vez que se trata de serviço público específico e divisível, ou seja, serviço público *uti singuli*.

Súmula Vinculante 21 (Tema: Princípio da gratuidade – Art. 2º da Lei n. 9.784/99). É inconstitucional a exigência de depósito ou arrolamento prévios de dinheiro ou bens para admissibilidade de recurso administrativo.

COMENTÁRIOS: A cobrança de valores, a exigência de depósito ou do arrolamento de bens pode, para uma parcela da população, refletir em um grande obstáculo para o exercício do direito de petição (art. 5º, XXXIV, da Constituição Federal), razão pela qual, na esfera administrativa, a regra é o princípio da gratuidade, sob pena de afronta, também, ao princípio da proporcionalidade.

Súmula Vinculante 37 (Tema: Remuneração – art. 37, X, da Constituição Federal). Não cabe ao Poder Judiciário, que não tem função legislativa, aumentar vencimentos de servidores públicos sobre o fundamento de isonomia.

COMENTÁRIOS: A determinação sumular é que nem o Poder Judiciário nem a própria Administração Pública podem, sob o fundamento da isonomia, elevar os vencimentos e as vantagens dos servidores. Assim, para que exista tal aumento somente mediante lei específica (art. 37, X, da Constituição Federal). No mesmo sentido, a Súmula 339 do STF.

Súmula Vinculante 38 (Tema: Poder de polícia – competência). É competente o Município para fixar o horário de funcionamento de estabelecimento comercial.

COMENTÁRIOS: Embora a competência para legislar sobre direito comercial seja da União Federal, os municípios são competentes para exercer o poder de polícia no que tange ao licenciamento e à fiscalização de atividades comerciais, bem como fixação de horários de funcionamento.

Súmula Vinculante 41 (Tema: Serviços públicos). O serviço de iluminação pública não pode ser remunerado mediante taxa.

COMENTÁRIOS: Uma vez que o serviço de iluminação pública é nítido serviço *uti universi*, vez que não se pode fracionar o consumo de cada usuário, inviabilizada está a cobrança de taxa para o pagamento desse serviço. Diante disso, deve-se relembrar que a taxa de iluminação pública é cobrança inconstitucional, pois seu fato gerador tem caráter inespecífico e indivisível.

Súmula Vinculante 43 (Tema: Provimentos – Nomeação – art. 37, II, da Constituição Federal). É inconstitucional toda modalidade de provimento que propicie ao servidor investir-se, sem prévia aprovação em concurso público destinado ao seu provimento, em cargo que não integra a carreira na qual anteriormente investido.

COMENTÁRIOS: As formas de provimento "ascensão" e "transferência", por fraudarem concursos públicos e a ideia do mérito, foram declaradas inconstitucionais. Assim, para que exista o ingresso em outra carreira, são indispensáveis a realização e a aprovação no concurso público exigido para tal.

Súmula Vinculante 44 (Tema: Psicotécnico – Devido Processo Legal – Concurso Público). Só por lei se pode sujeitar a exame psicotécnico a habilitação de candidato a cargo público.

COMENTÁRIOS: Entende o Supremo Tribunal Federal que somente será válida e constitucional a realização do exame psicotécnico/avaliação psicológica como requisito para acesso ao cargo público quando: i) existir lei em sentido material (ato do Poder Legislativo) que autorize tal exame; ii) previsão no edital do concurso público; e iii) além, por evidente, de critérios objetivos de análises e publicidade para que seja possível ao candidato se socorrer à tutela jurisdicional.

Súmula Vinculante 49 (Tema: Poder de polícia – competência). Ofende o princípio da livre concorrência lei municipal que impede a instalação de estabelecimentos comerciais do mesmo ramo em determinada área.

COMENTÁRIOS: A livre concorrência é princípio fundamental da ordem econômica previsto no art. 170 da CF. O poder de polícia do ente municipal tem respaldo no art. 30, I, da CF, no entanto, não pode limitar a atividade econômica restringindo a instalação de estabelecimentos comerciais do mesmo ramo em determinada rua ou área.

Súmula Vinculante 55 (Tema: Art. 40, §§ 4º e 8º, da Constituição Federal). O direito ao auxílio-alimentação não se estende aos servidores inativos.

COMENTÁRIOS: O direito ao vale-alimentação não se estende aos inativos, pois é verba de natureza indenizatória destinada para que o servidor cubra os custos de alimentação por se encontrar no exercício de suas funções, não se incorporando à remuneração e, nem mesmo, aos proventos de aposentadoria.

4.4. Questões importantes em repercussão geral

NOTA DOS AUTORES:

Algumas decisões abaixo ainda fazem referência à revogada Lei n. 8.666/93. Cumpre esclarecer que desde 1º de abril de 2021 vigora a Lei n. 14.133/2021, atual marco regulatório das licitações e contratos administrativos. A Lei n. 8.666/93 ainda poderá ser aplicada até o dia 1º de abril de 2023.

RE 579.951

A vedação ao nepotismo não exige a edição de lei formal para coibir a prática, dado que essa proibição decorre diretamente dos princípios contidos no art. 37, *caput*, da Constituição Federal.

RE 591.874

A responsabilidade civil das pessoas jurídicas de direito privado prestadoras de serviço público é objetiva relativamente a terceiros usuários e não usuários do serviço, segundo decorre do art. 37, § 6º, da Constituição Federal.

RE 589.998

Os empregados públicos das empresas públicas e sociedades de economia mista não fazem jus à estabilidade prevista no art. 41 da Constituição Federal, mas sua dispensa deve ser motivada.

RE 594.296

Ao Estado é facultada a revogação de atos que repute ilegalmente praticados; porém, se de tais atos já tiverem decorrido efeitos concretos, seu desfazimento deve ser precedido de regular processo administrativo.

RE 729.744

O parecer técnico elaborado pelo Tribunal de Contas tem natureza meramente opinativa, competindo exclusivamente à Câmara de Vereadores o julgamento das contas anuais do Chefe do Poder Executivo local, sendo incabível o julgamento ficto das contas por decurso de prazo.

RE 760.931

O inadimplemento dos encargos trabalhistas dos empregados do contratado não transfere automaticamente ao Poder Público contratante a responsabilidade pelo seu pagamento, em caráter solidário ou subsidiário, nos termos do art. 71, § 1º, da Lei n. 8.666/93.

RE 705.140

A Constituição de 1988 comina de nulidade as contratações de pessoal pela Administração Pública sem a observância das normas referentes à indispensabilidade da prévia aprovação em concurso público (CF, art. 37, § 2º), não gerando essas contratações quaisquer efeitos jurídicos válidos em relação aos empregados contratados, a não ser o direito à percepção dos salários referentes ao período trabalhado e, nos termos do art. 19-A da Lei n. 8.036/90, ao levantamento dos depósitos efetuados no Fundo de Garantia por Tempo de Serviço – FGTS.

RE 580.252

Considerando que é dever do Estado, imposto pelo sistema normativo, manter em seus presídios os padrões mínimos de humanidade previstos no ordenamento jurídico, é de sua responsabilidade, nos termos do art. 37, § 6º, da Constituição, a obrigação de ressarcir os danos, inclusive morais, comprovadamente causados aos detentos em decorrência da falta ou insuficiência das condições legais de encarceramento.

RE 602.043

Nos casos autorizados constitucionalmente de acumulação de cargos, empregos e funções, a incidência do art. 37, XI, da Constituição Federal pressupõe consideração de cada um dos vínculos formalizados, afastada a observância do teto remuneratório quanto ao somatório dos ganhos do agente público (a mesma tese foi fixada para o Tema 377).

RE 635.336

A expropriação prevista no art. 243 da Constituição Federal pode ser afastada, desde que o proprietário comprove que não incorreu em culpa, ainda que *in vigilando* ou *in eligendo*.

RE 629.392

A nomeação tardia de candidatos aprovados em concurso público, por meio de ato judicial, à qual atribuída eficácia retroativa, não gera direito às promoções ou progressões funcionais que alcançariam houvesse ocorrido, a tempo e modo, a nomeação.

RE 608.482

Não é compatível com o regime constitucional de acesso aos cargos públicos a manutenção no cargo, sob fundamento de fato consumado, de candidato não aprovado que nele tomou posse em decorrência de execução provisória de medida liminar ou outro provimento judicial de natureza precária, supervenientemente revogado ou modificado.

ARE 652.777

É legítima a publicação, inclusive em sítio eletrônico mantido pela Administração Pública, dos nomes dos seus servidores e do valor dos correspondentes vencimentos e vantagens pecuniárias.

RE 693.456

A administração pública deve proceder ao desconto dos dias de paralisação decorrentes do exercício do direito de greve pelos servidores públicos, em virtude da suspensão do vínculo funcional que dela decorre, permitida a compensação em caso de acordo. O desconto será, contudo, incabível se ficar demonstrado que a greve foi provocada por conduta ilícita do Poder Público.

RE 789.874

Os serviços sociais autônomos integrantes do denominado Sistema "S" não estão submetidos à exigência de concurso público para contratação de pessoal, nos moldes do art. 37, II, da Constituição Federal.

RE 673.707

O *habeas data* é a garantia constitucional adequada para a obtenção, pelo próprio contribuinte, dos dados concernentes ao pagamento de tributos constantes de sistemas informatizados de apoio à arrecadação dos órgãos da administração fazendária dos entes estatais.

RE 733.433

A Defensoria Pública tem legitimidade para a propositura de ação civil pública que vise promover a tutela judicial de direitos difusos ou coletivos de que sejam titulares, em tese, pessoas necessitadas.

RE 658.026

Nos termos do art. 37, IX, da Constituição Federal, para que se considere válida a contratação temporária de servidores públicos, é preciso que: a) os casos excepcionais estejam previstos em lei; b) o prazo de contratação seja predeterminado; c) a necessidade seja temporária; d) o interesse público seja excepcional; e) a contratação seja indispensável, sendo vedada para os serviços ordinários permanentes do Estado que estejam sob o espectro das contingências normais da Administração.

RE 745.811

I – Há reserva de iniciativa do Chefe do Poder Executivo para edição de normas que alterem o padrão remuneratório dos servidores públicos (art. 61, § 1º, II, *a*, da CF);

II – São formalmente inconstitucionais emendas parlamentares que impliquem aumento de despesa em projeto de lei de iniciativa reservada do Chefe do Poder Executivo (art. 63, I, da CF).

RE 726.035

Compete à justiça federal comum processar e julgar mandado de segurança quando a autoridade apontada como coatora for autoridade federal, considerando-se como tal também os dirigentes de pessoa jurídica de direito privado investidos de delegação concedida pela União.

RE 786.540

1. Os servidores ocupantes de cargo exclusivamente em comissão não se submetem à regra da aposentadoria compulsória prevista no art. 40, § 1º, II, da Constituição Federal, a qual atinge apenas os ocupantes de cargo de provimento efetivo, inexistindo, também, qualquer idade limite para fins de nomeação a cargo em comissão;

2. Ressalvados impedimentos de ordem infraconstitucional, não há óbice constitucional a que o servidor efetivo aposentado compulsoriamente permaneça no cargo comissionado que já desempenhava ou a que seja nomeado para cargo de livre nomeação e exoneração, uma vez que não se trata de continuidade ou criação de vínculo efetivo com a Administração.

RE 837.311

O surgimento de novas vagas ou a abertura de novo concurso para o mesmo cargo, durante o prazo de validade do certame anterior, não gera automaticamente o direito à nomeação dos candidatos aprovados fora das vagas previstas no edital, ressalvadas as hipóteses de preterição arbitrária e imotivada por parte da administração, caracterizada por comportamento tácito ou expresso do Poder Público capaz de revelar a inequívoca necessidade de nomeação do aprovado durante o período de validade do certame, a ser demonstrada de forma cabal pelo candidato. Assim, o direito subjetivo à nomeação do candidato aprovado em concurso público exsurge nas seguintes hipóteses:

I – quando a aprovação ocorrer dentro do número de vagas dentro do edital;

II – quando houver preterição na nomeação por não observância da ordem de classificação;

III – quando surgirem novas vagas, ou for aberto novo concurso durante a validade do certame anterior, e ocorrer a preterição de candidatos de forma arbitrária e imotivada por parte da administração nos termos acima.

RE 855.178

O tratamento médico adequado aos necessitados se insere no rol dos deveres do Estado, sendo responsabilidade solidária dos entes federados, podendo figurar no polo passivo qualquer um deles em conjunto ou isoladamente.

RE 898.450

Editais de concurso público não podem estabelecer restrição a pessoas com tatuagem, salvo situações excepcionais em razão de conteúdo que viole valores constitucionais.

RE 765.320

A contratação por tempo determinado para atendimento de necessidade temporária de excepcional interesse público realizada em desconformidade com os preceitos do art. 37, IX, da Constituição Federal não gera quaisquer efeitos jurídicos válidos em relação aos servidores contratados, com exceção do direito à percepção dos salários referentes ao período trabalhado e, nos termos do art. 19-A da Lei n. 8.036/90, ao levantamento dos depósitos efetuados no Fundo de Garantia do Tempo de Serviço – FGTS.

ARE 878.911

Não usurpa competência privativa do Chefe do Poder Executivo lei que, embora crie despesa para a Administração, não trata da sua estrutura ou da atribuição de seus órgãos nem do regime jurídico de servidores públicos (art. 61, § 1º, II, *a, c* e *e*, da Constituição Federal).

ARE 848.993

É vedada a cumulação tríplice de vencimentos e/ou proventos, ainda que a investidura nos cargos públicos tenha ocorrido anteriormente à EC n. 20/98.

RE 563.708

I – O art. 37, XIV, da Constituição Federal, na redação dada pela Emenda Constitucional 19/98, é autoaplicável;

II – Não há direito adquirido a regime jurídico, notadamente à forma de composição da remuneração de servidores públicos, observada a garantia da irredutibilidade de vencimentos.

RE 570.392

Leis que tratam dos casos de vedação a nepotismo não são de iniciativa exclusiva do Chefe do Poder Executivo.

RE 594.296

Ao Estado é facultada a revogação de atos que repute ilegalmente praticados; porém, se de tais atos já tiverem decorrido efeitos concretos, seu desfazimento deve ser precedido de regular processo administrativo.

RE 590.260

Os servidores que ingressaram no serviço público antes da EC 41/2003, mas que se aposentaram após a referida emenda, possuem direito à paridade remuneratória e à integralidade no cálculo de seus proventos, desde que observadas as regras de transição especificadas nos arts. 2º e 3º da EC 47/2005.

RE 590.829

É inconstitucional, por afrontar a iniciativa privativa do Chefe do Poder Executivo, a normatização de direitos dos servidores públicos em lei orgânica do Município.

RE 599.628
Sociedades de economia mista que desenvolvem atividade econômica em regime concorrencial não se beneficiam do regime de precatórios, previsto no art. 100 da Constituição da República.

RE 606.358
Computam-se, para efeito de observância do teto remuneratório do art. 37, XI, da Constituição da República, também os valores percebidos anteriormente à vigência da Emenda Constitucional 41/2003 a título de vantagens pessoais pelo servidor público, dispensada a restituição dos valores recebidos em excesso e de boa-fé até o dia 18 de novembro de 2015.

RE 610.221
Compete aos Municípios legislar sobre assuntos de interesse local, notadamente sobre a definição do tempo máximo de espera de clientes em filas de instituições bancárias.

RE 635.739
É constitucional a regra inserida no edital de concurso público, denominada cláusula de barreira, com o intuito de selecionar apenas os candidatos mais bem classificados para prosseguir no certame.

AI 841.548
É incompatível com a Constituição o reconhecimento às entidades paraestatais dos privilégios processuais concedidos à Fazenda Pública em execução de pagamento de quantia em dinheiro.

RE 632.853
Não compete ao Poder Judiciário substituir a banca examinadora para reexaminar o conteúdo das questões e os critérios de correção utilizados, salvo ocorrência de ilegalidade ou de inconstitucionalidade.

RE 669.069
É prescritível a ação de reparação de danos à Fazenda Pública decorrente de ilícito civil.

ARE 824.781
Não é condição para o cabimento da ação popular a demonstração de prejuízo material aos cofres públicos, dado que o art. 5º, LXXIII, da Constituição Federal estabelece que qualquer cidadão é parte legítima para propor ação popular e impugnar, ainda que separadamente, ato lesivo ao patrimônio material, moral, cultural ou histórico do Estado ou de entidade de que ele participe.

RE 938.837

Os pagamentos devidos, em razão de pronunciamento judicial, pelos Conselhos de Fiscalização não se submetem ao regime de precatórios.

RE 852.475

São imprescritíveis as ações de ressarcimento ao erário fundadas na prática de ato doloso tipificado na Lei de Improbidade Administrativa.

RE 1.039.644

Para a concessão da aposentadoria especial de que trata o art. 40, § 5º, da Constituição, conta-se o tempo de efetivo exercício, pelo professor, da docência e das atividades de direção de unidade escolar e de coordenação e assessoramento pedagógico, desde que em estabelecimentos de educação infantil ou de ensino fundamental e médio.

ARE 1.215.727

Os guardas civis não possuem direito constitucional à aposentadoria especial por exercício de atividade de risco prevista no artigo 40, § 4º, inciso II, da Constituição Federal.

RE 663.696

A expressão "Procuradores", contida na parte final do inciso XI do art. 37 da Constituição da República, compreende os Procuradores Municipais, uma vez que estes se inserem nas funções essenciais à Justiça, estando, portanto, submetidos ao teto de noventa inteiros e vinte e cinco centésimos por cento do subsídio mensal, em espécie, dos Ministros do Supremo Tribunal Federal.

RE 842.846

O Estado responde, objetivamente, pelos atos dos tabeliães e registradores oficiais que, no exercício de suas funções, causem dano a terceiros, assentado o dever de regresso contra o responsável, nos casos de dolo ou culpa, sob pena de improbidade administrativa.

RE 1.027.633

A teor do disposto no art. 37, § 6º, da Constituição Federal, a ação por danos causados por agente público deve ser ajuizada contra o Estado ou a pessoa jurídica de direito privado prestadora de serviço público, sendo parte ilegítima para a ação o autor do ato, assegurado o direito de regresso contra o responsável nos casos de dolo ou culpa.

RE 716.378

1. A qualificação de uma fundação instituída pelo Estado como sujeita ao regime público ou privado depende (i) do estatuto de sua criação ou autorização

e (ii) das atividades por ela prestadas. As atividades de conteúdo econômico e as passíveis de delegação, quando definidas como objetos de dada fundação, ainda que essa seja instituída ou mantida pelo Poder Público, podem-se submeter ao regime jurídico de direito privado.

2. A estabilidade especial do art. 19 do ADCT não se estende aos empregados das fundações públicas de direito privado, aplicando-se tão somente aos servidores das pessoas jurídicas de direito público.

RE 636.886

É prescritível a pretensão de ressarcimento ao erário fundada em decisão de Tribunal de Contas.

RE 654.833

É imprescritível a pretensão de reparação civil de dano ambiental.

RE 1001104

Salvo em situações excepcionais devidamente comprovadas, serviço público de transporte coletivo pressupõe prévia licitação.

RE 661.702

Surge constitucional previsão normativa local voltada a coibir fraude considerado o serviço público de transporte coletivo e inconstitucional condicionar a liberação de veículo apreendido ao pagamento de multas, preços públicos e demais encargos decorrentes de infração.

RE 1066677

Servidores temporários não fazem jus a décimo terceiro salário e férias remuneradas acrescidas do terço constitucional, salvo (I) expressa previsão legal e/ou contratual em sentido contrário, ou (II) comprovado desvirtuamento da contratação temporária pela Administração Pública, em razão de sucessivas e reiteradas renovações e/ou prorrogações.

RE 560900

Sem previsão constitucionalmente adequada e instituída por lei, não é legítima a cláusula de edital de concurso público que restrinja a participação de candidato pelo simples fato de responder a inquérito ou ação penal.

RE 662405

O Estado responde subsidiariamente por danos materiais causados a candidatos em concurso público organizado por pessoa jurídica de direito privado (art. 37, § 6º, da CRFB/88), quando os exames são cancelados por indícios de fraude.

4.5. Enunciados aprovados na I Jornada de Direito Administrativo organizada pelo CJF

NOTA DOS AUTORES:

Algumas decisões abaixo ainda fazem referência à revogada Lei n. 8.666/93. Cumpre esclarecer que desde 1º de abril de 2021 vigora a Lei n. 14.133/2021, atual marco regulatório das licitações e contratos administrativos. A Lei n. 8.666/93 ainda poderá ser aplicada até o dia 1º de abril de 2023.

Enunciado 1. A autorização para apresentação de projetos, levantamentos, investigações ou estudos no âmbito do Procedimento de Manifestação de Interesse, quando concedida mediante restrição ao número de participantes, deve dar-se por meio de seleção imparcial dos interessados, com ampla publicidade e critérios objetivos.

Enunciado 2. O administrador público está autorizado por lei a valer-se do desforço imediato sem necessidade de autorização judicial, solicitando, se necessário, força policial, contanto que o faça preventivamente ou logo após a invasão ou ocupação de imóvel público de uso especial, comum ou dominical, e não vá além do indispensável à manutenção ou restituição da posse (art. 37 da Constituição Federal; art. 1.210, § 1º, do Código Civil; art. 79, § 2º, do Decreto-Lei n. 9.760/1946; e art. 11 da Lei n. 9.636/1998).

Enunciado 3. Não constitui ofensa ao art. 9º do Decreto-Lei n. 3.365/1941 o exame por parte do Poder Judiciário, no curso do processo de desapropriação, da regularidade do processo administrativo de desapropriação e da presença dos elementos de validade do ato de declaração de utilidade pública.

Enunciado 4. O ato declaratório da desapropriação, por utilidade ou necessidade pública, ou por interesse social, deve ser motivado de maneira explícita, clara e congruente, não sendo suficiente a mera referência à hipótese legal.

Enunciado 5. O conceito de dirigentes de organização da sociedade civil estabelecido no art. 2º, inc. IV, da Lei n. 13.019/2014 contempla profissionais com a atuação efetiva na gestão executiva da entidade, por meio do exercício de funções de administração, gestão, controle e representação da pessoa jurídica, e, por isso, não se estende aos membros de órgãos colegiados não executivos, independentemente da nomenclatura adotada pelo estatuto social.

Enunciado 6. O atraso superior a 90 (noventa) dias dos pagamentos devidos pela Administração Pública autoriza o contratado a suspender o cumprimento de suas obrigações até que seja normalizada a situação, mesmo sem provimento jurisdicional.

Enunciado 7. Configura ato de improbidade administrativa a conduta do agente público que, em atuação legislativa *lato sensu*, recebe vantagem econômica indevida.

Enunciado 8. O exercício da função social das empresas estatais é condicionado ao atendimento da sua finalidade pública específica e deve levar em conta os padrões de eficiência exigidos das sociedades empresárias atuantes no mercado, conforme delimitações e orientações dos §§ 1º a 3º do art. 27 da Lei n. 13.303/2016.

Enunciado 9. Em respeito ao princípio da autonomia federativa (art. 18 da CF), a vedação ao acúmulo dos títulos de OSCIP e OS prevista no art. 2º, inc. IX, c/c art. 18, §§ 1º e 2º, da Lei n. 9.790/1999 apenas se refere à esfera federal, não abrangendo a qualificação como OS nos Estados, no Distrito Federal e nos Municípios.

Enunciado 10. Em contratos administrativos decorrentes de licitações regidas pela Lei n. 8.666/1993, é facultado à Administração Pública propor aditivo para alterar a cláusula de resolução de conflitos entre as partes, incluindo métodos alternativos ao Poder Judiciário como Mediação, Arbitragem e *Dispute Board*.

Enunciado 11. O contrato de desempenho previsto na Lei n. 13.934/2019, quando celebrado entre órgãos que mantêm entre si relação hierárquica, significa a suspensão da hierarquia administrativa, por autovinculação do órgão superior, em relação ao objeto acordado, para substituí-la por uma regulação contratual, nos termos do art. 3º da referida Lei.

Enunciado 12. A decisão administrativa robótica deve ser suficientemente motivada, sendo a sua opacidade motivo de invalidação.

Enunciado 13. As empresas estatais são organizações públicas pela sua finalidade, portanto, submetem-se à aplicabilidade da Lei n. 12.527/2011, "Lei de Acesso à Informação", de acordo com o art. 1º, parágrafo único, inc. II, não cabendo a decretos e outras normas infralegais estabelecer outras restrições de acesso a informações não previstas na Lei.

Enunciado 14. A demonstração da existência de relevante interesse coletivo ou de imperativo de segurança nacional, descrita no § 1º do art. 2º da Lei n. 13.303/2016, será atendida por meio do envio ao órgão legislativo competente de estudos/documentos (anexos à exposição de motivos) com dados objetivos que justifiquem a decisão pela criação de empresa pública ou de sociedade de economia mista cujo objeto é a exploração de atividade econômica.

Enunciado 15. A Administração Pública promoverá a publicidade das arbitragens da qual seja parte, nos termos da Lei n. 12.527/2011 (Lei de Acesso à Informação).

Enunciado 16. As hipóteses de remoção de servidor público a pedido, independentemente do interesse da Administração, fixadas no art. 36, parágrafo único, III, da Lei n. 8.112/1990 são taxativas. Por esse motivo, a autoridade que indefere a remoção, quando não presentes os requisitos da lei, não pratica ato ilegal ou abusivo.

Enunciado 17. Os contratos celebrados pelas empresas estatais, regidos pela Lei n. 13.303/2016, não possuem aplicação subsidiária da Lei n. 8.666/1993. Em casos de lacuna contratual, aplicam-se as disposições daquela Lei e as regras e os princípios de direito privado.

Enunciado 18. A ausência de previsão editalícia não afasta a possibilidade de celebração de compromisso arbitral em conflitos oriundos de contratos administrativos.

Enunciado 19. As controvérsias acerca de equilíbrio econômico-financeiro dos contratos administrativos integram a categoria das relativas a direitos patrimoniais disponíveis, para cuja solução se admitem meios extrajudiciais adequados de prevenção e resolução de controvérsias, notadamente a conciliação, a mediação, o comitê de resolução de disputas (*Dispute Board*) e a arbitragem.

Enunciado 20. O exercício da autotutela administrativa, para o desfazimento do ato administrativo que produza efeitos concretos favoráveis aos seus destinatários, está condicionado à prévia intimação e oportunidade de contraditório aos beneficiários do ato.

Enunciado 21. A conduta de apresentação de documentos falsos ou adulterados por pessoa jurídica em processo licitatório configura o ato lesivo previsto no art. 5º, IV, "d", da Lei n. 12.846/2013, independentemente de essa sagrar-se vencedora no certame ou ter neste obstada a continuidade da sua participação.

Enunciado 22. A participação de empresa estatal no capital de empresa privada que não integra a Administração Pública enquadra-se dentre as hipóteses de "oportunidades de negócio", prevista no art. 28, § 4º, da Lei n. 13.303/2016, devendo a decisão pela referida participação observar os ditames legais e os regulamentos editados pela empresa estatal a respeito dessa possibilidade.

Enunciado 23. O art. 9º, II, c/c art. 10 da Lei n. 8.112 estabelece a nomeação de servidor em comissão para cargos de confiança vagos. A existência de processo seletivo por competências para escolha de servidor para cargos de confiança vagos não equipara as regras deste processo seletivo às de concurso público, nem o regime jurídico de servidor em comissão ao de servidor em caráter efetivo, quando se tratar de cargo isolado de provimento efetivo ou de carreira.

Enunciado 24. Viola a legalidade o regulamento interno de licitações e contratos editado por empresa estatal de qualquer ente da federação que estabelece prazo inferior ao previsto no art. 83, § 2º, da Lei n. 13.303/2016, referente à apresentação de defesa prévia no âmbito de processo administrativo sancionador.

Enunciado 25. A ausência de tutela a que se refere o art. 3º, *caput*, da Lei n. 13.848/2019 impede a interposição de recurso hierárquico impróprio contra decisões finais proferidas pela diretoria colegiada das agências reguladoras, ressalvados os casos de previsão legal expressa e assegurada, em todo caso, a apreciação judicial, em atenção ao disposto no art. 5º, XXXV, da Constituição Federal.

Enunciado 26. A Lei n. 10.520/2002 define o bem ou serviço comum com base em critérios eminentemente mercadológicos, de modo que a complexidade técnica ou a natureza intelectual do bem ou serviço não impedem a aplicação do pregão se o mercado possui definições usualmente praticadas em relação ao objeto da licitação.

Enunciado 27. A contratação para celebração de oportunidade de negócios, conforme prevista pelo art. 28, § 3º, II, e § 4º da Lei n. 13.303/2016 deverá ser avaliada de acordo com as práticas do setor de atuação da empresa estatal. A menção à inviabilidade de competição para concretização da oportunidade de negócios deve ser entendida como impossibilidade de comparação objetiva, no caso das propostas de parceria e de reestruturação societária e como desnecessidade de procedimento competitivo, quando a oportunidade puder ser ofertada a todos os interessados.

Enunciado 28. Na fase interna da licitação para concessões e parcerias público-privadas, o Poder Concedente deverá indicar as razões que o levaram a alocar o risco no concessionário ou no Poder Concedente, tendo como diretriz a melhor capacidade da parte para gerenciá-lo.

Enunciado 29. A Administração Pública pode promover comunicações formais com potenciais interessados durante a fase de planejamento das contratações públicas para a obtenção de informações técnicas e comerciais relevantes à definição do objeto e elaboração do projeto básico ou termo de referência, sendo que este diálogo público-privado deve ser registrado no processo administrativo e não impede o particular colaborador de participar em eventual licitação pública, ou mesmo de celebrar o respectivo contrato, tampouco lhe confere a autoria do projeto básico ou termo de referência.

Enunciado 30. A "inviabilidade de procedimento competitivo" prevista no art. 28, § 3º, inc. II, da Lei n. 13.303/2016 não significa que, para a configuração de uma oportunidade de negócio, somente poderá haver um interessado em estabelecer uma parceria com a empresa estatal. É possível que, mesmo diante de mais de um interessado, esteja configurada a inviabilidade de procedimento competitivo.

Enunciado 31. A avaliação do bem expropriado deve levar em conta as condições mercadológicas existentes à época da efetiva perda da posse do bem.

Enunciado 32. É possível a contratação de seguro de responsabilidade civil aos administradores de empresas estatais, na forma do art. 17, § 1º, da Lei n. 13.303/2016, a qual não abrangerá a prática de atos fraudulentos de favorecimento pessoal ou práticas dolosas lesivas à companhia e ao mercado de capitais.

Enunciado 33. O prazo processual, no âmbito do processo administrativo, deverá ser contado em dias corridos mesmo com a vigência dos arts. 15 e 219 do CPC, salvo se existir norma específica estabelecendo essa forma de contagem.

Enunciado 34. Nos contratos de concessão e PPP, o reajuste contratual para reposição do valor da moeda no tempo é automático e deve ser aplicado independentemente de alegações do Poder Público sobre descumprimentos contratuais ou desequilíbrio econômico-financeiro do contrato, os quais devem ser apurados em processos administrativos próprios para este fim, nos quais serão garantidos ao parceiro privado os direitos ao contraditório e à ampla defesa.

Enunciado 35. Cabe mandado de segurança para pleitear que seja obedecida a ordem cronológica para pagamentos em relação a crédito já reconhecido e atestado pela Administração, de acordo com o art. 5º, *caput*, da Lei n. 8.666/1993.

Enunciado 36. A responsabilidade solidária das empresas consorciadas pelos atos praticados na licitação e na execução do contrato, de que trata o inc. V do art. 33 da Lei n. 8.666/1993, refere-se à responsabilidade civil, não se estendendo às penalidades administrativas.

Enunciado 37. A estabilidade do servidor titular de cargo público efetivo depende da reunião de dois requisitos cumulativos: (i) o efetivo desempenho das atribuições do cargo pelo período de 3 (três) anos; e (ii) a confirmação do servidor no serviço mediante aprovação pela comissão de avaliação responsável (art. 41, *caput* e § 4º, da CF c/c arts. 20 a 22 da Lei n. 8.112/1990). Assim, não há estabilização automática em virtude do tempo, sendo o resultado positivo em avaliação especial de desempenho uma condição indispensável para a aquisição da estabilidade.

Enunciado 38. A realização de Análise de Impacto Regulatório (AIR) por órgãos e entidades da Administração Pública federal deve contemplar a alternativa de não regulação estatal ou desregulação, conforme o caso.

Enunciado 39. A indicação e a aceitação de árbitros pela Administração Pública não dependem de seleção pública formal, como concurso ou licitação, mas devem ser objeto de fundamentação prévia e por escrito, considerando os elementos relevantes.

Enunciado 40. Nas ações indenizatórias ajuizadas contra a Fazenda Pública aplica-se o prazo prescricional quinquenal previsto no Decreto n. 20.910/1932 (art. 1º), em detrimento do prazo trienal estabelecido no Código Civil de 2002 (art. 206, § 3º, V), por se tratar de norma especial que prevalece sobre a geral.

QUESTÕES

1. CONTROLE DA ADMINISTRAÇÃO PÚBLICA – TRIBUNAIS DE CONTAS – SUSTAÇÃO DE CONTRATOS ADMINISTRATIVOS

(XXX Exame) Em sede de controle realizado pelo Tribunal de Contas da União sobre contrato de obra de grande vulto, celebrado entre a União e a sociedade empresária Engenhoca S/A, foi apurada a existência de fraudes na respectiva licitação, além de graves vícios insanáveis na formalização da avença.

No procedimento administrativo de apuração, apenas a União foi instada a se manifestar e, após a consideração dos argumentos apresentados por esta, a Corte de Contas prolatou decisão no sentido de sustar, diretamente, a execução do contrato e notificou o poder executivo para tomar, de imediato, as providências cabíveis. Os representantes da sociedade empresária Engenhoca S/A procuram você, na qualidade de advogado(a), para responder, fundamentadamente, aos questionamentos a seguir.

A) A sociedade empresária Engenhoca S/A deveria ter sido chamada pelo Tribunal de Contas a participar do processo administrativo de apuração? (Valor: 0,65)

B) A Corte de Contas é competente para realizar, diretamente, o ato de sustação do aludido contrato? (Valor: 0,60)

GABARITO DA FGV:

A) Sim. A Corte de Contas, considerando o objeto específico do controle externo e que os atos decorrentes dele podem repercutir na esfera jurídica de Engenhoca S/A, deveria ter intimado a contratada para participar do processo administrativo que resultou na sustação do contrato. Essa iniciativa respeitaria o princípio do devido processo legal ou da ampla defesa e do contraditório, na forma do art. 5º, inciso LIV OU inciso LV, da CRFB/88, ou da Súmula Vinculante 3 do STF.

B) Não. A decisão da Corte de Contas, de sustar, diretamente, o contrato administrativo, é inconstitucional porque tal ato é de competência do Congresso Nacional, nos termos do art. 71, § 1º, da CRFB/88.

Breves comentários dos autores – Mapa de Identificação dos Temas (MIT)

O tema central cobrado na questão é relativo ao CONTROLE DA ADMINISTRAÇÃO PÚBLICA feito pelos Tribunais de Contas.

Dica: todas as questões sobre Tribunais de Contas devem ser consultadas na Constituição, entre os arts. 70 e 75, além da Súmula Vinculante 3.

Identificando o tema, caso não se recorde dos artigos citados, basta se socorrer no índice remissivo de sua legislação administrativa.

IMPORTANTE: O exercício da ampla defesa em matéria de controle dos tribunais de contas foi tratado na Súmula Vinculante 3, sendo dispensada apenas nas hipóteses de concessão inicial de aposentadoria, pensão ou reforma, até cinco anos após a entrada do processo na Corte de Contas.

Quando se trata de contrato administrativo, a competência para sustar é do Congresso.

2. CONTRATOS ADMINISTRATIVOS – FORMALIZAÇÃO E PRAZOS

(**XXX Exame**) O Município Beta, após o devido procedimento licitatório, contratou a sociedade empresária Sobe e Desce Ltda. para a manutenção de elevadores, pelo montante de R$ 80.000,00 (oitenta mil reais) mensais. Após as prorrogações necessárias, sucessivas e por igual período, a avença já perdura por quase sessenta meses, de forma satisfatória e com a manutenção dos valores compatíveis segundo as práticas do mercado, após os reajustes cabíveis.

O mencionado ente federativo, à vista de aproximar-se o limite máximo de duração do contrato, fez publicar edital de novo certame competitivo, com vistas a obter proposta mais vantajosa para a prestação do aludido serviço, edital esse que veio a ser objeto de impugnações, daí a administração haver prorrogado o contrato firmado com a sociedade empresária Sobe e Desce Ltda. por mais doze meses, mediante autorização da autoridade competente.

Diante dessa situação hipotética, na qualidade de advogado(a) consultado(a), responda aos itens a seguir.

A) O Município Beta poderia ter realizado a contratação verbal do serviço em questão? (Valor: 0,65)

B) É válida a prorrogação do contrato por mais doze meses? (Valor: 0,60)

GABARITO DA FGV:

A) Não. A contratação verbal somente é admitida nas situações em que o valor do ajuste não ultrapasse 5% do limite estabelecido para modalidade convite, segundo o art. 23, inciso II, alínea *a*, cujo objeto seja pequena compra de pronto pagamento ou serviço que não se enquadre como de engenharia, tal como se depreende do art. 60, parágrafo único, da Lei n. 8.666/93.

B) Sim. Em caráter excepcional, devidamente justificado e mediante autorização da autoridade superior, é possível prorrogar, por doze meses, o prazo dos contratos de serviços de prestação contínua, para além das prorrogações por períodos iguais e sucessivos, limitada a sessenta meses, na forma do art. 57, § 4º, da Lei n. 8.666/93.

PRÁTICA ADMINISTRATIVA

Breves comentários dos autores – Mapa de Identificação dos Temas (MIT)
Trata-se de questão cujo tema central são os CONTRATOS ADMINISTRATIVOS.
Identificando o tema, fica mais fácil encontrar na Constituição Federal e nas leis os artigos pertinentes. Caso não se recorde, basta buscar nos índices remissivos.
Sabendo-se que o tema cuida de contratos administrativos, todas as respostas podem ser encontradas na atual Lei Geral de Contratos – Lei n. 14.133/2021.

3. DESAPROPRIAÇÃO PUNITIVA URBANA – SANÇÕES E INDENIZAÇÃO

(XXX Exame) Maurício Silva, prefeito do Município Alfa, que conta com cerca de cem mil habitantes, determinou a elaboração de projeto destinado a promover a urbanização da localidade, cuja operacionalização se deu por equipe qualificada, mediante a realização de audiências públicas.

Após aprofundada e debatida análise, um grupo multidisciplinar de pesquisa sugeriu que o prefeito promovesse a desapropriação urbanística sancionatória, com pagamento em títulos da dívida pública, dos solos urbanos não edificados ou subutilizados, na forma da lei específica para área incluída no plano diretor, devidamente discriminados nos estudos, dentre os quais, uma área de propriedade de João dos Santos, sob o fundamento de estar violando a função social da propriedade urbana.

João, que há anos não consegue colocar em prática seu projeto de utilização do imóvel em questão, procura você para, na qualidade de advogado(a), responder aos seguintes questionamentos.

A) Existem sanções a serem aplicadas pelo Poder Público do Município Alfa antes de promover a desapropriação sugerida? (Valor: 0,70).

B) Caso levada a efeito a desapropriação sugerida, o valor da indenização a ser paga a João dos Santos deveria incluir expectativas de lucros cessantes? (Valor: 0,55)

GABARITO DA FGV:

A) Sim. A desapropriação com pagamento em títulos da dívida pública é a terceira das sanções aplicáveis pelo descumprimento da função social da propriedade urbana, mediante a não edificação ou subutilização do solo urbano, na forma da lei específica para área incluída no plano diretor. Ela deve ser necessariamente precedida do parcelamento e de edificação compulsórios e pela instituição do Imposto sobre a Propriedade Predial e Territorial Urbana (IPTU) progressivo no tempo, na forma do art. 182, § 4º, da CRFB/88.

B) Não. O valor real da indenização na desapropriação com pagamento em títulos da dívida pública não pode incluir expectativas de lucros cessantes, na forma do art. 8º, § 2º, inciso II, da Lei nº 10.257/01.

Breves comentários dos autores – Mapa de Identificação dos Temas (MIT)

O tema central cobrado na questão é a DESAPROPRIAÇÃO PUNITIVA/SANCIONATÓRIA URBANA, por descumprimento da função social da propriedade.

Identificando o tema, fica mais fácil encontrar na Constituição Federal e nas leis os artigos pertinentes. Caso não se recorde, basta buscar nos índices remissivos de sua legislação administrativa.

Dica: para questões que tratem de desapropriações punitivas de propriedades urbanas (ordenamento urbano), devemos utilizar o art. 182 da CF, bem como os arts. 5º a 8º do Estatuto da Cidade. Todas as respostas estarão lá!

4. ORGANIZAÇÃO ADMINISTRATIVA – AGÊNCIAS REGULADORAS – ATRIBUIÇÕES E PESSOAL

(XXX Exame) O governo de certo estado da Federação está realizando, no ano corrente, estudos para criar uma agência reguladora para os serviços de transporte intermunicipal, a ser denominada Transportare. Concluiu-se pela necessidade de lei para criar a mencionada entidade autárquica, com a delimitação das respectivas competências relacionadas à atividade regulatória, a abranger a edição de atos normativos técnicos para os serviços públicos em questão, segundo os parâmetros estabelecidos pela lei (as funções de fiscalização, incentivo e planejamento).

Apontou-se, ainda, que o quadro de pessoal de tal entidade deveria adotar o regime de emprego público, submetido à Consolidação das Leis do Trabalho, sob o fundamento de ser mais condizente com o princípio da eficiência.

Diante dessa situação hipotética, responda, fundamentadamente, aos questionamentos a seguir.

A) Existe respaldo constitucional para a competência regulatória a ser atribuída à agência Transportare? (Valor: 0,60)

B) É possível adotar o regime de pessoal sugerido? (Valor: 0,65)

GABARITO DA FGV:

A) Sim. A competência regulatória, que seja abrangente das funções de normatização técnica, segundo os parâmetros estabelecidos pela lei (as funções de fiscalização, incentivo e planejamento), tem respaldo constitucional, nos termos do art. 174 da CRFB/88.

B) Não. A lei pretende criar uma agência reguladora, entidade autárquica em regime especial, que se submete ao Regime Jurídico Único ou ao Regime Jurídico Administrativo dos Servidores Públicos, na forma do art. 39, *caput*, da CRFB/88.

Breves comentários dos autores – Mapa de Identificação dos Temas (MIT)

O tema central cobrado na questão é a organização administrativa, notadamente as AGÊNCIAS REGULADORAS.

PRÁTICA ADMINISTRATIVA

Identificando o tema, fica mais fácil encontrar na Constituição Federal e nas leis os artigos pertinentes. Caso não se recorde, basta buscar nos índices remissivos.

Dica: quando a questão exigir conhecimentos acerca das agências reguladoras, devemos utilizar o art. 174 da CF e as Leis n. 9.986/2000 e n. 13.848/2019.

Referências

BONAVIDES, Paulo. *Curso de direito constitucional*. 32. ed. São Paulo: Malheiros, 2017.

CARVALHO FILHO, José dos Santos. *Manual de direito administrativo*. 31. ed. Rio de Janeiro: Atlas, 2017.

DI PIETRO, Maria Sylvia Zanella. *Direito administrativo*. 30. ed. São Paulo: Forense, 2017.

FERREIRA FILHO, Manoel Gonçalves. *Do processo legislativo*. 7. ed. São Paulo: Saraiva, 2012.

MADEIRA, José Maria Pinheiro. *Administração Pública*. 12. ed. Rio de Janeiro: Freitas Bastos, t. I, 2014.

MELLO, Celso Antônio Bandeira de. *Curso de direito administrativo*. 33. ed. São Paulo: Malheiros, 2016.

Referencias